KB267133

진인진

신석기시대 석기론

진인진

지은이

하인수(부산근대역사관)

최종혁(부경문물연구원)

윤정국(고대문화재연구원)

장은혜(국립경주문화재연구소)

이영덕(호남문화재연구원)

구자진(한국토지주택공사)

박성근(부산대학교)

김재윤(부산대학교)

김상훈(한국고고환경연구소)

신석기시대 석기론

초판 1쇄 발행 ㅣ 2016년 6월 30일

엮 음 ㅣ (재)중앙문화재연구원
발행인 ㅣ 김영진
발행처 ㅣ 진인진
등 록 ㅣ 제25100-2005-000003호
본문편집 ㅣ 배원일
주 소 ㅣ 경기도 과천시 별양동 1-14 과천오피스텔 614호
전 화 ㅣ 02-507-3077~8
팩 스 ㅣ 02-504-3079
홈페이지 ㅣ http://www.zininzin.co.kr
이메일 ㅣ pub@zininzin.co.kr

ⓒ 진인진 2016
ISBN 978-89-6347-297-3 94900
ISBN 978-89-6347-296-6 94900(세트)

:::목 차

우리 연구원에서는 그동안 고고학 및 고대사분야의 연구·학술지원 사업을 진행하고 있습니다. 그 일환으로 우리나라 고고학 연구와 관련된 다양한 주제와 한국고고학의 전반적인 흐름을 파악할 수 있도록 『동아시아의 고분문화』를 비롯하여 『아시아의 고대 문물교류』, 『신라고고학개론』, 『낙랑고고학개론』, 『한국 청동기문화 개론』 등을 학술총서로 간행한 바 있습니다. 또한 마한·백제의 분묘와 고구려·발해의 고분에 좀 더 쉽게 접근하여 그 문화상을 이해할 수 있도록 『마한·백제의 분묘 문화』, 『고구려의 고분 문화』, 『발해의 고분 문화』를 연차적으로 간행하고 있습니다.

특히 우리 연구원은 한국신석기학회와 공동으로 2011년 12월 『한국 신석기문화 개론』을 "중앙문화재연구원 학술총서 3"으로, 2012년 5월 18일 개최된 공동 학술대회를 토대로 2012년 10월 『한국 신석기문화의 양상과 전개』를 "중앙문화재연구원 학술총서 6"으로 간행하여 각각 2012년도와 2013년도 대한민국학술원 우수도서에 선정되는 영예를 안았습니다. 또한 복천박물관 하인수 선생님과 함께 2014년 『한국 신석기시대 토기와 편년』을 "중앙문화재연구원 학술총서 17"로 간행한 바 있습니다.

이러한 성과를 토대로 2015년 1월부터 한국 신석기시대 석기에 대한 전반적인 양상을 파악할 수 있는 도서와 함께 여기저기 흩어져 있는 석기자료를 집성하고자 계획하였고, 1년여의 노력 끝에 『신석기시대 석기론』을 간행하게 되었습니다.

이번에 간행하는 학술총서에는 신석기시대 석기 연구의 현황과 과제, 신석기시대의 석기조성과 생업, 신석기시대 석기의 제작과 유통, 신석기시대의 가공구, 신석기시대의 어로구, 신석기시대의 수렵구, 신석기시대의 채집·농경구, 압록강·연해주지역의 신석기시대 석기 등 8편의 논고를 수록하였습니다. 더불어 한반도는 물론 연해주와 중국 동북지역의 석기를 집성하였습니다.

아무쪼록 이 학술총서가 관련 연구자들과 한국고고학계에 작으나마 보탬이 되기를 기대하고, 앞으로도 한국고고학계에 도움이 될 수 있는 다양하고 심도 있는 주제를 선정하여 학술총서를 발간할 것을 약속드립니다.

끝으로 이 학술총서가 간행될 수 있도록 책임연구를 맡아 주신 부산근대역사관 하인수 선생님과 바쁘신 가운데 옥고를 집필하여 주신 여러 선생님들께 감사드립니다. 그리고 이 학술총서가 간행될 수 있도록 애써준 한국토지주택공사 구자진 선생님과 중앙문화재연구원 학예연구실 직원 여러분께 감사드립니다. 또한 어려운 여건에서도 이 학술총서의 간행을 맡아주신 김영진 사장님과 진인진 관계자 여러분께 감사드립니다.

2016년 6월

중앙문화재연구원장 조 상 기

신석기시대 유적에서 출토되는 물질 자료 중 즐문토기 다음으로 많은 양을 차지하는 석기는 생계 및 생활방식을 이해하는 중요한 지표가 될 뿐만 아니라 토기 못지않게 다양한 사회·문화적인 정보를 담고 있다. 그럼에도 불구하고 그동안 여러 가지 사정으로 체계적이고 종합적인 연구가 진행되지 못하였다.

물론 석기연구가 전혀 없었던 것은 아니지만, 특정 주제나 개별 기종에 한정하거나 생업활동 및 생계유형을 분석하는 보조적인 자료로 취급되는 경향이 많았고, 석기 조성관계, 시기별 변천과정, 지역별 석기문화의 특징, 생산과 유통 문제 등에 관한 연구는 부진한 실정이었다. 이러한 연구 현상은 결국 신석기시대 석기문화를 종합적으로 이해하고 이를 통해 사회를 복원하는데 장애 요인이 되고 있음은 부인할 수 없다.

본서는 이러한 문제점을 인식하여 현재까지 연구 성과를 정리하고 한반도와 중국 동북 및 연해주 출토 석기를 정리함으로써 향후 석기 연구 방향과 좌표를 설정한다는 취지에서 〈신석기시대 석기론〉이라는 주제로 기획하였던 것이다.

본서는 크게 2부로 구성되며, 1부에서는 신석기시대 석기의 연구현황과 과제를 비롯하여 석기조성과 생업, 제작과 유통, 생업 영역별의 석기 양상, 연해주 및 중국 동북지역 석기의 종류와 특징 등을 다루었고, 2부에서는 한반도를 포함한 주변 지역에서 발굴된 석기 자료를 종합적으로 집성하였다.

본서를 준비하면서 애초의 기획 의도와 달리 부족하고 보완되어야 할 곳이 많음을 자인하지 않을 수 없지만, 신석기시대 석기문화를 이해하고 연구하는데 하나의 디딤돌이 될 수 있다는 점에서 작은 위안과 의미를 두고자 한다. 그리고 현재까지 신석기시대 석기에 대한 종합적으로 정리된 연구서가 없어 석기문화를 이해하고 학습하는데 애로점이 많았던 연구자들이나 고고학에 입문하는 학생들에게 어느 정도 도움이 되었으며 하는 바람이다.

본서의 기획과 간행은 전적으로 중앙문화재연구원의 지원으로 이루어졌으며, 특히 조상기

원장님의 적극적인 배려와 후원에 힘입은 바가 크다. 지면을 빌어 다시 한 번 고마움을 전하고
자 한다. 연구 기간이 충분하지 않음에도 불구하고 논고 집필과 자료 집성 작업에 참여한 여러
선생님과 본서 기획과 편집 등 행정 제반 실무를 맡아 수고해준 중앙문화재연구원의 오재진선
생, 한국토지주택공사의 구자진 선생께도 진심으로 감사의 뜻을 표한다.

2015년 6월

필자들을 대표하여 하인수 씀

01

신석기시대 석기 연구의 현황과 과제

하인수(부산근대역사관)

Ⅰ. 머리말

구석기시대 종말 이후 1만년 가까이 지속된 신석기시대(즐문토기시대)는 이전 시기와 달리 생업기술의 발달로 생산 활동과 생계양식이 다변화되며, 한편으로는 생업활동을 실현하고 생계를 유지·관리하기 위해 토기, 석기, 골각기, 목기, 패제품 등 다양한 생업도구가 제작된다. 이 중에서 생업도구로써 신석기시대 전시기를 통틀어 보편적으로 사용된 도구가 석기이다. 그런 의미에서 석기는 즐문토기인의 생업과 생산 활동을 지탱하는 도구체계 중에서 가장 중요한 위치를 차지하는 제1의 도구라고 할 수 있다.

석기는 신석기시대 각종 유적에서 출토되는 유물 중에서 즐문토기 다음으로 많은 양을 차지할 뿐만 아니라 즐문토기 못지않게 중요한 사회·문화적인 정보를 가지고 있음은 주지의 사실이다. 신석기 고고학사의 초기에 해당하는 일제강점기의 선사시대 연구에서 즐문토기보다 석기 연구가 활발히 진행되었던 것은 석기가 갖는 고고학적 의미와 비중이 매우 높았음을 단적으로 보여 준다. 그럼에도 불구하고 한국 신석기시대 석기 연구는 그동안 여러 가지 이유로 타 유물에 비해 상대적으로 진행되지 못한 것도 사실이다.

물론 석기 연구가 광복 이후 지속적으로 이루어져 많은 성과가 축적되었지만, 특정 주제나 개별유물에 한정하거나 생업활동과 생계유형을 분석하는 보조적인 자료로 취급되었고, 시기별 석기조성 양상과 편년, 지역별 석기문화의 특징, 생산과 유통 문제 등에 대한 연구는 부족한 실정이라고 할 수 있다. 이러한 연구 현상은 결국 신석기문화를 종합적으로 이해하고 사회를 복원하는데 장애 요인이 되고 있음은 부인할 수 없는 사실이다.

따라서 우리나라 신석기문화의 특질과 변천과정 등을 체계적으로 규명하기 위해서는 앞으로 다양한 연구 방법론을 개발하고 이를 기초로 석기에 내재된 다양한 정보를 추출하기 위한 세부적이고 구체적인 연구가 뒤따라야 할 것으로 생각된다. 본고에서는 이러한 문제점을 인식하고 향후 석기 연구 방향과 과제를 짚어본다는 측면에서 지금까지 이루어진 석기연구 흐름과 경향을 학사적 관점에서 개괄적으로 살펴보고자 한다.[1]

Ⅱ. 연구 흐름과 현황

본장에서는 그동안 발표된 논문을 중심으로 석기 연구 현황과 흐름을 편의상 시기별로 살펴보고, 연구 내용과 의미는 주제별로 개괄하는 것으로 한다.

---

[1] 신석기시대 석기 연구의 현황과 과제에 대해 검토한 것으로는 하인수(2011b)와 윤정국(2015b)의 논고가 있다. 두 편 모두 신석기시대 석기 연구의 흐름을 개괄적으로 이해하는데 참고가 되지만, 누락된 논고도 있고 일제강점기의 연구사를 다루지 않아 보완이 필요하다고 생각된다. 따라서 본고에서는 일제강점기의 석기 연구를 검토한 廣瀬雄一(1985)의 논고를 참조하고 기존 논고에서 누락되었거나 검토가 필요한 부분을 보완하여 신석기시대 고고학사의 한 측면에서 석기 연구의 흐름과 현황, 과제에 대해 살펴보고자 한다.

1. 시기별 연구 현황

먼저 시기별 연구 흐름과 경향을 살펴보기 전에 〈표 1〉를 참고하여 시기별 석기 연구 현황을 간단하게 언급해두고자 한다. 일제강점기부터 현재까지 신석기시대 석기 관련 보고와 연구 논문은 199편 정도이다.[2] 본고의 논문 수량이 윤정국(2015b)이 2015년에 발표한 석기 관련 논문의 121편보다 증가한 것은 일제강점기의 연구·보고와 광복 이후 국내외 연구자의 논고 등을 보완하였기 때문이다. 본고의 석기 현황은 필자가 이전에 발표한 석기 연구 현황과 과제(하인수 2011b)를 기초로 누락된 부분을 추가·보완하고 윤정국의 분석 내용을 참고하여 이를 시기별, 주제별로 분석한 것이 〈표 1〉이다.

일제강점기의 석기 연구는 廣瀬雄一(1985)의 논고에 따르면 33편 정도이며, 이는 현재까지 발표된 논문 중에서 16.5%를 차지한다.[3] 물론 절반 정도가 석기를 소개하고 약간의 고찰을 한 것에 지나지 않지만, 광복 이후 1990년까지의 연구 수량과 비슷한 수준이다. 신석기시대가 아직 정립되지 않은 당시의 연구 상황에서 본다면 일제강점기의 석기 연구와 관심이 높았음을 알 수 있다.

이 시기의 석기 연구는 유적과 유물을 소개하고 약간의 고찰(上田三平 1915, 新居勝三郎 1918, 八木奬三郎 1938, 榧本杜人 1934·1935) 등을 한 것이 17편, 石鍾(木村宇太郎 1921), 石錐(林魁一 1930, 笠原鳥丸 1933), 흑요석 박편석기(和田雄治 1914, 橫山將三朗 1934), 타제·마제석기(木村宇太郎 1915, 鳥居龍藏 1932), 찰절석기(笠原鳥丸 1937), 석촉 등 기종별 연구가 7편, 동삼동·농포동·청호리유적(橫山將三朗 1933, 笠原鳥丸 1936) 등 단위 유적 출토 석기 연구 4편, 흑요석 산지 분석(稻田義助 1915) 1편, 석기분류와 기종을 종합적으로 검토한 개론적 논고(八木奬三郎 1914·1915)가 1편이다. 이밖에 타제석부, 박편석기, 석거 등의 기능에 대한 분석도 있다(橫山將三朗 1933·1934, 笠原鳥丸 1936). 석기의 기능 연구는 특정 유물에 대한 단독적인 논고가 아닌 자료를 소개하거나 발굴보고 중에 단편적으로 고찰한 것이다.

일제강점기의 석기 연구 중에서 和田雄治(1914)와 橫山將三朗(1934)의 논고는 함경북도의 성산과 농포동(유판)유적에서 조사한 흑요석제 박편석기의 형태분류와 제작방법, 용도, 원산지 문제 등을 검토하였다는 점에서 의미가 있다. 八木奬三郎(1914·1915)의 논고는 당시까지 석기 연구의 현황을 검토하고 석기 형태와 제작방법을 기준으로 한반도 선사시대 석기를 기종별

10

로 분류·검토하였다는 점에서 廣瀨雄一(1985)의 지적과 같이 신석기시대 석기의 종합적 연구로써 학사적으로 평가할 만하다.

일제강점기의 석기 연구는 전적으로 일본 관학자나 아마추어 호사가들에 의해 주로 지표채집 석기를 소개하거나 발굴 자료를 분류 및 기능을 고찰하는 초보적 수준이라고 할 수 있다. 그러나 전술한 바와 같이 박편석기의 용도나 분류·기능 검토, 찰절기법에 대한 분석, 타제·마제석기에 대한 고찰 등은 신석기와 청동기시대의 개념이 명확하지 않은 당시의 고고학적 수준으로 보았을 때 의미 있는 연구라고 할 수 있다.

1930년 이후 동삼동패총과 농포동패총 등의 유적 조사로 다량의 즐문토기와 각종 석기 등이 출토되면서 기종별 검토와 계통론 등에 대한 연구가 심화되지만, 대부분의 연구가 단편적이어서 기종별 석기에 대한 구체적인 검토나 석기조성에 관한 연구로는 이어지지 못하였다.

광복 이후 석기 연구는 국내의 고고학적 환경이 정비되지 않은 상황 하에서 한국전쟁으로 인한 사회적 불안 등 여러 요인으로 일제강점기의 성과와 한계를 극복하지 못하고 1970년대까지 이어진다. 〈표 1〉에서 보는 바와 같이 1970년대까지 석기 관련 연구가 5편에 불과한 것은 이러한 사실을 잘 보여준다.

표 1　신석기시대 석기의 연구 현황

시기별 연구 주제 및 내용	광복전	1970년대 이전	1980년대	1990년대	2000년대	2010년대	합계
자료 소개	17(51.5%)						17(8.5%)
개론	1(3%)	1(20%)	1(6.2%)	1(7.1%)	1(1.3%)	1(1.7%)	6(3%)
기종별 연구	7(21%)	2(40%)	7(43%)	6(42.8%)	28(37%)	14(25%)	64(32%)
단위 유적별 연구	4(12.1%)	2(40%)	3(18.7%)	5(35.7%)	4(5.3%)	2(3.5%)	20(10%)
지역별 연구			1(6.2%)		4(5.3%)	8(14%)	13(6..5%)
시기별 연구			1(6.2%)		3(4%)	1(1.7%)	5(2..5%)
석기제작 수법과 기술 연구					4(5.3%)	3(5.3%)	7(3.5%)
석기 사용 및 기능 연구	3(9%)				4(5.3%)	3(5.3%)	10(5%)
석기산지 분석 및 연구	1(3%)			2(14.2%)	9(11.8%)	4(7.1%)	16(8%)
석기교류(교역) 연구			2(12.5%)		3(4%)		5(2..5%)
생업과 석기조성 연구					15(20%)	18(32%)	33(16.5%)
연구사			1(6.2%)			2(3.5%)	3(1.5%)
합계	33	5	16	14	75	56	199

1970년대까지의 연구는 광복 이후 우리 손으로 신석기 유적이 발굴되고 석기 자료가 증가하지만, 한국 선사시대를 개관하는 가운데 석기의 종류와 특징을 소개하거나(도유호 1961, 金廷鶴 1972, 최무장 1976), 암사동유적 출토 석기를 기종별로 분류·검토(김원용 1962)한 개설적인 수준에 그치고 석기만을 분석한 연구 논고는 거의 없는 실정이다. 그 원인은 여러 가지가 있으나 기본적으로 일제강점기의 석기 연구를 계승한 전문 연구자의 부재와 신석기 유적의 조사와 양호한 석기 자료가 적은데 기인하는 바가 크다고 생각된다.

이 와중에 비록 일인 연구자에 의해 이루어진 연구지만, 有光敎一(1953)의 갈돌, 갈판에 대한 논고와 계화도 산상유적 출토 석기류(석부)를 분석한 전영래(1979)의 보고 논문은 광복 이후 석기를 비교적 구체적으로 분석한 것이라는 점에서 학사적으로 의미가 있다.

1980년대에 들어 남북한 전역에서 다양한 유적이 조사되고 특히 남해안지역을 중심으로 패총유적 발굴이 증가하면서 생업에 대한 관심이 높아지고, 이와 더불어 일인 연구자들의 한반도 고고학에 대한 연구가 진행됨에 따라 석기 연구가 이전에 비해 활발하게 진행된다. 뿐만 아니라 신석기문화에 대한 전반적인 흐름이 어느 정도 파악된 것도 석기 연구를 촉진시키는 계기가 되었다.

1980년대는 앞 시기에 비해 논문도 3배(16편)로 증가하고 기종별 연구에서 지역별, 시기별 석기 연구와 교역 연구로 주제와 영역이 확대되지만, 기종별 석기의 분석적 논문은 적은 편이며 제작기법과 석기조성 연구는 진행되지 못하였다.

이 시기의 연구를 주제별로 살펴보면 지역별 혹은 신석기 전반에 걸친 개론적인 검토(김원용 1981, 황용훈 1983)와 단위 유적 출토 석기의 종합적 연구(장호수 1982·1988, 손보기 1982, 廣瀨雄一 1984), 어구·농경구 등 개별 기종에 대한 분석(지건길·안승모 1983, 渡邊誠 1985, 안승모 1987, 甲元眞之 1988), 흑요석 석기의 교역문제(西谷正 1982, 坂田邦洋 1982), 석기 연구사 검토(廣瀨雄一 1985) 등이 있다. 이밖에 한반도 석기를 직접적으로 다루지는 않았지만, 중국 동북지방의 조기 신석기시대 석기군과 요서지방의 석제 농구를 검토에 관한 논고도 있다(안승모 1987, 宮本一夫 1988).

1990년대 석기 연구는 1980년대에 비해 저조하고 발표된 논문 수도 적은 편이다. 그 원인은 분명치 않으나 전국적인 발굴조사와 관련 자료가 양적으로 증가하면서 즐문토기 중심으로 한 형식분류와 편년 그리고 이를 바탕으로 한 신석기문화의 변천과정 연구, 생업과 생산활동에 관한 분석 등 다양한 분야에 걸친 연구가 활발하게 진행되면서 상대적으로 석기에 대한 관심이 적었던 것이 아닌가 한다. 그러나 이시기에는 앞 시기에 비해 고산리유적을 비롯한 단위 유적 출토 석기에 대한 분석적 연구가 활발히 진행된 것이 특징이라고 할 수 있다.

이 시기에 발표된 논문으로는 제주도 고산리유적 등 단위 유적 석기를 분석한 하인수

(1991·1996), 이청규·고재원(1995), 고재원(1996a·1996b)의 논고가 있으며, 개별 기종 분석으로는 장명수(1991), 김건수(1999)의 어로구, 박준범(1998)의 한강유역의 석촉 연구가 있다. 그밖에 기존 자료를 종합적으로 정리하여 우리나라 지역별 석기를 개괄적으로 검토한 신숙정(1997)과 석기 연구는 아니지만 그 소재인 흑요석을 이학적으로 분석한 논고도 있다(이철·김승원·김규호·강형태 1991, 이선복·이용일 1996).

2000년대 들어서면서 석기 연구는 관련 연구자가 증가하면서 석기의 중요성과 관심이 높아지고, 주제도 매우 다양화된다. 이 시기에는 전체 석기 연구에서 37.6%를 차지할 정도로 많은 논문이 발표되었으며, 생업활동과 생계문제에 대한 관심이 증가하면서 석기조성을 통한 생업 연구와 석부, 농경구, 어로구, 수렵구, 옥기 등 기종별 연구가 증가하는 양상을 보인다.

특히 이 시기 연구 중에서 32%의 비율을 차지하는 생업과 석기조성 연구는 앞 시기에는 전혀 검토되지 않았던 새로운 연구 현상으로 볼 수 있는데, 그것은 전국 각지에서 발굴된 다양한 유적에서 다량의 석기가 출토되고 이전에 자료 부족으로 접근하기 어려웠던 생계유형과 생업 환경 복원이 가능했기 때문이라 생각된다. 이밖에 기존에 단순히 형태적 특징만으로 용도와 기능을 유추한 방법론을 벗어나 석기의 사용흔 관찰을 통한 기능 분석이 시도되고 타제석기를 중심으로 한 석기제작 방법과 기술에 대한 연구도 구체적으로 진행되기 시작한다.

석기의 기종별 연구는 앞 시기에 이어 여전이 주요 연구 주제로 많은 논문이 발표되며 이밖에 시기별, 지역별, 단위 유적별 검토와 이를 종합적으로 분석한 생업, 생산연구, 석기의 제작기법, 사용흔을 통한 기능 연구, 석재 산지분석과 교역 및 생산문제 등 다방면에 걸쳐 연구가 진행되기 시작한다. 이 시기에 이루어진 석기 연구 현황을 편의상 주제별로 간단히 살펴보면 다음과 같다.

석기의 개론적 연구로는 하인수(2009)의 논고가 있으며, 기종별 석기의 분석적 연구로는 김선지(2000)와 윤지연(2006)의 마제석부, 西谷正(2002), 上條信彦(2005)의 제분구(갈돌·갈판), 고동순(2006), 박근태(2006), 박준범(2006), 강창화(2009), 이동주(2010)의 석촉, 木村幾多郎(2002), 김충배(2003), 하인수(2006·2009), 천성주(2010)의 결합식조침, 김경규(2003)와 신종환(2006)의 어망추, 이헌종(2000), 한창균(2000), 신숙정·손기언(2002)의 타제석기, 임승경(2003), 中山淸隆(2004·2009a·2009b), 이상균(2007)의 옥기 논고가 있다.

지역별 석기 연구로는 중서부지역 석기를 종합적으로 검토한 임상택(2000)과 남해안지역의 석기군을 분석한 이상균(2003), 동해안지역의 석기를 검토한 하영중(2010)의 논문 등이 있다. 시기별 연구로는 제주 고산리유적을 중심으로 초기(초창기) 석기를 검토한 강창화(2006), 박근태(2009)와 즐문토기 단계의 석기 내용과 특징을 분석한 이동주(2003)의 논문이 있다.

범방·대천리·노래섬·여서도패총 등 단위 유적 출토 석기의 특징과 기종을 분석한 연구로는 구자진(2004), 곽진선(2006), 이헌종·김건수(2008), 하인수(2010)의 논고가 있다. 석기조성 관계를 통해 생업과 생산활동, 취락의 생계방식, 패총의 기능 등을 분석한 연구로는 최종혁(2001·2004·2005·2006), 이정재(2002), 이준정(2002), 임상택(2006), 박준범(2007), 정미란(2007), 구자진(2008·2009) 등의 논문이 있다. 석기의 사용흔 분석을 통한 기능 연구와 제작방법 및 기술을 검토한 연구로는 이헌종(2000), 김성욱(2007·2008), 윤지연(2007), 장용준(2007), 윤정국(2009), 김경진(2010)의 논고가 있다.

석기 소재의 자연과학적 연구로는 진안 갈머리·좌포리유적, 군산 노래섬패총 출토 석재 암종을 분석한 김주용·고상모·안승모·이영덕(2005)의 논고와 한반도 출토 흑요석제 석기와 소재의 산지를 분석한 김상태(2002), 高橋豊·河仁秀·小畑弘己(2003), 小畑弘己(2003·2004), 조남철(2005), 조남철·강형태·정광용(2006) 등의 연구가 있다. 이밖에 석기 교류와 교역에 대한 고찰로는 범방유적 출토 화강편마암제 마제석부와 남해안지역의 흑요석의 교역문제를 검토한 하인수(2006·2010)와 대마도 출토 죠몽시대 마제석부의 교류를 검토한 板倉有大(2008)의 논고가 있다.

2010년대 연구는 앞 시기의 분위기가 이어지면서 석기조성 분석을 통한 생업 연구가 32%(18편)를 차지하면서 주류를 이루고, 이어서 석부, 조침, 작살, 옥기 등 기종별 검토가 계속해서 석기 연구의 주요 주제를 차지한다.

특히 2011년에 한국신석기학회에서 주관한 〈신석기시대 석기의 지역성〉 문제를 다룬 학술대회가 개최되면서 그동안 단편적으로 검토된 지역별 석기 연구가 심화된다. 물론 석기의 지역적 연구는 앞 시기에도 있었으나 2010년대에 들어서면서 발표 논문이 앞 시기 5%에서 14%로 양적으로 증가한다. 이밖에도 석기제작 기술과 기능, 산지분석, 시기별, 유적별 등 다양한 주제에 걸쳐 석기 연구가 진행되며, 광복 후 현재까지 석기 연구의 현황과 과제, 연구 방향 등을 살펴본 논고도 발표되었다.

2000년대의 석기 연구는 지금까지 개별적으로 진행되어 온 것을 종합하여 지역별 혹은 시기별 변화 양상을 고찰하고, 그동안 주목되지 않았던 석기조성과 기종구성을 통해 생업(생계)과 생산 등 사회경제적 문제까지 접근하고 있다는 점에서 이전의 연구 경향과는 다르다고 할 수 있다.

2010년대에 이루어진 석기 연구 현황을 주제별로 간단히 살펴보면 먼저 1980년대 廣瀬雄一(1985)의 연구사 검토 이후 광복 이후부터 현재까지 석기 연구 현황과 과제를 검토한 논고가 하인수(2011b), 윤정국(2015b)에 의해 발표되고, 개론적인 글로는 하인수(2011a)의 생업도구가 있다. 개별기종 연구로는 박성근(2012·2013a)의 마제·타제석부, 최득준(2012·2014)과 中尾篤志(2013)의 결합식조침, 이상규(2014)의 작살, 하재령(2015)의 첨두기, 임승경(2012a·2012b), 하인수(2013), 지영배(2013)의 옥기에 대한 논고가 있다.

시기별 석기에 대한 검토 작업으로는 초창기 단계 석기 양상을 고찰한 박근태(2012), 단위유적의 석기 분석으로 후포리유적 마제석부를 검토한 박성근(2013b)의 논고가 있다.

지역별 연구로는 제주도 신석기시대 석기 양상, 남부내륙의 석기 변천과 양상, 중동부지역의 석기와 생업, 남해안지역의 석기조성과 시기별 양상, 중서부지역의 석기조성과 생업, 동해안지역의 석기와 생업, 서해안의 석기 조합양상과 시기별 변화 양상을 고찰한 박근태(2011), 윤정국(2011·2015), 곽진선(2011), 안성희(2011), 윤혜나(2011), 이정재(2011)의 논고가 있다.

석기 분석을 통한 생업 연구도 많은 논문이 발표되었는데, 대표적인 연구로는 이경아(2011), 최종혁(2012), 소상영(2012·2013), 김은영(2012·2014), 이영덕(2013·2014), 유지인(2013), 조은하(2014) 등의 논고가 있으며, 전술한 윤혜나, 윤정국, 이정재 연구도 석기의 조성 분석을 통해 생업 형태를 고찰한 논문이다.

석기 제작방법과 분류체계, 용어문제를 검토한 것으로는 윤정국(2014·2015a)과 박근태(2014)의 논고가 있으며, 석기의 기술적 문제는 보령 송학리패총 뗀석기를 분석한 김영준·김경진·이한주(2015)의 논문이 있다. 석기의 사용흔과 기능 등 실험적 분석 연구로는 석영계석기의 사용흔 분석(김경진 2012), 뗀석기의 변형에 대한 실험적 분석(박성진 2012), 찔개살의 제작과 실험(최경용·문수균 2013), 망치형석기의 기능(김영준·김소영 2012)을 고찰한 논고가 있다.

이밖에 석재 산지의 분석적 연구로는 문암리유적의 석기 원산지를 추정한 조미순·박윤정·좌용주(2013)의 논고와 흑요석제 석기의 지구과학적 자료를 검토한 좌용주·조미순(2013), 좌용주(2013)의 연구가 있다.

이상에서 우리나라 신석기시대 석기 연구 흐름을 시기별로 간략하게 살펴보았는데, 광복 이후 1970년대까지는 석기에 대한 인식 부족과 전문 연구자의 부재로 이렇다 할 연구와 성과가 없었다. 그러나 1980년대 이후 남해안지역을 중심으로 패총유적 발굴이 증가하고 이에 대한 관심이 확대되면서 연구 분위기가 고조되기 시작한다. 1990년대부터는 신석기 전공자가 증가하고 석기 연구에 인식이 제고되면서 이전보다 다양한 주제에 걸쳐 많은 성과를 얻게 된다. 이러한 연구 성과와 분위기는 2000년대로 이어진다.

2. 주제별 연구 현황

〈표 1〉에서 보는 바와 같이 석기 연구는 자료 소개를 제외하고 연구 내용과 대상에 따라 11개 주제로 구분할 수 있다. 관점에 따라 주제를 세분하거나 통합도 가능하지만 대체로 현재까지 석기 연구 경향은 〈표 1〉의 범주에서 이해할 수 있을 것이다.

〈표 1〉의 통계 수치를 그대로 이해한다면 32%를 차지하는 기종별 석기 분석이 지금까지 주요 연구 주제라고 할 수 있으며, 다음으로 비중이 높은 주제는 2000년 이후 급증하는 석기조성을 통한 생업에 관한 연구이다. 이어서 단위 유적별 석기 연구와 지역별, 석기제작 기술·기능 등에 관한 연구가 이어지며, 석기의 생산과 교역, 시기별 석기 양상을 종합적으로 검토한 논고는 3% 미만으로 매우 저조한 편이다. 현 시점에서 볼 때 향후 시기별 석기 연구와 석기의 생산과 유통 및 교류 문제에 대해 많은 관심과 연구가 뒤따라야 할 것으로 보인다.

그러면 본 절에서는 전술한 시기별 석기 연구 현황을 광복 이후부터 주제별로 나누어 좀 더 구체적으로 살펴보기로 한다.

광복 이후 신석기 고고학의 역사가 70년을 맞이하지만, 석기의 개론적인 연구서라든가 논문은 매우 적다. 앞서 언급한 바와 같이 광복 이후 우리 손으로 신석기 유적이 발굴되고 석기 자료가 증가하지만, 1970년대까지는 한국 선사시대를 개관하는 가운데 석기의 종류를 분류하거나 유적별 혹은 기종별 특징을 간단히 설명하는데 그치고 체계적으로 정리한 논고는 없는 실정이다(도유호 1961, 金廷鶴 1972, 최무장 1976). 이 중에서도 최무장의 논고는 한반도 선사시대 석기를 검토하면서 소략하지만 신석기시대를 초기, 중기, 후기로 삼분하고 시기별로 유적에서 출토되는 석기의 종류와 형태 등을 개괄적으로 다루고 있다.

1980~90년대에 들어서면서 김원용(1981)과 황용훈(1983), 한영희(1994), 신숙정(1997)에 의해 보다 진전된 개론적인 논고가 발표되는데. 김원용(1981)과 황용훈(1983)의 연구는 분석적인 논고라기보다는 당시까지 조사된 석기 자료를 시기별 혹은 지역별로 종류와 특징을 개괄적으로 살펴본 것인데, 특히 황용훈은 시기별로 석기의 양상을 비교적 상세히 검토하면서 당시에 관심을 가지지 않았던 암사동과 미사리유적의 격지석기와 서포항 석기에 대해 분석하고 있다. 양자의 논고가 비록 개괄적인 검토에 지나지 않지만 우리나라 신석기시대 석기를 전반적으로 다루고 있다는 점에서 연구사적으로 의미가 있다.

신숙정의 논고는 우리나라 신석기시대 석기와 골각기를 검토하면서 석기를 남해안, 강원도, 중서부, 동북지역 등 지역별로 구분하여 그 양상을 개론적으로 다루고 있으며, 한영희의 논고는 신석기시대 사회와 문화를 개괄하는 가운데 석기를 어로용, 수렵용, 농경용, 일상용구 등 용도별로 분류하여 간략하게 살펴본 것이다.

16

2000년대 들어서면서 하인수(2005·2009·2011)에 의해 신석기시대 석기의 전반적인 양상을 검토한 개론적인 글이 발표되는데. 하인수의 논고는 생업활동과 관련하여 석기를 용도별로 분류하고 석재의 종류, 제작기술, 개별 기종의 특징과 시기별 석기양상 등을 구체적으로 검토하였다.

이상이 현재까지 제출된 석기의 개론적인 논고이다. 전술한 바와 같이 대부분 신석기시대를 전반적으로 다루는 글에서 부분적으로 취급된 정도이고, 그 내용도 소략한 편이다. 현재까지 제출된 석기 관련 글과 논고가 200편 정도에 이를 정도로 많은 성과가 축적되었음에도 불구하고 아직 신석기시대 석기문화를 이해하고 학습할 수 있는 적당한 개론서가 없다는 점에서 연구자 모두가 되돌아 볼 필요가 있다. 그런 의미에서 본서의『신석기시대 석기론』은 앞으로 우리나라 석기문화를 이해하고 연구하는데 기초 자료가 될 것으로 기대된다.

다음은 가장 많은 논고가 발표된 기종별 석기의 연구 현황에 대해 편의상 농경구, 어로수, 수렵구, 가공구, 옥기 등 용도별로 구분하여 연구 내용과 의미에 대해 살펴보고자 한다.

석제 농경구는 일제강점기부터 연구자의 관심이 높아 이에 대한 검토가 있어 왔으나(甲元眞之 1988), 광복 이후에는 의외로 구체적인 연구가 적은 편이었다. 그런 측면에서 본다면 有光教一(1953)의 갈돌, 갈판에 대한 연구는 당시로서는 비교적 구체적인 분석과 고찰이 이루어진 논문이라고 할 수 있다. 有光教一의 논고는 신석기시대 대표적인 석기인 갈돌, 갈판을 사용 방법에 따라 2종류로 나누고 그 성격과 계통문제를 분석한 것인데, 비록 일인 연구자에 의해 이루어진 연구지만, 신석기시대 석기에 대한 최초의 분석적인 연구라는 점에서 학사적으로 의미가 있다.

有光教一 연구 이후 최무장(1976), 지건길·안승모(1983), 길경택(1985), 甲元眞之(1988), 안승모(1987·1988), 임상택(2000), 西谷正(2002), 上條信彦(2005) 등에 의해 석제 농경구에 대한 논고가 발표되는데, 이들 논고는 농경구 전체를 대상으로 한 연구가 아니고 갈돌, 갈판, 보습 등의 일부 기종을 중심으로 분류와 특징을 검토하거나 선사농경 문제를 검토하는 가운데 농구에 대해 약간의 고찰을 가한 정도이다.

최무장은 한중 선사시대 농구를 개괄적으로 검토하면서 신석기시대 석기도 다루고 있다. 지탑리·궁산·호곡동유적의 갈돌, 갈판, 곰배괭이, 석겸 등을 소개하는 정도이지만, 결합식작살인 석거를 수확구로, 반월형석도를 신석기시대로 인식하고 있는 문제점도 보인다.

안승모의 연구는 한반도를 대상으로 한 것은 아니지만 북중국의 석제 농구와 수확구를 검토하는 가운데, 요서지역 석제 농경구를 기종과 형식별로 분류하고 아울러 한반도 타제석부류의 기능도 고찰하였다. 甲元眞之의 논고는 동아시아 석제 농경구의 실태를 지역별로 고찰하면서 서포항·지탑리유적 출토 갈돌, 갈판, 석겸, 따비형석기 등을 분석하여 한반도 신석기시대 초기 농경문제를 검토한 것이다. 임상택은 중서부지역 석기를 전반적으로 검토하는 가운데 타제석부류(따비형과 괭이형)와 갈돌, 갈판의 형식적인 특징을 비교적 구체적으로 고찰하였는데, 특히 갈돌의 단면 속성에 따라 4류로 나누고 시간의 흐름에 따라 갈돌과 갈판의 크기가 커지는 경향을 지적하고 있다.

西谷正(2002)과 上條信彦(2005)의 논고는 신석기시대 제분구인 갈돌, 갈판을 고찰한 것이다. 上條信彦은 한반도와 일본 북부 구주에서 출토되는 제분 가공구의 속성 분석을 통해 시간적, 공간적 분포 양상을 검토하였고, 西谷正은 중국, 일본, 한국 출토 안형마구鞍形磨臼의 비교 분석을 통해 초기 농경문제를 다루었다.

한반도 초기 농경에 대한 연구는 조, 기장 등의 탄화곡물의 전국적인 출토 양상과 토기 압흔 분석결과 조기에서 말기까지 조, 기장의 압흔이 검출되면서 기존과 인식과 다른 양상으로 진행되고 있다. 이에 반해 농경구에 대한 구체적으로 분석한 논문은 의외로 적다고 할 수 있다. 한반도 잡곡 농경의 실상과 그 성격을 구체적으로 이해하기 위해서는 지금까지의 단편적인 분석이 아니라 농경구 전반에 대한 구체적인 종합적인 연구가 필요할 것으로 생각된다.

개별 기종 연구에서 가장 많은 논고가 발표된 것이 어로구 논문이다. 어로 활동이 신석기시대 생업에서 차지하는 비중이 높은데 원인도 있지만, 1980년대 이후 패총유적의 조사가 증가하고 다량의 어로구가 출토되는 양상과도 관련이 있다고 생각된다. 어로구 중에서 가장 많은 논고가 발표된 것은 결합식조침이다.

결합식조침은 일제강점기에 조사된 동삼동패총에서 처음으로 발견되었으나 주목을 받지 못하고 1981년부터 1983년까지 서울대박물관에서 조사한 오산리유적에서 다량으로 출토되면서 관심을 받게 된다(임효재·권학수 1984). 그러나 국내에서 구체적인 연구는 진행되지 않았고, 일본의 渡邊誠(1985)이 일본 서북西北 구주九州의 죠몽시대 어로문화를 검토하면서 오산리유적 출토품을 표지로 하는 조침을 오산리형조침으로 명명하였다. 그는 서북 구주형 조침의 계통을 오산리형에서 찾았다.

이후 장명수(1991)는 석사학위논문에서 신석기시대 어구를 종합적으로 검토하여 결합식조침을 축부와 침부로 나누고 형식분류와 편년을 시도하였다. 특히 석제 축부를 형태에 따라 면결합식직축과 면결합식곡축으로 분류하였다. 장명수의 논고는 그 당시까지 만해도 연구자의 관심을 끌지 못했던 우리나라 신석기시대 어로구를 종합적으로 분석하고 분류, 편년했다는 점에서 학사적으로 의미가 있다.

1990년대 들어 남해안지역에서 패총유적의 조사가 증가하고 결합식조침이 다량으로 출토됨에 따라, 하인수(1996)는 범방패총 출토 결합조침을 중심으로 기존에 오산리형조침으로 일괄되어 온 결합식조침에는 결합부의 형식적 특징에 따라 여러 형식이 존재하고 있음을 파악하고 축부의 속성과 범방패총의 층위를 기초로 4형식으로 나누고 편년과 계통 관계를 고찰하였다. 이후 범방유적 조사와 동남해안지역 어로구를 검토하면서 기존의 견해를 수정·보완하여 동해안의 오산리형(동해안식)과 분포상, 형식상 구분되는 결합식조침을 범방형조침(남해안식)으로 명명하였다(하인수 2006·2009·2010·2011c)

한국 선사·고대 어로문화를 종합적으로 연구한 김건수(1999)는 결합식조침을 구체적으로 분석하지 않았으나 형식적인 특징에 따라 오산리형, 상노대도형, 연대도형, 송도형으로 분류하였다. 한반도 결합식조침을 종합적 정리·분석한 것은 김충배(2003)의 논고인데, 기존에 단편적으로 연구되었던 조침을 종합적으로 분석하여 분류하고 시기별 분포와 특성, 기능 등을 고찰하였다.

최근 들어 천성주(2010)와 최득준(2012·2014)에 의해 기존의 논지를 보완하거나 다른 관점에서 분석한 논고가 발표되는데, 천성주는 조침의 속성분석을 통해 형식분류와 시기별 분포양상, 변천과정 등을 고찰하였다. 최득준은 한반도 결합식조침을 축의 평면, 결합면, 결구형태 등 세부 속성을 조합하여 형식을 설정하고 이를 기초로 지역권 설정과 지역별 전개양상을 분석하였는데, 특히 지역에 따라 발생과 전개 과정이 다름을 지적하였다. 이어서 결합식조침 중 축부 결합면에 홈이 있는 조침의 분류와 편년, 지역성 등을 고찰한 논문을 발표하였다(최득준 2014). 최득준의 논고는 김충배의 종합적인 분석 이후 그간의 연구 성과와 자료를 종합한 새로운 연구라고 할 수 있지만 논지 전개와 지역성 설정, 축과 침부의 결합형태 등에 대한 사실 관계 검증이 부족한 점도 있다.

일인 연구자의 연구로는 木村幾多郎(2002), 中尾篤志(2013)의 논고가 있다. 木村幾多郎은 한국 신석기시대 결합식조침의 축부를 장착방식을 기준으로 크게 평탄면접착형과 교차형으로 대별하고 기능적 형태차를 고려하여 편년을 시도하였다. 木村幾多郎의 분류와 편년에는 검토의 여지도 있지만 기존의 방법과 다른 기능적인 측면에서 분류하고 있다는 점과 이를 기초로 구주지역 조침과 비교하여 대마도를 중심으로 문화적 경계가 존재할 가능성을 제기한 점은 의미가 있다고 할 수 있다. 中尾篤志의 논고는 한국 결합식조침을 구체적으로 분석하지 않았지만, 결합방식의 비교 검토를 통해 당시 한일 교류 관계를 고찰하였다.

조침과 함께 신석기시대 대표적인 어로구인 어망추에 대한 연구는 전술한 장명수(1991)의 논고가 처음이다. 그는 어망추의 형태적 속성을 기준으로 사결역석추, 양결역석추, 유구석추로 분류하고 각 형식의 유적별 출토양상을 검토하여 편년을 시도하였다. 편년 부분은 현재의 시점에서 본다면 문제가 있지만, 그동안 관심을 갖지 않았던 어망추를 집성하여 구체적으로 분석하였다는 점에서 학사적으로 평가할 수 있다.

장명수의 논고 이후 어망추에 대한 연구로는 김건수(1996)의 논고가 있다. 김건수는 우리나라 선사·고대 어로문화를 종합적으로 고찰하면서 신석기시대 어망추를 간단히 다루고 있다. 그는 신석기시대 유적에서 일반적으로 출토되는 자갈돌 양단에 홈을 낸 역석추는 편물추의 기능도 발휘할 수 있기 때문에 역석추를 모두 어망추로 보기 어렵다는 견해를 제시하고 이를 제외한 어망추를 형태적 특징에 따라 유구석추와 절목석추로 분류하였다.

이에 대해 신석기시대 내륙지역의 어로문화를 고찰한 신종환(2006)은 김건수가 제기한 역석추의 편직용일 가능성에 대해 문제를 제기하고 역석추의 출토상태, 크기와 무게, 형태 등으로 보아 어망추로 사용되었음을 분명히 하고 있다. 그리고 내륙지역 출토 어망추의 출토상태와 속성 분석을 통해 어망추의 결구 방법과 어망의 형태를 추론 복원하고 유적 환경에 따라 어망의 형태 차가 있음을 지적하였다.

이밖에 어망추를 분석한 고찰은 김경규(2003)와 이영덕(2006)의 논고가 있다. 김경규의 논고는 장명수 이후 한반도 출토 신석기시대 어망추를 종합적으로 집성하여 기존의 연구 성과를 검토하고 형식분류와 공간적, 시간적 분포 양상을 고찰하여 하천과 해안지역의 어망 형태 복원을 시도한 점에서 의미가 있다. 이영덕은 어망추를 구체적으로 분석하지 않았지만, 서해안지역의 어망추가 대형이고 중량이 무거운 점에서 조차를 이용한 함정어로, 즉 개막이그물류에 사용되었을 것으로 추정하였다.

어망추는 형태가 단순하고 신석기시대 대부분의 유적에서 출토되고 있기 때문에 의외로 연구자의 관심과 연구가 적었던 것으로 생각된다. 어망의 부속구인 석추만 남아있어 어망의 형태와 구조를 알 수 없는 상황에서 구체적인 분석이 어려운 점도 있지만 유적의 환경과 출토양상, 어망추의 제속성을 면밀히 분석한다면 어망추를 통한 당시의 어로 활동과 생계방식을 어느 정도 이해할 수 있다는 점에서 앞으로 연구가 진전되어야 할 것으로 생각된다.

이밖에 석제 작살에 대한 연구로는 장명수(1991), 하인수(2006), 최경용·문수균(2013), 이상규(2014) 등의 논고가 있다. 이들 논고 중 이상규의 논문을 제외하고는 어로구를 고찰하는 가운데 석제 작살의 분류와 특징, 기능 등을 고찰한 것이다. 장명수는 형태에 따라 만저, 용저, 양익, 거치, 석거 조합형으로 분류하고, 하인수는 동남해안지역의 어로구를 분석하면서 석제 작살을 단식과 결합식작살, 수렵 겸용의 대형작살로 나누어 형식적 특징을 고찰하였다.

이상규의 논고는 한반도 해안지역 작살을 종합적으로 검토하면서 석제 작살을 형태적 특징에 따라 석촉형, 석거형, 석창형으로 분류하고 시간적 변화과정을 고찰한 것이다. 골제 작살과 함께 분석되었지만 신석기시대 작살에 대한 단독 논문이라는 점에서 의미가 있다. 최경용·문수균은 마제 작살(찔개살)을 평면 형태를 기준으로 분류와 중심 연대를 검토하고 이를 기초로 제작 및 어획실험을 통해 그 용도를 1차 사냥용보다는 획득된 대상의 2차 수습도구일 가능성을 제기하였다.

석제 작살 역시 신석기시대 대표적인 어로구임에도 불구하고 석제 작살만을 다룬 연구 논문은 없는 실정이다. 석제 작살이 지역의 생업 환경에 따라 시기적으로 다양한 형태가 존재하고 있다는 점에서 앞으로 이에 대한 구체적인 연구가 필요할 것으로 보인다.

다음은 수렵구인 석촉의 연구로는 박준범(1998·2006), 박근태(2006), 고동순(2006), 강창화(2009), 이동주(2010)의 논문이 있다. 박준범의 논고는 선사시대 한강유역의 석촉을 형식분류와 통계학적인 방법을 이용하여 분석하고, 신석기시대 석촉의 형식설정과 분포상의 특징을 검토한 것이다. 고동순은 동해안지역의 최근 발굴 성과를 바탕으로 마제석촉을 4형식으로 나누고 시기별 변화과정을 고찰하였고, 이동주는 마제석촉의 형식분류를 통해 지역별 편년과 상호 관련성을 검토하여 한반도 전체 마제석촉의 편년과 계보를 살펴보았다. 박근태(2006)는 고산리유적의 타제석촉 제작기법과 형태적 특징을 분석하고 3단계로 편년하였으며, 강창화 역시 고산리유적 출토 석촉의 형식과 변호 관계를 검토하였다.

생계 유형과 취락 내에서 일상생활을 이해하는데 중요한 지표가 되는 가공구에 대한 연구는 앞에서 언급한 갈돌, 갈판을 제의하고 생업 연구의 보조적인 수단으로서 분석한 정도이고(최종혁 2005, 윤혜나 2011, 이경아 2011, 이정재 2011, 김은영 2012, 윤정국 2015b) 식료·조리·도구 제작 등 가공구 전반에 걸친 종합적인 연구는 이루어지지 않았다. 그러나 벌목 혹은 목재 가공용의 석부 연구는 전영래(1979), 김선지(2000), 윤지연(2006), 박성근(2012·2013a·2013b)의 논고가 있다.

전영래의 논고는 계화도 산상유적 출토유물을 보고하면서, 그 동안에 관심이 적었던 소형 석부, 즉 옥부에 대해 주변지역과의 비고 검토하여 그 성격을 고찰한 것이다. 김선지의 연구는 남해안지역을 중심으로 하였지만, 우리나라에서 처음으로 마제석부의 형식분류와 기능을 검토하여 석부의 시기별 변화 양상을 고찰하였다는데 의미가 있으며, 특히 유적의 성격과 공반유물의 출토맥락을 분석하여 석부가 도구제작, 자원획득, 처리, 굴지구 등 다용도로 사용되었을 가능성을 제기하였다. 윤지연은 중서부지역을 중심으로 석부의 형식분류와 사용흔 분석을 통해 기능을 추정하고 이를 기초로 석부를 굴지구, 목공구, 벌목구로 나누어 시기별 변화 양상을 고찰하였다. 그러나 사용흔 분석을 통해 기능을 일반화하는데 보다 구체적인 실험적 연구가 뒤따라야 할 것으로 보인다.

박성근은 남부지역 마제석부를 종합적으로 분석하여 석부의 시기별 양상과 변화상을 검토하고 석부의 분포상을 통해 지역권을 설정하였다. 박성근의 논고는 기존의 연구 성과를 바탕으로 석부를 구체적으로 고찰하였다는 점에서 의미가 있으나 마제석부에 기능과 성격이 전혀 다른 타제석부를 포함하여 분석하였다는 점에서 재론의 여지가 있다. 이밖에 석부를 구체적으로 분석한 것은 아니지만, 중서부지역 석기를 검토하면서 석부를 분류한 임상택(2000)과 후포리유적의 마제석부를 검토한 박성근(2013b)의 논고가 있다.

타제석기 연구로는 제주 고산리유적의 타제석기의 형태적 특징을 분석한 고재원

(1996a·1997), 호남지역 신석기시대 타제석기 제작기법의 제양상을 분석한 이헌종(2000), 북한의 선사시대 뗀석기를 종합적으로 검토한 한창균(2000), 오산리유적을 중심으로 강원지방의 뗀석기 연구한 신숙정·손기언(2002)의 논고가 대표적이다. 특히 신숙정·손기언은 신석기시대 타제(뗀)석기가 아직 분류기준과 제작수법, 명칭 등이 체계화되어 있지 않음을 지적하고 타제석기 연구가 시급함을 강조하였다. 그동안 석기 연구가 주로 성형석기를 중심으로 진행되어 타제석기류가 소홀하게 취급되어 왔던 점에 비추어 본다면 이들의 논고는 의미가 있다고 하겠다.

이밖에 기존에 자돌구, 석촉, 작살, 찔개살, 석창으로 분류되어 왔던 석기를 첨두형석기로 일괄하여 타제와 마제로 대별하고 세부속성에 따라 형식분류와 이를 기초로 지역별 출토 양상과 시기별 변화상을 고찰한 하재령(2015)의 논고와 한반도를 포함한 극동지역의 신석기시대 흑요석 산지를 분석해 흑요석 이용문제를 분석한 小畑弘己(2003·2004)의 논문이 있다. 흑요석 석기에 대한 구체적인 검토는 이루어지지 않았지만, 일찍이 황기덕(1962)은 두만강유역의 신석기문화를 검토하면서 농포동유적의 흑요석제 석기가 타 유적에 비해 규모와 수량이 월등히 많고, 대부분 미완성품인 점을 들어 인접 지역에 공급하기 위한 원료 상품으로서 제작되었을 가능성을 제기하였다.

신석기시대 옥기는 그동안 유적에서 출토 사례와 자료가 적어 계통과 출현과정, 옥기의 형식적 특징과 편년 등 구체적인 연구 진행되지 않았지만, 최근 들어 분묘유적을 비롯하여 패총유적에서 이식을 비롯한 다양한 옥기류가 출토되면서 이에 대한 논문이 발표되고 있다.

현재까지 발표된 옥기 연구로는 결상이식을 중심으로 한 특정 기종과 계통을 중심으로 분석한 中山淸隆(2004·2009a·2009b), 국립문화재연구소(2004), 하인수(2013), 김은영(2007), 임승경(2012a·2012b)의 논고와 석제장신구를 포함하여 개략적으로 옥기를 검토한 이상균(2007), 지영배(2013)의 논고가 있다. 이밖에 일본열도의 결상이식의 계통과 기원문제, 중국 동북지역 옥문화의 확산 및 전파와 관련하여 한반도 옥기를 간접적으로 다룬 중국과 일본 연구자의 논문도 있다(하인수 2013).

문암리유적 보고자인 김성범·박윤정 등은 02-3호묘 출토 결상이식을 검토하면서 문암리출토품은 일본 죠몽문화의 것과 다르고 매장풍습, 재질, 형태적 특징 등에서 중국 동북지역이나 연해주지역과 유사하다는 점에서 반입되었을 가능성이 높다는 의견을 제시하였다. 이상균은 한반도의 옥기 양상을 중국 옥기문화와 비교하여 개괄적으로 검토하고 한반도 옥기문화의 기원을 신석기 조·전기의 시점에서 중국 요하유역의 영향 하에 성립된 것으로 추정하였다.

김은영은 동해안지역 고성 문암리유적을 중심으로 평저토기를 고찰하면서 문암리 출토 결상이식의 결구제작 방법과 제작지 문제를 검토하고 있다. 그는 한반도 결상이식이 일본 구주지역과 거의 비슷한 시기에 발생할 가능성이 높고 결구제작에 찰절기법의 제일성이 보이기 때문에 죠몽문화로 부터 전해졌을 가능성이 낮다고 주장하였다.

中山淸隆은 일찍부터 한반도의 옥기에 대해 관심을 가지고 결상이식과 옥기문화의 계통문제를 집중적으로 검토하였는데, 그의 일련의 연구는 한반도 옥기문화 성립과 계통문제를 이해하는 많은 참고된다. 그의 논지는 한반도에 기본적으로 결상이식이 존재하지 않는다는 전제하에 문암리, 동삼동, 안도, 사촌리유적 결상이식은 일본열도에서 반입되었을 것으로 보았다. 한반도 결상이식을 처음으로 종합 검토한 임승경은 형태적 특징을 통해 남부지역 결상이식은 일본, 중국 장강, 중국동북의 주변지역으로부터 유입되었을 것으로 추정하였다.

지영배는 한반도 신석기시대 장신구와 이형유물의 양상과 변천과정을 고찰하면서 석제 수식과 결상이식을 형식 분류하고 편년을 시도하였는데, 특히 결상이식을 평면 형태에 따라 3유형으로 나누고 다시 세부 속성에 따라 여러 형식으로 세분하고 있다. 하인수(2013)는 최근까지 출토된 한반도 옥기의 기종별 특징과 성격을 종합적으로 검토하고 옥기의 시기별 양상과 계통문제를 고찰하였다.

한반도 옥기 연구는 그 동안 주로 결상이식을 중심으로 그 성격과 계통문제에 치중하여 단편적으로 검토되어 왔고 구체적이고 종합적인 논의는 거의 이루어지지 않았다고 할 수 있다. 최근 전국 각지에서 다양한 형태의 옥기자료가 증가하는 추세에 비추어 본다면 신석기시대 옥기에 대해 출현시기와 계통문제를 포함하여 옥문화의 성립과 전개 과정에 대한 본격적인 검토와 논의가 필요하다고 생각된다.

단위 유적 출토 석기의 대한 연구로는 암사동(김원용 1962), 계화도(전영래 1979), 상노대도(장호수 1982·1988, 손보기 1982, 廣瀬雄一 1984), 고산리(고재원·이청규 1995, 고재원 1996, 강창화 2006), 대천리(구자진 2006), 노래섬(곽진선 2006), 범방(하인수 2010), 후포리(박성근 2013), 여서도유적(이헌종·김건수 2008)의 석기에 대한 분석적 논고가 있다.

김원용과 전영래의 논고는 암사동과 계화도유적 출토 석기에 대한 소개와 약간의 고찰을 한 정도이다. 장호수의 논고는 상노대도패총 출토 타제석기의 제작수법과 종류, 쓰임새 등을 구체적으로 분석하고 상노대도 석기문화를 5기로 구분한 것인데, 상노대도 석기조성과 유적에서 나타나는 석기의 실태에 대한 종합적인 검토는 이루어지지 않았지만 단위 유적 출토 석기를 처음으로 구체적으로 연구하였다는 점에서 의미가 있다. 廣瀬雄一는 동아대학교박물관에서 발굴한 상노대도유적 보고서에서 다루지 않았던 박편을 분석하여 석기 연구에 있어 박편석기의 중요성을 강조하기도 하였다.

고재원과 이청규의 논고는 1994년도에 발굴되어 우리나라 신석기시대 초창기의 유적으로 정착된 고산리유적의 타제석기류를 제작기법과 기종별로 분석하여 고산리 석기문화의 양상과 특징을 고찰한 것이며, 이러한 연구 성과는 후술하는 강창화의 연구로 이어져 한반도 신석기시대 초창기의 석기문화의 실상을 이해하는 기본 틀을 제공하게 된다.

　구자진의 논고는 발굴보고서에서 다루지 못한 타제석부와 갈돌, 갈판 등을 기종별로 분석하여 석기의 자원 활용 영역을 고찰한 것이며, 하인수의 논고는 범방유적에서 다량으로 출토된 타제석부의 형식분류와 더불어 외래계 마제석부의 생산과 유통문제를 검토하였고, 특히 다양한 크기와 형태로 존재하는 타제석부의 기종분화는 식량자원 생산기술과 관련성이 있는 것으로 추정하였다.

　곽진선은 노래섬패총에서 출토된 석기를 종합적으로 분석하고 시기별 변화상을, 강창화는 고산리 신석기문화를 고찰하는 가운데 지금까지 단편적으로 연구되어 온 석기를 기종별로 분석하여 종합적으로 고찰하였다. 이헌종과 김건수는 여서도패총 출토 석기 중 타제석기의 기술형태적 특징을 주변 지역의 사례 연구를 통해 검토하였고, 박성근은 전술한 바와 같이 후포리 출토 마제석부를 분류하고 동해안지역 시기별 석부상을 고찰하였다.

　다음은 시기별, 지역별 석기 연구에 대해서 살펴보기로 하겠다. 시기별 석기 연구는 의외로 연구 논문이 적은 편인데, 남부지역의 중기 석기를 분석한 이동주(2003a·2003b)의 논고와 고산리유적을 중심으로 초창기 석기를 검토한 박근태(2009·2012)의 연구 정도이다. 이동주는 일련의 논고를 통해 빗살무늬토기 단계(중기)의 마제석기를 기종별로 분석하여 지역별로 전개되는 빗살무늬토기의 상호 관련성과 발생, 확산과정을 고찰하였고, 박근태는 고산리유적 발굴 이후 최근 자료를 종합, 기종별로 분석하고 석기 조합에 따른 유적 성격과 시기를 검토하여 초창기 단계의 석기 편년안을 제시하였다. 이밖에 특정 시기만을 대상으로 한 석기 연구는 아니지만, 후술하는 지역별 석기의 양상과 생업활동을 검토하면서 시기별 석기의 조성과 변화과정을 고찰한 논고들은 다수가 있다.

　석기의 지역별 연구는 임상택(2000·2001·2006)에 의해 처음으로 기초적인 연구가 이루어지는데, 그의 논고는 중서부지역의 석기 조합상을 검토하고 개별 기종에 대한 형태 분석을 통해 시기별 변화 과정을 개괄적으로 검토하였다는 점에서 2000년 이후 다양화되는 석기 연구의 촉진제가 되었다고 할 수 있다. 이후 남해안지역의 유적별 석기군의 특징과 양상을 검토하여 구주지역과의 관련성을 고찰한 이상균(2003)과 서울·경기·인천지역 출토 간석기를 검토한 박준범(2008), 중서부지역 석기조성과 생업 형태를 고찰한 윤혜나(2011), 울진 죽변유적의 발굴 성과를 기초로 동해안지역 석기를 검토한 하영중(2010)의 논고가 발표된다. 이러한 지역성 연구는 2011년 한국고고학연합대회에서 신석기학회가 〈신석기시대 석기의 지역성〉이란 주제로 학술대회를 개최하면서 보다 구체화되고 활발히 진행된다.

　곽진선(2011)은 군산 노래섬 출토 자료를 중심으로 서해안지역 석기 조합양상을 분석하여 석기의 변화상을 통한 시기별 생업형태를 검토하였고, 이정재(2011)는 오산리C유적 석기를 중심으로 조성 관계를 분석하여 생업경제 방식과 동해안지역 타 유적 출토 석기와 비교 검토를 시도하였다. 윤정국(2011a · 2011b)은 그동안 거의 연구가 진행되지 않았던 남부 내륙지역의 석기 양상을 석기분류와 제작 기술, 석기조성 관계 등을 통해 성격과 변천과정을, 안성희(2011)는 남해안지역의 시기별 석기조성과 특징을, 박근태(2011a · 2011b)는 제주도 신석기시대 석기 출토현황을 분석하여 시기별 특징과 생업경제의 변화를 고찰하였다.

최근 윤정국(2015)은 중동부지역 석기 자료를 집성하여 다양도 분석을 통해 기종별, 시기별 석기 양상을 검토하고 이를 바탕으로 생업의 변화상을 고찰한 논고를 발표하였다. 이상이 2000년대 들어 활발히 진행된 석기의 지역성 연구의 현황이다. 기존에 개별 기종을 중심으로 이루어진 연구에서 벗어나 석기조성과 이를 기초로 한 석기문화의 지역성 문제까지 연구 범위가 확대되고 있다는 점에서 매우 고무적인 일이라고 할 수 있다. 그러나 연구자에 따라 자료의 분석방법과 유적과 유물에 대한 인식차가 커서 자료 해석상의 오류도 없지 않다. 이러한 점들은 향후 보완이 필요할 것으로 보인다.

그동안 연구가 거의 없었던 석기 제작기법과 기술적 검토에 대한 연구로는 이헌종(2000), 윤정국(2006 · 2009 · 2014 · 2015), 장용준(2007), 김영준 · 김경진 · 이한주(2015)의 논고가 있다. 이헌종의 논고는 함평 당하산유적 출토 석기를 중심으로 석재의 채집전략과 제작기법의 기술적 측면을, 장용준의 논고는 선사시대 석기 분별 방법과 제작기법을 개괄적으로 검토한 것이다. 김영준 · 김경진 · 이한주의 연구는 보령 송학리패총 출토 뗀석기의 제작과정의 기술적인 특성을 분석하고 사용흔 분석을 통해 석기 기능을 추론한 논고이다.

윤정국은 진그늘유적의 타제석기, 특히 타제석부의 제작기법을 구체적으로 분석하여 분류를 시도한 이래 일련의 논고에서 석기의 제작방법과 기술체계를 등을 종합적으로 분석하였다. 최근 그의 박사학위논문에서는 석기제작법과 시기별 특징, 석기제작 체계의 변천과정을 구체적으로 고찰하였다는 점에서 앞으로 석기의 제작기술 체계를 이해하는데 일조할 것으로 생각된다.

석기 사용흔 관찰 통한 석기의 기능 분석적 연구는 전술한 김영준 등(2015)의 논고 외에 김성욱(2007 · 2008), 윤지연(2007), 김경진(2010 · 2012), 김영준 · 김소영(2012)의 연구가 대표적이다. 윤지연은 신석기 · 청동기시대 석부의 사용흔을 분석하여 기능을 추정하고 이를 기초로 석부의 기능 분류를 시도하였다. 김성욱은 갈머리와 진그늘유적 출토 석기를 실험고고학적 방법으로 분석하여 농경구의 기능과 사용법을 고찰하였다. 특히 박편석기의 사용흔 광택면 분석 결과 벼과 식물의 이삭을 따거나 자르는 수확구로 사용되었을 가능성을 제기하였다는 점에서 시사하는 바가 크다.

김경진의 논고(2010) 중 「석기 사용흔 분석과 기능연구」는 석기에서 관찰되는 주요 흔적을 해석하기 위한 일반적인 방법론을 개론적으로 검토하여 한국 선사시대 석기의 사용흔 분석을 위해 인지해야 할 문제와 연구 방향 등을 제시하였고, 2012년 논문에서는 석영계 석기의 사용흔 분석 방법을 고찰하였다. 김영준·김소영의 논고는 중서부지역의 운서동·중산동유적 등에서 출토되는 망치형석기의 기능을 다양한 실험적 사례를 통해 식물재료의 가공보다는 석기제작 과정에서 쪼는 용도일 가능성을 추론한 것인데, 단순히 석기 형태만을 기준으로 기능과 용도를 판단한 기존의 연구방법에서 벗어나 사용 실험을 통해 용도를 추정하였다는 점에서 의미가 있다. 이밖에 뗀석기 변형 형태를 고고학적 실험을 통해 분석한 박성진(2012)의 연구도 있다.

석기의 교류 혹은 교역에 대한 연구는 남해안지역의 동삼동패총 흑요석을 중심으로 일제강점기부터 부분적으로 검토되었고, 이후 남해안지역에서 출토되는 각종 흑요석이 구주의 고시타케[腰岳]산 등으로 밝혀지면서 西谷正(1982)과 坂田邦洋(1982)에 의해 죠몽문화와 교류(교역)의 관점에서 연구가 진행되었다. 이들의 연구는 기초적인 검토에 지나지 않지만, 한일 양 지역의 교류 문제를 넘어 교역 차원에서 남해안지역의 흑요석을 검토하였다는 점에서 의미가 있다.

최근 들어 후술하는 바와 같이 흑요석을 비롯한 석재의 산지분석이 증가하고 석기의 생산과 교역문제에 대한 관심이 이전에 비해 높아지지만, 주로 흑요석을 중심으로 대외적인 관점에서 검토되고 대내적으로는 석기의 생산과 유통이라는 측면에서 연구의 필요성을 제기하고 있는 정도이다. 전자의 연구로는 이상균(2003), 하인수(2006), 板倉有大(2008)의 논고가 있으며, 후자는 임상택(2004)과 하인수(2010)의 연구가 있다.

하인수는 남하안의 흑요석과 조개 팔지를 분석하여 흑요석의 유통과 교역문제를 구체적으로 검토하였고, 이상균은 남해안과 일본 구주지역과의 석기 비교를 통해 양 지역 교류문제를 고찰하였다. 板倉有大는 죠몽시대 후기 유적인 대마도 사가[佐賀]패총의 마제석부를 분석하여 대마도산 함위력含偽磔 혼펠스제 석부가 한반도 남해안지역에 유통되었을 가능성을 타진하고, 남해안과 구주해안지역의 마제석부 교역문제를 제기하였다.

임상택과 하인수의 논고(2010)는 석기의 교류, 교역문제를 재지에서 출토되는 외래계 석기를 통해 석기의 유통망과 교역(교환)시스템에 대해 원론적으로 검토한 것인데, 특정 석기의 산지와 생산지 문제가 해결되지 않아 구체적인 연구로 진전되지 않고 있다.

석기 생산과 유통 연구의 기초적 작업인 석재의 산지 분석 연구도 2000년대 들어 활발히 진행된다. 대부분 분석 작업이 흑요석을 중심으로 이루어지지만, 유적 출토 암종 감정과 석기의 원산지 추정을 위한 분석 작업도 진행되고 있다. 흑요석의 산지 분석은 기존에는 일본인 연구자들에 의해 단편적으로 이루어지고 분석 수량도 적었으나 최근 연구는 국내 연구자에 의해서 단위 유적별 혹은 시기별로 다양한 분석 작업이 이루고 있다.

흑요석의 분석적 연구로는 이철·김승원·김규호·강형태(1991), 이선복·이용일(1996), 高橋豊·河仁秀·小畑弘己(2003), 조남철(2005), 조남철·강형태·정광용(2006), 좌용주(2013) 등의 논문이 있다. 이들의 연구는 흑요석의 지화학적 특성이나 미량성분원소 분석, 형광X선분석 등을 통해 원산지 동정과 분류를 시도한 것이다.

특히 高橋豊·河仁秀·小畑弘己의 연구는 형광X선분석을 통해 동삼동과 범방유적 출토 흑요석의 원산지가 일본 구주의 고시타케를 비롯한 하리오지마[針尾島], 요도히메[淀姫] 등 여러 지역의 산지에서 기원하며, 일본 구주지역으로부터 남해안지역에 유입되는 흑요석 루트와 교역망이 일원적이지 않고 다원적일 가능성을 제기하였다. 조남철은 미량성분을 이용한 산지 분류 결과 한반도 흑요석은 3개 그룹이 있으며, 이중 남부지역의 연대도, 욕지도, 동삼동, 상노대도, 송도 등의 흑요석은 일본의 고시타케산 외에 산지가 다른 그룹이 있음을 지적하였다. 조남철의 분석은 일본 측 연구 결과와 비교·검토되지 않아 아쉬운 점도 없지 않으나 향후 남부지역 흑요석 연구에 기초 자료를 제공한다는 점에서 의미가 있다.

이밖에 한반도 흑요석제 석기와 원산지연구 현황의 검토(김상태 2002), 한반도 선사시대 흑요석제 석기에 대한 지구과학 자료의 분석 방법(좌용주·조미순 2013), 백두산지역과 일본 구주지역에서 산출되는 흑요석 분석(진미은·문성우 외 2015), 자기적 특성을 이용한 한반도 흑요석의 분류 연구(조남철·박용희 외 2004) 등이 있다.

흑요석 이외에 유적 단위로 혹은 특정 석기에 대한 원산지 분석과 이를 기초로 한 석재 및 석기의 유통 연구는 흑요석에 비해 적은 편이지만, 진안 갈머리와 노래섬유적 등에서 출토된 석재의 암종 박편을 분석한 연구(김주용·고상모·안승모·이영덕 2005)와 문암리유적 출토 석기의 재질을 분석하여 석기 종류에 따른 석재 사용 및 시기별 사용 변화를 검토하고 원산지 추정에 따른 석재의 수급과정을 고찰한 논그(조미순·박윤정·좌용주 2013)가 있다.

이상의 흑요석 분석과 석기 원산지 연구는 신석기시대 석기의 유통과 원거리 교역의 실질적인 증거를 확보할 수 있는 기초자료가 된다는 점에서 의미가 있으며 앞으로 분석 자료를 바탕으로 한 석기의 생산과 유통, 지역 간 교류문제에 대한 연구도 진행되어야 할 것으로 생각된다.

이밖에 석기조성과 기종구성, 다양도 분석 등을 통해 생업 및 생계유형과 방식, 생산 활동 등을 고찰한 연구가 전술한 바와 같이 2000년 들어 활발히 진행된다. 이들 연구는 석기를 직접적으로 고찰한 것은 아니지만, 석기의 다양한 분석 장치를 이용해 생업활동과 생계 유형 등을 연구하고 있다는 점에서 공통점이 있다. 그러면 주요 연구 내용을 주제별로 간략하게 살펴보면 다음과 같다.

석기조성 분석을 통해 가장 많아 연구된 주제가 생업과 생산 문제라고 할 수 있다. 특히 최종혁(2001·2004·2005·2012)은 일련의 논고를 통해 석기뿐만 아니라 자연유물 및 골각기 등 도구 조성을 분석하여 어로민의 생계유형과 남부지역의 생업, 생산, 농경문제를 고찰하였다. 그동안 개별적으로 진행되어 온 석기 연구 성과를 종합하여 구체적으로 생업과 생계연구에 활용하였다는 점에 의미가 있다. 2005년 논고에서는 남부지방을 4개의 지역군으로 나누고 여기서 출토된 석기 조성관계를 농경 문제를 구체적으로 검토하였다.

박준범(2007)은 중서부지역의 주거, 패총유적에서 출토된 석기를 기종별로 분류하고 이를 기초로 생업활동의 형태와 특징을 개괄적으로 고찰하였고, 宮本一夫는 중국 화북형 농경 석기를 분석하여 한반도 잡곡 농경문화의 확산과 전파과정을 검토하였다. 특히 한반도 중부지역에서 보이는 지탑리형 갈판, 갈돌과 굴지구 세트는 화북형 잡곡농경문화의 확산을 의미하는 것으로 해석하였다.

전술한 이정재(2011)는 오산리유적을 중심으로 석기조성 관계를 통해 생업방식을 복원하였고, 윤정국(2015c)은 석기의 다양도 분석과 기종별 변화양상을 통해 중동부지역의 생업 특성과 변천과정을 고찰하였다. 이경아(2011)는 중서부지역의 도구의 조합관계를 분석하여 생업의 변천과정을, 윤희나는 한국 중서부지역 석기조성을 분석하여 지역별, 시기별 생업활동의 특징을, 임상택(2006)은 박사학위논문에서 석기조성 관계를 시기별로 분석하고 생업상과 관련하여 검토하였다

석기 분석을 통해 생계유형 및 생활, 취락체계, 구조 등을 분석한 연구로는 田中聰一(2000), 최종혁(2006), 구자진(2008·2009), 임상택(2010), 김은영(2012·2014), 유지인(2012), 조은하(2014)의 논고가 있다.

최종혁의 논고는 석기조성과 동물유체를 중심으로 어로민의 생계유형을 검토한 것이며, 구자진은 중부 서해안지역의 주거유형에서 출토된 석기의 조합 양상을 통해 취락 유형별 생계 주거방식과 남부내륙의 대천리식주거와 송죽리식주거지에서 출토된 석기의 조합 양상을 분석하여 생계방식을 추론하였다.

김은영은 동삼동패총 출토 석기, 골각기, 동물유체를 종합적으로 분석하여 동삼동패총에서 수립된 생계 전략의 양상과 시기별로 어떻게 변동해갔는지를 고찰하고, 석기유형의 다양도 분석을 실시하여 중기의 호서지역 수렵채집집단의 이동 양상과 생계 행위를 검토하였다.

임상택은 유적 유형별 도구 조성관계와 분석을 통해 즐문토기 문화기의 취락체계 변천을 검토하고, 조은하는 석기조성 분석을 통해 강원 영동지역의 농경 수용과 생계양상의 변화를 고찰하였다. 田中聰一은 박사학위논문에서 중남부지역 토기문화를 검토하는 가운데 지역별 생활상을 석기를 중심으로 도구 조성관계를 검토하였다. 유지인은 이준정(2002)의 분류안을 기초로 중서부지역 석기를 분류하고 이를 기초로 각 유적별 다양도 분석을 실시하여 취락 내에서 이루어진 석기 이용 양상의 복원을 시도하였다.

이상의 연구는 주로 석기의 조성관계와 도구체계, 다양도 분석 등을 통해 생업과 생계 방식, 취락의 구조 등을 검토한 것이다. 전술한 방법론을 통해 유적의 생업형태와 성격, 기능을 검토

한 대표적인 연구로는 임상택(1998), 이준정(2002), 소상영(2006·2013), 정혜림(2013)의 논고가 있다.

특히 이준정은 논고는 기존의 견해가 패총유적의 다양성을 이해하는데 부족한 점이 있다고 전제, 패총 출토 석기 등의 유물복합체 다양도 분석을 통해 패총유적의 기능을 근거지형, 단기거주형, 가공유적형의 세 가지 유형으로 분류한 것인데, 그의 논고는 이후 석기 다양도 분석을 통해 지역별 혹은 유적별 생업적 특징과 성격을 파악하는데 영향을 주었다.

임상택은 남해안과 서해안의 패총유적 석기, 골각기, 토기 등 유물 복합체를 분석하여 패총유형 분류를, 소상영은 그의 박사학위논문인「한반도 중서부지방 신석기시대 생계·주거 체계 연구」에서 기존의 연구 성과를 바탕으로 도구를 분류하고 유적의 석기조성 양상을 검토한 후 도구 다양도 분석을 실시하여 유적의 성격과 시기별·지역별 특징과 변화를, 정혜림은 남해안 유적 출토 석기, 골각기 등의 유물을 다양도 분석을 통해 패총 형성 배경을 검토하였다.

이들의 연구는 석기유형의 다양도 분석뿐만 아니라 유적의 입지, 환경, 자연유물 등을 통해 유적의 기능과 성격을 고찰한 것인데, 개별유적의 성격과 유물복합체의 해석은 연구자의 관점에 따라 약간씩 차이를 보이고 있으나 기존에 정착을 통한 생계활동의 흔적으로만 인식됐던 패총유적의 성격을 다양한 시각에서 접근할 수 있는 가능성을 제시하였다는 점에서 그 의미와 연구 성과는 크다고 할 수 있다.

마지막으로 신석기시대 석기 연구 현황 내지 경향 분석과 학사적 연구에 대해 간단히 언급해 두고자한다. 이에 대한 최초의 논문은 廣瀨雄一(1985)에 의해 발표된「한국 신석기시대 석기 연구사」이다. 廣瀨雄一의 논고는 일제강점기부터 1980년대 초까지 우리나라 신석기시대 석기 연구사를 3기로 나누어 연구 경향과 성과, 문제점 등을 검토하고 향후 연구 방향을 제시하였다. 광복 이후의 내용이 다소 소략한 면도 있지만, 일제강점기의 석기 연구 경향과 현황을 구체적으로 검토하고 있다는 점에서 우리나라 신석기시대 초기 석기 연구사를 이해하는데 중요한 자료가 될 것으로 생각된다. 석기 연구에 대한 인식이 부족하고 관련 자료가 적었던 1980년대의 상황에서 본다면 학사적으로 의미가 있는 논문이라고 할 수 있다.

廣瀨雄一의 논고 이후 광복 이후부터 2000년대까지의 연구 현황과 과제를 검토한 것으로는 앞에서 언급한 하인수(2011b)와 윤정국(2015b)한 논고가 있다. 하인수는 광복 이후 석기 연구 현황을 개괄적으로 살펴보고 향후 연구 전망과 과제를 제시하였고, 윤정국의 논고는 하인수 논고 이후 연구 성과를 추가하여 광복 이후 시기별 연구 현황을 분석하고 주제별로 연구 양상을 살펴본 것이다. 두 편 모두 신석기시대 석기 연구의 흐름과 앞으로 진행되어야 연구 과제를 이해하는데 참고가 되지만, 누락된 논고도 있고 일제강점기의 연구사를 다루지 않아 연구사적인 측면에서 볼 때 다소 부족한 면도 없지 않다.

Ⅲ. 전망과 과제

이상에서 석기 연구의 흐름과 현황, 주제별 연구 경향을 연구사적 관점에서 살펴보았다. 신석기시대 고고학의 연구가 100년이라는 긴 세월 속에서 우리 손으로 본격적으로 조사되고 연구하기 시작한 것은 반세기를 좀 넘는 정도이지만, 그동안 축적된 연구 성과는 적지 않다고 할 수 있다. 그러나 한편으로는 학문적 기반이 확립되지 않은 상태에서 출발한 신석기 고고학의 한계와 지금까지 석기 연구의 현황과 성과를 되돌아보면 앞으로 해결되어야 할 많은 과제가 산적해 있음을 부인할 수 없다. 따라서 여기서는 앞으로 해결되어야 할 과제와 전망에 대해 몇 가지 측면에서 언급해두고자 한다.

윤정국(2015b)은 최근 발표한 석기 연구의 현황과 과제를 검토하면서 앞으로의 전망과 과제 등을 몇 가지 범주로 나누어 간략하게 제시하고 있다. 본고와 내용 중복을 피하기 위해 먼저 그 내용을 간단히 요약하여 살펴보면 다음과 같다.

취락 내 또는 취락 밖에서 석기의 분포양상에 대한 공간 분석과 한반도뿐만 아니라 연구범위를 동북아시아 전체를 확대할 필요가 있으며, 그동안 단편적으로 취급되어 온 긁개, 첨두기, 석겸, 석도형석기 등 타제석기에 대한 기종분류와 이에 따른 형태학적 검토가 필요함을 지적하고 있다.

이와 더불어 석기분류와 형태학적 연구의 기초를 마련해 줄 수 있다는 점에서 석기의 기술적인 연구, 즉 제작기술, 제작과정에 대한 분석과 석기의 기능, 석기조성을 통한 생업연구에 대한 정밀한 검토가 요구됨을 지적하였고, 또한 석기의 교환과 유통, 이를 통한 경제활동에 대한 연구를 포함하여 초창기의 석기문화에 대한 연구도 필요함을 제기하고 있다.

윤정국의 지적은 지금까지 석기 연구에 있어 부족하거나 앞으로 연구되어야 할 과제를 언급하였다는 점에서 타당하다고 하겠다. 본고에서는 그의 지적한 부분을 참고하고 필자의 이전의 논고를 수정·보완하여 향후 석기 연구의 과제와 방향에 대해서 살펴보고자 한다.

첫째, 지금까지 석기 연구는 주로 마제석기와 타제의 성형석기를 중심으로 기종별 형식분류와 편년 문제 등에 치중해 왔다고 할 수 있다. 석기 연구에 있어서 기종분류와 성격 규명도 중요한 부분을 차지하지만, 한편으로는 석기제작 과정과 복원을 위한 석기제작 기술의 형태적 분석도 필요하다고 하겠다. 그것은 석기 연구에서 가장 기초적인 작업이기 때문이다. 뿐만 아니라 석기제작 기술과 형태가 지역과 집단에 따라 어느 정도 고유한 개성과 특색을 가지고 있다는 점을 고려한다면, 석기 제작기술과 형태적 분석 연구는 석기의 생산처와 지역성을 규명하는데 유용한 자료로 활용할 수 있기 때문이다.

최근 들어 일부 연구자에 의해 타제석기 등 특정 기종에 대해 제작 기술의 분석적 연구가 이루어지고 있으나 앞으로는 다양한 기종으로 확대될 필요가 있으며, 특히 타제석기가 생업과 생활도구로서 차지하는 비중과 도구체계 속에서 역할 등에 대한 분석 작업도 아울러 이루어져야 할 것으로 생각된다.

한편 석기 사용흔 분석과 실험 고고학적 방법을 통한 석기용도와 기능을 검증하는 작업도 보다 체계적으로 진행되어야 하며, 전술한 바와 같이 일부 기종에 한정하여 분석 작업이 이루어지고 있지만 아직 기초적인 수준에 불과함으로 대상 범위를 더 확대해서 구체적인 실험과 분석 작업이 필요할 것으로 생각된다. 신석기시대 생업도구 가운데 특히 농경구나 생활도구 중에는 형태적 특징만으로 용도나 사용방법을 확정할 수 없는 경우가 많은 점을 비추어 볼 때 이에 대한 연구는 더욱 중요하다고 할 수 있다. 이와 더불어 취락 내에서 이루어지는 석기의 유지·보수와 재활용 문제도 적극적인 검토가 필요하다.

둘째, 최근 여러 유적에서 재지에서 산출되지 않는 석재로 제작된 각종 외래계 석기류가 드물지 않게 출토되고 있다. 대표적인 석기가 흑요석과 사누카이트로 만든 석기이지만, 그밖에 외부에서 유입된 것으로 추정되는 다수의 옥제 장신구와 화강편마암제 마제석부류 등도 있다. 흑요석은 기존의 연구에서 산지를 특정할 수 있지만, 나머지는 구체적으로 파악되지 않고 있는 실정이다.

동삼동·범방·연대도·비봉리유적, 제주 강정동 등 여러 유적에서 확인되는 외래계 석기의 존재와 특정 형태의 석기는 단순히 교류의 범위를 넘어 석기의 생산과 유통, 교역 문제를 포함한 지역사회의 네트워크와 경제활동을 이해하는데 구체적인 실마리를 제공하기 때문에 앞으로 이에 대한 적극적인 검토와 연구가 필요하다고 생각된다.

특히 특정 지역에서 산출되는 화강편마암, 편마암제 전면마연석부는 신석기시대 지역 간 교류 및 물자 유통의 실체를 직접적으로 보여주는 대표적인 고고학적 자료라고 할 수 있다. 이들 자료는 주로 양양 지경리, 양양 오산리, 울진 후포리 등 동해안지역과 시흥 능곡동, 안산 신길동, 화성 석교리 등 중서부지역에서 주로 확인되며, 석재 산지 역시 이 지역 일대에 분포한다. 이를 볼 때 화강편마암제 전면마연석부의 주된 생산·소비권은 중서부지역과 동해안지역으로 생각할 수 있다.

이러한 화강편마암제 전면마연석부가 부산 동삼동·범방유적, 진안 갈머리, 밀양 신안, 창녕 비봉리, 청도 오진리 등 남해안과 제주도, 남부내륙 지역에서도 확인되고 있는 사실은 당시 석부를 매개로 한 교역활동이 존재하고 있음을 단적으로 보여 주는 사례라고 할 수 있다.

그런 의미에서 범방과 동삼동유적 등에서 출토되는 화강편마암제 마제석부와 석추, 혈암제 조침 등의 외래계 석기는 신석기시대 물자 유통과 지역 집단 간의 교역(교환)시스템 등 신석기시대 지역사회의 네트워크를 이해하는 실마리를 제공해주는 자료로써 주목할 필요가 있다. 지

금까지 단편적으로 검토되어온 마제석부와 흑요석 석기의 생산과 유통 문제에 대해 사회·경제
적 측면에서 보다 심도 있는 논의와 연구가 진행되어야 할 것이다. 이를 위해서는 우선적으로
각 유적에서 출토되는 다양한 외래계 석기의 산지분석과 공급지 규명, 석기 생산유적의 발굴
등 실질적인 연구가 무엇보다 필요하다고 생각된다.

그리고 생업도구에서 커다란 비중을 차지하는 석기의 소재 확보가 집단의 생산 활동과 생계
를 지속적으로 유지하고 관리하는데 중요한 위치를 점하고 있다는 점에서 유적에서 출토되는
석기 소재의 산지 파악도 관련 전문가와 공동연구를 통해 진행해야 할 것이다.

셋째, 석기 생산문제와 관련하여 취락 내에서 재지계 석기의 제작과 사용, 보유 실태 등에 대한
검토도 필요하다고 생각된다. 그것은 취락 내에서 석기의 보유 실태가 궁극적으로 집단의 생산 활
동뿐만 아니라 집단의 생계방식을 단적으로 보여준다는 점에서 중요한 의미를 지니기 때문이다.

넷째, 주지하는 바와 같이 신석기시대 도구체계에서 주축을 이루는 석기는 생업 영역에 따라
다양한 기종들이 존재한다. 이러한 기종에 대한 개별적인 분석적 연구는 기종의 형식변화와 편
년뿐만 아니라 시기별 변천과정을 통해 석기체계의 변동과정과 생업·생산 활동의 변화 추이를
알 수 있게 해준다는 점에 중요한 작업이라고 할 수 있다. 앞서 살펴보았듯이 2000년대에 접어
들면서 이전에 비해 마제석부, 타제석부, 조침, 석촉, 어망추 등에 대해 기종별 분류와 편년 작
업이 진행되고 일부 단위 유적의 석기 연구도 어느 정도 성과를 보이고 있다. 그러나 일부 기종
을 제외하고 대부분의 연구는 개론적인 수준에서 머물고 있다.

따라서 이러한 문제점을 포함하여 그동안 세부적인 연구가 이루어지지 않았던 농경구나 어
로구를 포함 각종 생활도구에 이르기까지 다양한 기종에 대한 석기 용도와 기능, 편년, 계통, 변
천과정 등 다양한 관점에서 연구가 진행되어야 할 것으로 생각한다. 그리고 생업 유형별로 나
타나는 석기조성상의 다양한 양상에 대한 분석 작업도 이루어져야 하며, 특히 단위 유적에 나
타나는 석기조성과 그 실태가 생업과 생산 활동에서 어떠한 위치와 의미를 갖는 것인지도 연구
되어야 할 것이다.

다섯째, 신석기 유적에서 출토되는 다양한 형태의 박편석기에 대한 분류, 제작기술, 사용방
법, 용도와 기능에 대한 구체적인 연구 작업과 더불어 그 중요성을 재인식할 필요가 있다. 박편
석기는 석기제작 과정에서 생기는 박편이나 몸돌에서 떼어낸 종장, 횡장 혹은 부정형 박편을
잔손질하여 인부를 만들거나 날카로운 자연면을 그대로 이용한 도구를 총칭하는 것이다. 그러
나 박편의 형태와 인부 잔손질 기법 등에서 다양한 변이가 존재하고 용도 또한 다양하기 때문
에 일괄로 박편석기로 분류하는 것은 문제가 있다. 따라서 박편석기가 취락 내 석기 체계 속에
서 어떠한 위치와 역할을 하는가를 규명하기 위해서는 제작 기술 및 사용흔 분석을 통한 기능·
용도 연구가 우선적으로 필요할 것으로 생각한다. 대부분의 보고서에서 박편석기의 형상만 보

고하고 구체적인 검토가 생략되는 사례가 많다는 것은 현재 석기 연구의 한 단면을 보여주는 것이라 할 수 있다.

여섯째, 이와 더불어 흑요석제 석기에 대한 연구도 진행되어야 할 것으로 생각된다. 흑요석제 석기는 소재의 특성상 주로 신석기시대 지역 간 교류와 교역적인 측면에서 검토되어 왔다. 특히 남해안지역의 흑요석제 석기는 산지의 한정성으로 일본 죠몽문화와 관련하여 한일문화교류의 문물로만 취급되어 온 경향이 많았다. 문암리·송평동·서포항·검은개봉·농포동유적 등 동해안 중·북부지역의 여러 유적에서 출토되는 흑요석제 석기는 다양한 형태와 기종구성을 이루고 있음에도 불구하고 지금까지 관심과 연구가 적었다.

흑요석은 주지하는 바와 같이 산지가 한정되어 있고 그것이 갖는 물리적 특성으로 인해 석기 재료로써 효용가치가 매우 높아 후기 구석기시대부터 석기 소재로 널리 사용되어 왔다. 그러나 석기 제작기술과 기종별 형식적 특징, 생산과 유통문제에 대한 구체적인 연구는 거의 없었다. 최근 흑요석제 석기가 양적으로 증가하는 추세이기 때문에 신석기시대 도구 체계 속에서 어떠한 위치를 차지하고 있으며, 생업과 생계활동에서 어떠한 기능과 역할을 했는지를 파악하기 위한 구체적인 연구와 논의가 진행되어야 할 것으로 생각된다.

일곱째, 석기의 개별 기종 연구는 앞으로 지속적으로 이루어져야 하지만, 이를 종합한 생업 영역별 연구가 뒤따라야 할 것으로 생각된다. 지금까지 연구는 개별 기종 분석 결과를 통해 생업 형태와 방식을 추론하거나 기종조성을 통해 생업형태와 변화를 규명하는 보조적인 수단으로써 취급되어 왔다고 할 수 있다. 물론 이러한 연구도 중요하지만, 석기의 기능과 용도에 기초하여 개별 기종을 종합한 생업 혹은 생활 영역별 석기 분석 작업도 진행되어야 할 것으로 생각된다.

예를 들면 가공구는 생계 유형과 취락 내에서 일상생활을 이해하는데 중요한 지표가 될 뿐만 아니라 가공 석기의 조성 형태는 지역 집단의 사회적 성격을 이해하는 유효한 실마리를 제공한다. 이런 측면에서 본다면 가공구에 대한 연구는 매우 중요하다고 할 수 있다. 같은 맥락에서 생산 용구로서 수렵, 어로구, 채집농경구, 비실용 석기에 대한 종합적인 연구도 중요하다고 할 수 있다.

여덟째, 석기의 지역성과 지역 간 석기문화의 비교 검토를 포함하여 신석기 전반에 걸친 시기별 석기의 변화 양상에 대한 관한 종합적인 연구 작업도 병행되어야 할 것이다. 이와 더불어 윤정국의 지적과 같이 한반도 뿐만 아니라 동북아시아 전체로 공간적인 범위를 확대한 석기 연구와 이들 지역과의 비교 검토도 필요하다.

문화권과 생업 영역을 달리하는 타 지역권 다시 말하면 중국 동북지역과 연해주, 일본 구주 등의 석기문화와 비교 연구도 필요하다고 생각된다. 이에 대한 검토 작업은 일부 연구자에 의해 진행된 바 있지만, 더 이상 구체적으로 진전되지 않았다. 특히 중국 동북지역 석기문화와의 비교 검토와 이 지역 석기문화에 대한 구체적인 연구가 진행되어야 할 것으로 생각된다. 그것은 중국 동북지역이 한반도 초기 농경문화의 수용과 확산 과정을 이해하는데 중요한 정보를 제공해주기 때문이다. 따라서 앞으로 중국 동북지역의 요서와 요동지역의 석기문화 뿐만 아니라 신석기문화 전반에 걸친 관심과 연구가 지속적으로 이루어져야 할 것이다.

마지막으로, 석기 분류의 체계화와 용어 통일이 석기 연구에서 무엇보다 우선적으로 해결되어야 할 과제라고 할 수 있다. 이에 대해서는 박근태(2014), 윤정국(2015a)의 지적도 있지만, 연구자에 따라 사용하는 용어와 개념이 달라 혼란을 초래하는 경우도 많다.

그동안 석기 연구에 있어 관용적 혹은 편의적으로 사용해 왔던 용어가 연구자에 따라 다른 개념으로 사용되어 연구자에게 혼선을 주는 경우가 빈번할 뿐만 아니라 석기의 분류체계도 다양한 형태로 운용되어 이를 기초로 한 생업 혹은 생계 형태와 집단의 성격을 연구하는데 장애요인이 되고 있다. 이러한 문제는 석기의 다양도 분석과 기종 조성 결과를 통해 생업과 생계유형을 해석하고 집단의 성격을 파악하는데 오류를 범할 가능성도 있다.

연구자가 어떤 목적과 관점을 가지고 연구를 수행하는가에 따라 다양한 개념과 분류체계를 사용할 수 있고 어떻게 운용할 것인가는 연구자의 몫이지만, 개념의 공유와 소통 측면에서 연구자들이 수용할 수 있는 최소한의 분류체계와 용어의 개념 정리는 필요하다. 이러한 문제를 해결하기 위한 기초 작업으로 2014년 한국신석기학회 집중토론회에서 석기분류와 용어 문제를 논의한 바 있지만, 앞으로 이러한 논의 바탕으로 석기 용어와 분류체계의 통일을 위한 적절한 방안(방침)이 마련되어야 할 것으로 생각된다. 다시 말하면 석기의 기종별 용어 개념을 어떻게 정의하고 운용할 것이며, 분류 체계를 어떻게 활용하여 신석기 사회와 문화를 파악할 것인가에 대해 진지한 고민과 논의가 필요할 것으로 보인다.

이상에서 석기 연구에서 검토되고 해결해야 할 현안과 과제에 대해 몇 가지 측면에서 간단하게 살펴보았다. 이러한 연구과제와 문제점은 단번에 해결될 수 없지만, 앞으로 시간을 갖고 새로운 연구방법과 체계적인 연구를 통해 하나씩 풀어나간다면 그 동안 불투명했던 신석기시대 석기문화의 본질과 성격에 대해 보다 구체적으로 접근할 수 있을 것으로 기대된다.

Ⅳ. 맺음말

석기는 신석기 사회의 성격과 생계 및 생활방식을 이해하는 중요한 지표가 된다는 점에서 그 중요성은 이론의 여지가 없지만, 향후 석기 연구의 방향과 좌표를 설정하기 위해 지난 석기 연구의 현황과 성과뿐만 아니라 그 문제점을 충분히 인식할 필요가 있다. 그런 측면에서 지금까지 〈석기 연구의 현황과 과제〉를 살펴보는 것은 의미 있는 작업이라고 할 수 있다.

본고는 당초 현재까지 발표된 200편 정도의 논문을 모두 분석하고 내용을 정리하여 연구사적 의미와 성과, 문제점을 검토하여 향후 연구방향과 과제를 제시하고자 하였으나 필자의 역량 부족으로 연구 현황과 경향을 시기별, 주제별로 나누어 개략적으로 살펴보고 연구 과제를 제시하는데 그치고 말았다. 본고에서 구체적으로 다루지 못한 주제별 연구 성과와 문제점을 포함하여 학사적 의미 등에 대해서는 차후에 기회가 되면 다시 검토하고자 한다.

본고 작성에 있어서 혹시 연구 성과가 누락되어 반영되지 않았거나 내용을 잘못 이해한 부분이 있다면 이는 전적으로 필자의 잘못이다. 이러한 점들은 추후에 수정 보완하고자 하며, 혜량을 바란다.

甲元眞之, 1988, 「東北アジアの石製農具」, 『古代文化』41-4.

강창화, 2006, 「제주 고산리 신석기문화 연구」, 영남대학교 대학원 박사학위논문.

______, 2009, 「제주 고산리유적 출토 석촉의 형식과 변화」, 『제주도 연구』32, 제주학회.

高橋豊·河仁秀·小畑弘己, 2003, 「螢光X線分析에 의한 東三洞·凡方遺蹟 出土 黑曜石 産地推定」, 『한국신석기연구』6, 한국신석기학회.

고동순, 2006, 「동해안지방의 신석기시대 마제석촉에 대한 고찰」, 『강원고고학보』7·8합호.

고재원, 1996a, 「고산리유적 출토 타제석기의 형태적 분석」, 『제주도사 연구』25.

______, 1996b, 「제주도 고산리 석기의 분석연구」, 한양대학교 대학원 석사학위논문.

______, 1997, 「제주도 고산리유적 출토 타제석기의 형태적 분석」, 『제2회 한일신석기연구회 발표자료집』.

곽진선, 2006, 「군산 노래섬유적의 신석기시대 석기 연구」, 원광대학교 대학원 석사학위논문.

______, 2011, 「서해안지역 석기 조합양상과 시기별 변화 양상」, 『제1회 한국고고학연합대회 발표자료집』, 한국고고학회.

廣瀬雄一, 1984, 「韓國上老大島出土の剝片石器」, 『考古學の世界』4.

______, 1985, 「韓國新石器時代石器研究史」, 『성심외국어전문대학논문집』3.

구자진, 2004, 「대천리 신석기유적의 토기와 석기에 대한 연구」, 『호서고고학보』11.

______, 2008, 「중부서해안지역의 신석기시대 마을의 생계주거방식 검토」, 『한국상고사학보』60.

______, 2009, 「남부내륙지역 신석기시대 마을의 구조와 생계방식 연구」, 『한국상고사학보』63.

九州繩文研究會·韓國新石器研究會, 2003, 『日韓新石器時代の石器』, 第5回日韓新石器時代研究會發表要旨集.

국립문화재연구소, 2004, 『고성 문암리유적』.

宮本一夫, 2003, 「朝鮮半島新石器時代の農耕化と繩文農耕」, 『古代文化』55-7.

及川民次郎, 1933, 「南朝鮮牧ノ島東三洞貝塚」, 『考古學』4-5.

길경택, 1985, 「한국 선사시대 농경과 농구의 발달에 관한 연구」, 『고문화』27, 한국대학박물관협회.

김건수, 1999, 『한국 원시·고대의 어로문화』, 학연문화사.

김경규, 2003, 「한반도 신석기시대 어로활동 연구-어망추를 중심으로」, 충남대학교 대학원 석사학위논문.

김경진, 2010, 「석기 사용흔 분석과 기능 연구」, 『한강고고』4, 한강문화재연구원.

______, 2012, 「한국 석영계 석기 쓴자국 분석 방법 시론」, 『야외고고학』13, 한국문화재조사연구기관협회.

김상태, 2002, 「한반도 출토 흑요석기와 원산지 연구 현황 흑요석」, 『한국구석기학보』6.

김선지, 2000, 「남해안의 신석기시대 석부에 대한 일고찰」, 서울대학교 대학원 석사학위논문.

金姓旭, 2007, 「韓國新石器時代石器の使用痕觀察」, 『熊本大學社會文化研究』5.

______, 2008, 「사용흔분석을 통한 신석기시대 수확구 시론」, 『한국신석기연구』16.

김영준·김경진·이한주, 2015, 「보령 송학리 조개더미 출토 뗀석기의 기술」, 『한국신석기연구』29.

김영준·김소영, 2012, 「신석기시대 망치형석기의 기능 연구」, 『중앙고고연구』11, 중앙문화재연구원.

김원용, 1962, 「암사동유적의 토기, 석기」, 『역사학보』17-18.

______, 1981, 「각지방의 토기·석기·골각기」, 『한국사』Ⅰ, 국사편찬위원회.

______, 1986, 『한국고고학개설』3판, 일지사.

김은영, 2012, 「신석기시대 동삼동지역의 생계 전략 변동에 대하여」, 『한국신석기연구』23.

______, 2014, 「신석기 중기 호서지역 수렵채집 집단의 이동양상 연구」, 『한국상고사학보』85.

김장석·양성혁, 2001, 「중서부 신석기시대 편년과 패총 이용 전략에 대한 새로운 이해」, 『한국고고학보』45.

金廷鶴, 1972, 『韓國の考古學』, 河出書房新社.

김주용·고상모·안승모·이영덕, 2005, 「진안 갈머리·좌포리유적, 군산 노래섬패총 출토 석재의 암종감정을 위한 박편관찰」, 『한국신석기연구』9.

김충배, 2003, 「신석기시대 낚시바늘 연구」Ⅰ·Ⅱ, 『한국신석기연구』5·6.

渡邊誠, 1985, 「西北九州の繩文時代漁撈文化」, 『列島の文化史』, 日本エディタースクール.

도유호, 1961, 『조선 원시 고고학』, 과학원출판사.

稻田義助, 1915, 「朝鮮の黑曜石」, 『考古學雜誌』6-2.

笠原鳥丸, 1933, 「朝鮮美林發見の石錐に就いて」, 『考古學雜誌』23-10.

________, 1937, 「朝鮮の擦切石器に就いて」, 『考古學雜誌』27-12.

________, 1938, 「擦切作用による磨製刀子に就いて」, 『考古學雜誌』28-5.

________, 1936, 「櫛目文土器を發見せる北鮮淸湖里遺跡について」, 『人類學雜誌』51-5·6.

木村幾多郎, 2002, 「韓國新石器時代結合式釣針考」, 『古文化談叢』48, 九州古文化研究會.

木村宇太郎, 1915, 「石器の磨製と裂製に就いて」, 『考古學雜誌』6-3.

木村宇太郎, 1921,「錘石の形狀」,『考古學雜誌』12-2.

박근태, 2006,「고산리유적 석촉연구」, 부산대학교 대학원 석사학위논문.

______, 2009,「신석기시대 초창기 단계의 석기 검토」,『고고광장』5, 부산고고학연구회.

______, 2011a,「제주도 신석기시대 석기검토」,『제1회 한국고고학연합대회 발표자료집』, 한국
　　　　고고학희.

______, 2011b,「제주도 신석기시대 석기 검토」,『한국신석기연구』21.

______, 2012,「신석기시대 초창기단계의 문화양상」,『한국 신석기문화의 양상과 전개』, 중앙문
　　　　화재연구원 학술총서 6, 서경문화사.

______, 2014,「신석기시대 석기의 용어와 분류」,『한국 신석기시대 석기의 분류와 제작방법』,
　　　　한국신석기학회.

______, 2015,「제주도 고산리 석기의 문화적 위치와 성격」,『제주도 구석기연구 현황과 성과』,
　　　　한국구석기학회.

박성근, 2012,「남부지역 신석기시대 석부 연구」, 부산대학교 대학원 석사학위논문.

______, 2013a,「남부지역 신석기시대 석부 연구」,『한국고고학보』86.

______, 2013b,「후포리유적 재검토」,『남한의 신석기유적 재조명』, 한국신석기학회.

박성진, 2012,「펜석기 변형에 대한 실험고고학적 연구」,『야외고고학』15, 한국문화재조사연구
　　　　기관협회.

박준범, 1998,「한강유역 출토 돌화살촉에 대한 연구」, 홍익대학교 대학원 석사학위논문.

______, 2006,「한강유역 출토 선사시대 간돌화살촉 연구」,『한국신석기연구』12.

______, 2007,「신석기시대 중서부지역의 생업활동-석기분석을 중심으로」,『중서부지역 신석
　　　　기문화의 제문제』, 서울경기고고학회 · 한국신석기학회 공동학술대회 자료집.

______, 2008,「신석기시대 서울 · 경기 · 인천지역 출토 간석기에 대한 연구」,『한국신석기연구』
　　　　15, 한국신석기학회.

榧本杜人, 1934 · 1935,「北朝鮮の土器 · 石器」,『考古學』5-5 · 6-5.

上田三平, 1915,『北朝鮮の石器』, 寧樂5.

上條信彦, 2005,「先史時代の 製粉 加工具」,『한국신석기연구』10.

西谷正, 1982,「朝鮮半島の黑曜石について」,『賀川光夫先生還曆記念論集』.

______, 2002,「東北アジアの鞍形磨臼」,『東北アジアにおける先史文化の比較考古学的研究』, 國
　　　　立歷史民俗博物館.

______, 2002,「東北アジアの中の韓半島の鞍形磨臼」,『5,000년 전의 대동강문화와 암사동유
　　　　적』, 한국선사고고학회.

소상영, 2006, 「중서부 지방 패총 유적의 성격」, 『고고학 시간과 공간의 흔적』, 여고김병모선생 정년퇴임기념논문집.

______, 2012, 「신석기시대 중서부해안 및 도서지역 어로문화 연구」, 『한국신석기연구』23.

______, 2013, 「한반도 중서부지방 신석기시대 생계·주거 체계 연구」, 한양대학교 대학원 박사학위논문.

小畑弘己, 2003, 「極東地域における黑曜石出土遺跡と原産地研究」, 『stone sources』2, 石器原産地研究會.

________, 2004, 「極東地方新石器時代における黑曜石利用」, 『極東地方新石器時代における更新世黑~完新世の狩獵道具の變遷研究』, 熊本大學埋藏文化財研究室.

손보기, 1982, 「상노대도의 선사시대 살림」, 수서원.

新居勝三郎, 1915, 「朝鮮の石器發見及』調査報告」, 『人類學雜誌』30-10.

__________, 1918, 「朝鮮慶尙北道に於ける石器發見一覽表」, 『人類學雜誌』33-4.

신숙정, 1993, 「신석기시대 조개더미 유적의 성격」, 『한국상고사학보』14.

______, 1994, 『우리나라 남해안지방의 신석기문화연구』, 학연문화사.

______, 1997, 「석기와 뼈연모」, 『한국사』2, 국사편찬위원회.

신숙정·손기언, 2002, 「강원지방의 뗀석기 연구」, 『강원고고학보』1, 강원고고학회.

신종환, 2006, 「신석기시대 내륙지역의 어로문화」, 『신석기시대의 어로문화』, 동삼동패총전시관.

안성희, 2011, 「남해안지역 신석기시대의 석기조성과 시기별양상」, 『제1회 한국고고학연합대회 발표자료집』, 한국고고학회.

안승모, 1987, 「요서지방의 선사시대 석제경구」, 『삼불김원용교수정년퇴임기념논총』Ⅰ.

______, 1998, 『동아시아 선사시대의 농경과 생업』, 학연문화사.

______, 2001, 「고대의 농구」, 『한국의 농기구』, 어문각.

有光敎一, 1943, 「朝鮮迎日灣外海底發見の打製石器」, 『考古學雜誌』33-4.

________, 1953, 「朝鮮石器時代のすりうす」, 『史林』35-4, 史學研究會.

유지인, 2012, 「신석기시대 중·후기 중서부 해안지역 취락구조 연구」, 서울대학교 대학원 석사학위논문.

윤정국, 2006, 「진그늘유적에서 나온 신석기시대 뗀석기의 제작수법 연구」, 조선대학교 대학원 석사학위논문.

______, 2009, 「신석기시대 굴지구의 제작기법에 대한 연구」, 『한국신석기연구』17.

______, 2011a, 「남부 내륙지역 신석기시대 석기의 제양상」, 『제1회 한국고고학연합대회 발표자료집』, 한국고고학회.

윤정국, 2011b, 「남부 내륙지역 신석기시대 석기의 변천과 양상」, 『한국신석기학보』22.

______, 2014, 「신석기시대 석기의 제작수법」, 『한국 신석기시대 석기의 분류와 제작방법』, 한국신석기학회.

______, 2015a, 「신석기시대 석기제작 연구」, 전남대학교 대학원 박사학위논문.

______, 2015b, 「한국 신석기시대 석기·골각기의 연구 현황과 과제」, 『신석기시대 연구의 성과와 과제』, 국립중앙박물관.

______, 2015c, 「중동부지역 신석기시대 석기와 생업」, 『한반도 중동부지역의 신석기문화』, 한국신석기학회.

윤지연, 2006, 「한반도 중서부지역 석부에 대한 일고찰」, 서울대학교 대학원 석사학위논문.

______, 2007, 「사용흔 분석을 통한 석부의 기능 연구」, 『한국고고학보』63.

윤혜나, 2011, 「한국 중서부지역 신석기시대의 석기 조성과 생업」, 전남대학교 대학원 석사학위논문.

이경아, 2011, 「중서부지역의 생업 연구」, 공주대학교 대학원 석사학위논문.

이동주, 2003, 「빗살문토기 단계의 석기내용과 특징」, 『한국신석기연구』6.

______, 2010, 「우리나라 신석기시대 마제석촉의 연구」, 『문물연구』17.

이상규, 2014, 「신석기시대 한반도 해안지역 작살에 대한 검토」, 『한국신석기연구』27.

이상균, 2003, 「신석기시대 한반도 남해안 석기군의 양상」, 『일한신석기시대의 석기』, 제5회일한신석기시대연구회발표요지.

______, 2007, 「한반도 신석기시대 옥기문화의 계보」, 『중국사연구』50. 중국사학회.

이선복·이용일, 1996, 「흑요석 석기의 지화학적 특성에 대한 예비 고찰」, 『한국고고학보』35.

이승윤, 2011, 「서·남해안 지역의 신석기시대 어로구에 대하여」, 『전남고고』4·5, 전남문화재연구원

이영덕, 2006, 「서·남해안 신석기시대 어로구와 어로방법」, 『신석기시대의 어로문화』, 동삼동패총전시관.

______, 2013, 「중서부 해안지역의 어로 양상과 동인」, 『한국신석기연구』25.

______, 2014, 「고성 문암리 신석기시대 주민의 어로 활동」, 『고성 문암리유적의 재조명』, 강원고고문화연구원.

이정재, 2009, 「강원 동해안지역 신석기시대 생업경제에 대한 연구」, 강원대학교 대학원 석사학위논문.

______, 2011, 「동해안지역 신석기시대 석기를 통한 생업의 변화」, 『제1회 한국고고학연합대회 발표자료집』, 한국고고학회.

이준정, 2002, 「패총유적의 기능에 대한 고찰」, 『한국고고학보』46.

이철·김승원·김규호·강형태, 1991, 「미량성분원소 분석에 의한 흑요석 분류」, 『고고미술사론』2, 충북대학교 고고미술사학과.

이청규·고재원 1995, 「고산리유적과 석기 유물」, 『제주 신석기문화의 원류』, 한국신석기연구회.

이헌종, 2000, 「호남지역 신석기시대 타제석기 제작기법의 제양상」, 『선사와 고대』15.

이헌종·김건수, 2008, 「신석기시대 여서도패총유적 자갈돌석기의 고고학적 의미 연구」, 『도서문화』31, 목포대도서문화연구소.

林魁一, 1930, 「朝鮮發見の磨製石鏃」, 『人類學雜誌』45-11.

임상택, 1998, 「패총 유적의 성격」, 『과기고고연구』3, 아주대학교박물관.

______, 2000, 「중서부지역 신석기시대 석기에 대한 초보적 검토」, 『한국신석기연구회 학술발표회논문집』2000-1, 한국신석기연구회.

______, 2001, 「중서부 신석기시대 석기에 대한 초보적 검토 I 」, 『한국신석기연구』창간호, 한국신석기연구회.

______, 2003, 「물자의 이동, 집단의 이동」, 『고대 문물교류와 경기도』, 한국상고사학회 학술발표자료집.

______, 2006, 「한국 중서부지역 빗살무늬토기문화 연구」, 서울대학교 대학원 박사학위논문.

______, 2010, 「신석기시대 취락체계의 변천과 지역적 비교」, 『동북아문화연구』24, 동북아시아문화학회.

임승경, 2003, 「선사시대 옥기의 성격 및 그 제작기술에 대한 일고찰」, 『사림』20, 성균관대학교.

______, 2012a, 「울산 처용리 출토 결상이식에 대한 고찰」, 『울산 처용리21번지유적』, 우리문화재연구원.

______, 2012b, 「한반도 출토 결상이식(玦狀耳飾) 소고」, 『文化財』제45권 4호, 국립문화재연구소.

임효재·권학수, 1984, 『오산리유적』, 서울대학교박물관.

장명수, 1991, 「신석기시대 어구의 형식분류와 편년 연구」, 중앙대학교 대학원 석사학위논문.

장용준, 2007, 「선사시대 석기의 분별과 제작기법」, 『고고광장』창간호, 부산고고학연구회.

장호수, 1982, 「상노대도 조개더미 유적의 석기 연구」, 연세대학교 대학원 석사학위논문.

______, 1988, 「상노대도 유적의 석기」, 『손보기박사정년기념 고고인류학논총』.

전영래, 1979, 「부안 계화도 산상유적 신석기시대 유물」, 『전북유적조사보고』10, 전주시립박물관.

田中聰一, 2000, 「한국 중·남부지방 신석기시대 토기문화 연구」, 동아대학교 대학원 박사학위논문.

정미란, 2007, 「동해안지역 신석기시대 생업활동-조기~전기유적의 어로 활동을 중심으로-」, 경주대학교 대학원 석사학위논문.

정혜림, 2013, 「남해안지역 신석기시대 패총의 형성 배경」, 전남대학교 대학원 석사학위논문.

鳥居龍藏, 1932, 「朝鮮滿洲の磨製石器に就いて形狀」, 『上代文化』8.

조남철, 2005, 「한반도 남부 신석기유적 흑요석의 특성화 연구」, 『강원고고학보』4·5.

조남철·박용희·도성재·강형태·남인탁, 2004, 「성분분석 및 자기적 특성에 의한 한반도 흑요석의 분류 연구」, 『보존과학회지』16.

조남철·강형태·정광용, 2006, 「미량성분 및 스트론튬 동위원소비를 이용한 한반도 흑요석제 석기의 산지 추정」, 『한국상고사학보』53.

조미순·박윤정·좌용주, 2013, 「고성 문암리유적 출토 석기의 원산지 추정」, 『한국신석기연구』 26.

조은하, 2014, 「강원 영동지역 신석기시대 농경 수용과 생계양상의 변화」, 『호서고고학』31, 호서고고학회.

좌용주, 2013, 「흑요석 산지 연구에 사용되는 지구화학 자료와 해석」, 『한국구석기학보』28.

좌용주·조미순, 2013, 「한반도 선사시대 흑요석제 석기에 대한 지구과학 자료의 재검토」, 『추계 지질과학연합학술대회 초록집』, 대한지질학회.

中尾篤志, 2013, 「결합식조침」, 『계간고고학』125, 雄山閣.

中山清隆, 1992, 「玄海·日本海をめぐる大型石斧」, 『季刊考古学』38, 雄山閣.

______, 2004, 「韓半島出土の玦狀耳飾について」, 『玉文化』創刊號, 日本玉文化研究會.

______, 2009a, 「朝鮮 新石器時代の玦とその周邊」, 『扶桑』, 青山考古學會.

______, 2009b, 「韓國出土の玦とその系譜」, 『玉文化』6, 日本玉文化研究會.

지건길·안승도, 1983, 「한반도 선사시대 출토곡류와 농구」, 『한국의 농경문화』, 경기대학 출판사.

지영배, 2013, 「한반도 신석기시대 장신구 및 이형유물에 대한 연구」, 부산대학교 대학원 석사학위논문.

진미은·문성우·김선우·황가현·좌용주, 2015, 「백두산 지역과 일본 규슈지역에서 산출되는 흑요석의 주성분원소 및 희토류원소」, 『지구화학』, 한국암석학회 학술발표회 논문집5.

천성주, 2010. 「신석기시대 결합식조침 검토」, 창원대학교 대학원 석사학위논문.

최경용·문수균, 2013, 「신석기시대 짤개살 제작 및 사용 실험 연구」, 『중앙고고연구』13, 중앙문화재연구원.

최득준, 2012, 「한반도 신석기시대 결합식조침에 대한 연구」, 부산대학교 대학원 석사학위논문.

______, 2014, 「한반도 결합식조침에 대한 소고」, 『고고광장』15, 부산고고학연구회.

최무장, 1976, 「한국 선사시대의 석기」, 『백산학보』21.

______, 1978, 「한·중 선사시대의 농구」, 『백산학보』24.

최종혁, 2001, 「생산활동에서 본 한반도 신석기문화」, 『한국신석기연구』2.

______, 2004, 「신석기시대 남부지방 생업에 대한 연구」, 『제주도 신석기문화의 형성과 전개』, 한국신석기연구회 발표자료집.

______, 2005, 「한반도 남부지방 농경에 대한 연구-석기조성을 중심으로」, 『한국신석기연구』10, 한국신석기학회.

______, 2006, 「신석기시대 어로민의 생계유형」, 『신석기시대의 어로문화』, 동삼동패총전시관.

______, 2012, 「남부지방 중기 생업문화에 대한 연구」, 『한국 신석기문화의 양상과 전개』, 중앙문화재연구원 학술총서 6, 서경문화사.

坂田邦洋, 1982, 「九州産黑曜石からみた先史時代の交易について」, 『賀川光夫先生還曆記念論集』.

板倉有大, 2008, 「繩文時代石器からみた日韓交流-磨製石斧を中心として-」, 『한일문화교류』, 2008 부산박물관 국제학술심포지엄.

八木奬三郎, 1914·1915, 「朝鮮の磨石時代」, 『人類學雜誌』29-12·30-1.

__________, 1938, 「朝鮮咸鏡北道石器考」, 『人類學叢刊』乙.

하영중, 2010, 「동해안지역 신석기시대 석기 검토-울진 죽변리유적을 중심으로-」, 『동해안지역의 신석기문화』, 한국신석기학회.

하인수, 1991, 「부산 다대동·용호동출토 석기류」, 『부산직할시립박물관 연보』13.

______, 1996, 「고찰」, 『범방패총』II, 부산광역시립박물관.

______, 2005, 「신석기시대 석기의 종류와 양상」, 『사람과 돌』, 국립대구박물관 도록.

______, 2006a, 「동남해안지역의 신석기시대 어로구」, 『신석기시대의 어로문화』, 동삼동패총전시관.

______, 2006b, 「신석기시대 한일문화교류와 흑요석」, 『한국고고학보』58.

______, 2009a, 「신석기시대 석기의 종류와 양상」, 『박물관연구논집』15, 부산박물관.

______, 2009b, 「고찰」, 『범방유적』, 부산박물관.

______, 2010, 「범방유적의 석기 검토」, 『부산대 고고학과 창설20주년 기념논문집』, 부산대 고고학과.

______, 2011a, 「생업도구」, 『한국 신석기문화 개론』, 중앙문화재연구원 학술총서 3, 서경문화사.

______, 2011b, 「신석기시대 석기 연구 현황과 과제」, 『제1회 한국고고학연합대회 발표자료집』, 한국고고학회.

하인수, 2011c,「패총의 시대」,『선사·고대의 패총』, 복천박물관 특별전도록.

______, 2013,「신석기시대 옥기의 기초적 검토」,『한국 선사·고대의 옥문화 연구』, 복천박물관.

하재령, 2015,「한반도 신석기시대의 첨두형석기 연구」, 고려대학교 대학원 석사학위논문.

한국신석기학회, 2011,「신석기시대 석기의 지역성」,『제1회 한국고고학연합대회 발표자료집』.

한영희, 1994,「신석기시대 사회와 문화」,『한국사』1, 한길사.

한창균, 2000,「북한의 선사시대 뗀석기 연구」,『백산학보』57, 백산학회.

和田雄治, 1914,「朝鮮の先史時代遺物に就いて」,『考古學雜誌』4-5.

황기덕, 1962,「두만강류역의 신석기시대 문화」,『문화유산』1962-1, 과학원출판사.

황용훈, 1983,「석기·골각기」,『한국사론』12.

橫山將三朗, 1933,「釜山府絶影島東三洞貝塚報告」,『史前學雜誌』5-4.

__________, 1934,「油坂貝塚に就いて」,『小田先生頌壽記念朝鮮論集』.

02

신석기시대의 석기조성과 생업

최종혁(부경문물연구원)

Ⅰ. 머리말

선사시대 문화를 복원하는데 있어 생업의 비중은 말할 필요가 없을 정도로 큰 부분을 차지하고 있다. 생업을 복원하는 데에는 크게 인공유물을 중심으로 해석하는 방법과 자연유물을 중심으로 해석하는 두 가지 방법이 있다. 그러나 우리나라 신석기시대 자연유물에 대한 연구는 산성 토질로 동물유체가 잘 유존하지 않으며, 자연유물이 잘 보존되는 저습지와 같은 유적의 조사가 적어 아직 미비한 부분이 많다. 또 농경과 관련해서는 곡물이 탄화되거나 토기를 비롯한 토제품에서 압흔으로 확인되는 경우가 있지만, 탄화곡물과 압흔으로는 재배종인지 야생종인지에 대한 구분이 힘들며 그 예도 적다. 또 농경의 적극적인 증거인 밭과 수전과 같은 경작지 유적이 아직 확인되지 않고 있는 실정이다. 최근 강원도 고성 문암리유적에서 신석기시대 밭 유적이 확인되었으나 아직 그 전모를 이해하기에는 많은 문제점이 남아있다. 따라서 신석기시대 생업에 관한 문제는 석기를 비롯한 골각기 등 인공유물을 중심으로 연구가 진행되고 있으며, 최근에는 동물·식물유체의 분석 결과를 비롯해 자연환경의 연구도 활발히 진행되고 있는 실정이다.

  본고에서는 신석기시대 생업에 대해 석기조성을 중심으로 시간과 공간적인 변화를 살펴보고자 한다.

Ⅱ. 시간과 공간

현재 우리나라 신석기시대는 각 연구자에 따라 다소의 차이는 있지만, 시기는 6시기, 공간은 5개의 문화권으로 구분되고 있다. 시기에 있어서는 아직 우리나라 광역 편년과 초창기 설정에 이론의 여지가 남아있으며, 공간(문화권)에 있어서도 이론의 여지가 남아있다.

1. 시간

우리나라 신석기시대의 편년은 토기를 중심으로 이루어지고 있지만, 출토 토기의 경우 완형보다는 토기편이 많아 기종조성이나 기형의 양상을 파악하기에는 어려움이 많다. 따라서 기종이나 기형을 중심으로 편년이 이루어지지 않고, 문양 시문기법이나 문양의 모티브 등 토기의 문양 속성을 중심으로 편년이 이루어지고 있다. 그 결과 각 지역에서 크게 다음과 같은 공통점이 보인다. 즉 자돌문·압인문토기 → 자돌문+침선문토기 → 침선문토기 → 무문양(화)토기라는 변천과정이 확인된다. 특히 자돌문+침선문토기 이후에는 시문부위 축소·시문기법의 변화 및 퇴화라는 변천과정을 볼 수 있다. 그 외에는 고산리식토기로 대표되는 초창기[1] 토기가 제주도에

---

1   초창기로 편년되고 있는 고산리식토기와 오산리 하층토기에 있어서는 연구자 간에 이론이 있어 초창기로 편년하는 설과 조기의 빠른 단계로 보는 설이 있다. 따라서 이 문제에 대해서는 자료의 축적을 기다려 논하여야 할 것으로 판단된다. 특히 오산리C지구 하층은 석기에 있어서 그 형태와 제작기법 등 속성에서 제주도 고산리유적의 초창기 것과는 다른 속성을 보여 남부지역의 조기로 편년하는 것이 타당할 것으로 판단된다.

서, 융기문토기로 대표되는 조기 토기가 제주도·남부지역·동해안지역에서 확인된다.

　이와 같이 우리나라 신석기시대 편년은 초창기 설정문제를 비롯해 우리나라 전체 광역 편년, 각 문화권의 신석기시대 종말기 등 이론의 여지가 남아있는 부분이 많은 실정이다. 그렇지만 상술한 문양 시문기법의 변천과 퇴화 등으로 크게 초창기 → 조기 → 전기 → 중기 → 후기 → 말기로 구분되는 6시기로 구분하고 있다. 따라서 본문에서도 6시기로 구분하여 서술하고자 한다.

2. 공간

우리나라 신석기시대 문화에 있어서 지역을 구분할 때는 토기문화를 중심으로 구분되어 왔다. 특히 토기 저부의 특징을 이용하면 크게 평저토기문화권과 첨저·원저토기문화권으로 크게 두 문화권으로 구분되지만, 토기 저부 특징과 문양의 여러 속성을 비롯해 시간적은 부분을 연결하면, 크게 5문화권으로 구분된다.

　먼저 평저토기문화권은 서쪽 청천강 이북지역과 동쪽의 함경도를 포함한 북부지역이며, 토기 속성에 따라 백두산을 중심으로 서북지역과 동북지역으로 구분된다. 첨저·원저토기문화권은 청천강에서 대동강·한강을 거쳐 금강유역까지로 경기만 일대의 도서·해안지역까지 포함하는 중서부지방이 속한다. 마지막으로 시기에 의해 평저토기문화권에서 원저·첨저토기문화권으로 변화하는 지역으로 토기 속성에 의해 남부지역과 동해안지역(중동부지역)으로 구분할 수 있다.

　이와 같이 5개의 토기문화권으로 구분할 수 있지만, 생업에 있어서는 동일 토기문화권에서도 유적의 입지에 따라 다른 생업활동을 나타내는 경우가 많다. 따라서 본문에서는 5개의 토기문화권을 중심으로 각 문화권의 유적 입지에 따라 세분하여 석기조성과 그에 따른 생업에 대하여 살펴보고자 한다.

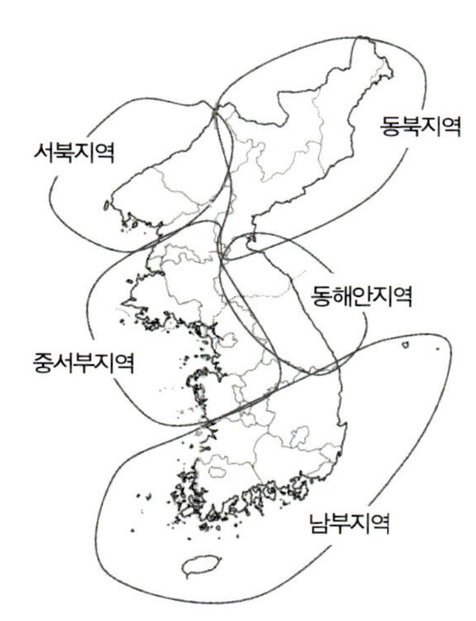

그림 1　신석기시대 문화권

Ⅲ. 각 지역의 석기조성

여기서는 우리나라 신석기시대를 6시기와 5개의 문화권으로 구분하여 각 시기와 각 지역에 있어 석기조성의 특징과 변천에 대해 알아보고자 한다. 특히 동일 문화권에서도 유적의 입지에 따라 석기조성과 주된 생업활동이 다른 양상을 보이고 있어 각 문화권에서 자연환경과 유적 입지로 세분하여 살펴보고자 한다.

석기의 분류에 있어서는 용도와 기능을 중심으로 수렵·어로·농경·채집활동 등 생업활동에 수반되는 도구를 비롯해 생업활동을 행하는 과정에서 사용되는 도구(공구와 가공구)와 종교적 또는 주술적인 도구로 크게 구분할 수 있다. 그러나 우리나라 신석기시대 석기는 생산도구와 공구·가공구가 대부분이며, 종교나 주술적인 도구는 극히 드물다. 따라서 본문에서는 생업활동에 관련된 석기의 용도와 기능을 중심으로 수렵구·어로구·농경구·채집구, 그 외 공구와 가공구로 분류하여 살펴보기로 한다. 단 수렵구와 어로구의 경우는 유적의 입지에 따라 구분이 어려운 것이 많기 때문에 본문에서는 수렵·어로구로 분류하였다.

1. 남부지역

남부지역은 행정구역으로 경상도·전라도·제주도를 포함하는 지역으로 유적의 입지에 따라 도서유적군·해안유적군·내만유적군·내륙유적군으로 크게 4개의 유적군으로 구분된다. 유적 성격은 도서·해안·내만유적군은 대부분 패총이며, 내륙유적군에는 집락 유적이 대부분이다. 그 외 동굴이나 암음, 포함층 유적이 있다. 시기적으로는 제주도 고산리유적을 비롯해 청도 오진리유적 등이 위치하고 있어 초창기부터 말기까지 우리나라 신석기시대 전 시기에 걸쳐 유적이 분포하고 있다.

· 초창기

현재 초창기에 해당하는 유적은 내륙지역인 청도 오진리 암음유적을 제외하고는 고산리·삼양동 등 제주도를 중심으로 확인되고 있다.

출토 석기는 후기 구석기의 전통이 남아있는 세석핵과 세석인을 비롯해 수렵·어로구로 타제석촉·찌르개, 공구·가공구로 첨두기·밀개·긁개·고석·지석·박편·갈돌·갈판 등으로 단순한 조성을 보이고 있다. 장신구로는 삼화지구유적에서 결상이식 편이 1점 출토하였다. 또 특이한

석기로는 삼화지구유적과 강정동유적에서는 돌그릇이 확인되었다.[2]

· 조기

조기에 해당하는 유적 입지는 초창기와는 달리, 남부지역 전 지역에서 확인되지만, 대부분 도서·해안·내만유적군에 속한다.

　석기조성은 초창기와 비교해 다양해진다. 먼저 도서유적군을 살펴보면, 수렵·어로구로 결합식 조침을 비롯해 작살·어망추·석창 등이 처음으로 출토된다. 석촉은 초창기의 것과 비교해 그 형태와 재질에서 차이를 보인다. 특히 흑요석을 이용한 것이 많다. 해안유적군과 내만유적군의 경우도 도서유적군과 유사한 석기조성을 보이고 있다. 양적인 면에서는 어로구인 결합식조침이 가장 많다. 비봉리유적은 현재 입지로 보면 내륙유적군에 속하지만, 조기의 경우는 출토되는 패류로 보아 내만유적군 또는 해안유적군과 유사해 이 시기에는 해수가 비봉리유적까지 들어온 것으로 판단되며, 출토 석기도 다른 유적군과 동일하게 결합식조침·석촉 등 수렵·어로구가 주체를 점한다. 공구·가공구로는 밀개·긁개·고석·지석·박편·찰절석기·석도·(타제·마제)석부·석시·유견석기·갈돌·갈판 등으로 초창기와 비교해 종류가 다양해지며, 전체적으로 양이 증가한다. 또 석도·찰절석기·석거·석시 등이 초출初出한다. 특히 석시는 일본 구주지역의 석기로 반입되었을 가능성이 많고 이 석시는 흑요석·사누카이트와 함께 일본 구주지역과의 교류를 알 수 있는 좋은 자료가 된다. 갈판과 갈돌은 해안과 내만유적군에서 많이 출토된다. 장신구로 동삼동·안도·선진리·신암리유적 등지에서 결상이식이 확인되었으며 울진 후포리유적에서 옥제 수식 2점이 확인되었다. 또 신암리유적에서는 석영제 마제석부가 출토되었는데 크기가 6.5㎝정도의 소형인 것에서 옥부로 보아도 무방할 것으로 판단된다.

· 전기

전기에 해당하는 유적의 입지는 조기와 거의 동일하지만, 내륙유적군에서도 유적이 확인된다.

　석기조성 또한 조기와 비교하면 도서·해안·내만유적군에서는 결합식조침과 작살 등 어로구가 주체를 점하며 동일한 양상을 보이고 있다. 즉 석기조성은 조기와 유사하지만 그 양과 종류에 있어 증가하는 경향을 보이고 있다. 그러나 조기에 초출하였던 석거나 석도는 출토되지 않는다. 한편 내만유적군에 속하는 목도패총에서는 수렵·어로구는 1점도 출토되지 않고 대부분이 공구 및 가공구이다. 특히 남부지역 중기에 많이 출토되는 굴지구가 다량으로 출토되었으며 그 형태 역시 유사하다. 그 용도에 대해서는 아직 이론이 있지만, 중기의 농경구 일부가 아닌 주거지 등의 수혈유구를 조성할 때 사용하였거나 패류나 구근류를 채집할 때 사용된 굴지구로 판

2　돌그릇에 대해서는 연구자에 따라 이견이 있어 좀 더 많은 자료의 축적을 기다려야 할 것으로 생각된다.

단된다. 장신구로는 결상이식이 처용리유적에서 확인되며, 그 외 장항유적을 비롯해 연대도·범방유적에서 옥제 수식이 확인되었다.

· 중기

중기가 되면 해안·도서·내만지역에 집중 분포한 전기까지의 유적분포 양상과는 대조적으로 서남지역에는 유적이 확인되지 않는 반면, 내륙 강안 주변에 새로운 유적이 나타난다.

석기조성에 있어서도 전기까지와는 다른 양상을 보인다. 주체를 점했던 어로구의 결합식조침은 크게 감소하는 반면, 어망추가 증가하며 내륙유적군과 도서·해안·내만유적군의 어망추는 크기와 무게에서 차이를 보인다. 또 석촉에 있어서도 전기까지의 흑요석이나 사누카이트 등으로 제작된 타제석촉에서 마제석촉으로 변화하는 양상을 나타낸다. 중기에서 가장 큰 특징은 내륙유적군을 중심으로 농경구가 많이 출토되는 점이다. 농경구는 농경에 필요한 행위에 따라 크게 땅을 일구는 경기구, 수확하는 수확구, 곡물을 가공 처리하는 가공구로 구분되는데, 내륙유적군에서는 보습·괭이와 같은 경기구와 낫·원반형석기 등의 수확구, 방형의 갈판[鞍形磨臼]과 봉상의 갈돌과 같은 식물(곡물)처리 가공구가 세트로 출토되어 농경활동의 전반에 걸친 석기가 출토되는 특징을 보인다.

· 후기~말기

후기~말기는 중기와 유사한 유적입지를 보이지만, 중기에 유적이 분포하지 않았던 서남지역의 도서·해안·내만지역에 유적이 다시 분포하는 특징을 보이고 있으며, 내륙지역에서도 유적의 규모는 중기보다 축소되지만 유적 수는 증가하는 경향을 보인다.

석기조성은 중기와 비교하면, 수렵·어로구는 줄어들고 농경과 관련된 도구가 주체를 점하는 등 중기와 유사한 양상을 보인다. 그리고 농경구 중 경기구와 가공구는 내륙유적군은 물론이며 도서·해안·내만유적군에서도 어느 정도 출토되고 있어 농경 또는 채집활동에 의해 획득된 식물자원의 이용이 활발해지는 경향을 보인다. 작살이나 찌르개 등 수렵·어로구는 대부분 골제품으로 수렵·어로활동은 계속 영위되며 도서·해안유적군에서는 여전히 주체적인 생업활동을 보이고 있다. 장신구로는 노래섬·동삼동유적에서 반월형 옥제품이 출토되었다.

2. 동해안지역(중동부지역)

동해안지역은 행정구역으로 강원도가 속하며, 대부분의 유적이 사구에 입지하고 있으며 그 배후에는 석호가 입지하고 있는 경우가 대부분이고 유적 성격은 대부분 주거지(집락) 유적이다. 그 외 포함층이나 동굴 유적 등도 있다. 시기적으로는 최근 오산리C지구에서 기존 동해안지역에서 확인되지 않은 토기가 출토되어 초창기로 보는 견해도 있지만, 석기의 형태나 제작기법 등 속성에서 남부지역 초창기인 고산리유적의 것과는 다른 속성을 보여 남부지역의 조기로 보는 것이 타당할 것으로 판단된다. 따라서 동해안지역은 조기부터 말기까지의 유적이 분포하고 있다.

· 조기

현재 조기에 해당하는 유적 중 오산리유적(C지구)의 최하층은 토기와 석기 등 문화양상은 남부지역의 대표적인 초창기유적인 고산리유적과는 다른 양상을 보이고 있어 본문에서는 조기의 빠른 단계로 분류하였다.

석기조성은 수렵·어로구로 결합식조침을 비롯해 어망추·석거·석촉·석창 등이 있으며, 공구와 가공구로는 밀개·긁개·톱니날·석부·석도·공이·지석·추형석기·갈판·갈돌·굴지구 등이 출토된다. 양적으로는 결합식조침·어망추·작살 등 어로활동과 관련된 어로구가 가장 많으며, 어망추가 많은 것이 동해안지역의 큰 특징이다. 석촉 중에는 기부에 치우쳐 중앙에 투공된 것이 출토되는데 이러한 형태 중 큰 것은 작살로 추정된다. 또 남부지역에서 많이 출토되는 조합식작살(석거)이 문암리유적에서 확인되며, 형태는 차이를 보이지만 결합식조침 등이 출토되어 남부지역과 유사한 석기조성을 보이고 있어 동일 문화권 또는 두 지역 간의 교류 등을 알 수 있는 좋은 자료이다. 장신구로는 문암리·공기2굴유적에서 결상이식이, 오산리유적(C지구)에서 옥부 등 옥제품이 출토하였다.

· 전기

전기 유적은 대부분 조기에 해당하는 유적과 연속적으로 나타나며 같은 사구에서 지점을 달리하는 경우가 많다.

석기조성도 유적 입지와 동일하게 수렵·어로구인 결합식조침과 석촉·석창·어망추 등으로 유사하다. 공구·가공구의 경우도 조기와 유사하며 갈돌과 갈판이 조기보다 증가하는 경향을 보인다.

· 중기

유적의 입지와 성격은 조기~전기와 동일하다.

석기조성에 있어서는 수렵~어로구 중 앞 시기까지 주체를 점하였던 결합식조침의 경우 출토되지 않는 유적이 있는 등 그 양이 급격히 줄어든다. 이와 같은 양상은 작살에서도 확인된다. 그러나 어망추와 석촉의 경우는 앞 시기와 비교해 증가하는 경향을 보인다. 석촉의 경우는 남부지역 중기와 같이 대부분 전면 마제석촉이 확인되며 그 형태는 대부분 유엽형이다. 공구·가공구의 경우는 조성에 있어서는 앞 시기와 유사하지만, 굴지구가 증가하는 경향을 보이며, 일부 석기에 있어서는 형태나 사용용도에서 변화가 확인된다. 먼저 갈돌과 갈판에 있어서는 출토량이 증가하며, 형태에 있어 변화가 확인된다. 형태는 방형의 갈판[鞍形磨臼]과 봉상의 갈돌로 남부지역 중기에서 출토하는 형태와 거의 동일하다. 또 석도의 경우는 대부분 편으로 정확한 양상은 알 수 없지만, 앞 시기와는 다른 형태 또는 다른 석기로 판단된다. 한편 최근 문암리유적에서 밭으로 추정되는 유구가 확인되어 농경에 대한 관심이 높아지고 있다. 이 시기에 농경구로 판단되는 석기로는 경기구로 추정되는 굴지구를 비롯해 식물(곡물)처리 가공구로 방형의 갈판과 봉상의 갈돌이 확인되어 남부지역 내륙유적군과 유사한 양상을 보이고 있고, 수확구는 골기를 사용했을 가능성도 있지만, 현재 낫이나 원반형 석기 등 수확구로 판단되는 석기는 없는 실정이다. 그러나 앞 시기와 비교해 농경과 관련된 석기가 증가하는 경향을 보이고 있다. 이와 같이 중기에는 주체 어로구의 변화를 비롯해 석촉·갈돌·갈판 등 석기 형태 변화·농경 관련 도구 증가 등 큰 틀에서의 석기조성 변화는 없지만, 세부적인 속성에 있어서는 많은 변화가 보이는 시기이다. 이러한 양상은 중서부지역의 토기·석기 등 제 요소의 전파 또는 교류의 결과로 판단된다.

· 후기~말기

이 시기의 유적은 앞 시기와 비교해 상대적으로 빈약해 정확한 양상은 알 수 없지만, 유적의 입지와 성격을 비롯해 석기조성에 있어서도 특히, 중기와 유사한 상황을 보이고 있다.

3. 동북지역

동북지역은 행정구역으로 함경남·북도와 양강도가 속한다. 유적은 입지에 따라 두만강 주변과 구릉 경사면에 위치하는 내륙유적군과 해안선이 단순하지만 큰 만을 형성하고 있는 해안에 위치하는 해안유적군으로 구분된다. 유적 성격은 내륙유적군은 대부분 주거지(집락)가, 해안유적군은 패총과 주거지(집락) 유적이다. 시기적으로는 남부지역의 초창기에 해당하는 문화는 아직 확인되지 않고, 조기의 융기문토기도 역시 확인되고 있지 않지만 시베리아 극동지방과 관련된 문화가 확인되고 있어 동북지역은 조기부터 말기까지 유적이 분포하고 있다.

· 조기

현재 조기 문화상을 알 수 있는 유적으로는 서포항유적이 있으며, 내륙유적군에서는 중기부터 유적이 확인된다.

석기조성은 수렵·어로구로 석촉·석창·어망추 등이 있고, 공구·가공구로는 굴지구·지석·긁개 등으로 단순한 편이다. 그러나 동북지역의 도구 재료로는 돌이 아닌 뼈나 뿔로 제작된 골각기가 많다. 특히 작살이나 찌르개 등 어로구는 골각기가 대부분으로 석기조성이 단순한 것처럼 보이지만 도구조성은 타 지역과 크게 차이가 없는 실정이다. 한편 굴지구는 석부 대용 또는 수혈주거지나 수혈유구를 만들 때 사용한 굴지구로 수확구나 식물 가공구와 동반하지 않는 것에서 농경과는 관련이 없을 것으로 판단된다.

· 전기

전기 역시 조기와 같이 해안유적에서만 확인되며 대표적인 유적은 서포항유적이 있다.

석기조성은 조기와 비교해 양이 증가하는 경향을 보이며, 조성에 있어서는 수렵·어로구로 석촉·석창·어망추 등이 있고, 공구·가공구로는 석부·굴지구·지석·긁개 등 큰 차이는 보이지 않지만, 인부가 있는 석부류가 처음으로 출토된다. 또 도구 재료에 있어서도 조기에 비해 촉·창·굴지구 등을 비롯하여 자돌구·침 등 골각기의 비중이 높아지는 경향을 보이고 있다.

· 중기

중기부터는 두만강 주변에서 유적이 확인되어 유적이 확산되는 경향을 보인다. 이와 같은 양상은 남부지역의 중기에 내륙유적군에 유적이 확산되는 양상과 관련이 있을 것으로 판단된다.

석기조성은 남부지역과 같이 해안유적군과 내륙유적군에서 큰 차이는 보이지 않는다. 먼저 해안유적군에서는 전기까지와 비교해 석기조성이 다양해지는 경향을 보인다. 즉 수렵·어로구로는 전기와 비슷해 촉이나 창 등이지만, 공구와 가공구에서는 굴지구와 같이 돌삽을 비롯해 장방형의 갈판과 봉상의 갈돌이 처음 출토된다. 또 골각기로는 멧돼지 견치의 안쪽을 갈아 만든 낫으로 판단되는 수확구가 확인되는 것으로 보아 이 시기에는 굴지구(괭이·삽)와 수확구(낫-멧돼지 견치)를 비롯해 갈돌·갈판이 세트로 출토되어 농경과 관련된 도구가 출토된다. 내륙유적군에서는 수렵·어로구로 석촉·석창·어망추 등이 있고 찌르개 등은 골각기로 존재한다. 공구와 가공구는 굴지구·곰배괭이·갈돌·갈판석부·석착·흑요석제 긁개 또는 밀개 등으로 해안유적군과 거의 유사한 석기조성을 보인다.

중기에는 굴지구·곰배괭이·돌삽 등이 경기구로, 낫(멧돼지 견치)이 수확구로, 갈판[鞍形磨臼]·봉상의 갈돌이 식물(곡물)처리 가공구로 세트로 출토되어 농경활동이 어느 정도 시작된 석기조성을 보이고 있으며 이 시기부터 흑요석이 석기의 재료로 사용되는데 이러한 양상은 해안·내륙유적군에서 같이 나타나고 있는 특징을 보인다.

· 후기~말기

후기~말기는 유적의 입지나 성격 등 중기와 유사하며 내륙지역에 유적이 조금 증가하는 경향을 보이고 있다.

석기조성은 해안·내륙유적군 전부 중기와 유사해 수렵·어로구로 석촉·석창·어망추 등이 있으며, 공구와 가공구로 석부·석착·지석·흑요석제 석기 등이 있다. 농경과 관련된 도구도 곰배괭이·괭이류(경기구), 갈판과 갈돌(식물·곡물처리 가공구), 수확구가 세트로 출토되어 중기와 같은 양상을 보이고 있다. 해안유적군의 서포항유적 말기에는 조개껍질로 만든 반원형 조개칼이 수확구로 확인되었고 낚시바늘(단식·결합식)이 처음으로 출토되었다. 여전히 도구 재료로는 뼈와 뿔이 많이 사용되어 수렵·어로구를 비롯해 수확구와 굴지구 등에 많이 사용되고 있다.

4. 서북지역

서북지역은 행정구역으로 평안북도와 자강도가 속한다. 유적이 적어 입지에 따라 구분은 힘들며 대부분 압록강 중·하류와 청천강 하류역의 충적대지나 낮은 구릉에 위치한다. 유적 성격은 주거지(집락) 유적이 대부분이며, 동굴과 패총 유적도 확인된다. 그러나 본 글에서는 서북지역의 양상을 알 수 있는 유적이 희박해 요녕성遼寧省 동구현東溝縣에 위치하는 후와後窪·대강大崗·석불산石佛山·마성자馬城子 유적을 서북지역에 포함해 살펴보고자 한다.

시기적으로는 남부지역의 초창기와 조기에 해당하는 문화는 아직 확인되지 않고 있으며 전기에 해당하는 유적이 확인되지만 그 문화내용이 희박해 정확한 양상은 알 수 없는 실정이다. 그러나 중국 동북지방에 속하는 요령반도와는 그 문화 양상이 유사해 동일 문화권으로 보아야 할 것이다. 또 말기에 해당하는 유적은 남부지역의 말기와는 토기와 석기에서 다른 양상을 보이고 있기 때문에 신석기문화가 우리나라에서 가장 먼저 무문토기시대로 전환되는 지역으로 판단된다. 따라서 서북지방은 전기부터 후기까지 유적이 분포하고 있다.

· 전기

전기에는 후와 하층·대강·미송리유적이 속한다.

석기조성은 수렵·어로구로 석촉·석창·석구石球·어망추 등이 있고, 공구와 가공구로 석부·

석착·석추 등이 있다. 그리고 대강유적에서는 괭이와 돌칼, 미송리유적[3]에서는 농경과 관련된 도구는 확인되지 않지만, 후와유적에서는 농경과 관련된 도구가 세트로 출토된다. 즉 곰배괭이와 괭이(경기구), 갈돌과 갈판(식물·곡물처리 가공구), 돌칼(수확구)이 세트로 출토되어 농경이 우리나라에서는 가장 먼저 확인되는 지역이다. 그 외 장신구로 옥제품인 결玦·관管·환環 등이 있다.

중기에는 후와 상층·토성리·반궁리·당산 하층유적 등이 속한다.

　석기조성은 전기와 비교해 전체적으로 유사한 양상을 보이고 있다. 즉 수렵·어로구로는 석촉·석구·어망추 등이 있으며, 공구와 가공구로는 석부·석착·지석·밀개·긁개 등이 있다. 한편 후와 상층과 토성리유적에서는 농경과 관련된 도구(경기구-괭이·곰배괭이, 수확구-돌칼, 식물·곡물처리 가공구-갈판과 갈돌)가 세트로 출토되고 있다. 반궁리유적에서는 곰배괭이가 출토되지만 수확구나 처리 가공구가 출토되지 않아 곰배괭이는 농경과 관련된 도구보다는 굴지구로 보는 것이 타당할 것으로 판단된다. 한편 토성리유적에서는 동북지역과 같이 흑요석제 석기가 처음 출토되며, 당산 하층유적에서는 사슴뿔을 이용한 괭이가 출토되고 있어 동북지역과의 관련성을 엿볼 수 있다.

후기에는 당산 상층·쌍학리·석불산·신암리·용연리유적 등이 속한다.

　석기조성은 중기와 비교해 출토 석기가 적어 정확한 양상은 알 수 없지만, 조성에 있어서는 큰 변화는 보이지 않는다. 즉 석촉·석창·석구·어망추의 수렵·어로구, 석부·지석·석착 등의 공구와 가공구가 출토된다. 또 농경과 관련된 도구도 경기구-괭이·곰배괭이, 수확구-돌칼, 식물·곡물처리 가공구-갈판과 갈돌이 출토되어 중기와 동일한 양상을 보이고 있다. 한편 서북지역의 가장 늦은 시기로 보이는 신암리·용연리유적에서는 수확구(돌칼)은 확인되지만 경기구나 식물·곡물처리 가공구는 확인되지 않는다. 따라서 이와 관련된 도구는 골각기 또는 목기의 사용 가능성을 추정할 수 있을 것이다.

3　미송리유적은 서북지역에서 전기의 문화양상을 보이는 유일한 유적이지만, 동굴 유적으로 농경과 상관성이 떨어지는 유적이며, 석기의 보고도 희박하여 전기를 대표하는 유적으로는 부적합하다.

5. 중서부지역

중서부지역은 행정구역으로 평안남도·황해도·경기도·충청도를 포함하는 지역으로 유적의 입지에 따라 도서유적군·해안유적군·내륙유적군으로 크게 3개의 유적군으로 구분된다. 또 내륙유적군은 큰 강을 끼고 유적이 위치하는데 문화양상이 조금 다른 양상을 보여 구분이 가능하다. 즉 북쪽의 대동강·재령강(서부지역), 중간의 한강·금강유역(중부지역)으로 구분된다. 다만 금강유역에서는 아직 전기에 해당하는 유적이 없어 한강유역의 다양성을 보이는 지역으로 판단된다. 유적 성격은 도서·해안은 대부분 패총이지만, 큰 집락이 형성된 경우도 있다. 특히 경기만 일대 도서지역의 집락은 경기만에 분포하는 패총의 성격이 남부지역이나 다른 지역의 패총과는 달라 캠프형 패총 또는 특수목적을 가진 패총으로 이러한 패총의 중심지가 되는 유적으로 판단된다. 내륙유적군에는 집락 유적이 대부분이다. 시기적으로는 남부지역의 초창기와 조기에 해당하는 문화는 아직 확인되지 않았으며 전기에 해당하는 유적이 소수 확인되어 전기부터 말기까지 유적이 분포하고 있다.[4]

· 전기

서부지역은 내륙유적군과 해안유적군에 유적이 분포하지만, 해안유적군에서는 궁산유적에서만 석기의 보고가 있을 뿐이며, 궁산유적에서는 여러 시기의 토기가 섞여서 출토되기 때문에 석기조성에 있어서는 정확한 시간적인 변화를 알 수 없는 실정이다.

내륙유적군에서는 석촉·석창·어망추 등의 수렵·어로구와 석부·석착·지석·고석·갈돌·갈판 등의 공구와 가공구가 있다. 그 중에서도 석촉과 찔개살이 가장 많다. 또 소정리유적 3지점에서는 지탑리유적 1지구와 유사하지만, 돌괭이가 출토한다. 특이한 점은 남부지역과는 달리

4 　중서부지역의 편년은 현재 연구자에 의해 다른 양상을 보이고 있다. 따라서 본문에서는 필자의 편년으로 서술하고자 한다. 필자의 편년을 간단히 소개하면 다음과 같다.
대동강유역 : 지탑리유적1지구1호주거지(1기) → 지탑리유적1지구1호주거지퇴적층·소정리유적3지점(2기) → 지탑리유적2지구·마산리유적(3기) → 금탄리·남경유적1기(4기) → 금탄리·남경유적2기(5기)
한강유역 : 삼부위시문토기(1기전반) → 삼부위시문에 종속문 추가된 토기(1기후반) → 1기후반 토기에서 동부 문양이 종주어골문에서 횡주어골문으로 변화한 토기(2기) → 2기 토기에서 종속문이 소멸한 토기(3기) → 단일문토기·시문부위 축소(4기).
두 지역의 평행관계는 다음과 같다.

編年	1期(전기후반)	2期(중기전반)	3期(중기후반)	4期(후기전반)	5期(후기후반)
大同江流域	1期 2期	3期	4期	5期	→
漢江流域	1期前半 ←	1期後半 2期	3期	→	4期

갈판의 형태가 안형마구^{鞍形磨臼}로 서북지역과 유사한 형태를 나타낸다. 한편 해안유적군은 시기적인 변화를 알 수 없는 실정으로 종합적으로 보면, 석촉·석창·찔개살·어망추 등의 수렵·어로구와 돌괭이·석부·고석·지석·갈돌·갈판 등의 공구와 가공구가 출토된다. 그리고 해안유적군에서는 골각기의 종류가 다양해 자돌구·뿔괭이·굴지구·낫·칼·침 등이 있다. 이와 같이 석기는 석촉과 석창 등 수렵·어로구가 많은 반면, 골각기는 뿔괭이와 굴지구·낫 등 농경과 관련된 도구가 많은 것이 특징이다.

중부지역도 내륙유적군과 도서·해안유적군에 유적이 분포하지만, 내륙유적군의 대표적인 암사동유적에서는 전기에서 중기까지의 토기가 섞여서 출토되기 때문에 석기조성의 시간적인 변화는 정확히 알 수 없는 실정이다. 그러나 삼거리·학곡리 등지에서 어느 정도 전기의 양상을 알 수 있다. 수렵·어로구로는 석촉·석창·찔개살·어망추 등이 있으며, 공구와 가공구로는 석부·석착·고석·지석·갈돌·갈판·박편석기 등이 있다. 그 중에서도 석촉이나 석창과 어망추가 가장 많다. 굴지구나 괭이·낫 등의 농경과 관련된 도구는 확인되지 않는다. 도서·해안유적군의 대부분 유적은 패총으로 남부지역에서 확인되는 패총과는 그 성격이 달라 캠프 또는 특수목적형 패총으로 출토유물이 매우 빈약하다. 최근 발굴조사에 의해 도서지역에서 대규모 집락유적이 확인되었다. 패총유적에서 석기조성을 알 수 있는 유적으로는 송산유적이 있는데 출토 석기를 보면 수렵·어로구로는 석촉이 있으며, 공구와 가공구로는 갈돌·갈판·고석·지석·박편석기 등이 있는 반면, 까치산유적의 경우는 어망추 이외에는 별다른 석기는 확인되지 않는다. 그리고 집락유적인 운서동1유적에서는 석촉·찔개살·어망추 등의 수렵·어로구, 굴지구·갈돌·갈판·고석·석부·지석 등의 공구와 가공구가 있다. 수렵·어로구에서는 석촉과 찔개살은 어느 정도 출토되지만, 어망추의 경우는 2점만 출토된다. 그 외 굴지구와 갈돌·갈판·고석 등이 다량으로 출토되고 있다.[5]

· 중기

서부지역 내륙유적군에는 지탑리유적의 2지구와 마산리·금탄리·남경유적 등이 있다. 전기와 비교하면 수렵·어로구에서는 석촉·찔개살·어망추 등으로 변화는 없지만, 공구와 가공구에 있어서는 전기에 없었던 보습과 돌낫 등 농경과 관련된 도구가 처음으로 출토되는 특징을 보인다. 따라서 서북지역의 전기에 해당하는 후와유적과 유사한 석기조성을 보여 본격적인 농경활동을 엿볼 수 있는 시기이다. 그러나 앞 유적에 비해 시기가 조금 늦은 남경·금탄리·장촌

---

5   운서동1유적의 경우 출토 석기의 양은 많지만, 주거지가 58기로 검출된 주거지에 비하면 석기는 그렇게 많은 양은 아닌 것으로 판단된다.

58

유적에서는 전체적으로 석기 출토량도 적지만, 지탑리·마산리유적 등에서 많은 출토한 보습과 같은 굴지구가 줄어드는 현상을 보인다. 따라서 해안유적군인 궁산유적에서 보이는 골각기의 낫·괭이·굴지구 등 농경과 관련된 도구는 중기 이후일 가능성이 많을 것으로 판단되며, 이 시기에 굴지구(경기구)가 석제에서 골각제 또는 목제로 변화했을 가능성도 배제하지 못할 것으로 판단된다.

중부지역 내륙유적군에는 농서리유적이 있는데 수렵·어로구는 석촉만 출토되고 어망추나 다른 도구는 출토되지 않는다. 공구와 가공구는 석부·지석·갈돌·갈판·고석 등이 있다. 한편 암사동유적에서는 시기는 확실히 알 수 없지만, 석촉·석창·어망추 등의 수렵·어로구, 굴지구·낫·갈돌·갈판 등 농경과 관련된 도구가 세트로 출토된다. 공구와 가공구로는 고석·석부·지석·박편석기 등 다양하다. 서부지역의 양상을 볼 때 암사동유적의 농경과 관련된 도구는 중기에 해당할 가능성이 많을 것으로 판단되며, 후기의 것도 있을 가능성을 배제할 수 없다. 도서·해안유적군에서는 다양한 양상을 보이고 있다. 석기 출토가 20점을 넘는 유적으로는 석교리·능곡동·실길동·삼목도3유적 등이 있는데 어망추는 대부분의 유적에서 출토되지 않는다. 또 석촉·석창·찔개살과 같은 수렵·어로구도 전기와 비교하면 매우 적다. 주거지가 검출된 유적은 전기 운서동1유적과 동일한 석기조성을 보이지만, 전체적으로 출토량이 적어지는 특징이 있다. 즉 갈돌과 갈판이 가장 많이 출토되며 석부와 고석·지석 등도 일정부분을 차지한다. 서해안의 굴지구나 타제석부의 경우는 땅을 파거나 다른 용도보다는 유적 앞에 펼쳐진 개펄에서 조개 채집 시 사용되었을 가능성이 많다.[6]

· 후기

서부지역에는 남경·금탄리유적 등이 속하며, 석기조성은 중기와 비교해 전체적으로 유사하다. 그러나 중기의 금탄리나 남경유적과 비교하면 석촉·어망추 등 수렵·어로구가 증가함과 동시에 갈돌·갈판과 같은 식물(곡물)처리 가공구도 증가한다. 농경과 관련된 굴지구(경기구)는 중기 후반과 같이 출토되지 않지만 석부·석착 등 목재를 가공하는 도구가 증가해 굴지구 또는 경기구는 목기 또는 골각기로 대체되었을 가능성이 많다.

중부지역은 후기에 해당하는 유적에서는 석기의 출토량이 적어 정확한 양상은 알 수 없지만, 서북지역의 양상과 유사할 것으로 판단된다. 한편 금강유역에서 장재리·대천리·둔산·쌍청리유적 등이 확인된다. 그러나 유적이 대부분 해발 50m 전후의 구릉이나 그 경사면에 입지

---

6 도서·해안유적군의 굴지구나 타제석부의 일부는 조개 채집에 사용되었을 것이며 내륙유적군의 농경구로 판단되는 굴지구(보습·괭이)와는 그 사용 용도가 달랐을 것으로 판단된다. 이러한 양상은 유적의 입지나 동반되는 석기조성으로 이해될 것으로 판단된다.

하고 있고 토기에 있어서도 한강유역의 유적들과는 다른 양상을 보이고 있다. 각 유적에서 출토되는 석기는 양이 적어 정확한 양상은 알 수 없다. 석촉·어망추 등의 수렵·어로구의 경우도 없거나 아주 적은 소량만 확인되고 있으며 석부나 석착과 같은 공구와 가공구의 경우도 다른 시기나 다른 지역의 유적과 비교해 매우 적다. 주체를 점하는 종류는 굴지구(경기구)이다. 그리고 갈돌과 갈판이 있으며 쌍청리에서는 돌칼, 둔산에서는 멧돼지 견치로 만든 낫이 출토되어 농경과 관련된 석기가 주체를 점고 있다. 도서·해안유적에서는 집락 유적과 패총과는 석기조성의 차이를 보여 패총에서는 어망추와 찔개살과 같은 수렵·어로구가 주체를 점하며, 집락에서는 수렵·어로구도 어느 정도 출토되지만 주체는 갈돌과 갈판을 비롯해 석부·고석·지석 등 공구와 가공구이다.

　이상 각 지역에 있어 시기에 따른 석기조성의 변화에 대해 살펴보았다. 그 결과 각 지역 또는 각 시기에 있어 같은 양상을 보이는 경우가 있는 반면, 다른 양상을 보이는 경우도 있었다. 이러한 현상은 유적 입지·자연환경 등 자연조건은 물론 문화교류·전파 등 인간 행동의 결과 등 여러 가지 요인에서 나타난 결과로 볼 수 있다. 따라서 다음 장에서는 석기조성을 중심으로 신석기시대 생업에 대해 살펴보고자 한다.

Ⅳ. 생업활동의 특징과 유형화

우리나라 신석기시대 생업활동은 앞의 석기조성 검토에서 알 수 있듯이 수렵·어로·채집·농경활동으로 구분되며, 그 비중에 따라 몇 개의 유형으로 분류된다. 즉 수렵활동이 중심인 경우, 어로활동이 중심인 경우, 농경활동이 중심인 경우로 크게 구분된다. 그리고 각각의 생업활동이 단독으로 이루지는 경우는 없고 적어도 두 가지 이상의 생업활동이 행해지며, 유적 입지나 석기조성 등에 의해 행해진 생업활동의 비중에 차이를 나타낸다. 그 중에서도 지역적·시간적 변화 또는 지역성을 현저히 나타나는 생업활동으로는 어로활동과 농경활동이다. 이러한 양상을 바탕으로 생업활동을 유형화하면 다음과 같다.

＊ 수렵활동

수렵구는 단순해 석창·석촉 등이 중심이며, 지역에 따라 석구나 자돌구 등이 있다. 따라서 수렵방법은 궁시법이나 자돌법이 주로 행해졌으며, 이러한 양상은 우리나라 전 지역에서 같은 양상을 보이고 있다. 하지만 출토 종種을 보면 아직 유구로는 확인되지 않았지만 함정이라든지 섶사냥 등의 방법도 행해졌을 것으로 판단된다.

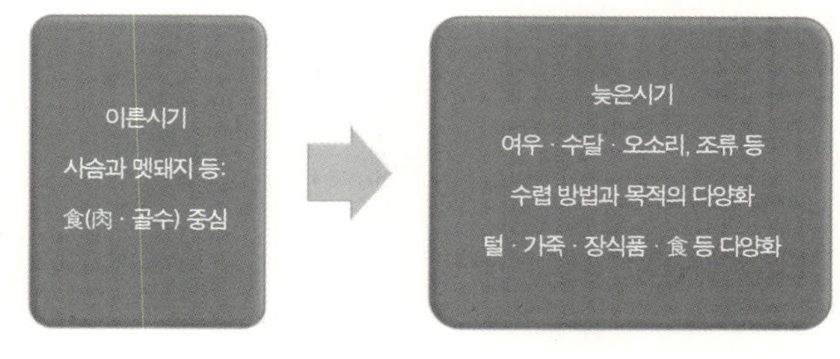

그림 2   수렵활동의 시기적 변화

수렵 대상은 시간적인 변화를 보여 이른 시기에는 먹거리(고기·골수)와 도구(골각기) 재료 획득이 주된 목적으로 사슴과科와 멧돼지가 중심이며, 늦은 시기에도 사슴과와 멧돼지가 중심이지만, 수달·오소리·여우 등이 추가되어 전체적으로 종이 증가하는 경향을 보인다. 이러한 동물은 먹거리나 도구의 재료가 목적이라기보다 털이나 이빨 등 장신구나 의복 등에 사용되었을 것으로 판단된다. 이러한 수렵 대상의 변화는 수렵활동의 목적의 변화로 시간에 따라 먹거리와 도구재료의 획득에서 장식품 또는 의복 등을 획득하는 것으로 그 목적이 다양해지는 경향을 알 수 있다.

※ 어로활동

어로구는 낚시(결합식)·작살·찌르개·어망추·촉 등이 있음. 따라서 어로방법은 촉을 이용한 궁시법, 결합식조침과 역T자조침 등을 이용한 조어법, 작살과 찌르개 등을 이용한 자돌법, 어

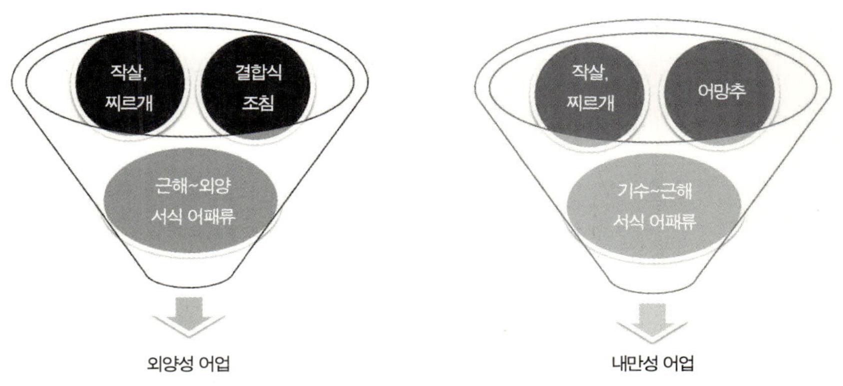

그림 3   어로활동 유형

망추를 이용한 어망법 등이 행해졌다. 어로방법은 시간적·지역적 차이를 보여 남부지역에서는 조어법에서 자돌어법과 어망법으로, 동해안지역에서는 조어법과 어망법에서 어망법으로 변화가 확인되지만, 그 외의 지역에서는 큰 변화는 보이지 않는다. 어종은 유적 입지에 따라 다른 양상을 보이고 있으며, 어로방법의 변화에서 알 수 있듯이 이른 시기에는 외양성 어업이, 늦은 시기에는 내만성 어업이 각각 성행한 것으로 판단된다.

어로활동은 어로구 조성과 출토 동물유체로 크게 세 유형으로 구분된다.

    a:낚시(결합식·단식)·작살·찌르개가 주체를 점하며, 강치·물개 등의 해서동물과 참돔을 비롯해 근해~외양에 서식하는 어류가 출토되는 유적(외양성 어업).

      패류로는 전복·소라 등 외해성 패류가 출토.

    b:찌르개·어망추가 주체를 점하며, 숭어·농어를 비롯해 기수汽水~근해에 서식하는 어류가 출토되는 유적(내만성 어업). 고래나 돌고래도 출토됨.

      패류로는 내만성 패류가 주류를 점함.

    c:대부분 유적이 강의 퇴적층에 입지하며, 어로구로는 어망추가 주체를 점한다(담수 어업). 이 유형의 유적은 대부분 농경활동을 행하고 있다.

✳ 채집활동

채집구는 굴지구와 빗창 등이 있으며, 가공구로 갈판과 갈돌이 있다. 식물이나 패류에 대한 채집은 우리나라 전역이 유사한 양상을 보인다.

패류에 대한 채집은 잠수법과 굴지법이 대표적이며 잠수법은 인골에서 나타나는 외이도골종外耳道骨腫과 전복·소라 등 암초성 패류와 어류 중에서도 가오리·넙치·쥐노래미 등 해저에서 서식하는 종들이 출토되는 것에서 활발하게 행해졌을 것으로 추정된다. 또 해변에 사니질이나 니질로 형성된 서해안이나 남서해안에서는 굴지구(타제석부)가 출토되는 것에서 그곳에 서식하는 패류에 대한 채집활동도 활발하게 행해졌을 것으로 추정된다.

식물에 대한 채집은 도토리가 대표적이며 각 지역의 환경에 의해 채집되었을 것이며, 굴지구가 출토되는 것에서 구근류의 채집도 성행했을 것으로 추정된다.

❋ 농경활동

농경구로는 괭이(돌·각角)·곰배괭이·보습 등의 경기구, 낫과 원반형 석기·돌칼·조개칼 등의
수확구, 봉상의 갈돌과 갈판[鞍形磨臺]의 가공구가 있다. 곡물로는 기장과 조가 중심이지만, 쌀
과 보리 등도 확인되며, 최근 압흔 분석에서 조기와 전기에 해당하는 시기에 조와 기장이 확인
되고 있다.[7] 농경의 시작은 앞의 생업활동과는 달리 중기가 되면 지역적 차이는 있지만 우리나
라 전 지역에서 확인된다.

농경활동은 농경구 중 경기구의 차이로 크게 두 유형으로 구분된다.

① 보습·갈돌·갈판·낫·원반형 석기 등이 세트로 출토되는 유적.

② 괭이(곰배괭이)·갈돌·갈판·낫·돌칼 등이 세트로 출토되는 유적.

각 생업활동을 세분한 결과와 석기조성 분석 결과를 중심으로 다음과 같이 크게 세 유형으로
분류할 수 있다.

A유형: 수렵과 어로활동이 중심인 유적. 어로활동에 의해 세분된다.

　Aa:수렵활동과 외양성 어업이 행해진 유적.

　Ab:수렵활동과 내만성 어업이 행해진 유적.

　Ac:Aa와 Ab 중 농경활동이 행해진 유적.

　Ad:수렵·어로구로 석촉·석창·어망추 등이 출토되며, 농경구가 세트로 출토되지 않아 농
　　경활동이 인정되지 않는 유적.

B유형:수렵과 농경활동이 중심인 유적. 농경활동에 의해 세분된다.

　B①:농경구 중 경기구가 보습이 중심인 유적. 여기서는 괭이가 출토된다.

　B②:농경구 중 경기구가 곰뱅괭이·괭이가 중심인 유적.

두 유형 모두 대부분 유적에서 어망추가 출토되어 어로활동도 행해지고 있다.

C유형:주로 중부지방의 도서·해안지역에서 확인되며, 패 채집 또는 특수한 목적을 위해 형
　　성된 유적으로 패총이 대부분이다.

7　쌀과 보리 등의 곡물은 아직 이론의 여지가 많고, 압흔 분석 결과로 조기와 전기 등 이른 시기에 확인된 기
장이나 조도 재배종인지 야생종인지 불명확한 실정이다. 따라서 이러한 양상은 자료의 증가를 기다려 판단하
여야 할 것으로 사료된다.

V. 신석기시대 생업

여기서는 신석기시대 생업에 대해 시간적인 변화와 지역적 특징에 대해 앞에서 설정한 유형을 중심으로 살펴보고자 한다.

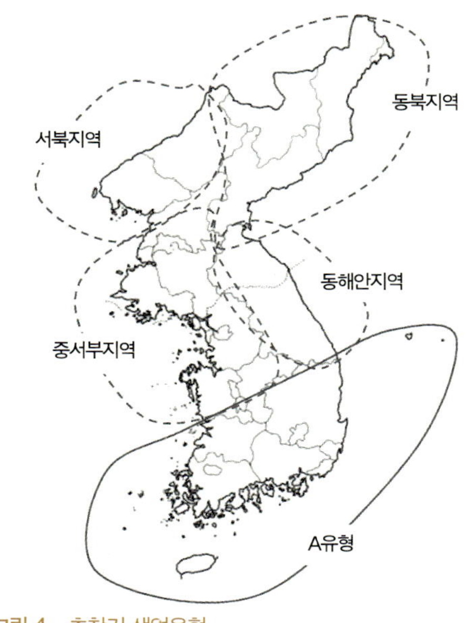

그림 4　초창기 생업유형

1. 초창기

현재 초창기로 확인되는 유적은 남부지역에서도 제주도 집중적으로 확인되고 있다. 석기조성으로 보면 타제석촉과 찌르개가 출토되어 수렵과 어로활동을 비롯해 갈돌과 갈판으로 식물채집 활동이 병행된 것으로 판단된다. 그러나 자연유체의 출토되지 않아 정확한 양상은 알 수 없는 실정이다. 유적의 입지로 보아 해안에 접해있는 유적과 조금 떨어진 유적으로 분류된다. 따라서 타제석촉과 찌르개는 유적 입지에 따라 수렵과 어로활동에 각각 사용되었던 것으로 판단된다. 따라서 생업유형은 수렵과 어로가 중심이며 채집도 활발히 행해졌을 것으로 판단되며 동물유체가 없어 어로활동의 정확한 양상은 알 수 없어 A유형에 속한다.

2. 조기

조기에는 남부지역·동해안지역·동북지역에서 유적이 분포한다.

　남부지역에서는 내륙지역 이외에는 유적이 각각 분포하며, 도서유적군에서는 석촉·작살·결합식조침·어망추 등이 출토되며, 동물유체로는 사슴과를 비롯해 멧돼지·고래 등의 포유류와 참돔·상어류 등 근해~외양에 서식하는 어류가 주체를 점한다. 해안유적군도 석기조성과 동물유체는 도서유적군과 유사하지만 갈판과 갈돌이 출토되어 식물채집에 대한 활동도 활발하게 행해졌던 것으로 판단된다. 내만유적군도 앞 두 유적군과 유사하지만, 북정유적과 같이 출토 패

류에서 만오부灣奧部에 서식하는 패류가 많지
만 굴이 주체를 점하는 것에서는 큰 차이는
보이지 않는다. 따라서 남부지역의 조기는 수
렵과 외양성 어로가 중심인 Aa유형에 속하
며, 채집활동에 있어서는 유적 입지에 의한
차이가 나타난다고 할 수 있다.

　동해안지역은 남부지역과 석기조성에서
유사한 양상을 보여 결합식조침을 비롯해 어
망추·석거·석촉·석창 등의 수렵·어로구가
출토되며, 공이·갈판·갈돌·굴지구 등이 출
토되어 채집활동도 활발히 이루어졌음을 알
수 있다. 동물유체가 없어 정확한 양상은 알
수 없다. 그러나 형태는 차이가 있지만 결합식
조침을 비롯해 석거·석촉 등이 중심인 석기조

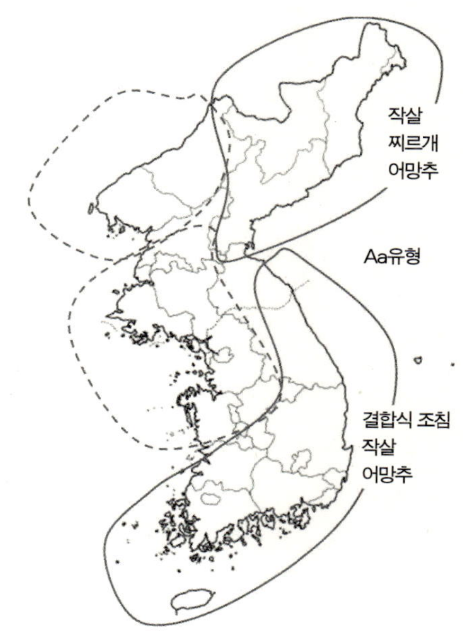

그림 5　조기 생업유형

성으로 보아 남부지역과 유사한 생업활동을 유추할 수 있다. 따라서 남부지역과 같이 Aa유형에
속한다. 단 동해안지역에서는 어망추가 남부지역에 비해 많이 출토되는 것이 특징이라 할 수
있다.

　동북지역에서는 해안에서만 유적이 분포하며, 석촉·석창·작살·찌르개·어망추 등이 출토되
며, 사슴과를 비롯해 멧돼지·물개·바다사자 등이 출토되어 남부지역이나 동해안지역과 같이
Aa유형에 속한다고 할 수 있다.

　이와 같이 조기에는 수렵활동과 외양성 어로활동이 중심인 Aa유형이 남부·동해안·동북지
역에서 나타나지만, 남부지역과 동해안지역에서는 결합식조침과 작살이 중심인 반면, 동북지
역에서는 결합식조침이 출토되지 않고 작살과 찌르개 등이 주요한 어구로 어로 방법에 있어 차
이를 나타내고 있다. 또 남부지역과 동해안지역도 어망추의 많고 적음에서 차이를 보인다고 할
수 있다. 이러한 어로구의 차이는 어로 대상의 차이에서 발생하는 것으로 판단되지만 동해안지역
과 동북지역에서 동물유체가 잔존하지 않거나 보고가 적어 정확한 양상을 알 수 없는 실정이다.

3. 전기

전기는 우리나라 전역에서 유적이 분포하는 시기지만 중서부지역에서는 다른 지역보다 늦게 시작된다.

남부지역은 도서유적군과 해안·내만유적군 사이에 생업활동의 차이가 보이기 시작한다. 도서·해안·내만유적군을 조기와 비교하면 전체적으로 출토되는 유물 양과 종류를 비롯해 동물 종도 증가해 활발한 수렵·어로활동을 엿볼 수 있다. 특히 근해~외양에 서식하는 어류에 대한 활발한 활동이 보인다. 조기와 같이 주체를 점하는 어로구는 결합식조침과 작살이다. 이와 같은 양상은 패 채집에서도 확인되며, 전복·소라 등 외해암초성 패류가 주체를 점한다. 그러나 수렵활동에 있어서는 각 유적군에서 차이를 보여 도서유적군에서는 사슴과 멧돼지 등 육상동물이 주체를 점하는 반면, 해안·내만유적군에서는 고래·강치 등 해서동물이 주체가 된다. 또 패류와 어류에서도 내만성 패류와 어류도 출토된다. 따라서 도서유적군은 조기와 같이 Aa유형, 해안·내만유적군은 내만성 어업이 추가되어 Aa+b유형에 속한다.

동해안지역은 결합식조침을 비롯해 석촉·석창·석거·어망추와 갈판·갈돌 등이 출토되어 조기와 유사한 양상을 보이며 전체적으로 생업활동이 다양해지는 경향을 보인다. 또 도토리가 출토되어 식물채집에 있어서도 적극적인 활동을 엿볼 수 있다. 석기조성으로 보면 남부지역의 해안 또는 내만유적군과 유사해 Aa+b유형에 속한다고 할 수 있다.

동북지역도 조기와 비교해 출토되는 석기와 동물 종이 증가하며, 석촉·석창·작살과 찌르개(골제) 등으로 보아 활발한 수렵과 어로활동(Aa유형)을 추정할 수 있다.

서북지역에서는 전술한 세 지역과는 달리 농경활동이 확인된다. 농경구는 농경의 모든 과정의 행동과 관련된 도구인 경기구(곰배괭이·괭이)를 비롯해 수확구(돌칼)와 가공구(갈돌과 갈판)가 세트로 출토된다. 그 외에도 석촉·석창·석구 등의 수렵구가 출토되는 반면, 어로구는 어망추만 확인된다. 따라서 서북지역은 수렵과 농경활동이 중심인 B②유형에 속한다.

중서부지역은 도서·해안·내륙지역에서 유적이 확인된다. 서부지역의 경우는 내륙유적군에서는 석촉·석창·찔개살·어망추 등의 수렵·어로구와 갈돌·갈판·고석·괭이 등이 있으며 양적으로는 석촉과 찔개살이 가장 많다. 서북지역과 비교하면 농경구 중 수확구가 보이지 않아 농경활동은 행해지지 않았을 가능성이 많다. 따라서 수렵과 어로활동이 주체인 Ad유형에 속한다. 해안유적군은 여러 시

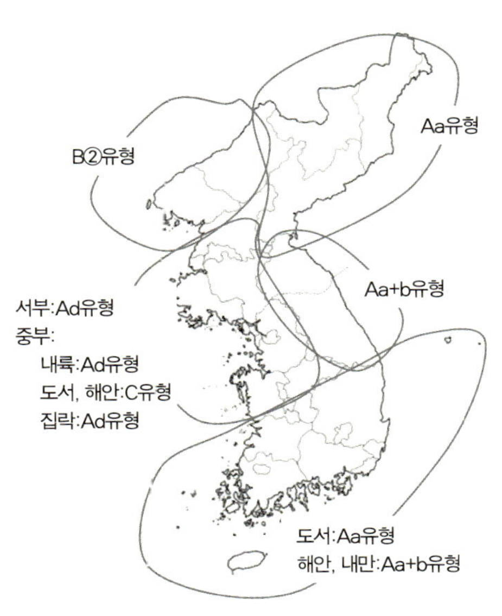

그림 6　전기 생업유형

기의 유물이 혼재하고 있어 정확한 양상은 알 수 없다.

　중부지역의 내륙유적군은 서부지역의 내륙유적군과 유사한 석기조성을 보이고 있어 수렵과 어로활동이 중심이며 농경활동은 아직 확인되지 않는다. 따라서 Ad유형에 속한다고 판단된다. 도서·해안유적군에서는 유적 성격에 따라 다양한 양상을 보이고 있으며, 패총의 경우 대부분 석기를 비롯한 도구가 빈약한 양상을 보이지만, 어망추(어로구)가 주체를 점하는 경우와 석촉과 가공구가 중심인 경우가 있다. 집락에서는 석촉·찔개살·어망추 등 수렵·어로구와 굴지구· 갈판·갈돌·고석 등의 가공구가 출토되어 내륙유적군과 유사한 양상을 보이고 있다. 따라서 도서·해안유적군은 C유형(패총)과 Ad유형(집락)에 속한다고 볼 수 있다.

4. 중기

중기는 우리나라 신석기시대 생업뿐 아니라 전체적인 문화에 있어 큰 변화가 나타나는 시기로 청천강 이남으로 즐문토기가 광역화되며, 마제기법의 보편화가 되며, 유적 입지와 도구조성 변화 등으로 농경활동이 정착되는 시기이다.

　남부지역은 전기까지의 Aa유형과 Aa+b유형의 생업활동이 중심인 도서·해안유적군에서는 유적이 적어지는 반면, 내만유적군과 내륙유적군에서는 새로운 유적이 나타나는 변화를 보이는 시기이다. 도서·해안유적군의 생업활동은 석기조성과 자연유물로 보아 전기와 같이 Aa유형과 Aa+b유형이지만, 수렵·어로구는 감소하고 동물유체 양도 감소한다. 그와 반대로 내만· 내륙유적군에서는 중기부터 시작되는 유적이 나타나며 내만유적군에서는 외해암초성 패류와 굴류가, 어류도 근해~외양에 서식하는 종이 출토되고 고래와 돌고래 등도 출토된다. 그러나 수렵·어로·채집의 주된 대상은 전기와 유사해 Aa+b유형에 속한다. 내륙유적군의 생업활동은 석촉·석창·어망추 등의 수렵·어로구를 비롯해 보습·갈돌·갈판·고석·원반형석기·석부 등의 공구와 가공구가 출토된다. 그 중 갈판과 갈돌은 중서부지역의 봉상의 갈돌과 안형마구鞍形磨臼 로 가공구에 속하며, 경기구로 보습, 수확구로 낫과 원반형석기가 세트로 출토되어 농경활동이 시작되었음을 알 수 있다. 따라서 내륙지역의 생업활동은 수렵활동과 농경활동이 중심인 B①유형에 속한다.[8]

　동해안지역에서도 큰 변화를 보이는 시기로 전기까지 중심이었던 결합식조침이 감소 또는

---

[8]　물론 어망추나 찌르개 등도 출토하는 것에서 강에서의 어로활동도 행해졌으나 출토 석기의 양으로 보아 수렵과 농경활동이 중심인 것으로 판단된다.

소멸하고 어망추가 주체가 되어 조어법에서 어망법으로 어로 방법의 변화가 보인다. 또 갈돌과 갈판이 중서부지역이나 남부지역의 것과 동일한 형태의 것이 출토되고 굴지구도 증가하는 등 농경활동을 추정할 수 있으나, 낫이나 원반형 석기 등 수확구는 출토되지 않지만, 골각기를 사용했을 가능성도 생각할 수 있다. 왜냐하면 문암리에서 밭으로 추정되는 유구가 확인되는 등 동해안지역에서도 농경의 가능성이 점점 높아지고 있다. 이러한 양상은 우리나라 전역에서 중기부터는 농경이 시작되는 시기이며, 그 중심인 중서부지역과 동해안지역의 교류나 전파 등의 결과물이 토기나 석기의 속성에서 많은 공통점을 나타내고 있기 때문이다. 따라서 동해안지역의 생업활동은 현재로 수렵과 어로활동이 중심인 Ad유형일 가능성이 높지만, 문암리유적의 밭 유구와 중서부지역의 관계로 볼 때 Ac유형 또는 B①유형의 가능성도 배제할 수 없다.

동북지역은 내륙에서도 유적이 나타나며, 해안유적군에서는 앞 시기에 보이지 않았던 농경구(곰배괭이·괭이·갈돌·갈판·낫)가 출토되며 수렵·어로구 또한 증가한다. 수렵 대상에 있어서는 족제비·수달 등이 출토되어 대상이 넓어진다. 따라서 해안유적군은 수렵과 어로활동도 앞 시기에 비해 활발해지며 농경활동도 보이는 것에서 Ac유형에 속한다. 내륙유적군에서도 해안유적군과 같이 농경구가 세트로 출토되고 수렵·어로구 또한 출토되는 것에서 B②유형에 속한다.

서북지역의 내륙유적군에서는 농경구가 세트로 출토되지만 앞 시기보다 농경의 비중이 줄어드는 반면, 어망추가 많이 출토되어 어로활동이 활발해지는 경향을 보인다. 따라서 농경과 어로활동이 중심인 B②유형에 속한다. 해안유적군에서는 굴지구는 출토되지만 수확구나 가공구는 출토되지 않는 것에서 농경활동은 행해지지 않은 것으로 판단된다(Ad유형).

중서부지역 중 서부지역은 전기와 비교해 수렵·어로구에서는 큰 변화는 없지만, 전기에 없었던 보습과 낫 등 농경과 관련된 도구가 처음 출토되어 주체를 점하며, 갈돌·갈판 등과 함께 세트로 출토되어 농경활동이 행해졌음을 알 수 있다. 또 지탑리유적과 마산리유적에서는 곡물(조·기장)이 출토되어 농경활동을 뒷받침하고 있다. 따라서 서부지역의 내륙유적군은 수렵과 농경활동이 중심인 B①유형에 속한다. 해안유적군에서는 내륙유적군과 달리 농경과 관련된 도구는 갈돌과 갈판 이외에는 전부 골각기로 사슴뿔을 이용

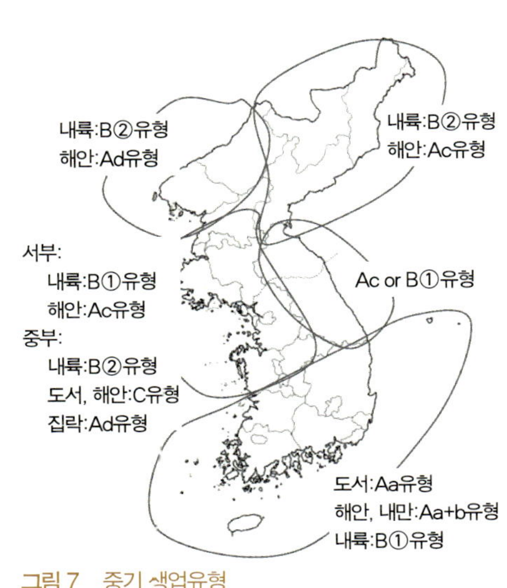

그림 7　중기 생업유형

한 괭이와 뒤지개, 멧돼지 견치를 이용한 낫 등이 있으며, 수렵·어로구는 대부분 석제이다. 이러한 현상은 남경·금탄리·장촌유적 등(내륙유적군)에서 굴지구가 줄어드는 현상과 관련이 있을 것으로 판단된다. 해안유적군의 생업활동은 사슴과와 멧돼지를 중심으로 한 수렵과 숭어와 백합 등 내만성 어업에 농경활동이 행해진 Ac유형에 속한다.

중부지역은 암사동유적에서 석기를 비롯해 많은 도구가 출토되었으나 정확한 시기를 알 수 없는 실정이다. 그러나 서부지역의 양상을 볼 때 농경과 관련된 석기는 대부분 중기에 속할 것으로 판단된다. 그러나 경기구 중 보습보다 괭이가 많은 것이 서부지역과 다른 점이라 할 수 있다. 그러므로 내륙유적군은 수렵과 농경활동이 중심인 B②유형에 속한다. 한편 도서·해안유적군에서는 다양한 양상을 보여 패총유적은 특수한 목적의 유적 또는 캠프와 같은 성격으로 C유형에 속하며, 주거지가 출토되는 유적에서는 전기와 유사한 양상을 보이지만 출토된 양에 있어서 줄어드는 현상을 보인다. 그러나 생업활동은 Ad유형에 속한다.

5. 후기~말기

남부지역의 도서·해안지역에는 유적이 다시 분포하게 되며 활발한 생업활동을 보이고 있다. 도서유적군에서는 수렵·어로·채집활동이 활발해지며 곰배괭이·석부·갈돌·갈판이 세트로 출토되어 농경활동을 엿볼 수 있지만, 주요한 생업활동은 수렵과 어로활동이다. 수렵활동에 있어서는 종이 증가하며, 어로활동은 숭어 등 기수~근해에 서식하는 종이 증가한다. 패 채집에 있어서도 내만수에 서식하는 종이 증가한다. 또 현재 남해안에는 서식하지 않는 온대성 동물유체(말전복·바다거북이)가 출토되어 자연환경의 변화도 생각할 수 있다. 생업활동은 수렵과 어로가 중심이지만, 석기조성에서 농경활동의 가능성도 배제할 수 없어 Ac유형에 속한다. 해안유적군에서는 후기와 말기에 조금 차이를 보여, 후기에는 중기와 비교해 전체적인 생업활동(Aa+b유형)이 활발해지며, 패 채집에 있어서는 특정 종(참굴·홍합)을 전문적으로 채집하는 경향이 보인다. 말기에는 생업활동이 전체적으로 후기보다

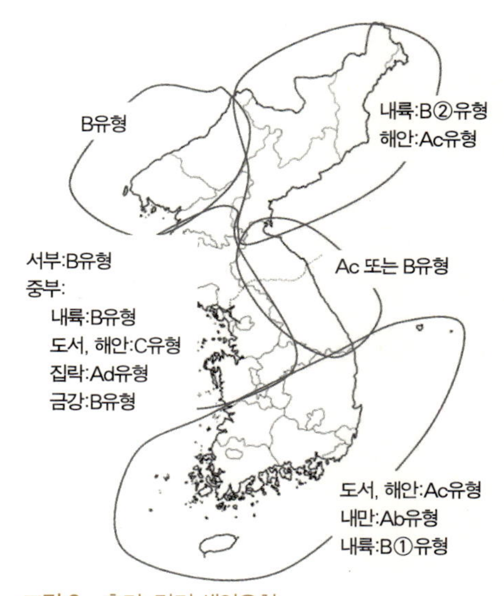

그림 8 후기-말기 생업유형

소극적인 양상을 토이는 반면, 곰배괭이·갈돌·갈판이 세트로 출토되어 농경활동도 엿볼 수 있어(Ac유형) 수렵·어로활동이 소극적으로 변하는 이유를 반영하고 있다고 판단된다. 내만유적군에서는 중기보다 어로와 패 채집에 있어서는 소극적으로 변하는 반면, 수렵에 있어서는 종과 양이 증가해 활발한 활동이 추정된다. 따라서 생업활동은 Ab유형에 속한다. 내륙유적군은 중기와 같이 B①유형이 계속된다.

동북지역은 해안·내륙유적군 전부 중기와 큰 변화는 보이지 않고 해안유적군에서는 Ac유형, 내륙유적군에서는 B②유형의 생업활동이 각각 존속한다. 말기에도 후기와 같은 양상을 보여 해안유적군에서는 어로활동이의 비중이, 내륙유적군에서는 농경활동의 비중이 크다.

서북지역은 전체적으로 유물이 적어 정확한 양상은 알 수 없지만, 농경활동에 관련된 도구가 세트로 출토되어 중기와 같은 B유형이 계속 행해진 것으로 판단된다.[9]

중서부지역의 서부지역은 중기와 비교해 전체적으로 유사하다. 그러나 수렵·어로구가 증가해 활발한 활동을 엿볼 수 있다. 또 경기구는 없지만, 기장과 조의 출토와 갈돌·갈판과 같은 식물(곡물)처리 가공구도 증가해 농경활동도 여전히 계속 행해지고 있다. 따라서 중기와 유사한 B유형에 속하지만 수렵과 어로활동의 비중이 중기보다는 큰 것을 알 수 있다.

중부지역의 해안·도서유적군에서는 유적이 증가하지만 생업을 알 수 있는 도구의 출토가 적어 정확한 양상을 알 수 없지만, 중기와 같이 C유형의 유적이 대부분으로 판단된다.[10] 내륙유적군은 유적이 조어 정확한 양상은 알 수 없지만 서부지역과 유사한 양상을 보일 것으로 판단된다(B유형). 한편 금강유역의 유적들은 유적 입지가 구릉이나 그 경사면에 입지하고 있으며 출토 석기도 적어 정확한 양상은 알 수 없지만, 주체를 점하는 것이 굴지구이며, 갈돌과 갈판을 비롯해 돌칼과 낫(멧돼지 견치)이 출토되는 것에서 농경활동이 행해진 것을 알 수 있다. 그리고 수렵·어로구의 경우 그 양이 적고 유적에 따라 유무가 있어 이 지역의 생업활동은 B유형으로 보는 것이 타당할 것으로 판단된다.

---

9 한편 서북지역에서의 종말기에 해당하는 시기에는 수확구만 출토되고 경기구와 가공구의 출토예가 없어 도구 소재의 변화 또는 생업유형의 변화 등 재고의 여지를 남겨두고자 한다.

10 도서·해안유적군에서 집락 유적의 경우 C유형의 패총 유적의 중심 유적으로 판단된다. 그러나 석기조성에 있어 내륙우적군의 집락 유적과는 차이를 보이고 있다. 즉 공구와 가공구가 중심으로 C유형의 유적에서 획득된 여러 가지 물품을 가공이나 처리를 통해 내륙유적군과의 교류의 장소였을 가능성을 제시해 볼 수 있을 것이다.

VI. 맺음말

우리나라 신석기시대 광역 편년은 연구자 간의 이견이 많아 문제가 되는 부분이 많을 것으로 판단된다. 그러나 본문에서는 6시기 구분을 기본으로 하여 자연환경과 토기문화를 중심으로 5지역으로 구분해 석기조성을 검토한 뒤 신석기시대 생업활동을 정리하였다. 그리고 그 결과를 중심으로 각 시기별·지역별로 생업활동에 대해 살펴보았다. 그 결과를 정리하면서 맺음말로 대신하고자 한다.

초창기에는 제주도를 중심으로 유적이 분포하며 석촉과 찌르개 등 수렵·어로구가 중심이며 갈돌과 갈판 등이 출토되는 것에서 식물에 대한 채집활동이 활발했던 것으로 보인다.

조기에는 남부지역을 비롯해 동해안지역과 동북지역에서 유적이 확인되며 석촉·석창·작살·결합식조침 등이 중심이며 근해~외양에 서식하는 어류가 많아 외양성 어업과 수렵활동이 주된 생업활동이 행해진다.

전기가 되면 조기의 생업활동에서 남부지역의 해안·도서유적군에서는 내만성 어업이 추가된다. 그리고 조기부터 전기까지는 어로방법에 있어 차이를 보이는데, 남부지역과 동해안지역에서는 결합식조침이 중심인 조어법이, 동북지역에서는 작살·찌르개 등 자돌어법이 각각 중심 어로방법이다. 한편 서북지역에서는 수렵과 농경활동이 중심인 생업형태가 나타난다. 중서부지역에서는 수렵과 어로활동이 중심이지만 농경활동과 관련된 도구가 출토하여 농경활동의 가능성도 배제할 수 없다.

중기가 되면 삼부위시문 토기의 광역화·마제기법의 보편화·농경활동의 정착의 큰 변화로 지역적인 지역성은 있지만 전체적인 통일성을 가지게 된다. 이러한 양상은 유적 입지 변화를 비롯해 유적 확대 분포·토기의 광역화·마제석촉의 보편화 등으로 나타난다. 생업활동에 있어서는 남부지역의 도서·해안·내만지역과 중서부지역의 도서·해안지역을 제외하면 대부분 지역에서 경기구의 형태에서 차이를 보이지만 농경활동이 시작되며 남부내륙지역·중서부내륙지역에서는 생업활동에 있어 농경의 비중이 크게 나타난다. 그러나 문암리유적의 밭·압흔 분석의 결과 등은 앞으로 풀어나가야 할 과제이다.

후기가 되면 서북지역과 중서부지역에 있어서는 신석기시대 종말기에 해당한다. 생업활동에 있어서는 중기와 큰 변화없이 유지된다. 그러나 남부지역의 도서·해안지역에 유적이 다시 등장하며 수렵과 어로활동이 활발해진다. 또 서북지역의 해안유적에서도 같은 양상을 보이고 있다.

말기에는 남부지역의 도서·해안지역에서도 농경활동을 엿볼 수 있게 되어 우리나라 전 지역에서 비중의 차이는 있지만 농경활동이 인정된다.

이상 신석기시대 석기조성을 중심으로 생업활동에 대해 살펴보았다. 이번 테마가 석기조성으로 생업에 있어 중요한 부분을 차지하는 자연환경을 비롯해 유적 입지와 다른 도구의 분석 등에 대해 부족한 면이 있었을 것으로 생각된다. 또 시기 구분에 있어서는 아직 우리나라 신석기시대 광역 편년이 정해지지 않아 필자의 편년안을 사용하여 그에 따른 다른 의견도 있을 것이라 생각된다. 이러한 부분에 대해서는 다음 기회에 보충하도록 하겠다.

___ 참고문헌

甲元眞之, 1993,「朝鮮先史時代の漁勞關係自然遺物」,『古文化談叢』第30(下)集.

________, 1997a,「東北朝鮮の貝塚遺跡」,『動物考古學』第9號.

________, 1997b,「朝鮮先史時代の漁撈文化」,『古文化淡叢』第39集.

________ 編, 1999,『環東中國海沿岸地域の先史文化』第2編.

강창화, 2006,「제주 고산리 신석기문화 연구」, 영남대학교 대학원 박사학위논문.

江坂輝彌, 1983,『化石の知識 – 貝塚の貝』, 東京美術.

곽종철, 1990,「落東江 河口域에 있어서 先史~古代의 漁撈生活」,『伽倻文化』3.

宮本一夫, 2003,「朝鮮半島新石器時代の農耕化と繩文農耕」,『古代文化』第55卷 第7號.

啓明大學校博物館, 1994,『金陵松竹里遺蹟』, 開敎40周年記念 特別展圖錄.

길경택, 1985,「韓國先史時代의 農耕과 農具의 發達에 관한 研究」,『古文化』27.

김건수, 1998,「호남지방의 신석기시대 생업」,『호남고고학보』7.

________, 1999,『韓國 原始·古代의 漁撈文化』, 學研文化社.

김동호, 1984,「上老大島의 先史文化研究序說」,『東亞大學校 大學院論文集』8.

김신규, 1962,「農圃原始遺蹟動物遺骨에 대하여」,『文化遺産』1962-2.

________, 1970,「우리나라 原始遺蹟에서 나온 哺類動物相」,『考古民俗論文集』2.

________, 1990,「先鋒郡西浦項原始遺蹟에서 드러난 짐승뼈에 대하여」,『朝鮮考古研究』1990-3.

김은영, 2006,「신석기시대 연평도지역의 생계·주거 체계연구」, 서울대학교 대학원 석사학위
        논문.

金子浩昌, 1980,「貝塚にみる繩文人の漁撈生活」,『自然』35-2.

________, 1983,「狩獵對象と技術」,『繩文文化の研究』2, 雄山閣.

________, 1984,『貝塚の獸骨の知識』, 東京美術.

김충배, 2002,「신석기시대 낚시바늘 연구-형식분류와 유적환경에 대한 일고찰-」, 한양대학교
        대학원 석사학위논문.

김희찬, 1995,「新石器時代 食糧獲得과 貯藏性」,『亞細亞古文化』, 學研文化社.

渡邊誠, 1982,「繩文人の食生活」,『季刊考古學』創刊號, 雄山閣.

________, 1984,『繩文時代の漁業』, 考古學選書7, 雄山閣.

鈴木公雄, 1989,『貝塚の考古學』, UP考古學選書5, 東京大學出版會.

박근태, 2006,「고산리유적 석촉연구」, 부산대학교 대학원 석사학위논문.

________, 2011a,「제주도 신석기시대 석기검토-초기 유적을 중심으로-」,『제1회 한국고고학연

합대회 발표자료집』, 한국고고학회.

박근태, 2011b, 「제주도 신석기시대 석기 검토」, 『한국신석기연구』21.

박성근, 2012, 「남부지역 신석기시대 석부 연구」, 부산대학교 대학원 석사학위논문.

박영철, 1969, 「韓國 先史時代의 自然環境 硏究」, 『韓國史硏究』14.

박준범, 1998, 「한강유역 출토 돌화살촉에 대한 연구」, 홍익대학교 대학원 석사학위논문.

______, 2008, 「신석기시대 서울·경기지역 출토 간석기에 대한 연구」, 『한국신석기연구』15, 한
        국신석기학회.

______, 2009, 「서해북부해안지역의 신석기문화」, 『한반도 신석기시대 지역문화론』, 동삼동패
        총전시관.

반용부·곽종철, 1991, 「洛東江 河口 金海地域의 環境과 漁撈文化」, 『伽倻文化硏究』2.

富岡直人, 1988, 「朝鮮半島東南海岸島嶼地域における櫛目文土器時代の貝採集活動について」,
        『九州考古學』第62號.

서국태, 1980, 「紀元前3千年期西浦項住民들의 農業生産活動」, 『歷史科學』1980-3.

______, 1986, 「西浦項遺蹟新石器時代의 사람들의 물고기잡이」, 『朝鮮考古研究』1986-1.

소상영, 2013, 「한반도 중서부지방 신석기시대 생계·주거 체계 연구」, 한양대학교 대학원 박사
        학위논문.

西田正規, 1989, 『繩文の生態史觀』, UP考古學選書13, 東京大學出版會.

小畑弘已, 1996, 「シベリア先史時代の釣針と漁撈」, 『古文化談叢』第36集.

孫寶基外, 1987, 「西海岸 牛島의 先史文化」, 『博物館紀要』3.

松島義章·前田保夫, 1985, 『先史時代の自然環境』, 考古學シリーズ21, 東京美術.

송은숙, 2002, 「한국 빗살무늬토기 문화의 확산과정 연구」, 서울대학교 대학원 박사학위논문.

신숙정, 1994, 『우리나라 남해안지방의 신석기문화연구-동삼동·김해·남해도서지방을 중심으
        로-』, 학연문화사.

______, 1997, 「석기와 뼈연모」, 『한국사』2, 국사편찬위원회.

안승모, 1998, 『東아시아 先史時代의 農耕과 生業』, 학연문화사.

유지인, 2012, 「신석기시대 중·후기 중서부 해안지역 취락의 석기조성 양상」, 『중서부지역의
        신석기문화』, 2012년 한국신석기학회 학술대회 발표자료집.

윤정국, 2011, 「남부내륙지역 신석기시대 석기의 변천과 양상」, 『한국신석기연구』22.

______, 2015, 「한국 신석기시대 석기제작 연구」, 전남대학교 대학원 박사학위논문.

이기길, 1991, 「우리나라 新石器時代 住民들의 生計類型-岩寺洞·東三洞·鰲山里 遺蹟을 中心
        으로-」, 『박물관기요』7, 단국대중앙박물관.

이동주, 1992, 「南海 島嶼地方의 先史文化 資料1」, 『考古歷史學志』8.

______, 1997, 「韓國 先史時代 南海岸 有文土器 硏究」, 東亞大學校 大學院 博士學位論文.

______, 2003, 「빗살문토기 단계의 석기내용과 특징」, 『한국신석기연구』6.

이상규, 2013, 「신석기시대 골제 자돌구에 관한 연구」, 부산대학교 대학원 석사학위논문.

______, 2014, 「신석기시대 한반도 해안지역 작살에 관한 검토」, 『한국신석기연구』27.

이영덕, 2006a, 「서·남해안 신석기시대 어로구와 어로방법」, 『신석기시대의 어로문화』, 동삼동 패총전시관.

______, 2006b, 「신석기시대 잠수작살의 가능성」, 『한국신석기연구』11, 한국신석기학회.

이정재, 2009, 「강원 동해안지역 신석기시대 생업경제에 대한 연구-석기조성과 그 변천을 중심으로-」, 강원대학교 대학원 석사학위논문.

이청규·강창화, 1995, 「高山里遺蹟과 石器遺物」, 『亞細亞古文化』, 學硏文化社.

임상택, 1998, 「貝塚遺蹟의 性格」, 『科技考古硏究』第3號.

______, 2000, 「중서부지역 신석기시대 석기에 대한 초보적 검토」, 『한국신석기연구회 학술발표회 논문집』2000-1, 한국신석기연구회.

______, 2001, 「中西部 新石器時代 石器에 對한 初步的 檢討 I」, 『한국신석기연구』創刊號.

중앙문화재연구원 편, 2011, 『한국 신석기문화 개론』, 중앙문화재연구원 학술총서 3, 서경문화사.

______, 2012, 『한국 신석기문화의 양상과 전개』, 중앙문화재연구원 학술총서 6, 서경문화사.

지화산, 1993, 「新石器時代 朝鮮옛류형 사람들의 基本生業에 대하여」, 『朝鮮考古硏究』1993-2.

최득준, 2012, 「한반도 신석기시대 결합식조침에 대한 연구」, 부산대학교 대학원 석사학위논문.

최종혁, 1997, 「新石器時代 南海岸地域의 生産活動에 관한 硏究(2)」, 『嶺南地域의 新石器文化』, 第6會 嶺南考古學會 學術發表 資料集.

______, 2001, 「生産活動에서 본 韓半島 新石器文化-中西部地方과 東北地方의 貝塚遺蹟을 中心으로」, 『한국신석기연구』2.

______, 2004, 「新石器時代 南部地方 生業에 對한 硏究」, 『濟州道 新石器文化의 形成과 展開』, 韓國新石器學會 學術세미나.

______, 2005, 「한국 남부지방 농경에 대한 연구-석기조성을 중심으로-」, 『한국신석기연구』10.

______, 2006, 「신석기시대 어로민의 생계유형」, 『신석기시대의 어로문화』, 동삼동패총전시관.

______, 2012, 「남부지방 중기 생업문화에 대한 연구」, 『한국 신석기문화의 양상과 전개』, 중앙문화재연구원 학술총서 6, 중앙문화재연구원.

八木獎三良, 1938, 「朝鮮咸鏡北道石器考」, 『人類學叢刊』乙.

하인수, 2004,「東三洞貝塚文化에 對한 豫察」,『한국신석기연구』7.

＿＿＿, 2006a,「동남해안지역의 신석기시대 어로구」,『신석기시대의 어로문화』, 동삼동패총전
　　　시관.

＿＿＿, 2006b,「영남해안지역의 신석기문화 연구-편년과 생업을 중심으로-」, 부산대학교 대
　　　학원 박사학위논문.

＿＿＿, 2006c,「신석기시대 한일문화교류와 흑요석」,『한국고고학보』58.

＿＿＿, 2006d,「신석기시대 골각기의 양상」,『한국신석기연구』11.

＿＿＿, 2009,「신석기시대 석기의 종류와 양상」,『박물관연구논집』15. 부산박물관.

＿＿＿, 2011,「신석기시대 석기연구 현황과 과제」,『제1회 한국고고학연합대회 발표자료집』,
　　　한국고고학회.

하재령, 2015,「한반도 신석기시대의 첨두형석기 연구」, 고려대학교 대학원 석사학위논문.

한영희, 1978,「韓半島中·西部地方의 新石器文化」,『한국고고학보』5.

황기덕, 1962,「豆滿江流域의 新石器時代文化」,『文化遺産』1962-1.

※ 보고서류는 지면 관계로 생략하였음.

03

신석기시대 석기의 제작과 유통

윤정국(고대문화재연구원)

Ⅰ. 머리말

석기의 제작과 유통은 일정기간 동안 특정한 장소에서 형성된 석기가 어떤 방법과 과정을 거쳐 만들어지고 이동되었는지를 살펴보는데 있다. 그리고 이러한 기술적인 연구는 석기의 제작과 기능, 성격을 복원하는 것을 최종 목표로 한다.

석기제작은 석재채집, 제작, 사용, 폐기라는 순환을 거치는데 유적에서 찾아지는 모든 유물은 채집도구에서부터 제작도구, 석기, 제작흔적 등이 집합되어 일련의 정지된 시간 속에서 현재에 드러나게 된다.

석기는 사용용도에 따라 제작자의 분명한 목적의식이 들어가 있기 때문에 목적에 맞는 석재, 효율적인 제작기술, 사용하기 편한 모양이 잠재되어 있다. 따라서 석기의 기술적인 연구는 개별 석기에 대한 제작수법과 과정에 대한 연구에서 시작된다. 그리고 점차 석기군, 유적 내 석기의 공간분석, 유적 간의 석기 비교 등 그 범위를 확대해 가면서 기술체계와 유통에 대한 연구가 진행되어야 한다. 하지만 이러한 연구의 진척을 위해서는 타제석기에 대한 세밀한 검토와 모든 석기에 대한 출토 맥락context이 정밀하게 기술되어야 한다. 근래에 들어서 석기에 대한 연구가 진척되면서 분석의 질과 양이 증가하고 있어 석기의 기술적인 연구가 보다 진척될 것으로 보인다.

지금까지 신석기시대 석기의 기술적인 연구는 석재분석, 개별 석기기종의 제작수법, 제작체계, 석기의 유통 등이 각각 다루어져 왔기 때문에 이에 대한 종합적인 연구가 미흡하다. 따라서 본고는 종합적인 관점에서 석기의 기술적인 연구를 다루고자 한다. 이를 위해 먼저 지금까지의 연구 현황을 살펴보고 연구 방법을 정리하고자 한다. 그리고 신석기시대 석기제작 기술과 개념을 검토하고, 개별 석기기종의 제작공정을 제시할 것이다. 또한 유적 내의 석기제작체계를 살펴보기 위해 진그늘유적을 대표 사례로 선정하여 석기제작체계의 특징을 검토한다. 그리고 마지막으로 석재에 대한 검토를 통해 석기에 대한 생산의 차이와 유통을 살펴보고자 한다.

Ⅱ. 연구 현황과 방법론

1. 연구 현황

신석기시대 석기제작수법에 대한 본격적인 연구는 남북한 모두 1980년대부터 시작되었다(장호수 1998, 김송현 1984). 그중 장호수는 상노대도 조개더미유적에 출토되는 석기를 층위별로 검토하여 석기의 분류방식과 분석방식을 제시하고 석기제작수법을 설명하였다. 이를 통해 아래층에서 상층으로 갈수록 뗀석기 비중이 줄고 간석기가 늘어나며, 뗀석기의 제작수법이 점차 거칠어지면서 퇴화되어 가는 것을 확인하여 구석기시대에서 신석기시대로 이어지는 문화의 계승성을 언급하였다. 이 논문은 당시의 만연한 형태학적 연구에서 처음으로 기술학적인 체계를 분석한 사례로 중요하다.

1990년대에도 단순한 석기에 대한 보고와 형태분류를 넘어서 제작수법을 검토하려는 시도가 있었다. 고재원(1996)은 고산리유적의 뗀석기를 대상으로 형태적인 분석을 통해 성형석기와 폐기석재로 구분하고, 석재와 유물수를 파악하여 계량적으로 분석하였다. 이를 통해 편평한 석재를 몸체로 하여 직접타격에 의해 격지를 떼어내고 이를 직접 또는 가압법을 통한 2차 가공이 이루어졌다고 하였다. 한편 1996년에 북한에서는 기술사를 정리하면서 석기제작기법에 대해서 개괄적으로 소개하였다(조선기술발전사편찬위원회 1996).

2000년대에는 발굴 유적의 증가와 뗀석기에 대한 인식변화로 석기의 제작수법, 제작과정, 석기 문화양상 등의 연구가 시도되었다. 이헌종(2000)은 기술형태학적인 방법을 이용하여 장년리 당하산유적 석기를 분석하였다. 논고는 석재채집 전략, 몸체의 형성, 석기제작기법을 살펴 경제생활의 측면까지 접근하려 했다. 그리고 석기의 외형에 국한하여 분석하는 연구와 달리 몸체와 제작과정에서 나오는 부산물까지 연구하여 제작수법을 제시하였다. 신숙정과 손기언은 오산리유적에서 출토된 뗀석기를 형태적으로 분류하고 이를 분석하였다. 이 논고는 유적 내에 출토된 석기의 쓰임새(형태)에 따라 다양한 석재들이 사용되었고, 구석기시대와 신석기시대 석기제작수법이 공존하고 있다고 하였다. 그리고 대형 자갈돌이나 덩이돌 같은 몸체로는 찍개와 같은 큰 석기를 제작하고, 격지로는 소형의 긁개를 제작한다고 제시하였다. 연구는 보고서에서 단편적으로 소개된 뗀석기에 대한 재점검의 필요성을 강조하였다(신숙정·손기언 2002). 윤정국은 진그늘유적에서 출토되는 뗀석기를 대상으로 하여 석기제작과정과 수법 등 공작체계를 밝히고자 하였다. 분석은 뗀석기의 제작과정과 수법을 석재선택, 몸체마련, 형태잡기, 날만들기, 사용, 파손 및 재활용으로 나누어 세부적인 분석을 시도하여 제작방법과 특징을 통해 사용방식을 검토하였다. 석재획득은 유적 주변에서 도구의 물리적 특성에 맞게 획득하였고, 몸체는 형태잡기를 쉽게 하기 위해 자갈몸체, 격지몸체, 켜면조각돌몸체, 기타 몸체로 나누고 출토 비율과 제작장소를 검트하였다. 형태잡기는 도구의 겉면흔적과 격지 분석을 실시하고, 날 만들기는 날의 위치와 범위, 각도 등을 분석하였으며, 사용흔에 대한 검토 등을 통해 유적에서 출토된 석기 전체를 대상으로 제작과정과 수법을 종합 정리한 바 있다(윤정국 2006). 이후 석기의 겉면양상과 크기를 통해 석기를 나누고 각 단계별로 석기제작과정과 특징을 정리하여 유적 내에서 사용되는 제작과정을 7가지로 도식화하였다(윤정국 2007). 그리고 내륙지역의 갈머리와 진그늘 유적에서 출토된 굴지구를 대상으로 하여 제작기법을 4단계로 나누고 제작체계를 자갈몸체 그 자체를 가공한 것과 대형 격지를 떼어내어 가공한 것 등 2가지로 정리하였다(윤정국 2009). 장용준(2008)은 울산지역에 한정하여 신석기시대 석기제작과 문화양상을 검토하였다. 울산지역에서 발굴조사된 유적들을 정리하면서 결합식낚시바늘에서는 찰절기법이 주로 이용되었고, 석부는 양극기법이 사용되었다고 한다.

한편 2000년대에는 새롭게 석재산지분석과 더불어 생산과 교역 등 유통에 대한 연구가 시작되었다. 석재산지분석은 오산리, 동삼동과 범방, 연대도 패총에서 출토된 흑요석을 분석하거나,

갈머리·노래섬유적 출토 석재의 암종을 분석하였다. 근래에는 보고서 부록에 석재에 대한 암종분석이 첨부되어 있어 석재연구에 대한 인식변화가 이루어지고 있다는 것을 알 수 있다(高橋豊 외 2003, 조남철 2005, 김주용 외 2005, 조미순 외 2013). 그리고 석재분석에서 나아가 교역과 유통에 대한 문제를 다루기도 하였다. 이상균(2003)은 남해안지역과 일본 구주지역의 석기군을 비교하여 교류관계를 검토하였고, 하인수(2006)도 흑요석의 유통과 교역문제를 제시하였다.

2010년대에는 석기연구의 기초를 확립하기 위해 명칭과 분류, 제작수법에 대해 집중토론회가 이루어졌다. 박근태(2014)는 발간된 보고서를 검토하여 신석기시대 석기의 용어를 비교하고 그 대안을 제시하였다. 윤정국(2014·2015)은 석기의 제작수법을 검토하고 유적 단위의 석기제작체계를 제시하였다. 이후 신석기시대 석기의 제작공정과 체계를 분석하여 4단계의 변화상을 확인하였다.

정리하자면 신석기시대의 석기의 기술적인 연구는 1980년대에 태동하여 90년대를 거치면서 단순한 석기에 대한 보고를 넘어서 형태분석과 함께 제작수법을 정리하는 단계로 나아갔다. 2000년대에는 석기제작에 대한 연구는 대부분 유적에 한정하여 이루어졌지만 점차 그 연구의 양과 질은 증가하였다. 특히 개별 석기기종의 제작수법을 검토하거나 석재에 대한 분석과 해석이 이루어지기도 하였다. 2010년대에는 석기의 분류와 기술의 개념, 그리고 석기제작 과정과 체계, 시대별 변천양상이 검토되었다. 이처럼 짧은 기간에 양질의 연구가 이루어졌지만 큰 범주에서 보면 여전히 부족한 점이 있다. 앞으로는 다양한 기종에 대한 연구, 연구단위의 확대, 석기의 공간분석, 유적 간의 비교 등의 연구가 이루어지길 기대한다.

2. 연구 방법

유적에서 수습되는 모든 석기는 생활영역에서 이루어지는 인간 행위의 결과물이다. 유적에서는 재료획득, 석기제작, 사용, 폐기, 재가공, 재사용 등 일련의 순환적인 모든 행위가 관찰될 수 있다. 그리고 이것은 석기제작 도구와 부산물(몸돌, 격지, 부스러기, 망치돌, 숫돌, 모룻돌, 미완성석기), 석기(뗀석기, 간석기), 운반되거나 변용된 돌로 나눌 수 있다. 그런데 유적 밖에 속하는 생활영역의 행위는 직접적으로 확인할 수 없기 때문에 유적에서 출토되는 석재(돌감), 사용흔 분석을 통해서만 검토할 수 있다(그림 1). 따라서 석기연구는 유적 내 출토되는 모든 석재(석기를 포함한 모든 석재)에 대한 관찰과 기록이 필요하다.

석기연구의 가장 기초적 작업은 석기관찰이다. 관찰은 유적에서 출토되는 모든 석기를 객관성 있는 기준에 따라 분석하는 것에서 시작된다. 즉 석기 외면(겉면)에 남아있는 흔적을 통해

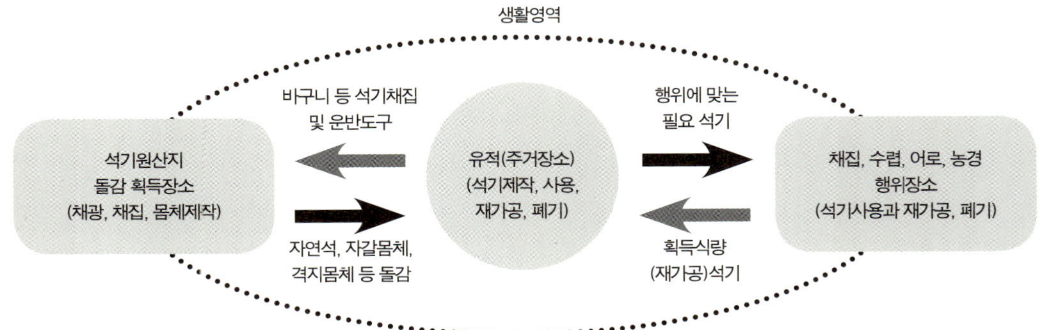

그림 1 석기제작체계 모식도

석기의 속성을 찾아내는 것이다. 일반적으로 석기관찰은 가상의 육면체 틀 안에 석기를 넣고 상·하·좌·우 등을 지정하고 석기의 속성, 즉 크기와 무게, 재질, 겉면의 상태, 격지면의 수량과 방향, 격지흔적의 깊이와 중복상태, 썰린 자국과 줄자국, 닳은 흔적과 갈린 자국, 광택 등을 찾아낸다.[1] 그리고 겉면에서 확인된 석기의 속성과 분석법을 정리하면 〈표 1〉과 같다.

표 1 석기 겉면의 흔적과 분석법

	석기 겉면 흔적	분석법
석재(돌감)	최초 획득 상태의 표면	석재분석
몸체(소재)	자연면, 켜면, 격지면, 불먹은 상태 등	몸체분석
타제성형	자연면, 켜면, 격지면, 썰린자국, 줄자국 등	(잔)격지수법 분석, 잔손질 분석 격지면 흔적분석
마제성형	쪼인자국(고타흔), 줄자국, 갈린자국 등	고타분석, 마연분석
(재)사용	미세 줄자국, 광택, 마모도, 도구장착흔 등	사용흔분석

　　석재분석은 석재획득과 사용양상을 찾아내고 그 상관관계를 검토한다. 석재(돌감)는 암반에서부터 강자갈에 이르기까지 석기를 만들 수 있는 원료[原石]이다. 석재획득은 유적 안과 밖에서 석재를 획득하거나 제작하여 가져오는 것으로 채집과 운반의 대상이 된다. 또한 석재는 주변의 지질양상과 비교를 통해 원산지를 파악하기도 한다. 그래서 유적에서 출토된 석재의 종류, 주변 지질자원과 이동거리, 석기기종별 석재의 사용빈도, 석재의 물리적 특성 등의 분석이 이루어진다.

　　몸체분석은 석기가 어떤 형태에서부터 제작되었는가를 검토하여 석기를 분류하는 기준을 설

1　석기는 맨눈관찰과 현미경 또는 전자주사현미경(Scanning Electron Microscope)으로 관찰할 수 있다. 석기겉면에는 크기차가 있는 격지면, 줄자국, 마모 흔적, 갈린 자국, 패이고 쪼인 자국, 이빠지고 깨진 자국, 광택 등이 있다(이기길 1984).

정하거나 제작기술을 파악할 수 있다. 몸체는 도구를 만들기 위한 전단계의 석기로 도구를 완성 형태로 만들기 쉽게 마련한 '가공 전단계의 석기-최종 형태에 가깝게 가장 적절한 행위가 가미되어 나타난 형상의 소재素材-'로 정의할 수 있다. 즉 자연석을 그대로 이용하거나 자연석을 제작하여 형태잡기에 편하도록 깨어내어 준비가 이루어진 석기와 행위과정이다. 몸체는 석기 크기와 두께 등에 밀접한 영향을 가지기 때문에 겉면의 양상에 따라 3가지로 나눌 수 있다. 첫째는 자연면(A)+자연면(B)이 그대로 남아있는 자갈돌과 양면(A+B)이 모두 제작되어 격지 떼어진 흔적이 남아있는 몸돌이 있는 자갈돌·몸돌소재이다. 둘째는 한면(A) 또는 양면(A+B)이 켜면인 판상소재이다. 그리고 셋째는 한면(A/B)이 격지의 배면 또는 등면의 흔적이 있는 격지소재이다. 이 외에 넷째로 신석기시대 초창기단계 타제석촉과 첨두기 등에서 확인되는 돌날로 추정되는 소재가 있다. 하지만 출토되는 석기의 수량이 적고 대부분 잔손질로 형태조정이 이루어져 소재가 명확하게 파악되지 않는다(윤정국 2006·2015).

격지수법 분석은 타제석기에서 흔히 관찰된다. 분석은 유적에서 출토되는 격지를 분석하거나 석기 외면에 남아있는 격지면 흔적을 분석하는 2가지가 있다. 격지면 흔적분석은 석기의 외변에서 격지의 형태, 방향, 깊이, 중복관계를 검토할 수 있다. 격지수법 분석은 석재, 크기, 무게, 격지(흔)의 위치와 방향, 순서, 모양, 깊이, 각도 등의 속성에 따라 형태잡기 또는 세부조정, 인부와 잡이조정 등으로 구분할 수 있다. 이처럼 격지분석은 격지면 흔적분석에 비해 석기의 기술연구에 대한 효율적인 분석법이다. 하지만 유적에서 격지의 출토 수량이 적거나 보고서에 누락되어 있는 경우가 많다. 앞으로 격지수법 분석이 세세하게 이루어진다면 제작과정과 제작기술, 사용방식 등에 대한 다양한 정보를 획득할 수 있을 것이다.

고타와 마연분석은 마제석기의 겉면처리 기술에 대한 관찰로서 석기 겉면의 패이고 쪼은 자국의 위치와 범위, 마연된 위치와 방향, 범위 등에 대해 검토한다. 석기 표면을 고르게 정리하기 위한 단계이기 때문에 제작과정에 대한 특성을 파악할 수 있다. 마지막으로 사용흔 분석은 석기의 기능에 대한 연구를 목적으로 한다. 닳은 흔적, 줄자국, 윤, 이빠짐, 부러짐 등은 석기의 사용 부위와 방식을 검토할 수 있게 한다.

지금까지 간략하게 살펴본 단계별 분석은 제작기술과 체계 등 밝히는 기술적인 연구의 기본이라 할 수 있다. 각 분석이 정밀하게 채용된다면 석기의 분류, 석기의 제작공정, 제작체계, 교역과 유통 연구에 큰 도움이 될 것이다.

Ⅲ. 신석기시대 석기의 제작과 체계

1. 신석기시대 석기제작기술

석기의 제작기술은 석기의 재질적인 속성과 표면에 남아있는 흔적을 점검하는 과정에서 확인된다. 제작기술은 석기의 겉면흔적의 내용에 따라 간접타격, 직접타격, 잔격지타격, 눌러다듬기, 고타, 마연, 찰절, 천공기법을 확인할 수 있다. 각각의 제작기술에 따른 관련 내용과 흔적을 정리하면 〈표 2〉와 같다.

신석기시대 석기제작기술 중 간접타격법間接打擊法(간접떼기)은 석재(원석)에 제작도구를 직접 부딪쳐서 떼어내지 않고 연질망치나 쐐기 같은 '중간매개체'를 이용하여 떼어내는 방법이다. 이 기술은 직접타격에 비해 타격지점의 위치 선정과 정확성이 높기 때문에 일정한 두께와 모양을 가진 돌날과 좀돌날의 생산에 주로 이용된다. 신석기시대에는 초창기단계의 유적에서 확인된다. 북한에서는 간접타격법, 눌러떼기, 대고떼기, 대고때리기, 대석(모루)기법 등의 용어가 사용되고 있다.

직접타격법直接打擊法(직접떼기)은 석재(원석)에 제작도구를 직접 부딪쳐서 떼어내는 방법이다. 이 기술은 제작도구의 물리적 특성에 따라 경질망치hard hammer와 연질망치soft hammer로 나누어지고 제작방식에 따라 다양한 직접떼기 방식이 연구되었다. 북한에서는 때려깨기, 때려내기, 때려떼기, 타출기술打出技術, 함마법, 직접타법 등이 사용되고, 남한에서는 가파른 대각선떼기, 수직떼기, 단순 수직눌러치기, 빗겨치기, 양극타법 등의 용어가 사용된다. 신석기시대의 직접타격은 몸체(소재)를 마련하거나 형태를 잡기 위해 주로 사용되는 기술이다. 기술 적용으로

표2　석기제작기술과 내용

	제작기술	내용	기술적용 따라 생성되는 석기와 흔적
1	간접타격법	가공준비에 필요한 소재 확보	돌날, 돌날면, 좀돌날
2	직접타격법	형태잡기에 이용되는 기술	격지흔적과 격지
3	잔격지타격법	형태잡기 이후의 세부조정	잔격지면, 잔손질면
4	가압박리법 (눌러다듬기)	형태의 세부조정 또는 인부, 잡이 등의 미세한 조정	잔손질흔적
5	고타기법	석기 겉면의 타격능선과 돌출부를 조정하여 면을 고르게 하는 기술	패이고 쪼인흔적
6	마연기법	표면을 고르게 하는 기술	거칠거나 미세한 줄자국
7	찰절기법	석재와 석기를 절단하는 기술	썰린흔적, 거친 줄자국
8	천공기법	석기의 일부에 구멍을 뚫어내는 기술	구멍흔적

나타나는 흔적은 석기에서 떨어져 나간 격지와 격지면 흔적이 있다. 그래서 격지면 흔적에서는 타격방향과 모양과 형태, 깊이, 중복에 따른 순서 등을 살피고 생산된 격지에서는 격지각과 방향, 형태 등을 통해 직접타격의 특징을 검출한다.

직접타격은 격지흔적의 깊이에 따라 큰격지타격과 잔격지타격, 눌러다듬기 등 3가지로 나눌 수 있다. 큰격지타격은 형태를 조정하기 위해 행해지는 기술이다. 잔격지타격은 형태가 잡힌 석기(소재)의 가장자리 등을 가볍게 두드려서 날을 형성시키거나 형태를 미세하게 조정하는 기술이다. 잔격지타격과 큰격지타격의 구분은 석기의 외연부에서 3cm 미만의 격지면 흔적을 잔격지타격으로 보고 이상의 격지면 흔적은 형태를 잡기 위한 큰격지타격으로 구분한다. 그런데 실제 유적에서는 잔격지는 크기가 작기 때문에 부스러기로 분류되거나 거의 수습되지 않는다. 그래서 잔격지의 연구는 대부분 석기의 외면의 가장자리에서 검출되는 특징이 있다.

가압박리법加壓剝離法(눌러떼기 또는 눌러다듬기)은 뿔이나 뼈 등의 소프트한 도구의 뾰족한 끝으로 석기의 가장자리에 힘을 주어 다듬거나 잔손질retouch을 하는 방법이다. 이 기술은 주로 중소형의 석기에 주로 이용되는데 고정방법과 누르는 도구의 종류와 방식에 따라 다양하게 분류된다. 이 방법의 장점은 원하는 지점을 정확하게 떼어낼 수 있어 제작 실패율이 적다는 것이다. 신석기시대의 잔손질은 석기의 가장자리에서 깊이 1cm 미만으로 외연부를 미세조정한 기

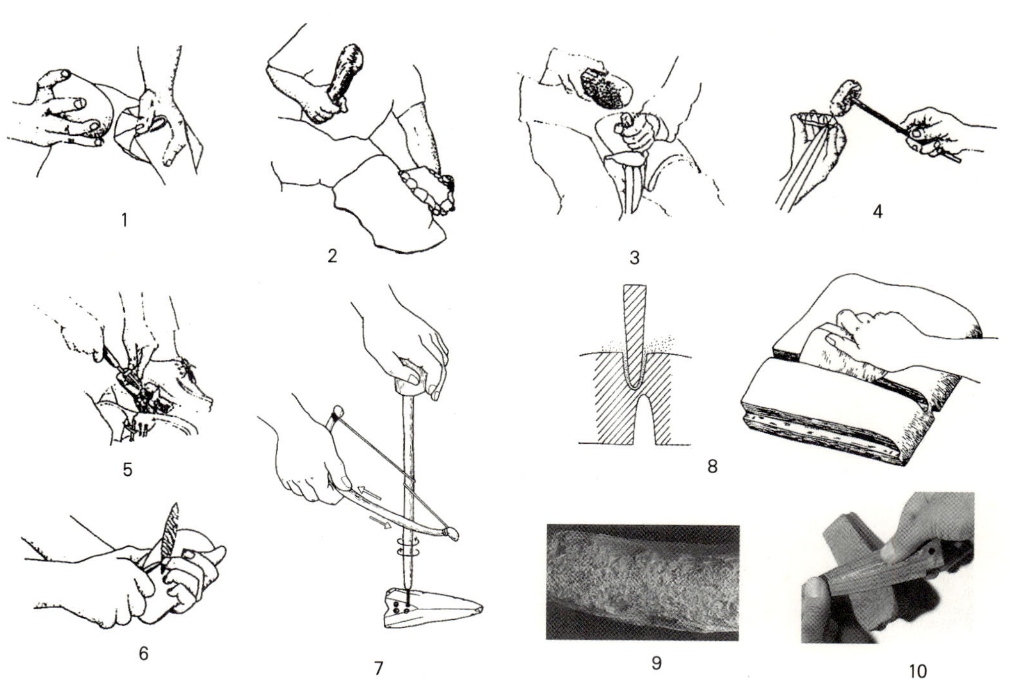

그림 2 신석기시대 석기제작방법(국립문화재연구소 2012)
1·2: 직접타격법, 3·4: 간접타격법, 5·6: 가압박리법, 7: 천공기법, 8: 찰절기법, 9: 고타기법, 10: 마연기법

술로 정의한 바 있다.[2] 대체로 긁개, 작살, 밀개 등 소형 석기의 세부조정에 주로 이용된다. 특히 석질의 균질함과 등방성[3]이 잘 발달된 흑요석제 석기(석촉, 석거石鋸 등)에서 주로 관찰된다.

고타기법敲打技法(두드려때리기)은 석기 겉면을 두드려서 표면을 고르게 하는 방법이다. 이 방식은 마연기법을 브조하는 것으로 대부분의 마제석기가 이 과정을 거치게 된다. 신석기시대 석기 중 갈돌과 갈판, 고석, 석부 등에서 흔적을 찾을 수 있다.

마연기법磨研技法(갈기)은 각기 다른 석재의 마찰을 통해 겉면이 갈리면서 표면이 고르게 되는 방법이다. 이 기술은 후기 구석기시대 후엽의 신북·집현·수양개유적 등에서 '갈린석기'가 확인되고 있어 그 상한을 구석기시대까지 올려 볼 수 있지만 본격적인 이용은 신석기시대 조기단계부터이다. 북한에서는 갈기의 기원을 발화기술과 목기·골기 제작기술과 밀접하게 관련이 있다고 판단하기도 한다. 마연기법은 석기 겉면에 줄자국으로 확인되는데 사용흔과 유사하기 때문에 주의가 필요하다. 또한 적용시점에 있어서도 원석을 처음부터 갈아서 사용하거나 최소한의 제작을 거친 이후에 사용하기도 한다. 도구의 제작준비 상태에 따라 마연기법의 투입 시점을 달리한다.

마연기법의 종류는 지석(숫돌)의 크기와 사용방식에 따라 휴대용 지석을 들고 대상물을 마연(이동마연)하거나 바닥의 대석 위에 고정하고 마연(고정마연)이 이루어지기도 한다. 그리고 대상물의 표면 처리상태에 따라 표면을 거칠게 가는 약마略磨(거친갈기)와 표면을 요철凹凸이 없게 정밀하게 가는 정마精磨(고운갈기)로 구분한다. 또한 석기에 나타난 마연 범위에 따라서 부분마연, (전면)마연으로 나누기도 한다.

찰절기법擦切技法(자르기)은 석재(소재)를 직접 절단하는 방법으로 석기의 양면에 긴 홈을 내고 찰절도구로 톱을 이용하는 것 같이 앞뒤로 왕복하면서 마찰을 통해 석기를 자르는 방법이다. 작업의 속도를 위해 홈에 모래를 넣거나 상하가 서로 엇갈리게 하여 작업하기도 한다. 신석기시대에는 마제석부, 석촉, 결합식조침 등에서 확인된다. 북한에서는 자르기수법이라고 한다.

천공기법穿孔技法(구멍뚫기)은 찰절기법에서 이용된 직선의 왕복운동과 달리 회전운동을 통해 석기에 구멍을 뚫어내는 방법이다. 작살, 발화구 등에서 회전마찰의 흔적이 관찰된다.

2　필자는 굴지구류 석기의 격지면 흔적과 잔손질을 구분하기 위해 진그늘유적에서 출토된 석기를 분석하였다. 그 결과 잔손질은 석기의 외연부에 자리한 1cm 미만의 격지흔이라 하였고, 이후에는 이를 잔격지떼기에 포함되는 것으로 수정한 바 있다(윤정국 2014). 그런데 이러한 수정은 석기의 미세조정이라는 측면에서는 같은 범위에 포함시킬 수 있지만 명확한 기술적인 행위에서는 차이가 있다. 그래서 본고에서는 기술적인 측면에서 잔손질을 잔격지타격의 하위범위에 포함시키고자 한다(윤정국 2015).

3　균질함(homcgeneous)은 성분이나 성질이 고루 같아서 하나의 물질 가운데 어느 부분을 취하여도 성분이나 성질이 일정함의 정도이고, 등방성(isotropic)은 물질의 방향이 바뀌어도 그 물리적 성질이 달라지지 않는 성질이다.

2. 신석기시대 기종별 석기제작방법

석기제작방법은 석기의 석재와 형태, 기능에 따라 조금씩 차이가 있다. 그래서 기종별 제작방법을 검토하기 위해서는 석기 분류에 의해 나누어진 석기를 개개별로 분석하는 것이 원칙이다. 하지만 본고에서 모든 석기에 대한 제작방법을 하나씩 제시하기에는 지면상 문제가 있다. 그래서 여기에서는 유사한 제작방법을 단순화하여 하나의 범주로 묶어 제작 흐름을 살펴보고자 한다.

1) 석촉과 석창

일부 어로에 사용되었지만 기본적으로는 사냥에 관련된 도구이다. 겉면 양상에 따라 타제와 마제로 구분되며, 슴베의 유무에 따라 유경식과 무경식으로 나눈다. 타제석촉과 타제석창(첨두기)은 대체적으로 고산리유적 등에서 확인되는 화산암계열과 동해안과 남해안에서 출토되는 흑요석제가 있다. 마제석촉과 마제석창은 대체로 무경식이 많은데 퇴적변성암계 석재가 주로 이용된다. 제작과정은 3가지 흐름이 있다. 하나는 석재획득, 형태 만들기, 세부조정을 거친 이후에 마연하여 완성한다. 둘째는 유적 내 다른 석기를 생산하는 과정에서 떨어진 조각돌과 부스러기 등의 깨진 편을 이용하여 제작 초기부터 찰절과 마연을 이용하는 방법이다. 셋째는 몸체에서 직접타격과 간접타격을 통해 격지를 획득하고 이를 잔손질하여 제작하는 방법으로 타제석촉에 주로 이용된다. 각 기법은 몸체의 형태와 크기에 따라 기술이 적용되었을 것으로 판단된다.

2) 석도(石刀)와 석도형석기, 석겸(石鎌), 석시(石匙)

이 석기들의 공통적인 특징은 납작하고 일정한 두께를 가지고 있다. 그래서 석기제작도 제작 초기부터 일정한 두께를 가진 납작한 몸체를 선호한다. 제작과정은 크게 2가지의 흐름으로 대별된다. 하나는 먼저 층리면이 발달된 퇴적변성암계 석재를 획득한다. 그리고 석재를 일정한 두께로 분리하기 위해 층리면을 타격하여 판상몸체 또는 격지몸체를 이루게 한다. 그리고 직접떼기로 일정한 형태와 크기를 조정하고, 가장자리에 잔격지타격과 눌러다듬기를 통해 인부와 잡이 조정이 이루어진다. 이후 필요하면 마연기법을 적용하여 완성한다. 다른 하나는 일정한 두께에 맞는 조각돌 등을 몸체로 삼고 곧바로 고타와 마연기법을 시도하여 석기를 완성하는 경우가 있다.

3) 석부와 석착

이 석기는 인부의 형태에 따라 세분되지만 대체로 기술적용과 범위에 따라 타제와 마제, 인부마연 등으로 나눌 수 있다. 석부의 제작수법은 청동기 연구자들에 의해 간단하게 언급된 바 있는데, 신석기시대 석부는 일반적인 관점에서 석재획득, 성형, 고타, 마연이라는 도식화를 할 수 있다(김석훈 1988). 세부적으로 보면 석재획득은 단단한 석재를 유적 주변에서 획득하여 몸체로 삼는데 납작한 타원형 또는 장타원형 자갈돌을 수습하거나 가공하여 활용한다. 그리고 겉면의 외연부를 직접타격하여 자연면을 제거하고, 다음은 잔격지타격을 통해 세부조정을 실시한 후에 고타를 하여 표면을 정리한다. 이후 마연수법을 통해 원하는 부위의 표면을 고르게 한다. 완성된 석기는 사용과정에서 훼손되면 재가공하여 사용한다. 물론 일부 석부의 경우에는 각 단계를 거치지 않고 석재획득을 하고 인부만 조정하고 고타로 넘어가기도 한다. 석착은 형태적으로 석부와 유사하기 때문에 제작방법도 거의 동일하다. 다만 석기의 형태와 인부에 따라 유동적인 방법이 추가되었다.

4) 굴지구류

따비, 괭이, 곰배괭이, 타제석부 등으로 지칭되는 굴지구류는 조기단계에 등장하며 이후 지속적으로 수량이 증가한다. 제작방법에 대한 선행연구를 보면 이헌종(2000)은 격지분석을 통해 가파른 대각선떼기, 수직떼기, 단순수직 눌러치기 등 3가지 제작수법을 통해 석기의 외형을 규정하였다. 윤정국(2009·2015)은 굴지구의 겉면 흔적을 통해 석재획득, 몸체마련, 1차 성형, 2차 성형 등 4단계 제작단계를 설정하고, 단계별로 제작 특징을 살펴보았다. 이상의 결과를 통해 살펴본 제작방법은 3가지의 흐름이 있다(그림 3). 첫째는 납작한 자연면이 있는 자갈돌을 획득하여 원석으로 삼고, 원석의 가장자리를 둘러가면서 직접타격하여 형태를 조정한다. 이후 잔격지

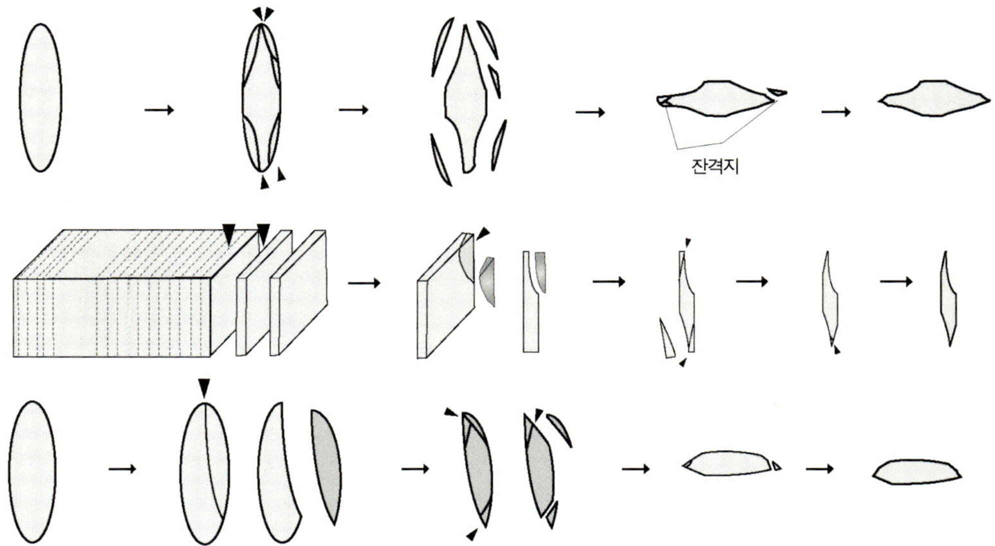

그림 3 굴지구류 석기의 제작방법 모식도

타격을 통해 세부조정하거나 인부를 형성한다. 둘째는 원석에서 직접타격으로 일정한 두께를 가진 판상소재를 획득하고, 여기에 가장자리를 둘러가면서 안팎으로 직접타격을 실시하여 형태와 크기를 조정한다. 이후 잔격지타격을 통해 세부조정하여 인부나 잡이를 형성한다. 셋째는 원석에서 수직치기 등의 직접타격을 통해 중·대형 격지소재를 박리한 이후에 외연부를 빗겨치기 등의 직접타격으로 형태를 마련한다. 이후 잔격지타격으로 인부와 잡이 등 미세조정을 실시하여 석기를 완성한다.

5) 갈돌과 갈판

대형 석기로 형태와 사용방식에 따라 각각 2가지로 분류된다. 갈돌은 원구형과 장방형, 원판형으로 나누어진다. 갈판은 형태가 정형화되지 않은 판석형 갈판과 형태가 정형화된 장타원형, 장방형, 안장형[鞍形] 갈판이 있다. 선행연구에서 김경진(2012)은 제작과정과 사용이라는 과정을 석재획득, 마름질과정, 형태잡기, 사용, 재손질, 재활용, 폐기 순으로 정리하였다. 신석기 초기에는 원구형 갈돌과 비정형화된 갈판이 중심을 이루다가 점차 장방형의 갈돌과 안장형 갈판으로 대체된다. 제작수법은 초기에는 석재를 원하는 크기에 맞추어 자갈돌을 획득하여 몸체를 삼았고 몸체 일부를 직접타격으로 가장자리를 떼어내어 형태를 마련하고 그대로 사용하였다. 이후에는 갈돌과 갈판의 형태가 정형화되면서 석기제작기술도 일반화되었다. 먼저 납작한 판석형태의 자연석을 획득하여 몸체로 삼고, 직접타격으로 가장자리를 조정하면서 형태를 조정한다. 이후 타격면의 능선과 커면, 날카롭고 뾰족한 지점을 망치 등을 통해 두들겨서 무디게 만드는 고타를 하여 완성한다(그림 4).

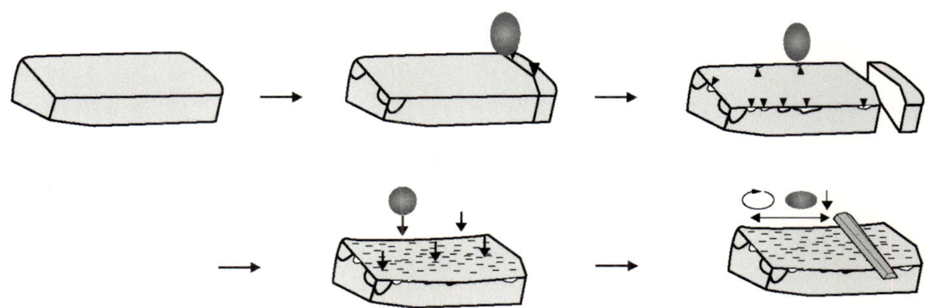

그림 4   갈판의 제작방법의 모식도

6) 그 외의 석기들

결합식조침과 축부는 낚시 도구의 하나이다. 선행연구 따르면 재료획득, 성형, 다듬기 순으로 정리된다(김충배 2002). 재료획득은 편암 혹은 편마암, 점판암, 혼펠스 등 쉽게 갈리는 암질이 주로 이용되었고, 성형은 깨뜨려내는 방법과 찰절기법을 통해 절취하여 형태를 조정하여 이루어진다. 다듬기는 용도에 맞게 마연하고 세부적인 홈이나 결속구를 마련하고 있다.

석추石錘 역시 어로구의 일종으로 원석에서 몸돌을 획득하고 직접타격을 통해 크기와 형태를 조정한 이후에 마연으로 완성한다. 어망추는 자연석을 이용하거나 단순한 격지타격을 통해 완성되고, 홈돌은 자연면의 납작한 면을 고타하여 홈을 만들어 사용한다. 고석은 자연면이 있는 봉형 또는 공형, 원판형 자갈돌원석의 끝부분을 활용한다. 찍개와 성형석기(뚜르개, 긁개, 밀개, 새기개 등)는 원석을 직접타격하여 겉면을 박리하여 몸돌 자체를 이용하거나 박리된 격지 끝을 잔손질하여 세부조정하여 완성한다.

한편 소형 석기에서 관찰되는 석재의 일정부분은 흑요석이 있다. 흑요석으로 제작된 석기로는 석촉, 작살, 석거石鋸, 석추石錐, 긁개, 돌날, 첨두기, 창끝(석창) 등이 있다. 이 석기들은 흑요석의 물리적 특성을 이용하여 '날카로운 날'을 만들기에 적합한 도구에 적용되었다. 제작방법은 원석에서 격지를 떼어내어 몸체로 삼은 후 눌러다듬기를 통한 잔손질로 날을 조정한다.

3. 신석기시대 석기의 제작체계

석기제작체계를 파악하여 석기제작의 기술적인 과정 및 그 특징을 검토하고자 한다. 이를 위해 입지와 시기차이를 대표하는 진그늘유적을 선정하여 출토 석기를 분석하여 시·공간적 기술체계와 변화를 검토한다.

진그늘유적은 전북 진안군 정천면 모정리 일원에 위치한다. 이곳은 금강 최상류지역으로 주변지형은 400m 이상의 높은 산들이 연이어 감싸고 있다. 유적은 곡간평탄지에 자리하며, 앞으로는 금강의 지류인 정자천이 흘러내린다. 유적의 편년은 신석기시대 중기~후기에 해당된다. 유적에서 출토된 석기는 보고서 분류에 따라 정리하면 다음 〈표 3〉과 같이 총 176점이다. 이중 석기제작도구와 운반된 석기 등을 제외하면 뒤지개 23점, 사변형과 세장형, 칼형뗀석기 14점, 활촉 10점, 낫과 창끝 2점, 돌도끼와 돌자귀 4점, 갈판과 갈돌대 10점, 기타 6점 등 총 69점이다 (조선대학교박물관 2005).

각 기종별 석기의 제작방법을 살펴보면 다음과 같다.

    a. 뒤지개류(굴지구류)는 23점이 출토되었다. 제작방법은 3가지이다. 제작①은 원석(자연석) → 직접타격 → 잔격지타격 → 완성이고(그림 5-10), 제작②는 원석 → 납작한 판상소재획득 → 직접타격(형태) → 완성이다(그림 5-12). 그런데 소재획득을 위해 일부 석

기는 불을 통해 열을 가열한 소재도 있다. 제작③은 원석(자연석) → 직접타격 대형 격지소재획득 → 잔격지타격 → 완성이다 (그림 5-11). 이 중 제작②가 가장 많이 활용되었고 다음으로 제작③이 있다.

b. 세장형·칼형·사변형 뗀석기(석도형석기) 는 14점이 있다. 제작방법은 2가지이다. 제작①은 원석 → 납작한 판상소재획득 → 직접타격 → 잔격지타격(잔손질) → 완성 순이고(그림5-8), 제작②은 원석 → 직접타격으로 격지소재획득 → 잔격지타격(잔손질) → 완성의 순으로 제작되었다(그림 5-9). 수량으로 보아 제작②가 적극적으로 활용되었다.

c. 활촉(마제석촉)은 10점이 있다. 제작방법은 1가지이다. 제작은 원석(셰일) → 판상소재 → 마연 → 완성의 순으로 제작되었다 (그림 5-1·2).

표 3   진그늘유적에서 출토된 석기

			수량
뗀석기		미완성석기	2
	뒤지개	타원형류	21
		모가둥근장방형류	2
		사변형	2
		세장형	2
		칼형	10
		기타	6
간석기		활촉	10
		낫	1
		창끝	1
		돌도끼	1
		돌자귀	3
		갈판	5
		갈돌대	5
		미완성간석기	5
		망치	4
		숫돌	5
		격지	91
		계	176

d. 낫(석겸)은 부러진 편으로 1점이 확인된다. 제작방법은 1가지이다. 제작은 원석(편암) → 판상소재 → 마연 → 완성의 순으로 제작되었다(그림 5-6).

e. 창끝(마제석창)은 1점이 출토되었다. 제작방법은 1가지이다. 제작은 원석(셰일) → 판상소재 → 마연 → 완성의 순으로 제작되었다(그림 5-7).

f. 돌도끼(석부)는 1점이 있다. 제작방법은 1가지이다. 제작은 원석(자연석) → 직접타격(형태잡기) → (잔격지타격?) → 고타 → 마연 → 완성의 순으로 제작되었다(그림 5-3).

g. 돌자귀(석착)는 3점이 출토되었다. 제작방법은 역시 1가지이다. 제작은 원석(자연석) → 직접타격(형태잡기) → (잔격지타격?) → 고타 → 마연 → 완성의 순으로 제작되었다(그림 5-4).

h. 갈돌(대)은 5점이 있고 제작방법은 1가지이다. 제작은 원석(판상의 자연석) → 직접타격(형태) → 잔격지타격(미세조정) → 고타 → 사용(사용면평편 또는 양끝 돌출) → 완성의 순으로 제작되었다(그림 4-13:14).

i. 갈판은 5점이 출토되었다. 판상의 자연석을 이용한 제작방법 1가지가 있다. 제작은 원석

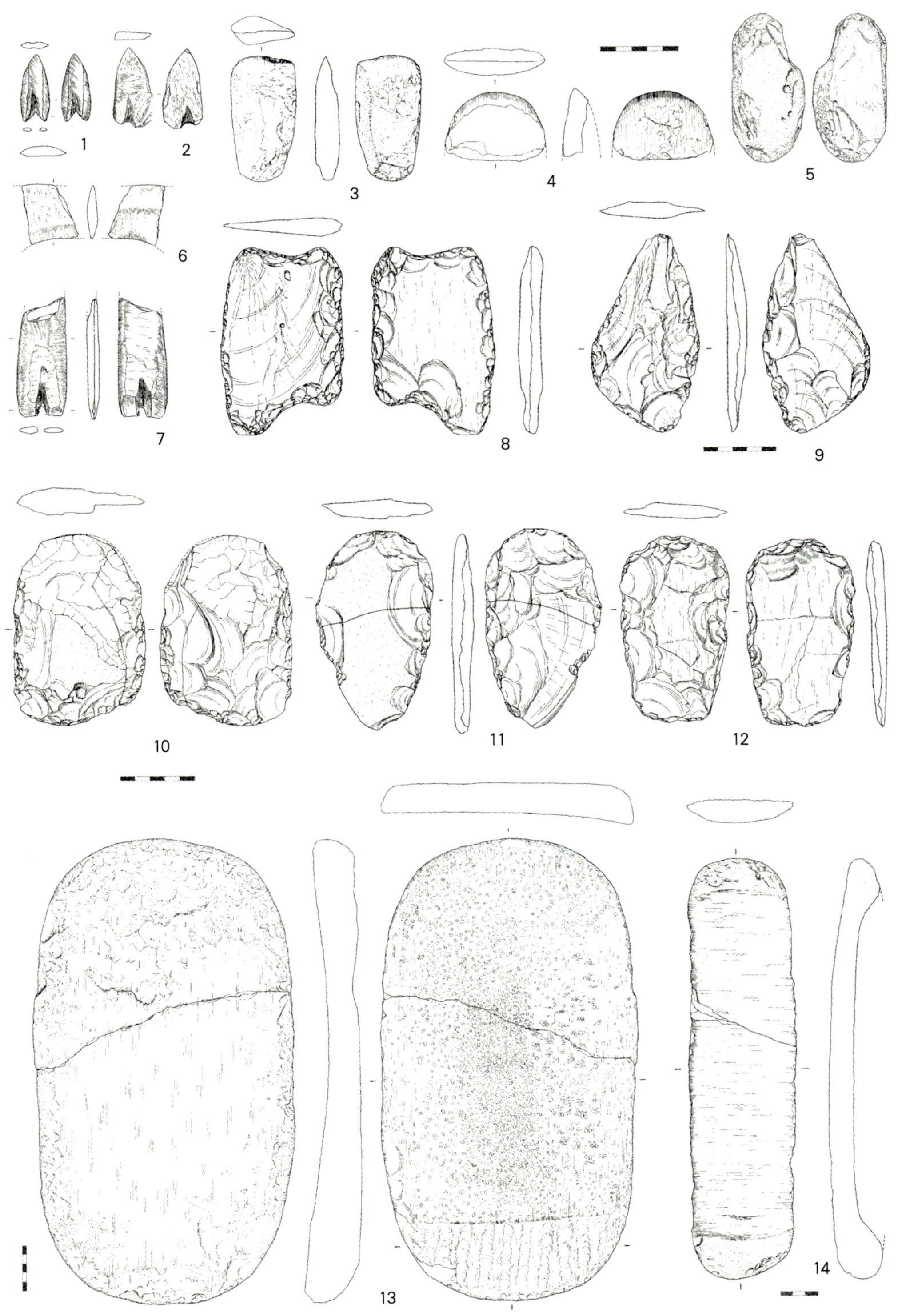

그림 5　진안 진그늘유적의 석기

92

(판상의 자연석) → 직접타격(형태) → 잔격지타격(미세조정) → 고타 → 사용(왕복이동,
사용면안좌형) → 완성의 순으로 제작되었다(그림 5-13).

　j. 망치(고석)는 형태가 다른 4점이 확인되지만 모두 자갈돌 소재를 이용한 제작방법이 이
　　용되었다. 제작은 원석(봉형, 공형의 자연석)의 뾰족한 부분을 이용하여 고타 → 완성의
　　순으로 제작되었다(그림 5-5).

　이상으로 살펴본 진그늘유적의 석기제작은 내륙지역에서의 신석기시대 중~후기의 제작체
계를 보여주는 대표 사례이다. 이것을 정리하면 기종별 석기의 제작방법은 〈표 4〉와 같이 총 10
가지이다.

표 4　신석기시대 석기제작체계와 종류[4]

	원석 (석재획득)	획득 행위	몸체 (소재)	직접 타격 (1)	잔격지 타격 (2)	눌러 다듬기 (3)	고타 기법 (a)	마연 기법 (b)	천공 기법 (c)	찰절 기법 (d)	완 성 (석 기)
1	자갈돌원석	=	자갈돌(Ⅰ)	1 →	2 →						굴지구류, 석도형석기
2	판석형/봉형 원석(채집)	=	자갈돌(Ⅰ)	1 →	2 →		a →				갈돌, 갈판
3	자갈돌원석	=	자갈돌 몸돌(Ⅰ)	1 →			a →	b →			석부
4	봉형 자갈돌원석	=	자갈돌 몸돌(Ⅰ)	1 →	2 →		a →	b →			석부, 석착
5	자갈돌원석	=	자갈돌(Ⅰ)				a →				갈판
6	기타원석	1⇒	판상(Ⅱ)	1 →	2 →						굴지구류, 석도형석기
7	기타원석	1⇒	판상(Ⅱ)	1 →	2 →			b →			석착
8	기타원석	1⇒	판상(Ⅱ)					b →	c →		석촉, 석창, 석겸
10	기타원석	1⇒	격지(Ⅲ)		2 →						석도형석기, 굴지구류

　그리고 제작체계는 몸체와 제작방법에 따라 3가지로 나눌 수 있다(그림 6). 첫째는 자갈돌을
그대로 사용하거나 최소한의 제작-원석의 표면을 박리하여 원하는 몸돌로 형태 조정한 상태-
을 통해 석기를 만드는 자갈돌몸돌제작체계이다. 둘째는 층리면이 발달된 원석을 채집하거나
수직타격 등을 통해 판판하고 납작한 판상을 원석에서 획득하여 소재로 삼아 이것의 크기와 형

4　표에 제시된 기호의 의미를 정리하면 '='는 전 제작과정과 동일하거나 변형이 없는 것이고, '⇒'는 행위를
통해 얻어진 석기이며, '1·2·3·a·b·c'는 기술행위이다. 그리고 '→'는 기술행위 적용 후 결과이다.

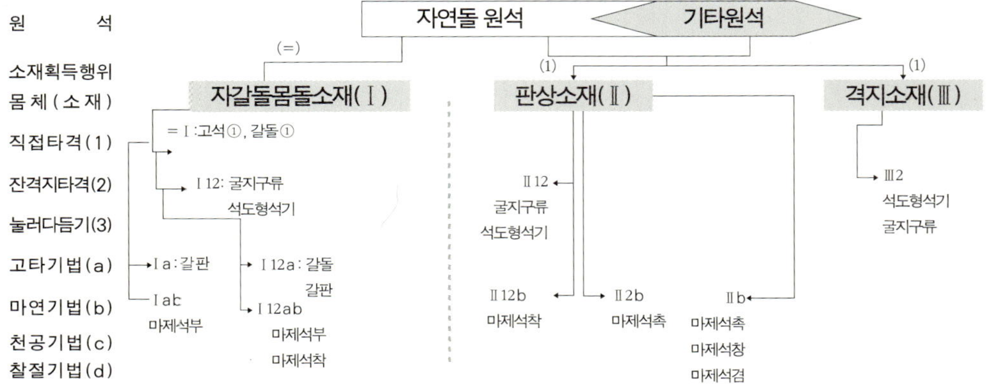

그림 6 진그늘유적의 석기제작체계의 모식도

태를 조정하고, 인부에 대한 미세가공을 통해 석기를 만드는 판상제작체계이다. 셋째는 원석에서 중·대형 또는 소형 격지를 획득하고 이 격지를 미세가공하여 석기를 제작하는 격지제작체계이다.

자갈돌몸돌제작체계는 5가지의 제작방법이 확인되었다. 각 제작은 봉형 또는 판석형, 납작한 자연자갈돌 등의 원석을 채집하여 가공하지 않고 그대로 소재를 삼았다. 원석의 특징은 자연에 노출되어 원마된 자연면을 가지고 있다. 이 제작체계는 제작 초기부터 석기의 크기와 형태에 맞는 석재를 채집하여야 한다. 왜냐하면 원석을 최소가공하기 때문에 갈돌, 갈판 등에서 보듯이 석기 자체의 형태와 크기가 변화되지 않기 때문이다. 또한 직접타격(큰격지타격)과 잔격지타격이 이루어진 석부에서 보듯이 대체로 원석의 형태를 최대한 반영하고 있다. 즉 석기완성에 있어 형태를 중요시하는 석기에 주로 활용된 제작체계라 할 수 있다.

판상제작체계는 세부적으로 3가지의 제작방법이 확인된다. 몸체는 원석에서 직접타격 또는 열처리 방식[5]으로 판상소재를 획득한다. 이 체계는 큰 범주에서 보면 원석에서 몸통 부분을 획득한다는 점이 몸돌제작에 포함될 수 있지만 석재와 소재의 형상이 확연히 다른 부분이 있기 때문에 분리되어야 하겠다. 이 제작체계의 가장 큰 특징은 소재가 일정한 두께를 가지고 납작하며 판판하다는 것이다. 이는 소재획득 후 두께를 조정할 필요 없이 곧바로 원하는 형태나 날을 만들기에 효과적이기 때문에 완성된 석기의 형상이 일정한 두께를 가지고 양면이 판판한 석기에 주로 이용된다. 판상소재에 직접타격과 잔격지타격을 통해 제작한 굴지구류, 석도형석기 등 타제석기와 최소한의 타격에 고타와 마연이 가미된 석촉, 석창, 석검 등 마제석기가 있다.

---

5   세일계 암석에 일정한 열을 지속적으로 전달한 이후에 급격히 냉각하여 타격하면 격지타격이 용이하다고 추정하였다(윤정국 2006).

격지제작체계는 1가지 제작방법이 확인되는데 원석에서 소형 또는 중·대형 격지를 박리하여 소재로 삼고 가장자리를 가공하여 석기를 완성하는 것이다. 격지소재는 타격각도[6]와 힘의 강약에 따라 긴격지[橫長薄片]와 옆격지[終長薄片]를 박리할 수 있다. 격지의 형태는 타격면(굽)이 두텁고 반대편은 날카로운 끝을 형성한다. 그래서 이 제작체계에서는 주로 타격면을 손잡이로 하고 격지끝(위끝)을 그대로 인부로 활용하는 경우도 있지만 일반적으로는 직접타격과 잔격지타격을 통해 형태와 두께를 조정하는 방식이 중심을 이룬다. 석기로는 석겸, 굴지구류 등이 있다.

한편 제작단계별로 보면 석재획득이 자연면과 켜면이 대부분인 점으로 보아 유적 주변에서 원마된 자연자갈을 획득하거나 산 사면에서 획득 또는 떼어내어 석재를 선택하였을 것으로 보인다. 몸체마련은 3가지로 자갈돌몸돌몸체, 판상몸체, 격지몸체로 나눌 수 있는데, 자갈돌몸돌몸체가 다른 몸체에 비해 석기 기종의 종류와 제작비율이 많다. 몸체는 석기의 크기와 일정한 관련이 있기 때문에 기종별 석기에 따라 몸체의 선호도에 있어 차이를 보인다. 예를 들면 갈돌, 갈판 등과 같은 대형의 석기나 단단한 암질이 필요한 경우에는 자갈돌몸돌몸체가 이용된다.

그리고 석기의 성형은 직접타격을 통해 형태잡기로 이루어진다. 형태는 몸체의 형상에 맞추어 직접타격을 통해 격지를 떼어내어 완성하거나 중대형 격지를 떼어내고 잔격지타격과 눌러다듬기를 적용하여 완성하기도 한다. 그런데 타제석기의 성형은 마제석기와 달리 형태다듬기에 치중된 경향이 있다. 고타와 마연은 석기의 종류에 따라 차이가 있으나 갈판의 경우 직접타격으로 형태를 조정한 이후 곧바로 고타와 마연기법이 제시된다. 다만 전체 석기의 수량에 있어 타제석기와 마제석기의 비중이 차이가 있기 때문에 석기의 용도에 따라 기법적용을 차별화하였을 것이다.

이상으로 진그늘유적의 제작방법과 제작체계를 살펴보았다. 3가지의 제작체계 속에서 10개의 제작방법을 활용하고 있다. 이러한 기술적인 연구는 진그늘이라는 공간 속에서 일정한 시간을 가진 석기들을 대상으로 이루어졌다. 그런데 진그늘유적은 신석기시대 중~후기로 편년되고 있으며, 공간상으로 금강 상류(남부 내륙지역)에 위치하고 있기 때문에 남부 내륙지역의 신석기시대 중~후기의 석기제작의 기술체계의 한 면을 보여준다고 하겠다.

따라서 앞으로 한 유적에서 출토되는 모든 석기를 종합적으로 분류하고, 기술체계를 밝혀나간다면, 신석기시대 석기의 기술적 범위와 발전 패턴을 좀 더 명확하게 파악할 수 있을 것으로 기대된다.

---

[6] 일반적으로 격지각이 대상물과 망치의 내리치는 각도로 둔각으로 치면 옆격지(횡장박편)가 나오고, 직각에 가깝게 내리치면 긴격지(종장박편)가 만들어진다. 그래서 두께를 조정하거나 격지 자체를 얻기 위해서는 긴격지를 떼어내고, 소재 자체를 조정하기 위해서는 옆격지를 떼어내어 자연면을 벗겨낸다(윤정국 2009).

Ⅳ. 신석기시대 석기의 생산과 유통

1. 석기 생산과 석재 선택

석기 생산은 석재의 선택에서부터 시작된다. 석재는 자연과학적인 분석과 함께 주변 지질과의 비교를 통해 원산지와 유통양상을 검토할 수 있다. 근래의 보고서는 석재(암질)에 대한 분석을 제시하고 있지단 대부분은 암질을 알기 어려운 점이 있다. 현재까지 제시된 자료를 바탕으로 석기의 암질을 살펴보면 천매암, 셰일, 혼펠스, 편암, 편마암, 안산암, 흑요석, 사누카이트 등으로 다양하지만 암질의 형성과정과 구성 비율 등에 따라 보고서별로 명칭의 차이가 존재한다.

고고학적인 관점에서 암질은 특수한 산지를 가진 암질에 대한 해석과 기종별 석기의 암질선호도에 대한 검토가 중요하다. 먼저 일부 암질(흑요석과 사누카이트 등)들은 주변에서 쉽게 획득할 수 없고, 백두산 또는 일본 구주 등 특정한 장소를 원산지로 한다. 그런데 이들 암질의 출토현황을 살펴보면 동해안에 분포한 유적에서는 백두산을 산지로 하고 있고[7], 남해안에 분포하고 있는 유적들에서 출토되고 있는 흑요석은 일본 구주산이 많다. 그래서 대한해협을 사이에 두고 일본 구주와 원거리 이동 및 교류에 따른 유통망을 상정하고 있다.[8] 그리고 기종별 석기의 암질선호도에 대해서는 대체로 유적 주변에서 출토되는 암질을 이용하는데 석재의 물리적인 특성과 석기용도에 따라 암질을 선정하였다.

석재의 물리적 범주는 3가지로 나눌 수 있다. 첫 범주는 석질의 균질함이 동일하여 타격의 강도와 방향에 따라 석기가 깨어지는 양상이 일정한 석재이다. 이 석재는 유문암, 응회암, 흑요석 등으로 돌날몸돌, 돌날, 타제석촉, 첨두기, 석거 등에 주로 이용되었다. 또한 균질한 석질에 강도 역시 강하기 때문에 소형의 타제석기 제작에 주로 이용되었다. 초창기단계의 대부분의 석기에 주로 이용되었는데, 이후 시기에는 흑요석 등 소량의 석기에서만 관찰된다. 다음 범주는 사암, 천매암, 셰일, 혼펠스 등의 퇴적변성암계로 변성된 압력의 정도에 따라 석재의 차이가 있지만

---

7 서포항, 농포동, 범의구석, 오산리, 세죽에서 흑요석이 출토되었다. 이중 오산리의 흑요석 암질분석 결과 백두산을 산지로 한다는 결과가 있다(서울대학교박물관 1984).

8 남해안에 분포한 동삼동, 범방, 수가리, 연대도, 욕지도, 송도 등 30여개 유적들에서 흑요석이 출토되었다. 이들 유적의 흑요석과 사누카이트에 대한 해석은 대한해협을 사이에 두고 일본 구주와의 교류 산물로 이해한다(이상균 2003, 하인수 2006).

대체로 층리면層理面9이 발달된 석재이다. 주로 사용된 석기들은 석촉, 석창, 굴지구류, 석도형석기, 석도 등 납작한 형태를 가진 거의 대부분의 석기 기종에 적용되었다. 이 암질은 석재가 층리면을 따라 평행으로 벗겨지기 쉬운 성질을 가지고 있기 때문에 도구 형태가 납작하고 판판한 모습을 가지는 형태를 원했을 때 적은 노동력을 통해 원하는 모습을 쉽게 만들 수 있다. 그리고 강안에 자리한 유적 주변에서 쉽게 구할 수 있는 석재이기 때문에 석재획득이 용이하다. 게다가 화산암계에 비해서 상대적으로 강도가 약하기 때문에 마연기법을 통해 쉽게 갈려진다. 이 범주의 암질은 석기제작의 효율성이 좋고 석재의 다용도가 높기 때문에 조기 단계 이후로 지속적으로 활용된다. 마지막 범주는 석질의 강도가 단단한 편암, 편마암, 섬록암, 화강암, 안산암 등을 이용한 석부, 갈돌, 갈판 등이 있다. 갈돌과 갈판은 퇴적변성암계를 주로 이용하였다. 편암류는 입자가 세립細粒이고 얇은 판 모양으로 쪼개지는 성질(片理 또는 劈開)을 지니고 있으며 입자가 작아 곱게 갈리고, 셰일에 비해 단단하여 오랫동안 쓸 수 있다. 그리고 석부와 석착은 섬록암, 안산암 등이 주로 이용되었는데 강도가 강한 심성암으로 층리가 없고 석질의 구성이 치밀하여 충격에 강하다.

　이처럼 신석기시대는 석재 선택에 있어 도구의 쓰임에 따라 제작의 용이성과 도구의 견고성을 염두에 두었다. 그리고 이 점은 석재의 물리적 특성을 경험적으로 이해하여 석기 용도에 따라 선택하였다는 것을 보여준다.

2. 석기의 유통(교환)

유통은 집단 간의 인적 또는 물적인 정보와 교환대상물이 여러 단계에서 교환되고 분배되는 것으로 정의할 수 있다. 신석기시대 유통은 공간적인 범위와 문화적 성격에 따라 대내적인 교류(근거리, 지역 간 교류)와 대외적인 교류(원거리 교류)로 구별할 수 있지만 현실적으로 신석기시대의 유통체계를 완전하게 보여주는 고고학적 증거는 충분하지 않기 때문에 사례가 많지는 않다. 왜냐하면 선사시대는 교환의 대상물이 명확하지 않고, 교환대상물이 있다하더라도 유기물의 경우에는 시간이 지남에 따라 부패되어 흔적을 거의 남기지 않기 때문이다.

　신석기시대에 유통을 보여주는 사례는 토기, 석기, 패천 등이 있다. 이 중에 석기를 통해서 본 유통은 원산지와 분포를 비교하는 방식으로 나타난다. 특히 원산지가 보다 명확한 흑요석이 대

9　층리면은 위아래로 압력을 받아 구성물질이 횡방향으로 길게 줄이 있는 평면의 경계면으로 흔히 퇴적암에서 나타나는데 쪼개진 층의 평면을 켜면이라고 한다.

표적이다. 흑요석은 특성변별 연구와 분포연구에 아주 좋은 재료이다. 그 이유는 첫째 비교적 최근에 해당하는 화산 노두에서만 발견되기 때문에 원산지가 특정한 장소에 형성되고 수량도 많지 않다. 둘째는 각 원산지의 흑요석이 화학적 성분의 차이가 있기 때문에 과학적 분석을 통해 산지를 명확하게 구분할 수 있다. 마지막으로는 신석기시대에는 타제석촉이나 작살 등 소형 석기에 지속적으로 흑요석을 활용하고 있기 때문이다.

신석기시대 흑요석을 통한 석기의 유통(교환)에 대한 선행연구를 보면 한반도 남해안과 서북 구주와의 관계망이 제시할 수 있다. 이상균(2003)은 바다를 사이에 두고 양 지역에서 어로 활동이 활발하게 전개되어 남해안, 대마도, 서북 구주 해안을 중심으로 지역 간의 교류가 이루어졌다고 보았다. 그리고 그 증거로 각 지역에서 토기, 석기, 어로구의 유사성을 제시하였다. 특히 남해안에 출토되는 흑요석의 산지분석 결과를 통해 교역망을 구주의 고시다케[腰岳] 등과 연결하였다. 그리고 구주와 연결되는 중간 거점으로 동삼동과 연대도 등을 두고 남해안 각지로 흑요석을 공급하였을 것으로 추정하였다. 하인수(2006)는 좀 더 나아가 양 지역의 교류 문물을 토기와 석기, 골각기로 나누어 검토하였다. 그리고 양 지역에서 출토되는 교류 문물의 분포를 통해 한국에서는 동남해안에 집중되고, 일본에서는 서북 구주의 해안과 대마도 서안지역에 집중하는 것을 확인하였다. 그리고 교류의 주체를 해안지대에 거주하는 어민으로 보았다. 이들이 오랜 시간에 걸쳐 다양한 물자뿐만 아니라 무형의 생업 정보와 기술 등도 상호 이동되고 교류되었을 것으로 예상하였다. 그리고 교류의 배경으로는 대한해협을 중심으로 하는 공통적인 생업환경과 구조적인 접촉을 원인으로 추정하였는데 그 사례를 흑요석을 통해 제시한다. 교류는 다원적 교역시스템이 형성되었는데 서북 구주산 흑요석은 고시타카[越高]유적을 대표로 하는 즐문계 집단에 의해 남해안의 거점집단에 공급되고, 이 집단을 통해 다시 재지의 여러 집단으로 유통되었을 것으로 보았다. 또한 반입된 흑요석은 동삼동·연대도패총에서처럼 원석 상태로 유입되고 재지에서 필요한 물품으로 가공되었고 대응되는 남해안의 특정물품은 패천, 고라니제 수식, 결합식조침 같은 어로구가 전달되었다고 한다. 그리고 최근에는 대한해협을 사이에 두고 교환된 물품을 시기별로 검토하려는 시도가 이루어졌다. 이를 통해 지역 내부의 사회경제적 변환과정과 관련하여 교역이 거점을 달리하며 시기별로 달라진다는 추정을 하였다(임상택 2008).

한편 유적 즈변에서 확인되지 않는 원산지가 불분명한 석재가 출토되는 사례가 있다. 신석기시대 초창기단계의 강정동과 삼화지구유적에서 유문암과 혼펠스, 반려암, 석영 등의 석재로 가공된 석기는 제주도에서 확인되지 않는 석재이다. 분석에 따르면 이 석재들은 추자도와 남해안 일대에서 반입하였을 것으로 추정한다(한국지질환경연구소 2010, 김동규 2011). 그리고 동삼동과 범방, 장항, 연대도, 선진리, 비봉리, 성읍리유적 등에서 출토되는 연옥제 장신구, 화강편마암제 마제석부 등은 재지(유적 주변)에서 산출되지 않는 석재로 제작되었다. 산지에 대한 분석이 이루어지지 않아 명확하지 않지만 아마도 외부의 특정지역에서 교역 등을 통해 유입된 것으로 추정할 수 있다(하인수 2010). 이처럼 유적에서 출토된 석기의 석재가 주변에서 확인되지 않는 경우에 일반적으로 대내적 교류(집단 간 교류)로 접근할 수 있다. 하지만 교역이 어떠한 메카니즘 하에 이루어졌는지는 자세히 알 수 없지만 집단 상호간에 기술과 정보를 주고받는 가운데 교역체계가 형성되었을 것으로 추정한다.

신석기시대 석기의 유통은 원산지 분석으로부터 시작된다. 연구사례와 분석도 많지 않기 때문에 아직은 걸음마 수준이지만 앞으로 흑요석, 사누카이트, 경옥 등 특정한 석재에 대한 원산지 연구와 분포 등에 대한 연구가 본격화된다면 집단 간의 유통(교역)에 대한 연구가 활성화될 것이다.[10]

V. 맺음말

신석기시대 석기의 기술적인 연구는 1980년대에 태동한 이래 근래에는 연구의 양과 질이 증가하고 있다. 석기의 기술적인 연구는 석기를 직시하는 기준을 설정하고 제작과정에서 나타나는 흔적을 세밀하게 관찰하고 이를 분석하는데서 시작된다.

신석기시대 석기의 제작방법과 체계는 석기의 겉면에 남아있는 흔적에 대한 연구를 통해 분석될 수 있다 그리고 이것을 통해 제작기법을 직접타격법, 간접타격법, 잔격지타격법, 가압박리법(눌러다듬기), 고타기법, 마연기법, 찰절기법, 천공기법 등으로 나누었다. 그리고 기종별 제작방법은 유사한 제작방법을 단순화하여 제작흐름으로 나누어 정리하였다. 그리고 진그늘유적을 사례로 선정하고 유적에서 출토되는 석기의 제작방법을 하나씩 분석한 결과 10가지의 제작방법이 이용되고 있었고 이것을 몸체와 제작방법의 특징의 차이에 따라 자갈돌몸돌몸체, 판상몸체, 격지몸체 등 3가지의 제작체계로 구분하였다.

그리고 석재에 대한 석기의 물리적인 특성과 원산지에 대한 검토를 통해 석기의 생산과 유통에 대해 정리하였다. 석기 생산은 석기의 용도에 따라 석재와 몸체의 선택이 동시에 이루어

---

10   신숙정(2010)은 신석기시대 교류 연구에 대한 개념과 연구양상, 앞으로의 연구방향에 대해 상세하게 서술하고 있다.

지고 있으며 일정한 상관관계를 가지고 있다고 판단하였다. 그리고 석기의 유통은 암질의 원산지가 명확하게 구분되는 흑요석을 중심으로 기존 연구를 검토하였다. 아쉬운 점은 암질에 대한 분석과 원산지에 대한 연구가 미흡하여 대내적인 교류(유적 간·지역 간) 연구가 부족한 점이다. 앞으로 석기의 암질과 원산지에 대한 연구가 진행되기를 기대한다.

지금까지의 연구를 정리하면, 현재 석기의 기술적인 연구가 본격화되고 있지만 아직도 가야할 길이 멀다는 것을 인식할 수 있다. 앞으로 각 유적에서 출토된 석기를 다시 정밀하게 관찰하고 기종별 석기의 분석을 실시한 이후에 실험적인 방법을 통해 검증하는 연구가 이루어져 할 것이다.

참고문헌

고재원, 1996, 「濟州道 高山里 石器의 分析研究」, 한양대학교 대학원 석사학위논문.

국립광주박물관, 1994, 『선·원사인의 도구와 기술』.

국립대구박물관, 2005, 『머나먼 진화의 여정 사람과 돌』.

국립문화재연구소, 2012, 『한국고고학전문사전(신석기시대편)』.

김경진, 2012, 「인천 중산동 신석기유적의 석기분석 연구」, 『인천 중산동 유적』, 한강문화재연구원.

김동규, 2011, 「제주도 신석기시대 석기 소고-삼화지구 가-2지역(2차)유적을 중심으로」, 『제주 삼화지구유적』, 동양문물연구원.

김석훈, 1988, 「한강유역 출토 돌도끼의 연구」, 청주대학교 대학원 석사학위논문.

김송현, 1984, 「우리나라 신석기시대 석기제작 수법」, 『력사과학2』, 과학·백과사전출판사.

김충배, 2002, 「신석기시대 낚시바늘 연구-형식분류와 유적 환경에 대한 일고찰-」, 한양대학교 대학원 석사학위논문.

大工原豊, 2008, 『縄文石器研究序論』, 六一書房.

大沼克彦, 2002, 『文化としての石器づくり』, 学生社.

鈴木道之助, 1981, 『石器の基礎知識Ⅲ(縄文)』.

복천박물관, 2003, 『기술의 발견』.

서울대학교박물관, 1984, 『오산리유적』.

신숙정, 2010, 「한반도 신석기문화와 교류연구」, 『동아시아의 문명 기원과 교류』, 단국대학교 동양학연구소.

신숙정·손기언, 2002, 「강원지방의 뗀(打製)석기 연구」, 『江原考古學報』 창간호, 江原考古學會.

윤정국, 2006, 「진그늘유적에서 나온 신석기시대 뗀석기의 제작수법 연구」, 조선대학교 대학원 석사학위논문.

______, 2007, 「신석기시대 석기 제작체계 연구」, 『사림』 28호, 수선사학회.

______, 2009, 「신석기시대 굴지구의 제작기법에 대한 연구」, 『한국신석기연구』 제17호, 한국신석기학회.

______, 2014, 「신석기시대 석기의 제작수법」, 『한국 신석기시대 석기의 분류와 제작수법』, 제4회 집중토론회자료집, 한국신석기학회.

______, 2015, 「한국 신석기시대 석기제작 연구」, 전남대학교 대학원 박사학위논문.

이기길, 1984, 「전곡리 석기의 만듦새와 쓰임새 분석」, 연세대학교 대학원 석사학위논문.

이상균, 2003, 「신석기시대 한반도 남해안 석기군의 양상」, 『일한신석기시대의 석기』, 제5회 일한신석기시대연구회발표요지.

이헌종, 2000, 「호남지역 신석기시대 타제석기 제작기법의 제양상」, 『先史와 古代』15, 한국고대학회.

임상택, 2008, 「신석기시대 대한해협 양안지역 교류에 대한 재검토」, 『영남고고학』47, 영남고고학회.

장용준, 2008, 「울산지역출토 신석기시대 석기의 제작과 문화양상」, 『울산학연구』, 울산발전연구원.

장호수, 1981, 「상노대도 조개더미유적의 석기연구」, 연세대학교 대학원 석사학위논문.

조선기술발전사편찬위원회, 1996, 『조선기술발전사』1(원시·고대편), 과학백과사전종합출판사.

조선대학교박물관, 2005, 『진안 진그늘 선사유적』.

竹岡俊樹, 1989, 『石器研究法』, 言叢社.

______, 2003, 『石器の見方』, 勉誠出版.

______, 2003, 『旧石器時代の形式學』, 勉誠出版.

Clark, J.D. & Kleindienst, M.R, 1974, Kalambo Falls Prehistoric Site Ⅱ, Cambridge Univ. Press.

하인수, 2001, 「신석기시대 대외교류 연구」, 『박물관연구논집』8, 부산박물관.

______, 2006, 「신석기시대 한일문화교류와 흑요석」, 『한국고고학보』58, 한국고고학회.

______, 2009, 「신석기시대 석기의 종류와 양상」, 『博物館研究論集』15, 부산박물관.

한국지질환경연구소, 2010, 「강정동 유적 석기류의 고고지질학적 분석」, 『제주 강정동유적』, 제주문화유산연구원.

한창균, 2001, 「북한의 선사시대 뗀석기 용어 고찰」, 『考古와 民俗』4, 한남대학교박물관.

신석기시대의 가공구

하인수(부산근대역사관) · **장은혜** (국립경주문화재연구소)

Ⅰ. 머리말

석기는 신석기시대 대부분 유적에서 출토되는 유물 중에서 즐문토기 다음으로 많은 양을 차지할 뿐만 아니라 즐문토기인의 생존과 생업을 구체적으로 실현하는 수단으로써 토기 못지않게 중요한 사회·문화적인 정보를 가지고 있다. 그러나 석기가 갖는 고고학적 의미와 비중이 매우 높음에도 불구하고 그동안 여러 가지 이유로 체계적이고 종합적인 연구가 진행되지 못한 것도

---

* 본고는 필자들의 공동논의를 통해 작성되었으며 Ⅰ, Ⅱ-2, Ⅱ-3, Ⅲ, Ⅳ장은 하인수가 Ⅱ-1장은 장은혜가 집필하였다.

사실이다.

물론 석기 연구가 전혀 없었던 것은 아니지만, 특정 주제나 개별 기종에 한정하거나 생업활동 및 생계유형을 분석하는 보조적인 자료로 취급되었고, 석기의 조성관계, 시기별 변천과정, 편년, 지역별 석기문화, 생산과 유통 문제 등에 관한 구체적인 연구는 부족한 실정이라고 할 수 있다.

이러한 연구의 불균형 현상은 결국 신석기시대 석기문화를 종합적으로 이해하고 이를 통해 사회를 복원하는데 장애요인이 되고 있음은 부인할 수 없다. 본고에서 검토한 신석기시대 석제 가공구는 이러한 문제점을 해결하기 위한 하나의 기초적 시론으로서 마련된 것이다.

가공구는 생계유형과 취락 내에서 일상생활을 이해하는데 중요한 지표가 될 뿐만 아니라 가공구의 조성 양상은 지역 집단의 사회적 성격을 이해하는 유효한 실마리를 제공한다. 이런 측면에서 본다면 가공구에 대한 연구는 매우 중요하다고 할 수 있다.

현재까지 이루어진 가공구 연구는 개괄적인 검토(하인수 2009b) 외에 석부(김선지 2000, 윤지연 2006, 박성근 2012), 갈돌·갈판 등 일부 기종에 대한 연구(임상택 2000, 西谷正 2002)와 생업 연구의 보조적인 수단으로서 분석(최종혁 2005, 윤혜나 2011, 이경아 2011, 이정재 2011, 김은영 2012, 윤정국 2015b) 정도이고 식료, 조리, 도구 제작 등 가공구 전반에 걸친 종합적인 연구는 이루어지지 않았다.

이러한 문제들은 단시일에 해결될 수 없지만, 개별 기종에 대한 구체적인 검토 작업이 축적되고, 이를 종합한 연구가 병행된다면 어느 정도 해결될 것으로 기대된다. 따라서 본고에서는 기존의 자료와 최근 발굴 성과를 종합적으로 검토하여 가공구를 새롭게 분류하고, 기종별 성격과 시기별 변화 양상에 대해 살펴보고자 한다.

Ⅱ. 가공구의 종류와 특징

신석기시대 석기는 생업 활동과 관련하여 식량자원을 획득하는데 직접 관계하는 생산용구와 획득된 자원을 가공하거나 다른 활동 영역에 사용되는 각종 도구를 제작하는데 활용되는 가공구, 실제 생업에 관계하지 않고 의례 혹은 정신생활과 관련된 비실용구로 대별할 수 있다. 이들 석기류는 생업 형태와 방식에 따라 여러 가지 유형으로 구분되고, 각 유형은 세부 기능과 용도에 따라 다양한 기종으로 분류된다(하인수 2009b).

즐문토기인의 다양한 생업활동과 생산방식에 따라 확립된 수렵·어로구, 채집·농경구, 가공구 등의 각종 석기류는 신석기시대 전시기를 통해 동일한 성격과 양상을 갖지 않지만, 본고에서 다루는 가공구는 가공 대상물의 성격에 따라 크게 식료 가공(조리)구, 벌채 및 목재 가공구, 석재 가공구, 기타 가공구로 구분할 수 있다.

식료 가공구[1]로는 견과류나 재배식물의 탈곡, 제분용인 갈돌·갈판·요석, 벌채 및 목재 가공구로는 석부·편인석기, 석재 가공구로는 지석·찰절석기·석추 등이 있다. 기타 가공구류로는 특정 용도로 한정할 수 없지만 동·식물과 어패류 조리, 의복 가공 등 다목적용으로 추정되는 석도·석거형·석도형·석시형·박편석기·발화석 등이 있다.

이상의 가공구는 형태적인 특징에 따라 기능과 용도를 추론하여 분류한 것인데, 생업도구 중에는 형태적 특징만으로 그 성격을 파악할 수 없는 것도 많기 때문에 전술한 분류 기종 중에는 반드시 특정 용도로만 사용되었다고 단정할 수 없다. 생업 환경의 조건과 필요에 따라 적절히 혼용되었을 것으로 추정된다.

1. 벌채 및 목재 가공구

신석기시대의 목재 가공구는 목기의 제작 공정 중 어느 작업에 사용되는가에 따라 구분될 수 있다. 목기의 제작공정은 크게 벌채 → 제재(원목을 분할) → 건조 → 절단(1~3개체 정도로 절단) → 정형(1, 2차 정형)의 순서로 나누어 볼 수 있다(黑岐直 1970). 벌채와 제재과정 그리고 절단 과정의 일부에는 주로 합인의 날을 가진 석부(전면마연석부, 인부마연석부)가 사용되었을 것이다. 나무를 가공하여 원하는 도구의 형태를 만드는 정형작업에는 편인의 날을 가진 편인석기가 사용되었을 것으로 추정된다.

1) 석부

석부는 후기 구석기시대 말기부터 출현[2]하여 신석기시대를 거쳐 청동기시대에 이르며 대형화, 후부화厚斧化되고 보편화된다. 벌채에 사용된 석부는 날 방향이 자루의 장축방향과 일치하게 장

---

1   가공구 중 식료 가공에서 중요한 위치를 차지하는 대표적 도구인 갈돌·갈판·고석·요석 등은 본서의 편집 구성상 채집·농경구에서 다루었음을 밝혀 둔다. 갈돌·갈판은 연구 주제와 방향에 따라 식료 가공구 혹은 농경구로도 분류할 수 있다.

2   후기 구석기시대 말기의 석부는 인부만 마연한 형태로 세석인문화 단계에 해당되는 단양 수양개, 장흥 신북, 진주 집현유적에서 확인된 바 있다(박근태 2009).

착되는 것이 일반적이다.[3] 이렇게 종방향으로 장착된 석부는 주로 합인석부로 날의 단면이 대칭을 이루는 형태이다. 날의 단면 형태가 조개를 옆에서 볼 때와 같이 배부른 곡선을 이루고 있기 때문에 조갯날 도끼로 불리기도 한다.

석부는 봉상의 석재를 이용하여 신부와 인부를 직접타격으로 조정한 뒤 고타와 마연 방법으로 제작된다. 마연 부위에 따라 인부와 신부 전체를 갈아서 만든 전면마연석부와 신부의 타격흔을 없애지 않고 인부만 마연한 인부마연석부로 양분할 수 있다. 전면마연석부와 인부마연석부는 제작방법뿐만 아니라 석재, 중심 분포지, 형태 등에서 일정한 차이를 보이기 때문에 본고에서는 이들을 구분하여 살펴보고자 한다.

(1) 전면마연석부

전면마연석부는 주로 편마암, 편암, 화강암, 화강편마암 등 암질이 단단한 석재를 이용하여 제작되는데, 벌채 시 석부의 파손을 방지하기 위해 경도 높은 석재를 채택하였던 것으로 생각된다.[4]

전면마연석부는 신석기시대 초기(고산리식토기 단계)[5]부터 후·말기까지 지속적으로 사용되며, 웅기 서포항, 용천 신암리, 온천 궁산, 인천 중산동·시도, 서울 암사동, 부안 계화도, 고성 문암리, 양양 오산리, 울진 후포리, 부산 동삼동유적 등 한반도 북부지역부터 남부지역까지 전역에서 확인된다. 하지만 주 분포지역은 중서부지역과 강원지역이며, 남부지역은 전면마연석부보다 인부마연석부가 성행한다.

전면마연석부는 인부 단면형태(합인, 편합인), 크기(소형, 중형, 대형), 후부율(두께를 폭으로 나눈 수치, 下條信行 2011), 평면 형태(타원형, 장방형, 제형), 횡단면형태(판상, 렌즈형, 타원형), 인부 평면 형태(직인, 호인) 등 다양한 속성에 의해 분류될 수 있지만, 본고에서는 전면마

---

3 현재 신석기시대 석부의 장착법을 추정할 만한 양호한 자료는 확인되지 않았다. 하지만 청동기시대의 석부 자루(논산 마전리, 대구 서변동)와 일본 죠몽시대와 야요이시대의 자료(下條信行 2011), 민족지 자료(原田幹·黑沢浩 2008)를 참고한다면, 신석기시대 벌채용 석부 역시 종방향으로 장착되어 사용되었다고 볼 수 있다.

4 혼펠스제 전면마연석부 역시 높은 비중을 보이고 있지만(전면마연석부의 석재구성 상 두 번째로 높은 비율을 차지함), 이들은 울진 후포리유적에서 90% 이상 출토되며, 이외의 유적에서는 거의 확인되지 않는다. 이로 볼 때 혼펠스제 전면마연석부는 울진 후포리유적의 특징적인 사례로 생각된다.

5 남부지역 즐문토기 편년은 주지하는 바와 같이 동삼동과 수가리패총의 발굴 성과를 기초로 수가리 5기 편년안이 제시된 이후 제주 고산리유적과 오진리유적이 발굴되면서 고산리식토기를 표식으로 하는 초창기 토기문화가 설정되어 현재 6기 편년안(하인수 2006b)이 사용되고 있다. 그러나 최근 고산리유적이 재발굴되고 방사성탄소연대 측정치가 B.C. 7,500년 전후로 제시되면서 초창기의 설정과 연대문제에 대해 재론이 필요하게 되었다(하인수 2014). 이에 대해서는 추후에 구체적인 논의가 필요함으로 본고에서는 잠정적으로 초창기 대신에 초기 혹은 고산리식토기 단계라는 용어를 사용하기로 한다.

연석부의 기능과 시·공적 양상과 관련되는 것으로 생각되는 크기, 인부 단면형태, 후부율을 기준으로 구분하여 살펴보고자 한다.

먼저 전면마연석부는 인부의 단면형태를 기준으로 Ⅰ류의 합인석부와 Ⅱ류의 편합인석부로 나눌 수 있다. Ⅰ류는 주지하는 바와 같이 벌채용 석부의 기본적 형태로 양날이 대칭하는 형태로 제작된 것이다(그림 2-1~3·11~22). 이와 달리 Ⅱ류인 편합인석부는 양쪽 면에 날이 만들어져 있지만 날의 단면이 비대칭적인 형태이다(그림 2-4~10). 다시 말하면 석부 한쪽 면은 완만한 곡선을 이루고 반대 면은 직선의 편평한 형태를 갖는 것이다.

Ⅱ류는 기본적으로 양날을 세웠다는 점에서 Ⅰ류와 마찬가지로 날 방향이 자루의 장축방향과 일치하게 장착되어 사용되었을 것으로 추정되며, 목재의 세부가공에 사용되는 편인석기와 구분된다. 더욱이 이와 유사한 형태의 석부가 민족지 자료(原田幹·黑沢浩 2008)에서 합인석부와 마찬가지로 벌채 용도로 사용되고 있는 점을 고려할 때, Ⅱ류는 Ⅰ류와 같이 석부의 범주 내에서 파악할 수 있을 것이다.

이들 Ⅰ·Ⅱ류 석부는 크기를 기준으로 A-소형(9cm 이하), B-중형(9.1~13.5cm), C-대형(13.6~27cm), D-초대형(27.1cm 이상)으로 구분할 수 있다(그림 1).

ⅠA형(소형 합인석부)은 합인석부 중에서 차지하는 비율이 가장 낮으며 두께가 얇은 것이 특징이다. 평면 형태에 따라 장방형, 방형, 제형 등으로 구분할 수 있다. 장방형은 인천 시도, 시흥 오이도 작은 소라벌패총, 안면도 고남리패총 등에서 확인되고(그림 2-1), 방형은 인천 중산

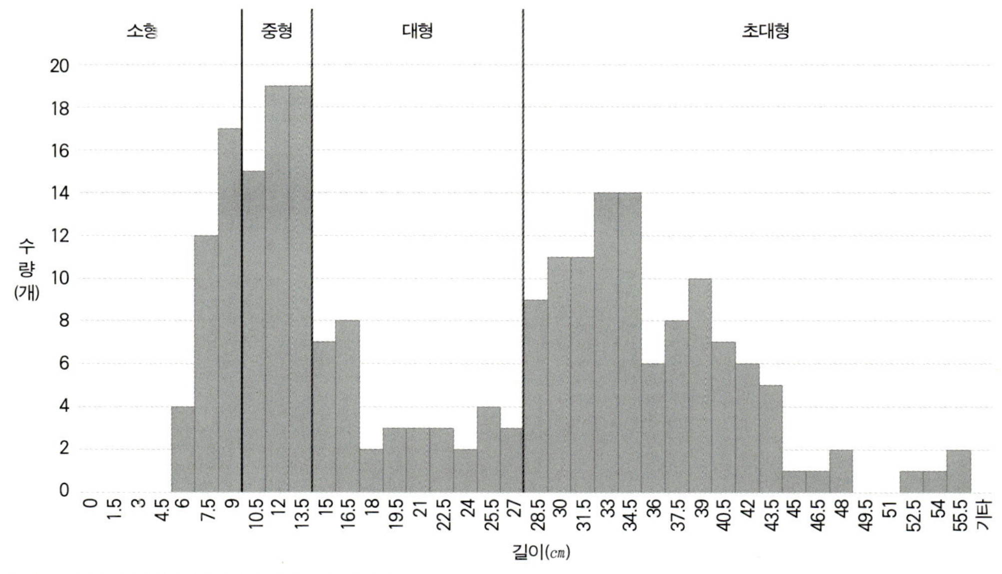

그림 1　전면마연석부 길이 히스토그램(n=230)

108

동, 부안 계화도 산상유적, 양양 오산리, 부산 동삼동 등에서 보인다(그림 2-2·3). ⅠA형은 신석기시대 후·말기로 가면서 출토빈도가 높아지는데, 특히 후·말기가 되면 장방형이 증가하는 양상을 보인다.

ⅠB형(중형 합인석부)은 합인석부 중에서 가장 많은 비중을 차지한다는 점에서 신석기시대 일반적인 형식으로 생각된다. 중형 합인석부는 두께에 따라 얇은 것과 두꺼운 것으로 나눌 수 있고, 평면 형태를 기준으로 두부가 좁고 인부가 넓은 형태(그림 2-4·16·18)와 두부와 인부 폭이 거의 비슷한 형태(그림 2-10·17)로 나누어 볼 수 있다. 전기 이전에는 얇고 두부가 좁고 인부가 넓은 형태가 주로 사용되다가 중기 이후로 가면서 몸체가 두텁고 두부와 인부 폭이 거의 비슷한 형태가 유행하는 경향을 보인다.

ⅠC형(대형 합인석부)은 ⅠB형 다음으로 많이 확인된다. ⅠC형은 고성 문암리, 양양 오산리·송전리·지경리 등의 동해안지역과 봉산 지탑리·마산리, 안산 신길동, 서울 암사동 등 중서부지역, 그리고 제주 강정동, 제주 삼화지구, 부산 동삼동 등 남부지역에 분포한다. 이처럼 ⅠC형은 한반도 전역에서 출토되고 있지만, 동해안지역에서 집중적으로 확인된다. 가장 이른 자료로는 제주 삼화지구에서 확인된 편마암제 대형 합인석부(그림 2-19)와 강정동에서 출토된 화강암제 대형 합인석부가 있다. 후부율이 60%정도로 두터운 타원형의 단면형태를 보이며 날은 약한 곡선 형태로 직인에 가깝게 제작되었다. 양자 모두 신석기시대 초기의 고산리식토기 단계의 것으로 추정된다. 이들은 제주도에서 산출되지 않는 석재로 제작되었다는 점에서 내륙으로부터 유입된 것으로 여겨지는데, 이것의 존재로 보아 내륙에 고산리식토기 단계의 유적이 존재할 가능성을 생각해 볼 수 있다. 이처럼 조기 이전부터 출현하는 ⅠC형은 신석기 중기까지 활발히 제작·사용되다가 후·말기가 되면서 출토량이 급감한다.

ⅠD형(초대형 합인석부)은 27.1*cm* 이상의 크기, 매우 정연한 마연상태 그리고 판상의 얇은 두께 등의 특징을 미루어 보아 실제 벌채용으로 사용되었다기보다 부장용, 신분 과시용 등 일상생활과는 다른 사회적 요구에 의한 산물일 것으로 추정된다.[6] 현재까지 알려진 ⅠD형 석부

---

6 ⅠD형(초대형 합인석부)이 출토되는 대표적 유적은 울진 후포리유적이다. 후포리유적의 전면마연석부는 초대형의 얇은 단면형태를 특징으로 하는데(그림 2-20~22), 매우 정연한 마연과정을 거쳐 제작되었다. 또한 사용흔이 확인되지 않고 무덤에 부장된 것과 같은 출토양상을 보인다는 점에서 일상용보다 의례적인 부분과 관련되어 이용되었던 것으로 추정된다. 이러한 후포리유적의 전면마연석부는 파푸아뉴기니의 의례용 석부와 매우 닮아있다는 점이 주목된다. 파푸아뉴기니의 의례용 전면마연석부는 30*cm* 이상의 대형이며, 단면이 얇고 전면이 정연하게 마연된 특징을 보여 후포리 석부와 매우 유사하다(原田幹·黑沢浩 2008). 특히 후포리유적과 파푸아뉴기니의 의례용 전면마연석부는 전체적 라인이 직선적으로 제작된다는 점까지 닮아 있다. 따라서 후포리유적의 전면마연석부는 형태적 특징, 출토 양상, 민족지 조사 사례를 종합할 때 의례와 관련된 것으로 볼 수 있을 것이다.

는 두만강유역의 회령군 봉의 연대봉 4호 무덤, 종성군 상삼봉(樌本杜人 1980), 울진 후포리, 영양 연당리(국립대구박물관 1994), 춘천 교동유적[7]에서 출토되고 있다. ⅠD형이 함경북도~ 강원도~경상북도의 동해안지역에 주로 분포하는 것으로 미루어 보아 동해안지역의 특징적인 석기로 볼 수 있을 것이다. 크기는 회령군 봉의 연대봉 4호 무덤 28.5cm, 종성군 상삼봉 27cm, 울진 후포리 27~54.2cm, 영양 연당리 34.5cm로 평균 35cm 정도이며, 두부가 인부보다 약간 좁고 두께가 얇은 형태가 다수이다. ⅠD형은 자료가 부족하고 대부분 출토품의 소속시기도 불분명하여 구체적인 성격과 전개양상은 알 수 없지만, 후포리유적의 사례로 미루어 볼 때 적어도 신석기시대 조기부터 제작되어 동해안지역을 중심으로 사용되었던 것으로 추정된다.

Ⅱ류(편합인석부)는 소형이 대부분이며, 중형도 일정비율 보이지만 13.6cm 이상의 대형은 제작되지 않은 것 같다. Ⅱ류는 인부형태가 합인석부와 편인석기의 중간적 형태이며, 소형의 것이 많고, 후부율이 30~40%라는 점에서 강한 힘을 필요로 하는 작업에 사용되었다기보다 작은 나무를 벌목하거나, 원목을 분할하는 용도로 이용되었을 것이라고 추정된다. 인천 중산동, 안산 신길, 고성 철통리, 청도 오진리, 울산 황성동 등 중서부지역과 강원지역, 남부지역에서 확인되는데 중서부지역에 집중적으로 분포한다. 조기부터 확인되나 전기 이후부터 수량이 증가하며 후·말기까지 지속적으로 제작되었던 형태로 추정된다.

지금까지 살펴본 전면마연석부는 목제 도구나 배를 만들기 위한 원목 채취, 경작지 및 주거 공간 확보를 위한 벌목 등에 사용되는 도구로서 일상생활을 영위하기 위한 필수적인 도구였음이 분명하다. 하지만 석부는 생업의 필수적 요소 이외의 다른 사회적 의미도 가지고 있었던 것으로 보인다. 그러한 예로 부산 다대포 봉화산, 이길 봉수대, 부안 계화도유적 등 산상유적 출토 석부와 회령군 봉의 연대봉, 고성 문암리, 울진 후포리, 울산 처용리 등 무덤 출토 석부가 있다.

먼저 신석기시대의 산상유적은 주거생활이 부적합한 고지성의 입지조건을 보이고, 일상생활과 관련된 유구와 토기가 거의 보이지 않는다는 점에서 생업(어로)활동과 관련한 제의유적으로 추정된다(하인수 2006a). 그리고 이러한 제의유적에서 공통적으로 석부[8]가 출토되고 있다는 점을 볼 때 신석기시대의 제례의식에서 석부가 하나의 매개체로 사용되었던 것을 추정해 볼 수 있다.

---

[7] 이화여자대학교 박물관 소장품 중에 ⅠD형으로 분류할 수 있는 석부자료가 1점 있다. 이 석부는 길이 33cm의 초대형이고 전면을 정성들여 마연하여 제작된 것이다. 인부보다 기부가 약간 좁은 평면형이고, 인부는 직인이다(이화여자대학교 박물관 1999). 이 초대형 전면마연석부는 출토지가 불분명하여 구체적인 양상은 알 수 없으나 ⅠD형의 분포 양상을 미루어 보아 동해안지역에서 제작되었던 것으로 추정된다.

[8] 신석기시대 산상유적 출토 석부의 구성에는 전면마연석부가 위주를 이루고 부산 다대포 봉화산유적의 출토품과 같은 인부마연석부가 소량 포함된다. 따라서 의례적 의미를 갖는 석부에 인부마연석부가 포함될 가능성이 있을 것이다. 하지만 의례와 관련된 석부 전체를 볼 때 인부마연석부는 매우 소량이라는 점에서 기본적으로 전면마연석부가 의례용으로 사용되었던 것으로 생각된다.

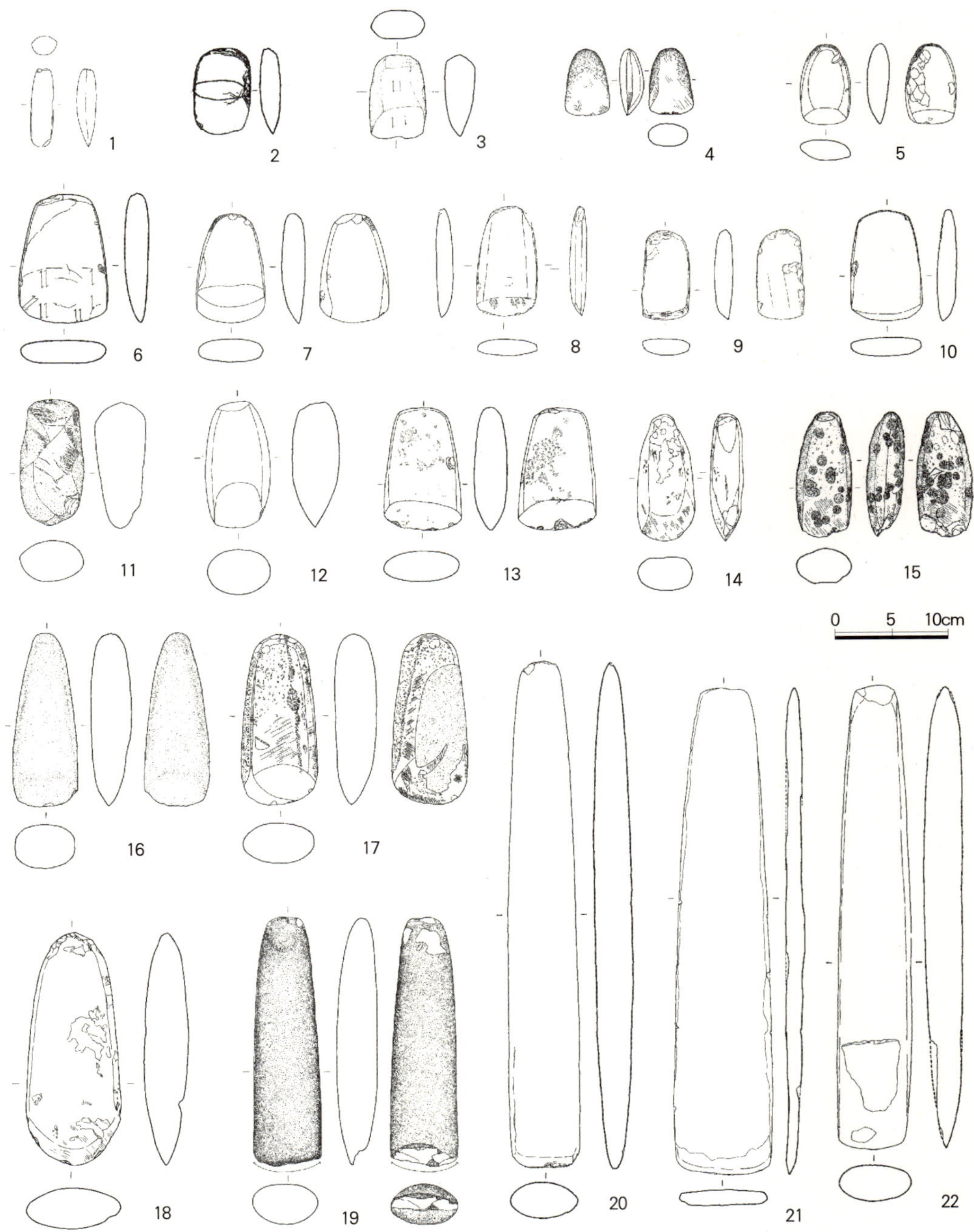

그림 2　전면마연석부
1: 오이도 소라벌, 2: 계화도, 3 · 11: 중산동, 4 · 15: 오진리, 5 · 7 · 17: 철통리, 6: 신길, 8: 황성동, 9: 석교리, 10 · 12: 초당동, 13: 범방, 14 · 18: 평거동, 16: 암사동, 19: 삼화지구, 20~22: 후포리

그리고 무덤의 부장품으로 매납된 석부는 석부가 가지는 의례적 측면을 가장 잘 보여주는 자료라 할 수 있다. 부장용 석부는 회령군 봉의 연대봉 4호 무덤, 울진 후포리유적의 예처럼 초대형의 전면마연석부(ID형)의 형태가 가장 기본적인데, 고성 문암리, 울산 처용리의 사례와 같이 중형 전면마연석부가 매장되는 경우도 있다. 따라서 부장용 석부 내에서도 형식차가 존재할 가능성이 있을 것으로 보이며 향후 이러한 부분에 대한 검토가 진행되어야 할 것이다. 결과적으로 전면마연석부는 당시의 생업과 관련된 실용구로서의 의미와 함께 정신문화적 의미를 지니고 있었던 것으로 볼 수 있다. 따라서 앞으로 석부가 가지는 다양한 사회적 의미에 대해서도 연구가 필요할 것이다.

한편 전면마연석부는 신석기시대 지역 간 교류 및 물자의 유통의 실체를 직접적으로 보여주는 고고학자료이기도 하다. 특정지역에서 산출되는 화강편마암, 편마암, 편암제 전면마연석부(그림 2-13·15)가 대표적인 사례이다(하인수 2010). 화강편마암, 편마암, 편암제 전면마연석부는 양양 지경리·오산리, 강릉 초당동, 울진 후포리 등 동해안지역과 시흥 능곡동, 안산 신길동, 화성 석교리 등 중서부지역에서 주로 확인되며, 이들 석재 산지 역시 이 지역 일대에 분포한다.

이를 볼 때 화강편마암제 전면마연석부의 주된 생산·소비권은 중서부지역과 동해안지역으로 생각할 수 있다. 그런데 이러한 화강편마암제 전면마연석부가 부산 동삼동·범방, 진안 갈머리, 밀양 신안, 창녕 비봉리, 청도 오진리 등 남해안과 제주도, 남부내륙지역에서도 확인되고 있는 사실은 당시 석부를 매개로 한 교역활동이 존재하였다는 것을 보여준다. 이렇듯 전면마연석부는 신석기시대 지역사회의 네트워크를 이해하는 실마리를 제공한다는 점에서 중요한 의미를 가지며, 앞으로 석부의 생산과 유통에 대한 구체적인 연구가 뒤따라야 할 것으로 생각된다.

(2) 인부마연석부

인부마연석부는 혼펠스, 이암, 이암혼펠스 등의 석재를 이용하여 신부와 인부를 직접타격으로 조정한 뒤 인부만 마연하여 마무리한 것이다. 대부분의 인부마연석부는 인부의 날 부분만을 짧게 마연하고 신부의 타격흔은 남겨두었는데, 신부의 일부분까지 약하게 마연한 경우도 있다(그림 3).

인부마연석부는 부산 범방·동삼동패총·가덕도 장항, 통영 연대도, 여수 안도, 창녕 비봉리, 하동 목도, 진주 상촌리, 사천 선진리, 진안 갈머리 등 한반도 남부지역과 양양 오산리, 동해 망상동, 울진 죽변, 화천 대이리, 하남 미사리 등 강원 및 중서부지역에서 확인되는데, 남해안지역에 집중적으로 분포하는 점이 특징적이다.

평면 형태는 장방형과 제형이 대부분을 차지하는데 타원형과 신바닥형[9]도 확인된다. 횡단면

---

[9]　신바닥형은 제형과 타원형의 중간적인 형태로 최대 폭은 인부와 신부 사이에 위치하는 형태이다(박성근 2012).

형태는 두께가 얇은 판형과 렌즈형이 대부분인데 실제로 후부율을 분석해 본 결과 평균 31.3% 정도의 낮은 후부율을 보인다. 인부마연석부의 날은 양쪽이 완전한 대칭을 보이는 것보다 편합인의 경우가 더 일반적이다. 또한 날을 가공할 때 마연범위를 좁게 하여 짧은 날을 제작한 경우가 대부분인데, 날의 길이가 긴 전면마연석부와는 그 모습이 다르다.

인부마연석부는 외형적인 형태를 기준으로 다양하게 분류될 수 있지만, 본고에서는 세분된 분류는 차후로 미루고 인부마연석부의 변화과정에 관한 정보를 내포하는 크기, 후부율을 기준으로 큰 틀에서 분류하고 그 특징들을 살펴보고자 한다.

인부마연석부는 크기를 기준으로 소형(9cm 이하), 중형(9.1~13.5cm), 대형(13.6cm 이상)으로 구분할 수 있다. 소형 인부마연석부는 초소형의 4.8cm 부터 9cm 까지의 크기 폭을 가지고 방형과 제형의 평면 형태를 기본으로 한다(그림 3-1~5). 인부의 단면은 두께가 얇은 판상의 것이 대부분이고 두꺼운 형태로 제작된 것은 거의 없다. 소형의 인부마연석부는 작은 크기와 얇은 두께로 보아 벌목의 기능보다 벌목된 나무를 절단하거나 잔가지를 정리하는 등의 용도로 사용되었던 것으로 추정된다. 소형 인부마연석부는 조기에 가장 많은 수량이 확인되고 전기까지 이러한 흐름이 이어지는 것으로 생각된다. 그러나 중기 이후부터는 점차 수량이 감소하여 후·말기가 되면 진안 갈머리 등 일부 유적에서 소량만 확인된다.

중형 인부마연석부는 인부마연석부 중 일반적인 크기로 보이며 가장 높은 비율을 차지한다. 소형과 마찬가지로 장방형과 제형의 평면 형태가 주를 이루지만, 두부와 인부 모두 둥글게 조정한 타원의 형태도 확인된다. 중형 인부마연석부는 얇은 두께로 제작된 것이 대부분이나, 후부율이 50% 이상으로 두터운 형태도 소량 확인된다. 인부마연석부의 소·중·대형의 구성비를 시기별로 살펴볼 때 중형 인부마연석부는 조기부터 45%정도의 우세한 위치를 점하고 이러한 양상은 후·말기까지 이어진다. 이로 볼 때 중형 인부마연석부는 신석기시대 전시기 동안 일상생활에서 수요도가 높았던 것으로 추정된다.

대형 인부마연석부는 13.6cm 부터 크게는 27cm 까지의 길이로 제작되었다. 대형 인부마연석부는 소형 및 중형과 달리 후부율이 25% 미만인 판상의 단면 형태로 제작되는 경우가 많다. 평면 형태는 방형(그림 3-21)과 말각방형(그림 3-18~20)으로 나누어 볼 수 있다. 방형의 대형 인부마연석부는 조기부터 후·말기까지 지속적으로 사용되는 반면, 말각방형은 전기 이전 시기에는 보이지 않고 중기에 등장하여 후·말기까지 사용된다.

말각방형의 대형 인부마연석부는 호선상의 짧고 날카로운 양인의 날을 가지는데 이러한 형태의 석부는 진주 상촌리·평거 4-1지구유적 등 남부내륙지역에서 주로 확인되는 분포상의 특징이 있다. 대형 인부마연석부는 조기부터 확인되지만 수량이 적고, 전기가 되면서 출토량이 증가하며 후·말기까지 활발히 사용된다. 전기 이전에는 방형의 대형 인부마연석부가 대부분이

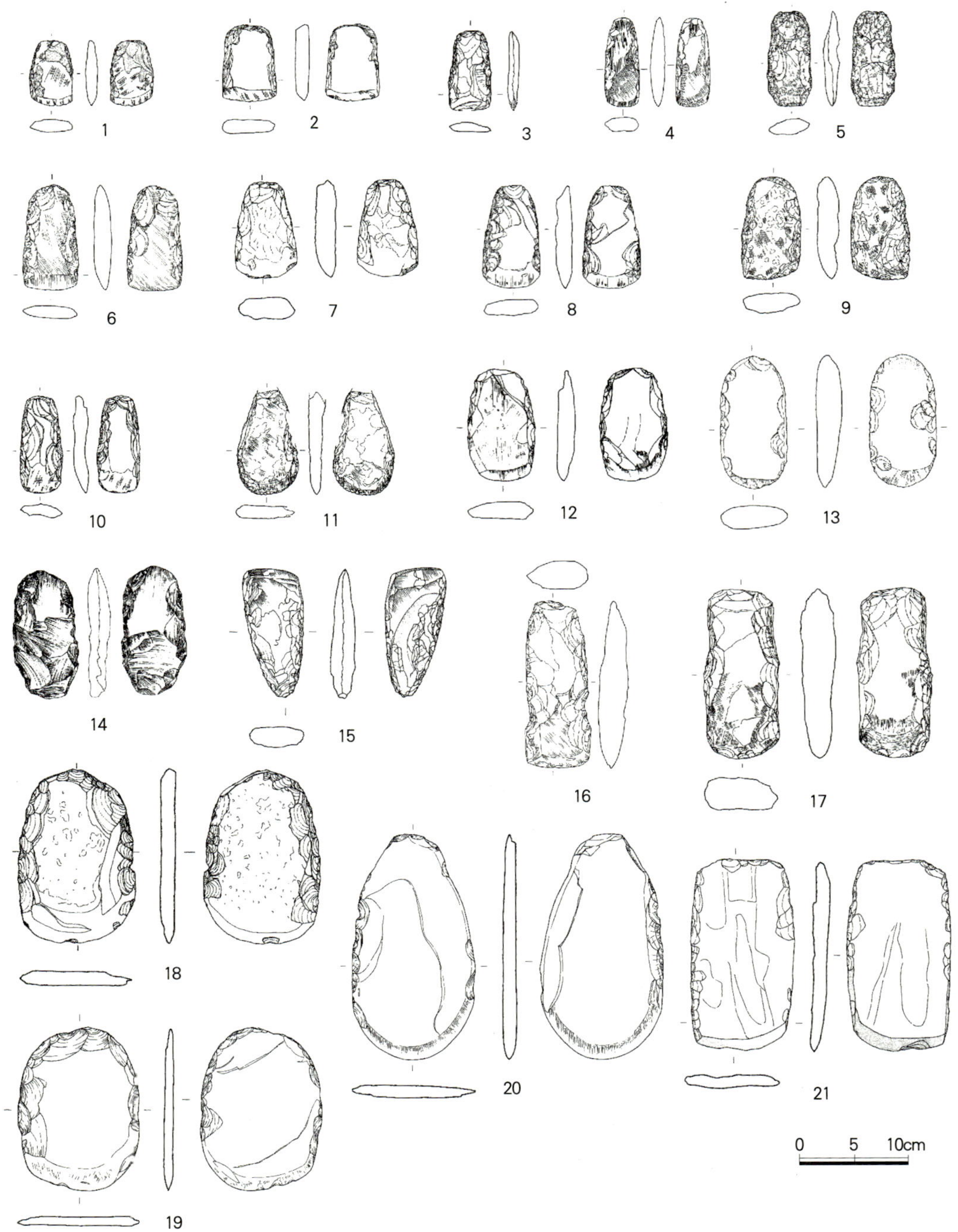

그림 3　인부마연석부
1·2·8·10: 범방유적, 3·9·11: 비봉리, 4: 죽변리, 5: 세죽리, 6: 동삼동, 7·18: 상촌리, 12·17: 목도, 13: 대이리,
14: 장년리 당하산, 15: 연대도, 16: 늑도, 19·20: 평거동, 21: 살내

고, 중기가 되면서 말각방형의 대형 인부마연석부가 남부내륙지역을 중심으로 출현하여 장방형의 대형 인부마연석부와 함께 후·말기까지 지속적으로 사용된다.

지금까지 살펴본 인부마연석부는 전면마연석부와 제작기법에서 뿐만 아니라 석재, 중심 분포지, 평면, 횡단면, 인부형태 등 전반적인 면에서 차이를 보이고 있다. 전면마연석부와 인부마연석부는 명칭을 보면 알 수 있듯이 마연의 범위, 즉 제작기법이 다르고 주로 이용되는 석재도 차이가 있다. 더욱이 전면마연석부는 중서부지역과 강원지역에 인부마연석부는 남부지역에 주로 분포하고 있다는 점에서 중심 분포지에서도 차이가 있다. 그리고 이들은 평면, 횡단면, 인부형태 등 세부 형태에서 차이를 보인다. 이러한 형태 차이의 원인은 지역차, 환경차, 기능차 등 다양한 가능성이 있을 것으로 생각되는데, 향후 여러 가지 가능성에 대한 연구가 진행되어야 할 것이다.

2) 편인석기

신석기시대의 목재 가공구는 벌채용의 석부(전면마연석부, 인부마연석부)와 가공용의 편인석기[10]가 세트를 이룬다. 석부는 나무를 벌목하기 위한 도구로 합인의 날을 가지고 자루에 종방향으로 장착된다. 편인석기는 벌목된 재료를 다듬고 세밀한 부분을 가공하는 단계에 사용된 도구로 한쪽으로 치우친 편인의 날로 제작되며 날의 방향이 자루의 장축방향과 직교하게 장착되어 사용된다.

신석기시대 목재 가공구의 사용을 직접적으로 나타내는 자료로는 창녕 비봉리패총 출토 나무배와 노, 목제 혹은 골제의 자루에 장착되어 사용되었을 것으로 예상되는 굴지구, 벌채구 등이 있다. 이들 자료의 존재는 신석기인들이 목제품을 제작하고 사용하였던 것을 추정할 수 있게 한다.

아래에서는 현재까지 출토된 자료를 중심으로 신석기시대 목재 가공구 중 목재의 세부가공과 관련된 편인석기를 분류해 보고 그 특징들에 대해 간단히 검토해 보고자 한다. 그런데 신석기시대의 목재 가공구는 출토량이 적을 뿐 아니라 형태적 면에서도 정형성이 떨어져 세부적으로 분류하기 곤란한 면이 있다. 따라서 아래에서는 신석기시대 목재 가공구를 형태와 추정기능에 따라 큰 틀에서 범주화하여 자귀형, 대팻날형, 끌형[11]으로 나누어 살펴보고자 한다.

---

[10] 청동기시대와 달리 신석기시대의 원목의 가공에 사용된 석기는 세부 기종으로 분류할 만큼 자료 수가 많지 않고 정형화되어 있지 않다. 따라서 본고에서는 벌목용의 석부와 대비되는 의미로서 목재 세부 가공의 용도로 사용된 석기를 일괄하여 편인의 날을 갖는 일군의 석기라는 의미로 '편인석기'로 지칭하고자 한다. 하지만 추후 자료가 증가된다면 형태 혹은 기능에 따라 세부 기종 분류가 가능해질 수도 있다고 생각한다.

[11] 본고에서는 신석기시대의 편인석기를 현재의 목재 가공구와 비교하고, 형태적 유사성에 의거하여 '~형'이라는 용어를 사용하였다. 하지만 신석기시대의 '자귀형, 대팻날형, 끌형' 편인석기가 오늘날의 가공구와 유사한 기능으로 사용되었는지에 대한 부분은 앞으로 검토가 필요하다.

먼저 자귀형은 벌목된 원목의 잔가지를 정리하거나 가공하는 작업에 사용된 것으로 추정된다(그림 4-20~23). 자귀형 편인석기는 화강암, 응회암 등의 석재를 이용하여 인부와 신부 전체를 마연하는 방법으로 제작된다. 단면형태는 원형이 많으며, 후부율은 50% 이상으로 매우 두터운 단면이 특징적이다. 대팻날형과 끌형에 비해 대형(길이 평균 11cm)이고 날의 끝이 직선적으로 처리되며 날의 길이가 긴 단인으로 제작된다.

ⅠB형(중형 합인석부)의 전면마연석부 중 두께가 두꺼운 것과 재질, 크기, 제작방법, 단면형태가 유사하지만 날의 제작방법 및 형태에서 구분가능 하다. 즉 자귀형 편인석기는 긴 단인의 직선 날의 모습이라는 점에서 합인 혹은 편합인의 곡선 날 형태를 보이는 ⅠB형(중형 합인석부)의 전면마연석부와 구분된다. 울진 죽변, 고성 문암리, 동해 망상동, 부안 계화도 산상유적, 부산 동삼동 등에서 출토되는데 특히 동해안지역에서 집중적으로 확인된다. 출토 자료가 소량이기 때문에 출현과 전개에 대한 부분은 확실치 않지만 현재의 자료로 볼 때 조·전기에 한정적으로 사용된 것으로 생각된다.

대팻날형은 나무표면의 요철을 다듬는데 사용되었던 것으로 추정되는데 지금의 대팻날과 비슷한 기능을 했을 것으로 생각된다(그림 4-11~19). 두께가 얇고 폭이 넓다는 점이 특징적이며, 두께가 1cm 내외이고 후부율이 27%정도이다. 날의 길이가 짧은 단인으로 매우 편평한 모습이라는 점을 고려한다면 목재의 표면을 얇게 깎아내는데 용이하게 제작되었던 것으로 생각된다. 결을 가지는 점판암 계통의 석재를 주로 사용하여 전면 마연으로 제작되며 목재 가공구 중에서 수량이 가장 많고 분포범위도 넓다.

평면 형태와 날의 길이를 기준으로, 방형 내지 장방형의 평면 형태와 짧은 인부를 특징으로 하는 전형적인 대팻날 형태의 Ⅰ류(그림 4-13·16~19)와 제형 혹은 두부를 둥글게 가공한 반원형의 평면 형태로 날의 길이가 전자보다 긴 Ⅱ류(그림 4-11·12·14·15)로 나누어 볼 수 있다. 이러한 대팻날형 편인석기의 형태 변이에는 가공 대상 및 방법 혹은 장착 방법의 차이가 반영되었을 가능성이 있다. 가장 이른 시기의 자료로 조기의 여수 안도, 양양 오산리유적 출토품이 대표적이다. 대팻날형 편인석기는 신석기시대 조기부터 출현하여 이후 시기까지 지속적으로 사용된 것으로 보인다.

끌형은 목재가공의 최종 마무리 단계의 세부 가공이나 특정 부분의 작업에 사용된 것으로 추정된다(그림 4-1~10). 폭이 2.5cm 이하로 좁고 소형이 대부분이다. 날은 직선적으로 처리된 단인으로 대팻날형에 비해 두터운 단면형태를 가진다. 양질의 석재를 이용하여 전면마연을 통해 날카로운 인부를 제작한 경우가 많다.

평면 형태의 세장도에 따라 세장방형과 방형으로 세분할 수 있을 것이지만, 자료 수가 적기 때문에 본고에서는 세분하지 않는다. 향후 자료 수가 증가한다면 끌형 편인석기의 세부형태에

116

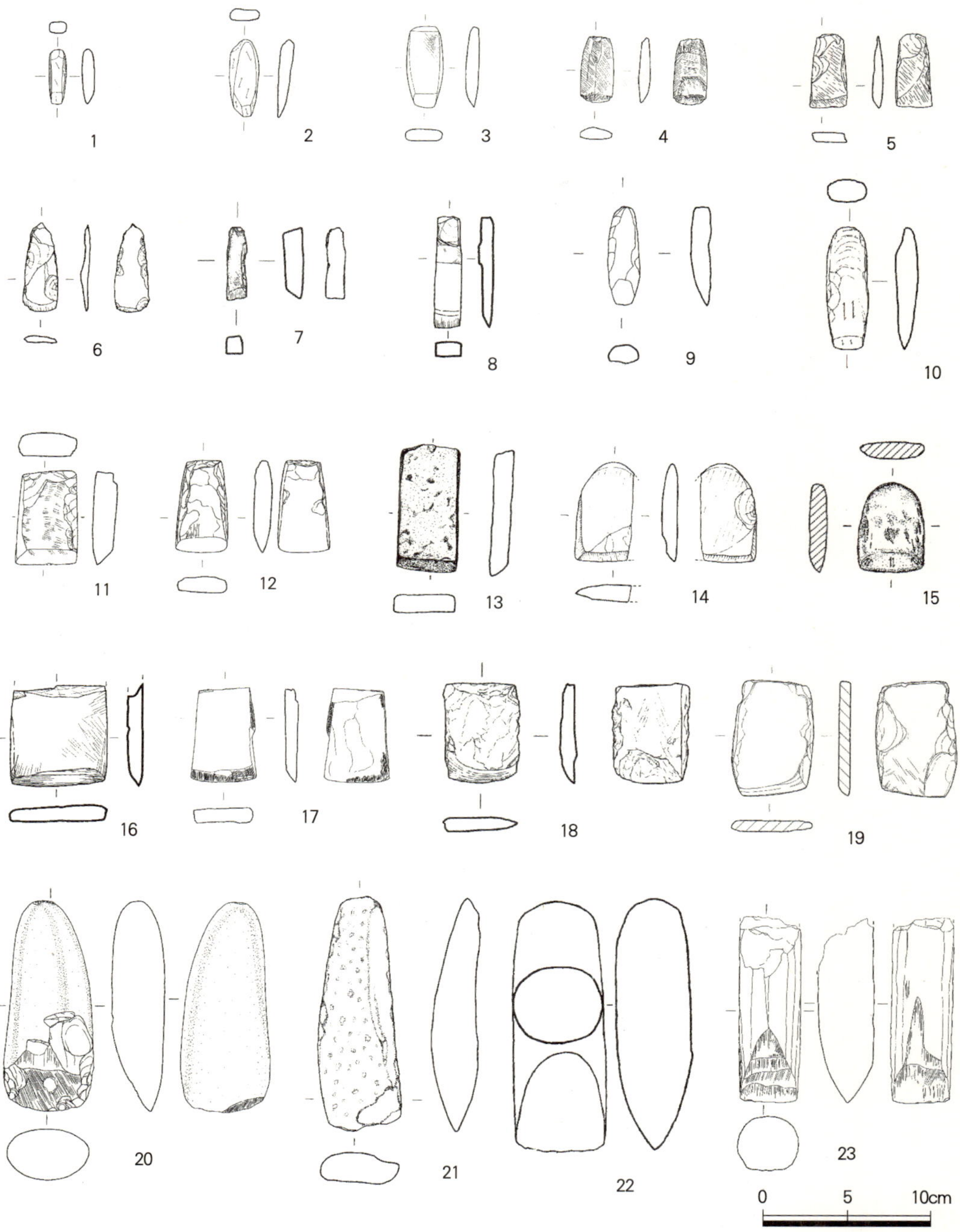

그림 4 편인석기
1~3 · 10: 중산동, 4 · 17 · 21: 동삼동, 5 · 12: 오산리, 6 · 14: 암사동, 7 · 18: 경도, 8 · 16: 안도, 9: 영월 공기2굴, 11: 늑도, 13: 봉계리, 15: 대죽리, 19: 처용리, 20 · 23: 죽변리, 22: 계화도

따른 작업방법의 차이 등에 대한 연구가 이루어질 필요가 있을 것이다. 끌형 편인석기는 중서부, 강원, 남해안, 제주 등 한반도 전역에서 확인된다. 제주 고산리, 양양 오산리, 고성 문암리의 사례로 보아 조기부터 출현하는 것은 분명해 보이지만 중기까지는 자료 수가 적어 양상이 불분명하다. 현재까지 알려진 자료의 대부분은 인천 중산동, 용유도 남북동, 평창 용항리, 부산 동삼동 등으로 후·말기에 속하는 것으로 보아 끌형 편인석기는 신석기시대 후·말기에 활발히 사용되었던 것으로 생각된다.

이상에서 목재 가공구에 대해서 개괄적으로 살펴보았다. 청동기시대의 경우 벌채석부, 주상편인석부(유구석부), 편평편인석부, 석착의 4종류가 공구세트를 이루는데, 이는 아마도 목제도구의 발달과 관련될 것이다(배진성 2005). 하지만 신석기시대의 목재 가공구는 세트구성이 불안정하고, 출토 수량이 매우 적다는 점에서 청동기시대에 비해 목제품의 제작과 사용이 원시적 형태로 진행되었던 것으로 추정된다. 신석기시대 목재 가공구의 양상에 대해서는 향후 자료가 증가한다면 더욱더 구체화될 수 있으리라 생각한다.

2. 석재 가공구

석재 가공과 관련한 도구로는 지석, 찰절석기, 석추石錐, 고석 등을 들 수 있다. 고석은 도구제작, 패류 및 견과류 등의 껍질을 벗기거나 가공 등에 다용도로 사용되기 때문에 그 자체로서 용도를 특정할 수 없는 어려움이 있으므로 본고에서는 제외한다.

1) 지석

지석은(그림 5) 마연기술과 함께 세트를 이루는 도구로 마연기술이 보편화되는 신석기와 청동기시대에 널리 사용된다. 주로 사암을 이용하나 니암, 혼펠스, 섬록암, 처트, 안산암 등 입자가 치밀한 석재를 사용하기도 한다. 오산리C지구에서는 사암, 니암, 편암, 혼펠스, 편마암, 천매암, 반화강암 등 다양한 암질의 지석이 출토되었는데, 그 중에서 니암과 사암 등 퇴적암이 50% 이상 사용되고 있다.

이러한 양상은 대부분의 유적에서 확인되는데, 지석의 재질이 다양한 것은 석기제작에 있어 석기의 종류와 가공 단계에 따라 적절한 소재를 선택하였음을 보여준다. 특히 석기 마연에 있어서 가장 보편적으로 사용되는 사암의 경우는 입자의 크기에 따라 세립, 중립, 조립사암으로 구분되는데, 유적에서 출토되는 사암의 종류가 일률적이지 않은 것은 석기 마연 단계에 따라 적당한 재질이 선택되었기 때문이다.

예를 들면 타제 혹은 고타기법으로 일차적으로 외형을 다듬은 성형석기의 경우는 입자가 거친 조립사암으로 초벌 마연하고 이후 입자가 치밀한 세립사암으로 2차 마연하여 전체적 형태를 가공한 것으로 추정되며, 석부의 인부 마연이나 옥기 가공 등 정밀한 마연 공정이 필요한 경우는 입자가 보다 치밀한 니암 계통의 석재를 이용하였을 것으로 생각된다.

석기나 골기, 패제품, 옥기 등 도구 제작에 사용된 지석은 도구의 종류와 가공 단계에 다양한 재질의 지석을 사용한 것은 분명하지만, 구체적으로 어떠한 형태의 지석이 사용되었는지는 불확실하다.

지석은 크기에 따라 편의상 20㎝ 이상의 대형, 10~20㎝정도의 중형, 10㎝ 이하의 소형으로 구분이 가능하다. 사용 방식에 따라 고정형과 휴대형으로 나눌 수 있으며, 대형 지석은 고정형, 소형 지석은 휴대용으로 사용되었을 것으로 생각된다.

대형 지석(그림 5-14~16)은 정형화되어 있지 않으나 보통 장방형이나 부정형을 이룬다. 작업면이 넓고 안정적이기 때문에 주로 마제석부나 갈돌, 석도 등 대형 석기제작에는 이용되었을 것으로 생각된다.

중형 지석은 대형과 소형의 중간 크기에 속하는 것인데, 크기를 제외하고는 대형과 기본적으로 형태적 특징은 같다. 중형 지석 중에는 욕지도(도면 5-13), 경도 오복1패총, 평거동4-1지구 출토품과 같이 폭이 좁고 길이가 긴 세장방형의 지석도 있는데, 이러한 형태의 지석은 일반적인 지석과는 가공대상 및 사용 방법이 달랐을 것으로 보인다.

소형 지석(그림 5-1~11)은 사면이 정밀 마연되어 있는 것이 특징이며, 크기는 10㎝ 전후가 많다. 평면 형태는 장방형 내지 세장형을 이루며, 단면은 원형, 방형, 장방형이 일반적이지만, 오진리, 이길 봉수대(그림 5-7), 상촌리 출토품(그림 5-5)과 같이 오각형, 육각형, 팔각형 등 다각형을 이루는 것도 있다. 소형 지석은 휴대하기 편하고, 다루기 쉬워 주로 마제석촉, 석착, 옥기 등 소형 석기나 골각기 등을 가공할 때 사용되었을 것으로 추정된다.

휴대용 지석은 조기의 문암리(그림 5-8)와 전기의 유적에서도 일부 보이지만, 동아대박물관에서 조사한 상촌리유적과 같이 중기~후기의 유적에서 다량으로 출토된다. 크기와 형태에서 정형성과 어느 정도 규격성을 갖는 것으로 보아 석기의 대량 생산 혹은 특정 석기의 가공과 관련이 있는 것으로 추정되지만 이에 대해서는 앞으로 검토가 필요하다.

한편 휴대용 지석 중에는 구평동, 동삼동패총에서 형태가 일정하지 않고 부정형을 이루는 소형 지석이 다수 출토되는데(그림 5-1~4), 이들 지석은 사용 흔적으로 보아 일반적인 석기 마연용이 아니고 특정 용도나 부위, 예를 들면 석기 천공이나 천공의 확장, 골각기, 패천 등의 가공에 이용되었을 것으로 추정된다. 특히 동삼동패총에서 출토된 다양한 부정형 소형 지석은 주로 패천 윤부의 연마용 사용되었을 것으로 추정되는데, 일본 죠몽[繩文]문화에서 패천 제작용 지

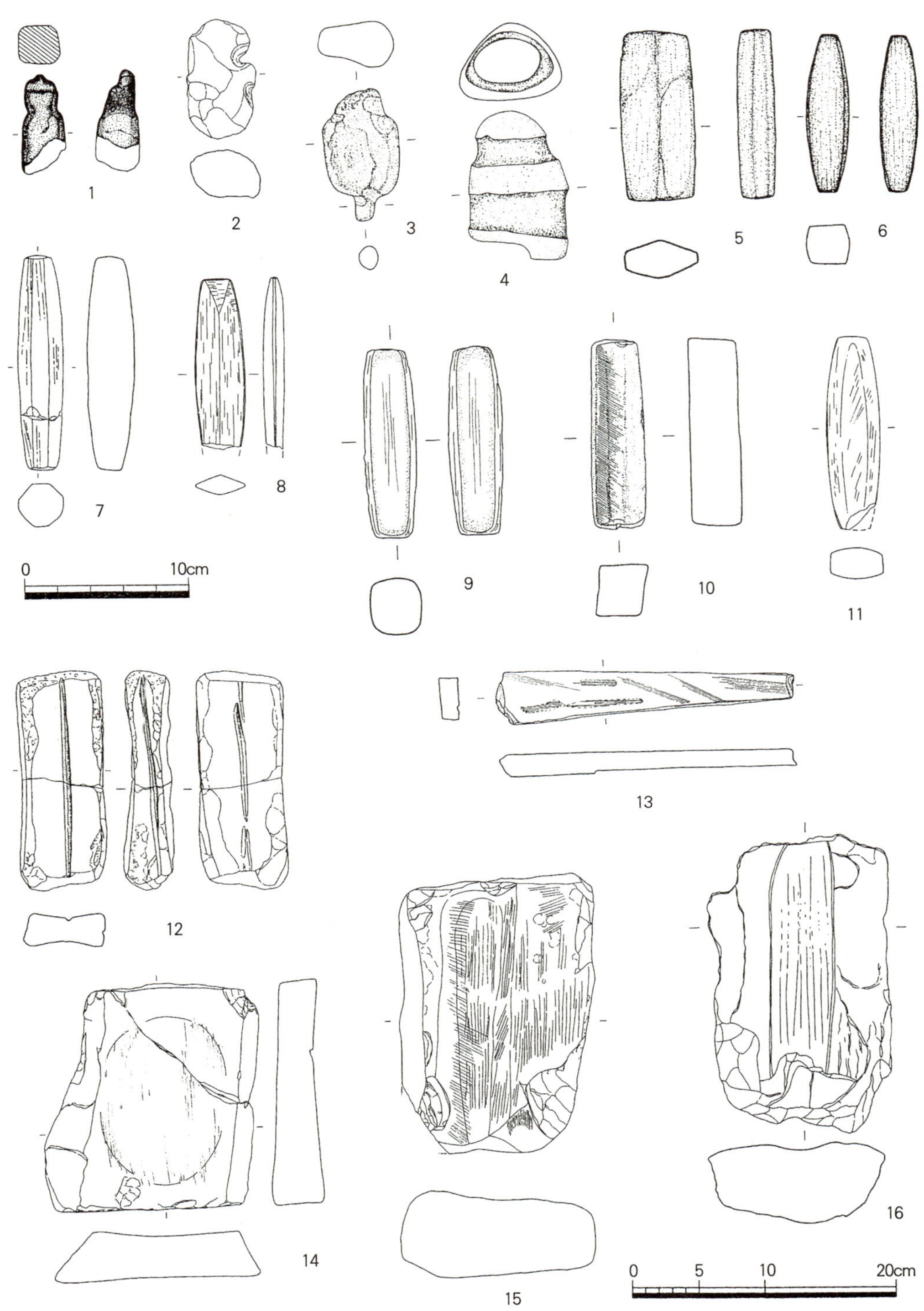

그림 5 지석
1: 구평리, 2~4: 동삼동, 5 · 6: 상촌리, 7: 이길봉수대, 8: 문암리, 9: 경도 내동, 10: 연대도, 11: 평거동, 12: 오진리, 13: 욕지도, 14: 대포동, 15: 비봉리, 16: 오산리C지구

120

석인 아메바형 지석과 형태적으로 유사하다(忍澤成視 2011).

지석 중 중형과 소형지석에 길이 방향으로 한 줄 내지 여러 줄의 마연 홈이 있는 것이 오진리 출토품(그림 5-12)을 비롯하여 동삼동, 문암리, 상촌리 송도, 안도유적 등에서 출토된다. 이러한 마연흔을 갖는 지석은 유구지석, 옥마玉磨 지석 등으로 불리는데, 마연흔의 형태로 보아 옥이나 골각기 등을 연마하거나 특정 석기를 가공할 때 사용되었을 것으로 추정된다.

지석은 어떤 도구를 제작하는가에 따라 재질과 형태가 결정되고 또 가공 단계에 따라 적합한 지석이 선택적으로 사용되었음이 분명하다. 그러나 어떤 대상물이 어떤 지석으로 연마·가공되었는가에 대해서는 확실하지 않다. 지석에 남아있는 마연흔적은 가공 대상물의 종류와 형태를 반영할 가능성이 높기 때문에 지석면의 사용흔 분석과 실험적 방법을 통해 검토한다면 지석의 사용 용도와 방법, 가공물의 종류를 파악할 수 있을 것으로 생각된다.

2) 찰절구

찰절구는 찰절기법으로 석기, 옥기, 골각기 등의 소재를 절단 혹은 동일한 크기로 개체를 분할하거나 부분적으로 세부 가공하기 위해 사용되는 석기로, 지석과 더불어 신석기시대 도구 가공용으로 널리 사용된다.

찰절구(그림 6)는 범방, 동삼동, 우봉리, 신암리, 경도 내동, 오산리, 문암리, 대포동, 지변동, 초당동, 죽변유적 등 동해안과 남해안지역에서 주로 출토되며, 서해안지역의 경우는 사례는 많지 않으나 지탑리, 궁산유적 등에서도 확인된다. 그러나 내륙지역에서는 출토 사례가 거의 없는 편이다. 유적 조사의 부재인지 아니면 생업 환경에서 나타나는 도구 조성의 차이를 반영하는 것인지 그 원인에 대한 검토가 필요할 것으로 생각된다.

찰절구는 지석과 마찬가지로 사암이 주류를 이루나 편암, 천매암, 점판암, 세일, 혼펠스 등의 석재가 사용된다. 남해안과 서해안지역은 대부분 사암이 많은데 비해 동해안지역은 사암을 비롯한 편암, 천매암, 혼펠스, 세일, 섬록암, 유문암 등 다양한 석재를 사용하는 것이 특징이다. 오산리C지구에서는 사암과 천매암이 70%를 차지한다. 찰절구가 다양한 재질로 구성되는 것은 지석과 마찬가지로 사용 목적과 가공 대상에 따라 적당한 석재가 선택적으로 사용하였음을 보여 주는 것으로 생각된다.

찰절구는 기본적으로 전면이 정밀하게 마연되어 있으며, 형태는 장방형이 일반적이다. 일부는 주형 혹은 제형을 이루는 것도 있다. 단면은 석도와 같이 납작한 편인데, 동해안지역 출토품은 얇은 렌즈형을 이룬다. 인부는 양인과 편인이 있으나 양인이 대부분이다. 인부는 직인을 이루는 것이 많지만, 일부는 사용으로 인해 오목하거나 무뎌져 있는 경우도 있다. 인부의 사용흔을 통해 용도를 어느 정도 짐작할 수 있는데, 예를 들면 인부가 직선적이고 두께가 일정하다면 주로 소재 절단용으로, 불규칙하거나 오목한 면을 갖는다면 결합식조침의 결구나 옥기, 골각기 등을 세부 가공용으로 사용되었을 가능성이 크다고 생각된다.

크기는 일정하지 않으나 완형 중심으로 보면 길이 10cm 전후, 너비 5cm 전후, 두께 0.5~1.0cm 정도가 일반적이며, 큰 것은 14cm정도 되는 것(그림 6-6)도 있다. 죽변리와 문암리, 지변동 출토품(그림 6-1·2)은 소형에 속한다. 인부 두께는 사용 여부에 따라 다르지만 2mm 전후가 보통이다.

찰절구는 타제기법으로 석재를 절단 혹은 분할하는 것보다 소재 활용의 효율성 높고 파손율이 적기 때문에 신석기시대 조기 단계부터 많이 사용되는데, 특히 마제석촉, 석부, 석창, 조침, 옥 등의 소재를 일정 크기로 분할하거나, 마제석도의 천공, 결상이식의 결입부, 결합식조침의 결구, 골각기의 세부 성형에 주로 이용되었을 것으로 추정된다.

찰절구는 이전에 석도로 분류하고 고기를 다루는 도구 또는 조리용구(임효재·권학수 1984), 인기, 석기 가공용 지석으로 보기도 하였다. 물론 찰절구가 석도와 같이 직선적인 인부와 양인을 갖는다는 점에서 조리 도구 등 다용도로도 이용 가능하지만, 이에 대응하는 마제석도와 인기 등이 있기 때문에 전술한 바와 같이 옥기나 석기, 골각기 등의 소재를 절단하거나 세부 가공용 도구로 보는 것이 좋을 것으로 생각된다.[12]

찰절구는 신석기시대 조기에 중부 동해안지역을 중심으로 남해안지역에서 널리 사용되지만[13], 조기 이후의 유적에서는 출토량이 감소하는 양상을 보인다. 물론 동해안의 초당동(그림 6-5), 지변동(그림 6-2·9)과 남해안의 경도 내동유적(그림 6-10), 상촌리유적 등에서 찰철구와 찰절흔이 있는 석부 등이 출토되는 것으로 보아 찰절구와 찰절기법은 신석기 전 기간에 걸쳐 지속적으로 사용된 것은 분명하다. 그런데 주로 중부 동해안지역과 남해안의 조기 유적에서 다량으로 출토되고 이들 지역에 집중적으로 분포하는 양상을 보인다는 점이 특징적이다. 이에 대해서는 좀 더 검토가 필요하지만, 조기를 기점으로 석기제작 기술과 도구 조성의 변화와 밀접한 관련이 있는 것으로 추정된다.

---

[12] 오산리A지구 보고자는 인부가 두께는 2cm 이하이고 무딘 날로 대상물을 절단할 때 힘을 받을 수 없기 때문에 절단 용구보다는 생선의 비늘을 긁어내는 등의 조리용구로 추정하였다. 그러나 다른 유적의 사례로 보아 날이 무딘 것은 석재 등을 찰절하면서 마모된 흔적으로 보이기 때문에 조리용보다는 석재나 골재 등을 절단 내지 세부 가공용으로 보는 것이 합리적이라고 생각한다.

[13] 동해안의 오산리와 죽변유적에서는 다양한 재질의 찰절구가 다량으로 출토되고 있는 것은 이 지역의 특징적인 마제석부 및 결합식조침, 석촉 등의 석재를 절단, 가공하는데 찰절구가 많이 이용되었음을 보여 준다. 물론 중기 유적인 초당동과 지변동, 송전동유적에서도 찰절구가 출토되고 있지만 그 수량은 조기에 비해 매우 적다. 이러한 양상은 동삼동유적을 비롯한 동남해안지역의 유적에서도 동일하게 간취된다. 결합식조침과 찰절구의 분포가 거의 일치하고 있는 점은 시사하는 바가 크다.

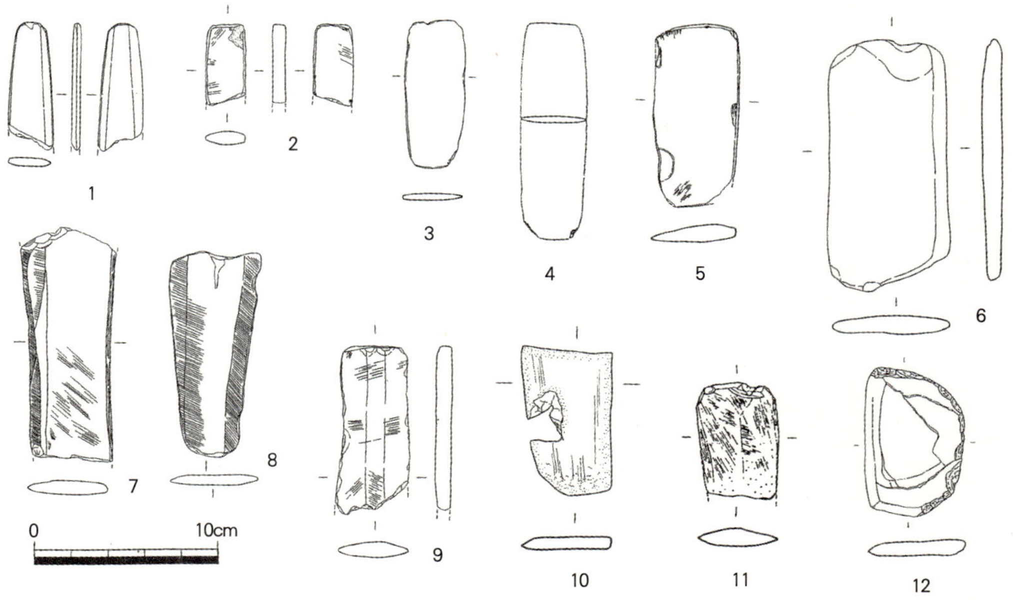

그림 6　찰절구
1: 문암리, 2 · 9: 지변동, 3: 대포동, 4: 오산리A지구, 5: 초당동, 6: 오산리C지구, 7 · 8: 죽변리, 10: 경도 내동, 11: 우봉리, 12: 범방

3) 석추(石錐)

석추는 끝이 뾰족한 첨두부 즉 추단부를 손이나 기구를 이용해 회전시키면서 석기, 골각기, 목기, 가죽, 옥기 등에 구멍을 뚫을 때 사용되는 도구이며, 첨두부에 남아 있는 회전흔과 마모흔을 통해서 용도를 추정할 수 있다.

석추의 출현은 천공기법과 함께 후기 구석기시대까지 올라가지만(장용준 2007), 신석기시대에는 일상생활의 필수구로서 많이 사용되었던 것으로 보인다. 그러나 유적에서 출토되는 사례는 많지 않은데, 그것은 석추가 대부분이 소형이고 추단부가 절단 혹은 마모되어 폐기되면 박편석기와 구분하기 어렵기 때문으로 생각된다. 일부 보고자는 찌르개나 토기 시문구 등으로 보는 경우도 있지만, 첨두부가 몸체에서 돌출되어 있는 형태적 특징으로 보아 석추로 보는 것이 타당하다.

재질은 흑요석, 사암, 수정, 세일, 안산암 등 다양한 소재가 사용되며 일반적으로 경도가 높은 석재를 사용하는 것이 보통이다. 물론 어떤 대상을 천공하는가에 따라 석추의 소재가 선택되었을 것이다. 예를 들면 옥이나 석기에 천공할 경우는 노래섬이나 후포리유적 출토품과 같이 수정이나 경도가 높은 석재로 가공한 석추를 이용한다.

석추는 보통 부정한 소형 박편의 선단부를 세부 조정하여 제작하는데 몸체는 특별히 가공하지 않고 추단만 미세한 잔손질로 조정하여 뾰족하게 만든 것이 특징이다. 오산리C지구(그림

7-2)와 가덕도 장항 출토품(그림 7-5)의 경우는 흑요석과 세일제의 석인 한 쪽 끝을 미세하게 잔손질하여 추단을 만든 형태이며, 노래섬과 영종도 송산유적 출토품(그림 7-3·4)은 수정을 종으로 가늘게 가공하여 만든 형태이다. 노래섬 라지구 A패총 1문화층에서 다수 출토된 수정제 석추는 보고자는 찌르개나 시문구의 가능성을 제시하고 있으나 수정의 강도나 형태 등으로 보아 석추 용도로 사용되었을 가능성이 크다. 크기는 길이 6~3cm, 너비 0.6~1.4cm, 두께 0.5~0.9cm정도이다. 소형 석추 중에는 제주 고산리유적(그림 7-8)의 예와 같이 양쪽 끝을 뾰족하게 가공한 경우도 있다.

크기는 오산리나 영종도 송산유적 출토품과 같이 2cm정도의 소형에서 농포동[14](그림 7-15)의 경우와 같이 12cm 이상의 대형에 이르기까지 다양한 편이나 보통 3~6cm가 일반적이다. 대형 석추 중 농포동 출토품은 흑요석의 석인상 종장박편을, 대포동유적 출토품(그림 7-14)은 사암을 가공한 형태이다.

석추는 전체 형상과 추단부의 형태, 크기 등의 속성을 기준으로 세분이 가능하지만, 아직 관련 자료가 부족하기 때문에 본고에서는 추체의 평면 형태를 기준으로 추체와 추단부가 가늘고 세장한 Ⅰ류(그림 7-1·3·4·6)와 추단부는 뾰족하고 추체가 역삼각형을 이루는 Ⅱ류(그림 7-7·9·10·13), 추체가 방형 내지 장방형을 이루는 Ⅲ류(그림 7-2·5·11·14·15)로 분류해 두고자 한다.

Ⅰ류 석추 중 암사동유적 3차 발굴 1호 주거지(그림 7-1)와 후포리 출토품(그림 7-6)에는 추의 단부에 회전마찰흔이 남아있는 것으로 보아 옥이나 석기 천공용으로 사용되었던 것으로 추정된다. 뚜렷한 회전마찰흔이 보이지 않는 노래섬 라지구 A패총 1문화층과 영종도 송산 출토품의 경우는 단정할 수 없지만, 전술한 바와 같이 경도가 강하고 몸체 폭이 일정한 형태를 이루는 점으로 보아 석기 등의 천공용으로 사용되었을 것으로 보인다.

Ⅱ류는 부정형 박편을 역삼각형으로 가공한 것인데, 추단부의 형태와 재질의 특성상 석기와 옥 등을 천공하기는 곤란하다. 이들 석추에는 회전마찰흔이 관찰되지 않는 것으로 보아 주로 가죽이나 골각기, 목기 등 경도가 약한 가공 대상물의 단순 천공이나 홈을 내는 용도로 사용된 것으로 추정된다.

Ⅲ류는 석인상 박편 혹은 대형 종장박편을 가공한 형태인데 세일과 흑요석으로 가공된 장항과 오산리C지구, 농포동 출토품 등은 회전흔이 관찰되지 않는 것으로 보아 Ⅱ류와 같은 용도로 추정된다. 특히 동북지역의 석추는 대부분 흑요석제이고 남해안보다 대형인 것이 특징인데, 특

---

14 일제강점기에 조사된 농포동유적 출토품에는 흑요석으로 만든 대형 석추도 있다(有光敎— 1962). 다른 용도의 가능성도 있으나 선단부 양측연이 미세하게 잔손질되어 있고 끝이 뾰족하게 가공된 것으로 보아 석추로 볼 수 있으며, 크기는 18cm정도이다. 크기로 보아 특별한 용도에 사용되었을 것으로 추정된다.

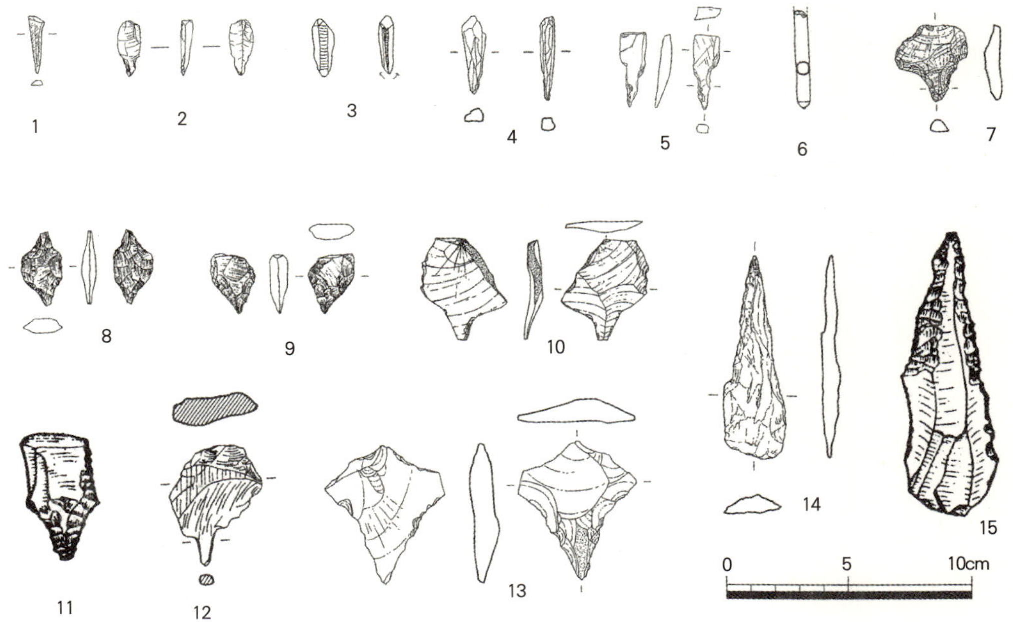

그림 7 　석추
1: 암사동, 2: 오산리C지구, 3: 영종도 송산, 4: 노래섬 라지구, 5: 가덕도 장항, 6: 후포리, 7·13: 동삼동, 8~10: 고산리,
11·15: 농포동, 12: 대천리, 14: 대포동

별한 용도가 상정된다.

　이상에서 살펴본 석추는 사례가 적어 시기별 양상과 형식적 특징을 파악하는데 어려운 점이
있으나 전체적으로 볼 때 신석기 조기부터 말기까지 용도에 따라 다양한 형태의 석추가 제작되
었음은 알 수 있다.

3. 기타 가공구

본 절에서는 식물성 식료의 분쇄 혹은 농경과 관련이 있는 갈돌, 갈판, 요석凹石 등을 제외한 식료
의 조리나 어패류의 처리, 의복 가공 등 일상생활과 관련이 있는 가공구류에 대해 살펴보고자 한다.

1) 마제석도
석도는 판상석재를 가공하여 한 쪽 측면에 인부를 마련한 석기이다. 주로 식료 가공, 동식물 및
어패류 해체, 절단할 때 사용한 일상용구로 추정되지만, 석도의 기능상 다용도로 이용되었을 가
능성도 있다.

석도는 니암, 혼펠스, 세일, 안산암 등 입자가 치밀한 석재를 정밀하게 마연하여 예리한 인부와 몸체의 한쪽으로 치우친 곳에 천공하여 장타원형의 손잡이를 만든 것이 특징이다. 형태는 완형의 사례가 적고 대부분 편으로 출토되어 단정할 수 없으나 문암리, 망상동, 죽변, 신암리 이주단지 유적[15] 출토품을 통해 볼 때 약간의 변이는 있지만, 청동기시대 석도와 같이 반월형을 이루는 것이 특징이다. 물론 크기와 평면 형태에서 청동기시대 것과는 차이가 있다. 이밖에 후술하는 가도패총 출토품(그림 8-1~5)과 같이 세장한 자연석을 특별히 가공하지 않고 석도로 사용한 것도 있다.

석도는 평면과 가공 형태를 기준으로 크게 4류로 나눌 수 있다. Ⅰ류는 평면은 장주형이고 양인의 예리한 인부와 한쪽 측면에 찰절기법으로 천공한 장타원형의 손잡이가 마련되어 있는 것이 특징이다. 크기가 25㎝ 이상이며, 문암리 7-2층 출토품(그림 8-13)을 비롯하여 죽변(그림 8-17), 신암리 이주단지(그림 8-16), 동삼동패총 출토품(그림 8-19)이 본류에 속한다.

죽변 출토품은 반파되어 정확한 형태는 알 수 없으나 잔존 상태로 보아 문암리 출토품과 같은 형식으로 추정된다. 그림 8-12는 파손되어 형태가 불확실하나 잔존 상태로 보아 문암리 출토품과 동일한 것으로 추정된다. 이밖에도 죽변유적에서는 석도의 인부편으로 보이는 것이 다수 출토되고 있다.

신암리유적에서는 3점의 석도가 출토되었는데, 두 점은 후술하는 Ⅱ류에 속하는 삼각형석도(그림 8-6)이고 한 점은 Ⅰ류에 속하는 것이다. 그림 8-16은 길이 43㎝, 너비 14㎝, 두께 1.2㎝ 정도의 대형인데 현재 한반도에서 발굴된 석도 중에서 가장 크다. 일부 결실되어 있으나 문암리 출토품과 동일한 형식이다. 동삼동패총 출토품은 1969년 1차 조사에서 발굴된 것으로 일부만 남아있지만, 잔존 형태로 보아 Ⅰ류로 볼 수 있다.

Ⅱ류는 Ⅰ류에 비해 소형이며, 청동기시대 삼각형석도와 유사하다. 관련 자료가 적어 형식적인 특징이 불투명하지만, 완형인 신암리 출토품(그림 8-6)과 망상동 출토품(그림 8-14·15)을 통해 대략적인 양상을 알 수 있다. 평면 형태는 삼각형을 이루며, 신부 위쪽에는 찰절기법으로 천공한 세장한 장타원형의 손잡이가 있는 것이 특징이다. 인부는 호형이며, 양인을 이룬다.

신암리 출토품은 크기가 길이 6.8㎝, 너비 3.6㎝, 두께 0.5㎝정도로 매우 소형에 속하는데, 크기로 보아 실용구보다는 의례구일 가능성도 있다. 망상동유적에서 출토된 2점은 아래쪽이 결실되어 전체 형태는 알 수 없지만, 잔존 상태로 보아 인부가 신암리 출토품과 같이 호형을 이루

---

15   신암리유적은 부경문물연구원이 2013~2014년에 걸쳐 울주 신암리 신고리 3·4호기 전원개발사업 이주단지 조성부지에서 발굴조사한 유적으로 기존에 알려진 신암리유적과는 위치가 다르다. 유적의 중심 시기는 조기의 융기문토기문화 단계이며, 여기서 다양한 조기 즐문토기와 석기류 등이 출토되었다. 본고에 게재한 신암리 마제석도의 정보와 자료는 부경문물연구원의 협조와 최종혁 원장의 도움을 받았음을 밝혀 둔다.

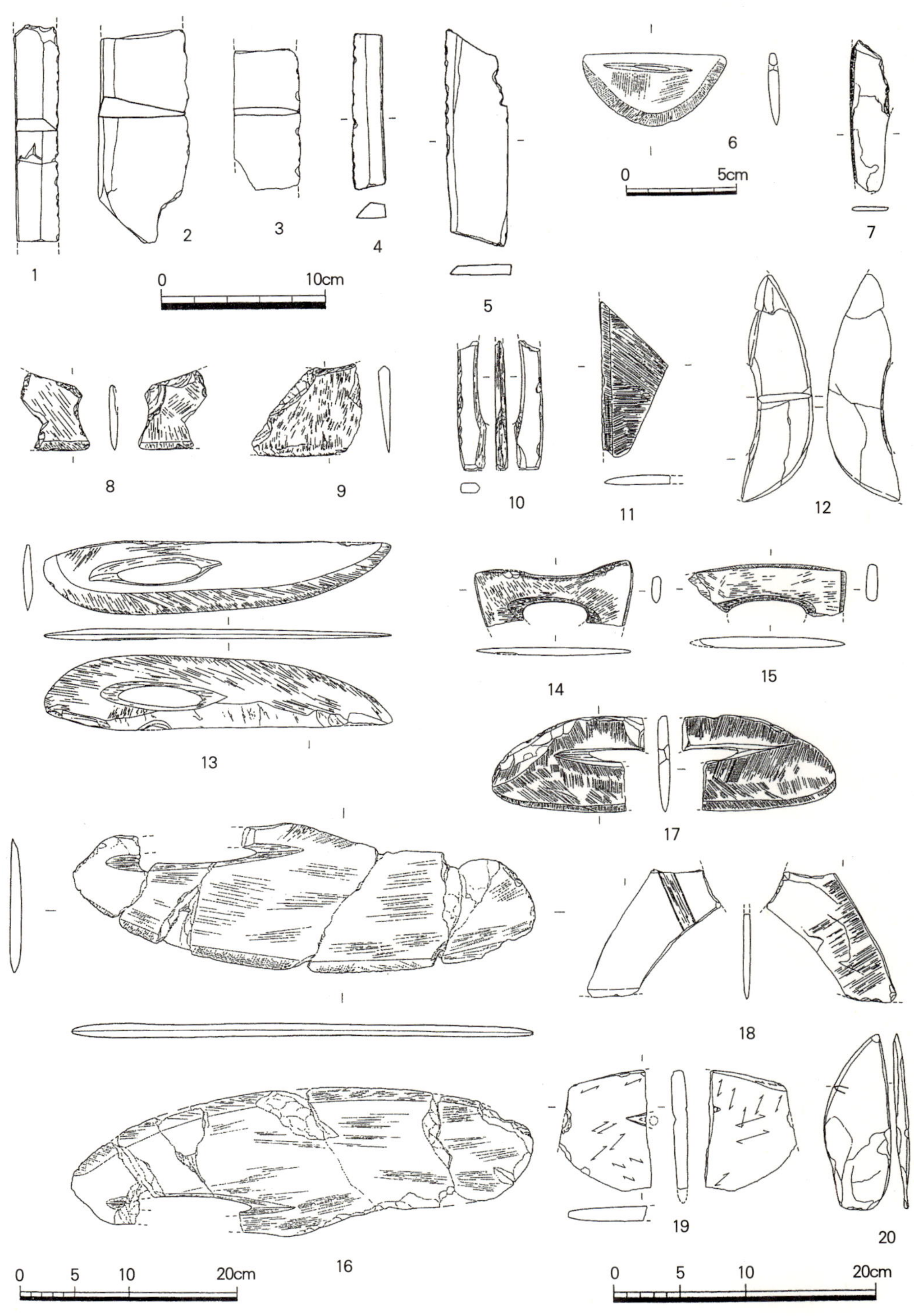

그림 8   석도
1~3: 가도, 4 · 5: 노래섬, 6 · 16: 신암리, 7: 초단동, 8 · 18: 오산리C지구, 9: 대포동, 10 · 13: 문암리, 11: 안현동,
12 · 17: 죽변리, 14 · 15: 망상동, 19: 동삼동, 20: 개도 다지구

는 삼각형석도르 추정된다. 그림 8-10의 문암리 출토품은 불명석기로 보고되어 있으나, 석기의 곡률과 장타원의 천공 형태로 보아 Ⅱ류 석도로 추정된다.

Ⅲ류는 Ⅰ류에 비해 소형이며, 전술한 형식과 달리 장타원형의 손잡이가 없고 평면이 장방형 내지 제형을 이루는 것이 특징이다. 사례가 적어 구체적인 특징을 알 수 없지만, 남해안의 개도 다유적(그림 8-20)과 초당동 3호 주거지 출토품(그림 8-7)과 같은 형태가 본류에 속한다. 개도 유적 출토품은 인부의 한쪽 측연만 마연하고 나머지 부분은 손잡이로 사용한 것이 특징인데 인 부는 잘 마연되어 있는 양인이다. 크기는 길이 10.6cm, 너비 3.7cm, 두께 0.6cm정도이다.

Ⅳ류는 가도와 노래섬패총 출토품을 표식으로 하는 형식인데 전술한 석도와는 재질, 제작방 법, 형식적 특징에서 확연히 구분된다. 때문에 이들 출토품을 석도로 분류할 수 있는지에 대한 검토도 필요하지만[16], 본고에는 예리한 인부를 갖고 가공 대상물을 절단하는 용도로 사용할 수 있다는 점에서 일단 석도의 한 종류로 분류하고자 한다.

Ⅳ류 석도는 결에 따라 판상으로 쉽게 쪼개지는 산성 맥암을 소재로 하여 특별히 가공하지 않고 자연적으로 형성된 측연을 인부로 사용한 것이 특징이다. 인부 형태는 석기의 장축방향과 일치하 는 긴 날을 갖는 것이 특징이며, 양인과 편인으로 구분된다. 인부에 거치상의 사용흔이 남아있다.

크기는 대부분 파손되어 정확한 것은 알 수 없으나 보통 10cm 전후의 것이 많으며, 가도패총 10층에서는 23cm정도의 대형도 출토되는 것으로 보아 다양한 크기가 선택적으로 사용되었던 것 같다. 특히 세장한 형태의 대형 석도는 필요에 따라 적당한 크기로 절단하여 사용하였을 것 으로 추정된다. 용도는 어류의 비늘이나 껍질 처리, 머리절단 등 어류의 처리와 조리 등에 사용 되었을 것으로도 추정되고 있다(임상택 2001).

Ⅳ류 석도는 군산 노래섬과 가도패총 주변에서만 출토되고 내륙이나 동해안, 남해안지역에 서 확인되지 않는 것으로 보아 산성 맥암이 산출되는 서해안지역의 특정 지역을 중심으로 사용 된 특징적인 석기로 볼 수 있으며, 공반유물로 보아 신석기 전기부터 후기까지 사용되었던 같다.

한편 파손된 상태로 출토되어 형식을 알 수 없으나 오산리C지구 출토품(그림 8-8·18)과 속 초 대포동 출토품(그림 8-9)은 Ⅰ류에 속하는 것으로 볼 수 있으며, 강릉 안현동 출토품(그림 8-11)은 파손된 석기를 재가공한 석도로 추정된다.[17]

---

16   가도패총 보고서에서 임상택(2001)은 기존 석도와 구분하기 위해 돌칼로 분류하고 있다.

17   이밖에 전술한 Ⅰ·Ⅱ류와 유사하지만, 고성 대진리유적과 국립중앙박물관에서 조사한 암사동유적 1-1 트렌치에서 출토된 석도는 청동기시대 반월형석도와 같이 인부 상부에 손잡이용 끈을 묶기 위한 원형공이 마 련된 형태이다. 형태적 특징으로 본다면 청동기시대의 것과 동일하다. 이들 자료는 신석기시대 것으로 보고되 어 있지만, 형식적으로 기존 자료와 현격한 차이를 보이기 때문에 청동기시대의 반월형석도로 보는 것이 좋을 것으로 판단된다. 특히 신석기 주거지에서 출토된 대진리유적 석도는 청동기시대 문화층에서 유입된 것으로 추정된다.

이상에서 최근 자료가 증가하고 있는 석도에 대해 개괄적으로 검토하였다. 석도는 형태가 정형화된 것도 있지만, 필요에 따라 파손된 석기나 석재 등을 재활용하기 때문에 어떤 면에서는 형태가 일정하지 않는 점도 있다.

그러나 현재까지 조사된 자료를 바탕으로 볼 때 정형화된 Ⅰ·Ⅱ류 마제석도는 중부 동해안을 중심으로 동남해안지역까지 분포하는 양상을 보일 뿐만 아니라 신석기 조기에 집중적 출토되고 있다. 동삼동패총을 제외한 남·서해안과 내륙에는 확인되지 않는다는 점에서 동해안지역 조기의 특징적인 석기로 볼 수 있다. 그런 측면에서 이들 석도는 '동해안식 석도'로 명명할 수 있을 것 같다. 이에 반해 Ⅲ류 석도는 아직 자료가 없어 언급하기에는 무리가 있으며, Ⅰ·Ⅱ류와는 그 성격을 달리하는 것으로 추정된다.

2) 석도형(石刀形) 석기

석도형 석기[18]는 대형의 종장 혹은 횡장박편을 소재로 박편의 날카로운 측연을 특별히 가공하지 않고 인부를 만든 형태인데, 신부는 조정되지 않은 자연면을 가지며, 인부 반대면의 배면은 잔손질로 성형한 것이 특징이다. 형태적으로는 석도와 후술하는 석거형 석도와 유사지만, 인부를 가공하지 않고 자연적인 박리면을 이용한 점에서 커다란 차이를 보인다.[19]

재질은 석도와 마찬가지로 박리 시 날카로운 자연면을 갖는 니암, 혼펠스, 안산암 등 입자가 치밀하고 단단한 석재를 사용하지만, 농포동 출토품(그림 9-8)과 같이 흑요석제 석인상 대형박편을 이용하는 경우도 있다. 크기는 노래섬 라지구 A패총 출토품과 같이 길이가 18㎝정도의 대형도 있지만, 10~14㎝정도의 크기가 보통이다. 죽변과 동삼동 출토품(그림 9-2·4)은 7㎝정도의 소형이다.

석도형 석기는 기본적으로 반월형을 이루고 호형의 인부를 갖는 것이 특징이며, 신부의 형태에 따라 겸형鎌形(그림 9-2·6·7)과 반월형(그림 9-1·3·5·9~12)으로 구분할 수 있다. 인부와 마주하는 배면은 직선적으로 처리된 것이 보통이지만, 당하산, 동삼동, 범방, 비봉리패총 출토품과 같이 배면의 한 쪽 끝에 폭이 좁고 단을 형성한 것도 있다. 이것은 석도를 사용할 때 손에

---

18 석기 명칭은 편의상 용도와 형태를 고려하여 잠정적으로 사용한 것인데, 기능적인 측면에서 본다면 낫과 같은 용도로도 사용 가능하기 때문에 겸형(鎌形) 석기로 불러도 좋다고 생각한다. 그러나 이미 유사한 형태의 석기를 석도형 석기로 사용하기 있기 때문에 혼선을 피하기 위해서 본고에서는 기존 용례를 따라 석도형 석기로 하고자 한다. 그러나 앞으로 용도와 기능이 구체화된다면 재조정되어야 할 것이다.

19 석도형 석기는 지금까지 연구자들 사이에서 주목을 받지 못한 석기인데, 최근 간행된 한국고고학전문사전의 신석기시대편에 따르면 형태와 용도, 사례에 대해 간략하게 기술되어 있다(윤정국 2012). 개괄적으로 설명되어 있어 정확한 개념은 알 수 없으나 내용상으로는 본고와 다소 차이가 있다.

쥐기 편하도록 의도적으로 조정한 부분으로 생각된다. 당하산과 농포동 출토품은 손에 쥐고 작업이 가능하지만, 나머지는 단부의 길이가 짧아 목재나 골재에 삽입하여 사용했을 것으로 추정된다.

석도형 석기는 재질이나 형태적인 면에서 전술한 마제석도와 유사한 점이 있지만, 타제라는 점과 인부가 마연되지 않고 자연면을 이용한 점에서 차이를 보인다. 그러나 박리로 생긴 예리한 인부를 갖는 점에서 마제석도와는 같은 기능도 했을 것으로 추정된다.

용도에 대해서는 앞으로 구체적인 검토가 필요하지만, 최근 갈머리(그림 9-11)와 진그늘유적 출토 박편석기의 사용흔 광택면 분석 결과 벼과 식물의 이삭을 따거나 자르는 수확구로 사용되었을 가능성이 제기되고 있는 점(김성욱 2008)은 석도형 석기의 용도를 이해하는데 시사하는 바가 크다.

석도형 석기의 성격과 양상에 대해서는 관련 자료가 적기 때문에 구체적으로 파악할 수 없지만, 현 자료를 통해 볼 때 한반도 전역에 분포하는 양상을 보이며 죽변유적 3문화층과 비봉리유적 제2패층 출토품의 사례로 보아 조기의 융기문토기문화 단계부터 사용되고 있음은 분명하

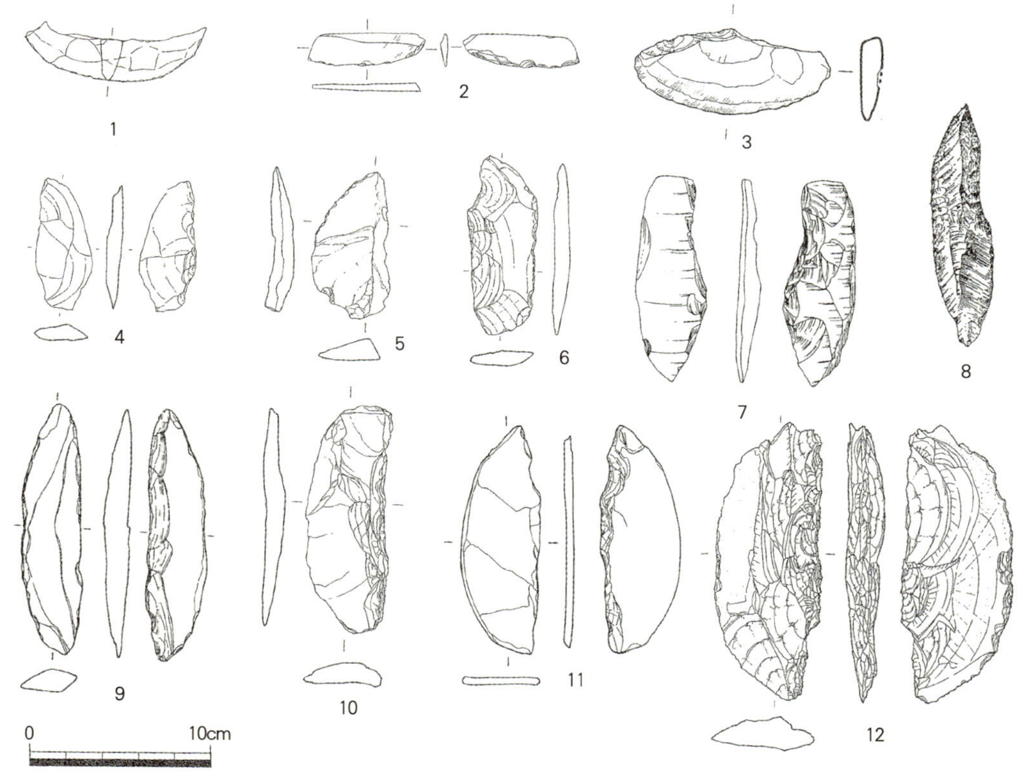

그림 9 석도형 석기
1: 미사리, 2: 죽변리, 3: 수가리, 4 · 5 · 10: 동삼동, 6: 범방, 7: 당하산, 8: 농포동, 9: 노래섬, 11: 갈머리, 12: 비봉리

다. 당하산유적 등 전기 유적에서도 일부 확인되지만, 갈머리, 노래섬, 쌍청리, 수가리, 동삼동패총 등 특히 중기 유적에서 출토량이 많은 편이다.

잡곡농경이 일반화되는 중기 유적에 출토량이 증가하는 것은 식물의 제초나 채집 혹은 재배식물 등 수확용구로 사용되었을 가능성도 고려해 볼 필요가 있다. 그리고 중부 동해안지역에서는 현재까지 출토 사례가 확인되지 않는 것은 마제석도가 이 지역에서 널리 사용되는 것과 관련이 있을 것으로 생각된다.

3) 석거형(石鋸形) 석기

기존에 오산리A지구 Ⅴ-3층 발굴품(그림 10-11)을 표지로 돌톱 혹은 석거로 불리던 석기이다. 그러나 최근 관련 자료가 증가함으로써 기능과 용도상에서도 재검토가 필요하게 되었다. 오산리 출토품은 박편석기의 긁개류 인부에서 일반적으로 간취되는 양측연 잔손질 기법과 동일하고 톱날의 일반적인 형태와 다른 점과 톱의 기능을 했는지에 대해 의문이기 때문에 본고에서는 오산리 출토품을 포함하여 세장방형 석재의 장변 측연을 거치상 인부로 가공한 석기류를 일괄하여 잠정적으로 석거형 석기로 분류하고자 한다.

석거형 석기는 니암, 세일 혼펠스, 천매암 등 입자가 치밀한 판상의 석재로 가공하는데, 형태는 세장방형 신부의 한쪽 장변에 양측연에서 잔손질한 거치상 인부를 가지며 배면이 직선적인 것이 특징이다. 인부의 형태에 따라 직선적인 직인(Ⅰ류)과 곡선적인 호인(Ⅱ류)으로 구분된다. Ⅰ류에는 죽변, 오산리, 진그늘 3호 주거지, 가도 출토품(그림 10-4~12·14), Ⅱ류에는 대포동, 안도, 욕지도, 진그늘 출토품(그림 10-1~3·13·15)이 속한다.

크기는 대부분 파손되어 정확히 알 수 없으나 용도와 완형으로 출토된 자료를 통해 볼 때 15~20cm의 대형과 10cm 전후의 소형으로 구분이 가능하다. 대형으로는 오산리(그림 10-11), 진그늘 3호 주거지(그림 10-10), 가도 출토품(그림 10-14)이, 소형으로는 죽변(그림 10-4), 욕지도(그림 10-3), 안도 출토품(그림 10-2)이 있다. 석거형 석기는 크기와 인부에서 약간의 변이가 있는 것으로 보아 형태에 따라 용도가 달랐던 것으로 추정되지만, 명칭과 같이 실제로 톱의 기능을 했는지 혹은 석기나 골각기, 목기 등의 소재를 절단·가공하는 용도로 이용되었는지는 불확실하다.

석거형 석기는 인부의 형태와 두께 등으로 보아 석기나 골각기 등 단단한 대상물의 절단용으로 보기에는 다소 문제가 있다. 석재 등의 절단 용구로 찰절구가 있기 때문에 아마 경도가 약한 목재 절단이나 어류 등을 해체하는데 사용되었을 것으로 추정된다.

특히 주로 해안지역의 유적에서 출토되는 현상을 고려해 볼 때 어류 등 해산물을 절단하거나 해체하는데 이용되었을 가능성이 크다고 생각된다. 구체적인 기능과 용도를 규명하기 위해서

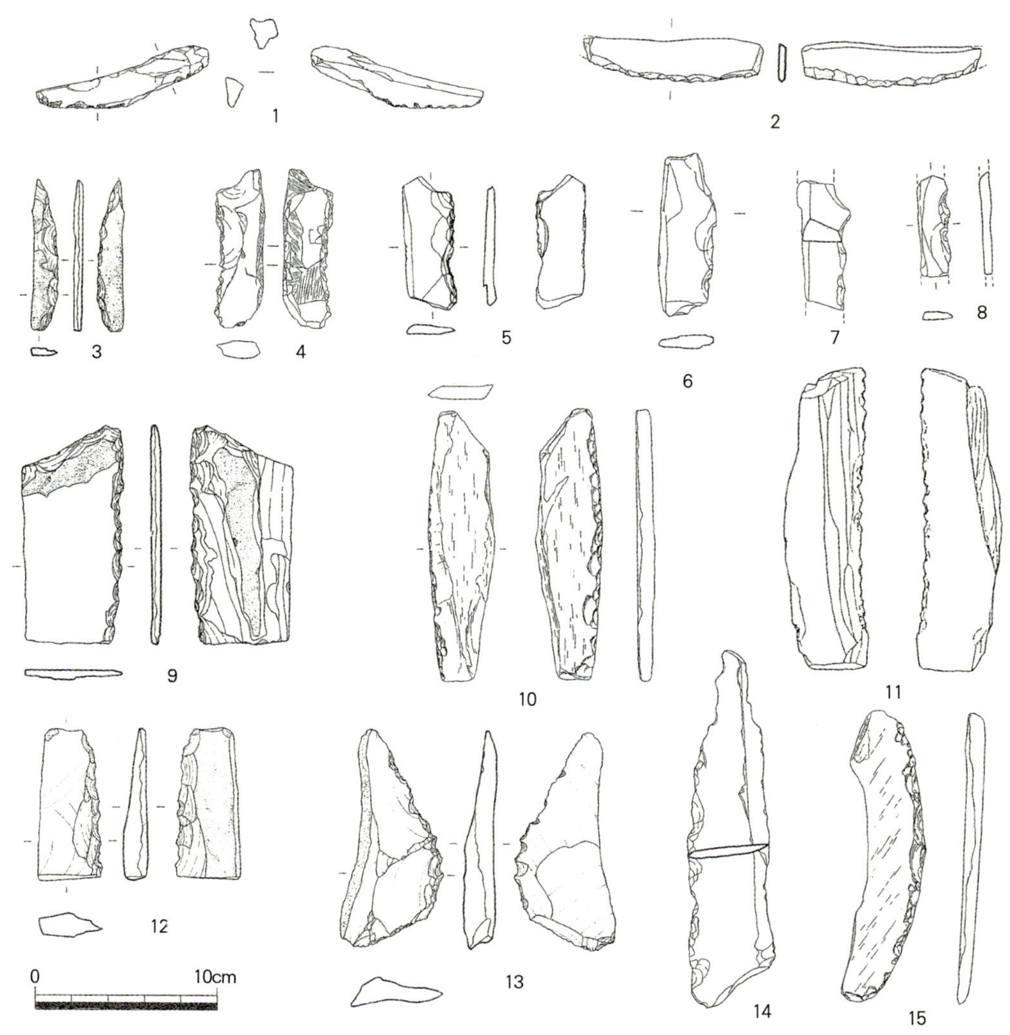

그림 10 석거형 석기
1:대포동, 2:안도, 3·9·12·13:욕지도, 4:죽변리, 5:목도, 6:오사리, 7·8·14:가도, 10·15:진그늘, 11:오산리A지구

는 앞으로 사용흔 분석과 실험적 검토가 필요할 것으로 보인다. 석거형 석기는 오산리와 죽변 유적, 광양 오사리 출토품 등의 사례로 보아 신석기시대 이른 시기인 조기부터 늦은 시기까지 사용된다.

4) 석시형(石匙形) 석기

석시형 석기는 일본 신석기시대 죠몽문화의 대표적 석기인 석시와 동일한 형태적 특징을 가진 다는 점에서 교류의 산물로 파악하여 석시로 불러왔다. 그러나 최근에는 가덕도 장항유적에서 출토되고, 일제강점기에 조사된 북한지역의 농포동유적에서도 석시와 유사한 석기가 확인되기 때문에 한반도 출토 석시를 일본 죠몽문화 석시와 동일한 것으로 간주할 수 있는지 검토가 필요하다고 생각된다. 따라서 본고에서는 아직 기능과 용도 등 그 성격이 명확하지 않기 때문에 잠정적으로 석시형 석기로 분류해두고자 한다.

석시형 석기는 한반도에서 현재까지 6점이 출토되었는데, 이를 간단히 살펴보면 다음과 같다. 연대도패총 출토된 2점(그림 11-1·2)은 우리나라에서 처음으로 확인된 석시형 석기이다. 신부는 가로로 긴 횡형을 이루며, 인부는 직인이다. 상부 중앙에는 유두형으로 돌출된 손잡이가 있으며, 신부 형태는 말각장방형과 삼각형을 이룬다. 재질은 혼펠스와 사누카이트이며, 크기는 대형이 길이 4.4cm, 너비 7.7cm, 두께 0.5cm, 소형이 길이 2.1cm, 너비 5.6cm, 두께 0.5cm이다.

안도 출토품(그림 11-3)은 연대도 출토품과 같이 인부가 손잡이와 직교하는 장방형의 횡형 신부를 갖는 형태이다. 재질은 알 수 없으나 혼펠스 계통으로 추정된다. 크기는 길이 4.2cm, 너비 14cm, 두께 0.6cm이며 연대도 출토품보다 크다.

가덕도 장항 출토품(그림 11-5)은 최근 발굴된 자료이며, 장축의 선단과 측연에 잔손질로 인부를 만든 형태이다. 신부는 종형을 이루며, 상단의 중앙에는 유두형 꼭지가 붙어 있다. 재질은 알 수 없으나 혼펠스 계통으로 추정된다. 크기는 길이 7.7cm, 너비 5.4cm, 두께 0.6cm이다.

농포동(유판)패총 출토품(그림 11-4·6)은 일제강점기에 조사된 것으로(有光教一 1962) 그동안 연구자의 주목을 받지 못하였다. 제작기법과 형태적 특징으로 보아 일본의 석시와 유사할 뿐만 아니라 장항유적과 형태적으로 동일한 특징을 보이기 있기 때문에 석시형 석기에 포함시켰다. 재질은 흑요석제이며, 형태는 장항 출토품과 같이 신부가 종형을 이룬다. 그러나 그림 11-6은 손잡이 크기와 신부 형태에서 약간 차이를 보인다. 크기는 소형이 6cm, 대형이 10cm정도이다.

이상에서 살펴본 석시형 석기는 흑요석, 사누카이트, 혼펠스의 종장 혹은 횡장 박편과 판상으로 가공된 석재 장변의 편측 혹은 양연에 잔손질로 인부를 성형하고 신부 상단에 유두형 손잡이를 만든 것이 특징이다. 아직 관련 자료가 부족하여 분류하기는 곤란하지만, 신부가 가로로 길고 손잡이와 직교하는 횡형(Ⅰ류)과 신부가 종으로 길고 손잡이와 평행하는 종형(Ⅱ류)으로 크게 나눌 수 있다.

Ⅰ류는 신부의 형태에 따라 장방형인 Ⅰa류(그림 11-1·3)와 삼각형인 Ⅰb류(그림 11-2)로, Ⅱ류는 신부 형태에 따라 방형을 이루는 Ⅱa류(그림 11-5))와 타원형을 이루는 Ⅱb류(그림 11-4·6)로 세분이 가능하다.

이상 한반도에서 출토된 석시형 석기에 대해 간단하게 살펴보았는데, 출토량이 적고 석기조성에 차지하는 비중이 미미한 기종이라는 점과 종장 혹은 횡장 박편을 이용하여 인부를 성형한 형태적 특징, 우리나라 신석기유적에서 출토되는 박편석기류와 차이를 보이는 점 등에서 일본 죠몽문화의 석시[20]와 관련성이 높다고 생각된다(하인수 2006c). 그러나 세부 형태와 재질에서 차이점도 있을 뿐만 아니라 일본과 원거리에 위치하는 동북지역의 농포동유적에서 출토되는 양상을 고려해 볼 때 죠몽 석시와 직접적인 관련이 있는 것인지에 대해 논의가 필요할 것으로 생각된다.

석시형 석기는 남해안유적의 경우 안도패총의 예로 보아 신석기 조기의 이른 단계부터 출현하며, 연대도와 장항유적의 공반유물로 보아 적어도 전기까지 존속했던 것으로 보인다. 농포동 출토품은 정확한 시기는 알 수 없으나 함께 출토되는 즐문토기의 형식으로 보아 신석기 후반대(중기 무렵)로 추정된다.

용도는 거치상의 인부를 갖는 점에서 잔손질된 박편석기류와 유사한 기능을 했을 것으로 생각된다. 죠몽 석시가 주로 동물의 해체·처리하거나 어떤 대상물을 자르는 칼로써 사용된 점을 참고한다면, 석시형 석기 역시 일상생활에서 다목적 용도로 이용된 것으로 생각된다. 우리나라에서는 해안지역에서만 출토되는 것으로 보아 어패류 등을 조리하거나 가공할 때 이용되었을 가능성이 크다.

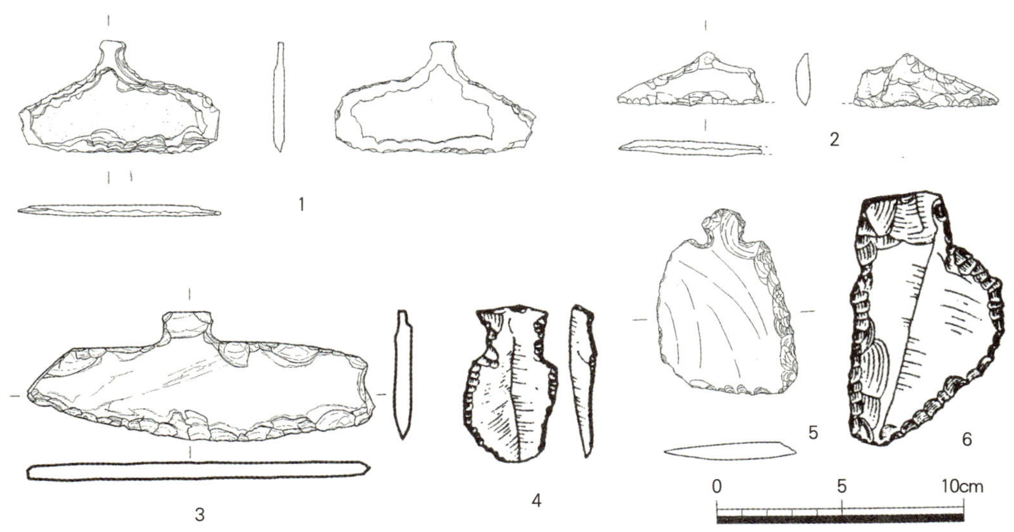

그림 11　석시형 석기
1·2:연대도, 3:안도, 4·6:농포동, 5:가덕도 장항

20　일본 죠몽문화의 석시는 흑요석, 사누카이트, 혈암, 처트 등 비교적 경질의 가공하기 쉬운 석재의 종장, 횡장 박편의 측연에 잔손질로 성형하여 인부를 만드는데, 손잡이 대한 인부의 위치에 따라 횡형과 종형석시로 양분되고, 신부, 인부, 손잡이 등에 따라 여러 종류로 세분되고 있다(戶澤充則 編 1994, 五味一郎 1995).

5) 박편석기

박편석기는 석기제작 과정에서 생기는 박편이나 몸돌에서 떼어낸 종장, 횡장 혹은 부정형 박편을 잔손질하여 인부를 만들거나 날카로운 자연면을 그대로 이용한 도구를 총칭하는 것이다. 그러나 박편의 형태와 인부의 잔손질 기법 등에서 다양한 변이가 존재하고 용도 또한 다양하기 때문에 일괄로 박편석기로 분류하는 것은 문제가 있기 때문에 박편석기의 제작방법 및 형태적 연구와 사용흔 분석을 통한 기능 연구(김경진 2010)가 필요할 것으로 생각한다.

박편석기는 크기와 형태, 박리기법, 인부의 잔손질의 형태 등에 따라 세분이 가능하지만, 본고에서는 특별히 분류하지 않고 일괄하여 살펴보고자 한다.

박편석기는 주로 안산암, 혼펠스, 세일, 니암, 석영, 수정, 규암 등 석질이 치밀한 암석과 흑요석을 소재를 이용하지만, 유적에 따라서는 석기제작 시에 발생하는 박편을 사용하기도 한다. 박편석기는 성형 석기와 달리 형태가 정형화된 것이 적고 부정형의 박편을 적당한 형태로 잔손질한 것이 대부분이기 때문에 기능과 용도를 특정할 수 없는 경우가 많다.

박편석기는 성형 석기를 가공할 때 생긴 부산물인 박편을 이용한 경우와 의도적으로 박편을 생산하여 소형 석기를 제작하는 경우로 크게 구분할 수 있다. 후자의 경우는 주로 안삼암이나 혼펠스, 흑요석 등 입자가 치밀한 소재를 이용하여 특정한 용도를 염두에 두고 가공한 박편석기로, 석인상(그림 12-1~7), 횡장(그림 12-17·20·24·25·26), 종장(그림 12-12·18·19) 박편을 세부 잔손질하여 만든 것이 대표적이다. 이들 박편석기류는 사용 부위와 인부의 형태 등에서 부정형 박편석기(그림 12-14·16·24)와는 차이를 보인다.

박편석기는 편의상 크기에 따라 5cm 전후의 소형과 10cm 전후의 대형으로 구분할 수 있는데, 대형 박편석기의 경우는 주로 횡장, 종장 박편을 1차 격지의 측연을 잔손질한 형태인데, 특히 진그늘(그림 12-26), 수가리, 송죽리, 동삼동패총에서 다수 출토되었다.

소형 박편석기는 고산리식토기문화 단계부터 말기까지 대부분의 유적에서 출토되며, 형태가 부정형을 이루는 것이 특징이다. 주로 측연을 잔손질하거나 자연면을 그대로 이용하는 것이 일반적이다. 비봉리유적의 전기 문화층인 1패총 1부석층 출토 박편석기는 횡장 박편의 얇은 박리면을 잔손질하지 않고 사용한 형태인데 선단부는 사용으로 부분적으로 결실되어 있다. 유사한 형태가 오산리, 송죽리, 살내, 상노대도, 여서도, 동삼동유적에서 출토되었다.

이들 박편석기는 인부의 형태에 따라 측연부의 양쪽 측면에서 잔손질한 것과 거치상으로 인부를 조정한 것으로 구분되며, 인부 위치도 선단에 있는 것(그림 12-22)과 측연에 있는 것(그림 12-17·19·23)으로 나눌 수 있다. 제주 고산리와 강정동, 삼화지구유적에서 출토된 박편석기 중 일부를 밀개와 새기개로 보는 연구자도 있다(박근태 2009). 인부의 가공방법과 형태는 박편석기의 용도와 밀접한 관련이 있는 것으로 생각된다.

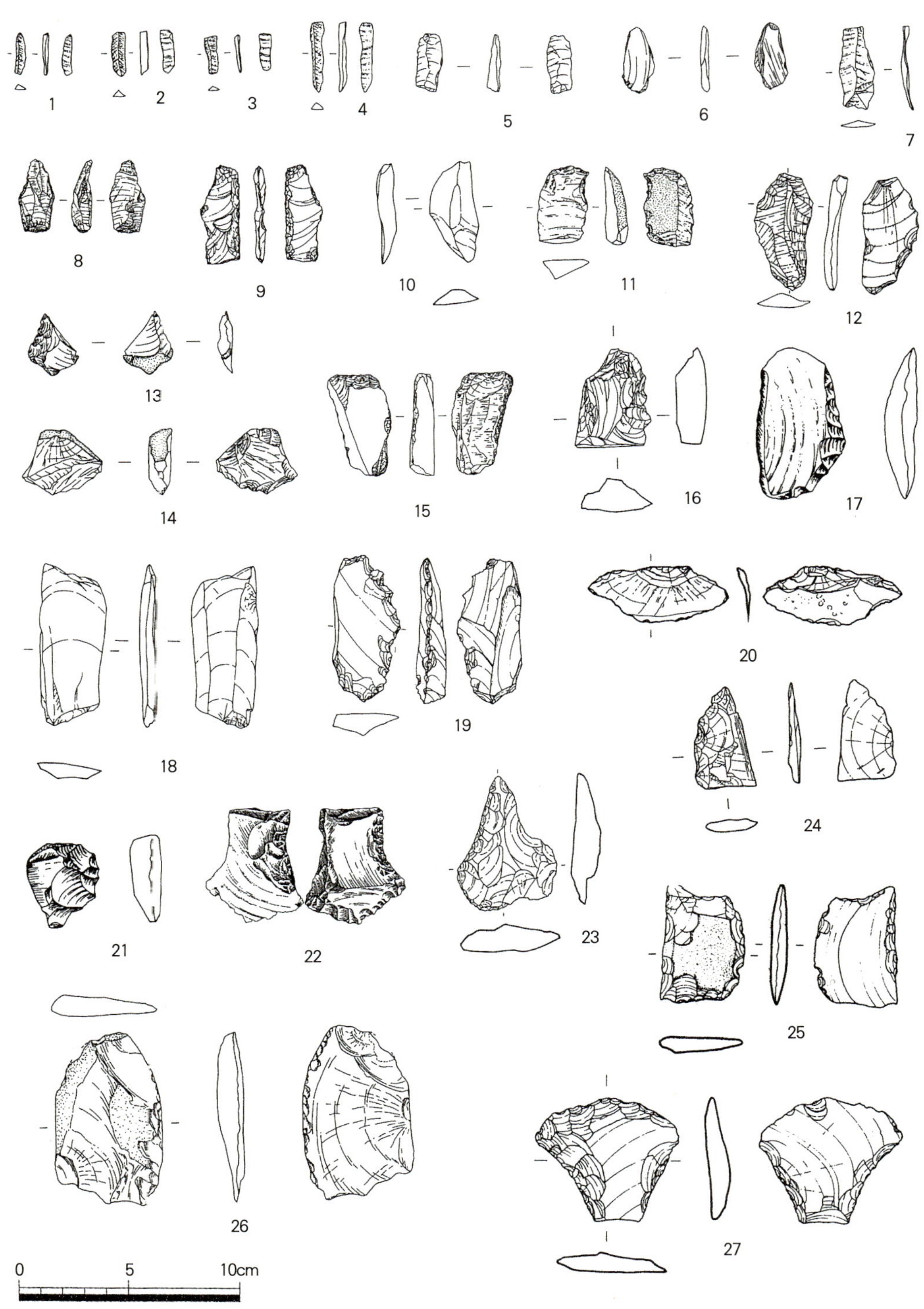

그림 12　박편석기
1~4 · 7 · 11 · 12: 고산리, 5 · 6 · 13 · 14: 오산리C지구, 8 · 15: 대포동, 9 · 19 · 22: 상노대도, 10 · 18: 화목동,
16 · 23: 동삼동, 17: 여서도, 20: 비봉리, 21: 당하산, 24: 송죽리, 25 · 27: 욕지도, 26: 진그늘

136

소형 박편석기 중에는 폭 1㎝ 전후의 세석인 혹은 석인상 박편을 정밀하게 잔손질한 것도 있는데, 대표적인 것이 고산리(그림 12-1~4), 오산리C지구 출토품(그림 12-5·6)이 있다. 이들 세석인상 박편석기는 후기 구석기시대시대 세석인의 전통을 잇는 것으로 현재까지 자료로 보아 동삼동패총 흑요석제 석인을 제외하고 오산리C지구 단계 이후로는 거의 보이지 않는다. 대형 석인을 이용한 박편석기는 화목동(그림 12-18), 동삼동패총에서 출토되는데 특별히 가공하지 않는 것으로 보아 자연면을 인부로 이용한 것으로 보인다.

박편석기의 용도는 아직 구체적인 연구가 없어 확정할 수 없으나 구석기시대 긁개와 밀개와 같은 기능을 했을 것으로 추정되지만, 절단, 가죽 손질, 뼈에 붙은 살코기를 제거하는 등 일상생활에서 다목적용으로 이용되었을 것으로 추정된다. 특히 대형 박편석기류는 소형과 용도를 달리 했을 것으로 생각되는데, 전술한 김성욱의 박편석기의 실험적 분석 결과는 대형 박편석기의 용도를 이해하는데 참고가 된다.

한편 앞에서 살펴본 박편석기와 구분되는 흑요석제 박편석기는 특정 지역에서 다량으로 출토된다(그림 13). 흑요석제 석기는 소재의 특성상 주로 신석기시대 지역 간 교류와 교역적인 측면에서 검토되어 왔다(坂田邦洋 1982, 西谷正 1982, 하인수 2006c). 흑요석은 주지하는 바와 같이 산지가 한정되어 있고 그것이 갖는 물리적 특성으로 인해 석기 재료로써 효용가치가 매우 높아 후기 구석기시대부터 석기 소재로 널리 사용되어 왔다.

한반도 신석기시대 흑요석제 석기는 남해안과 중부 동해안 및 동북지역을 중심으로 분포하며, 일부 중서부지역에도 소수가 확인되고 있다. 이러한 분포 양상은 흑요석 산지와 밀접한 관련을 갖는데, 남해안지역의 것은 일본 구주산[21]으로, 중부 동해안과 동북지역의 흑요석제 석기는 백두산계로 밝혀지고 있다.[22]

흑요석제 석기는 석촉, 석섬(작살), 석거 등 수렵·어로용 소형 석기가 주류를 이루나 박편을 소재로 한 긁개류의 박편석기도 많은 비중을 차지한다. 동삼동·연대도·범방유적에서는 전혀

---

[21] 한반도 남부해안지역에서 흑요석 원석과 석기가 출토된 유적은 동삼동패총을 비롯하여 연대도패총, 송도패총, 우봉리유적, 수가리패총 등 20여 개소에 달한다. 신석기시대 남해안지역의 흑요석은 기존의 분석 자료와 최근 동삼동패총과 범방유적 출토품의 분석 결과에 의하면 원산지가 일본 구주산으로 판명되었다(高橋豊·河仁秀·小畑弘己 2003).

[22] 동해안지역은 아직 분석 사례가 적어 단정할 수 없으나 적어도 오산리유적 등 중부 동해안지역에서 산출되는 흑요석은 백두산계로 추정되고(임효재·권학수 1984), 동남해안지역의 울산 처용리·신암리 흑요석은 일본 구주산으로 판명되고 있다. 미분석된 세죽과 우봉리유적 흑요석도 일본 구주산으로 추정된다. 울산의 북쪽에 위치하는 울진 죽변유적에서 흑요석이 출토되지 않는 것으로 보아 일본 구주산의 분포 한계는 울산을 중심으로 하는 지역으로 볼 수 있으며, 삼척 증산동유적에서 출토된 흑요석 박편석기는 산지 분석이 이루어지지 않아 원산지를 단정할 수 없으나 백두산계일 가능성이 높다.

가공되지 않은 흑요석 원석도 확인되고 있다.

흑요석제 박편석기는 일반적으로 석인 혹은 종장 박편, 부정형 박편 등을 정밀하게 잔손질하거나 날카로운 박리면을 가공하지 않고 인기로 사용하는 것을 통칭하지만, 용도나 형태 등에서 세분할 필요가 있을 것으로 생각된다. 본고에서는 박편의 형태적 특징에 따라 간단히 분류하여 살펴보고자 한다.

Ⅰ류는 부정형 박편의 선단이나 측연을 잔손질한 형태로, 영종도 송산(그림 13-1), 장항(그림 13-2), 범방(그림 13-14), 송도(그림 13-15), 동삼동(그림 13-19), 증산동 출토품(그림 13-20)이 여기에 속한다. 이러한 형태의 박편석기는 남해안지역의 흑요석제 석기가 출토되는 유적에서 많이 출토된다. 크기는 3~5*cm*가 보통이다.

Ⅱ류는 석인상 종장박편의 측연과 선단을 가공하거나 자연 박리면을 인기로 사용한 형태이며, 크기는 Ⅰ류보다 큰 편이다. 장항(그림 13-10), 송평동(그림 13-11 · 16 · 17), 농포동(그림 13-12 · 18), 범방 출토품(그림 13-13)이 대표적이다. 특히 송평동과 농포동유적에서는 대형 석인의 측연과 선단을 잔손질한 석기가 다수 출토되고 있는데 큰 것은 10*cm* 이상의 것도 있다.

Ⅲ류는 석인으로 불리는 것으로, 소형 석인의 측연을 잔손질하거나 박리면을 그대로 인부로

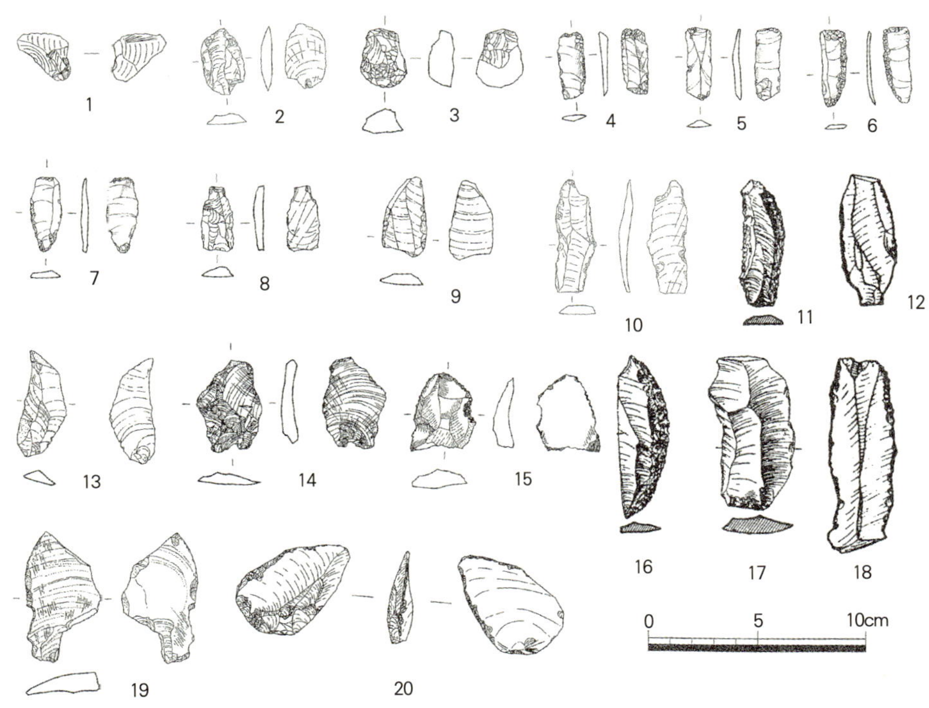

그림 13　흑요석제 박편석기
1: 영종도 송산, 2 · 10: 가덕도 장항, 3: 문암리, 4~7 · 19: 동삼동, 8: 화목동, 9: 대촌, 11 · 16 · 17: 송평동,
12 · 18: 농포동(유판), 13 · 14: 범방, 15: 송도, 20: 증산동

이용한 형태이다. 동삼동(그림 13-4~7), 화목동(그림 13-8), 범방유적 출토품[23] 등이 있다. Ⅲ류 중 동삼동패총 출토품은 1970년에 실시된 2차 조사에서 흑요석제 석촉, 석거와 함께 출토된 것으로 모두 11점이 출토되었다. 길이 1.7~4.5㎝, 너비 1.0~2.5㎝, 두께 0.1~0.5㎝정도이다. 형태는 양측연이 평행한 석인으로 측연을 미세하게 잔손질한 것과 박리면을 가공하지 않은 것으로 구분된다. 시기는 공반유물로 보아 신석기 후~말기로 추정된다.

이상에서 살펴본 흑요석제 박편석기는 남해안지역과 동북지역의 두만강 하류역을 중심으로 하는 지역에 집중적으로 분포하며, 주로 절단용 인기나 긁개, 밀개 등의 용도로 사용된 것으로 추정된다. 그러나 박편석기의 형태나 사용량, 시기 등에서 남해안지역과 동북지역은 다소 차이를 보인다.

남해안지역의 경우는 전술한 동삼동패총 같이 소형 석인과 5㎝ 전후의 부정형 박편석기가 주류를 이루고 출토량이 적은 반면에, 송평동과 농포동[24], 서포항유적 등을 중심으로 하는 동북지역의 경우는 양적인 것 뿐만 아니라 종장 혹은 석인상 박편을 이용한 대형 박편석기가 많은 것이 특징이다. 이러한 차이는 남해안의 흑요석제 박편석기 소재가 일본 구주로부터 교역품으로 반입되어 그 사용량에 제한이 있는 반면에, 동북지역은 주변에 흑요석 산지가 위치하고 있는데 기인하는 것으로 생각된다.

중부 동해안지역의 박편석기는 대부분 부정형 박편석기이며 유적에서 출토되는 양도 성형 석기와 더불어 소량에 불과하다. 이것은 남해안지역과 마찬가지로 흑요석 소재의 희소성과 관련한 현상으로 볼 수 있다.

---

[23] 범방유적 흑요석제 박편 중에도 동삼동패총 출토품과 같은 석인이 출토되고 있는데, 크기는 길이 1.7㎝, 너비 0.9㎝정도의 소형 흑요석제 석인이다. 이 자료를 관찰한 熊本大學 小畑弘己선생의 교시에 따르면 양극타법으로 박리된 석인이라고 한다.

[24] 농포동(유판)유적 일제강점기에 부분적인 조사 이후 1956년에 본격적인 발굴이 이루어졌다. 이때 발굴된 유물 중에서 주목되는 것은 수 만점에 달하는 대량의 흑요석제 석기이다. 대부분 미성품 혹은 반제품이지만, 그 양에서 본다면 한반도 최대의 흑요석유적이라고 할 수 있다. 그러나 일부만 보고되어 흑요석제 석기의 전모는 알 수 없다. 보고된 자료에 의하면 석촉, 석추, 석거, 석시형 석기, 석도형 석기 등의 성형 석기를 비롯하여 종장 내지 석인상 박편의 측연을 세밀하게 가공한 인기들이 주류를 이룬다. 유적 보고자는 농포동유적의 흑요석제 석기가 타 유적에 비해 규모와 수량이 많고, 대부분 미성품인 점은 인접 지역에 공급하기 위한 원료 상품으로서 제작되었기 때문으로 추정하고 있다(황기덕 1962). 이에 대해 앞으로 구체적인 검토와 관련 자료의 분석적 결과가 필요하지만, 필자들은 농포동유적을 흑요석 산지와 인접하는 입지 환경, 규모, 출토량, 대량의 반제품 등으로 보아 두만강 하류역을 중심으로 흑요석제 석기를 전문적으로 제작하여 주변 지역에 공급한 거점집단 유적으로 추정하며, 여기서 제작된 흑요석제 석기나 원석은 중부 동해안의 문암리나 오산리, 증평동유적 집단에게도 공급되었을 가능성이 있다고 생각한다.

발화석은 직접적으로 생산에 관계하지는 않지만 식료의 가공에 간접적인 역할을 했던 일상생활의 필수적인 도구이다. 석기 중 평탄면을 갖는 지석과 갈돌, 갈판, 대석 등을 이용하거나 석기 파손품을 재활용하며, 소재는 사암, 화강암, 운모편암 등을 사용한다.

발화 방법과 도구는 구체적으로 알 수 없으나 발화석의 평탄면에 먼저 뾰족한 도구로 작은 홈을 파고 손으르 발화목을 회전시켜 불씨를 마련한 후에 불을 지피는 것으로 추정된다.[25] 발화목의 회전에는 기구를 이용했을 가능성도 있으나 아직 출토 사례는 없다.

발화공은 잔존 상태로 보아 크기가 직경 1~3cm, 깊이 0.2~0.8cm정도로 다양하고[26] 동일한 석재에 정면, 측면, 뒷면 등 여러 곳에 위치한다. 이것은 발화공의 크기가 일정 크기 이상이 되면 발화 효율이 떨어지기 때문에 위치를 이동하면서 시공施孔한 현상으로 생각된다.

발화석은 납작한 대석을 이용한 사례도 있으나 파손된 석기를 이용하는 경우가 많기 때문에 일반 석기와 달리 형태가 일정하지 않다. 특히 파손된 지석과 갈판을 재활용하는 비율이 높다.

진주 상촌리 17호 주거지 출토품은 파손된 사암제 대형 지석의 편(그림 14-2)을, 평거동 4-1지구 6호 주거지는 대형 지석의 상면을 그대로 이용한 경우이며, 평양 용곡동(그림 14-3)과 갈머리 1호 주거지(그림 14-6), 정선 아우라지 출토품(그림 14-4)은 납작한 석회암과 사암에 다수의 발화공을 시공한 형태이다.

발화공은 주로 평탄면에 한 개 내지 여러 개를 시공하지만 갈머리 1호 주거지 출토품과 같이 상·하·좌·우면을 이용한 경우도 있다. 갈머리 발화공은 큰 것이 직경 2.5cm, 작은 것이 1cm 전후이며, 깊이는 1cm 내외이다.

능곡동 1지점 신13호 주거지와 상시3그늘(그림 14-5), 중산동(한강문화재연구원 발굴) 1·2호 주거지·2-1지역 3호 주거지, 갈머리 퇴적층, 군산 내흥동, 동삼동 출토품 등은 화강암과 사암제의 갈판 뒷면에 여러 개의 발화공을 갖는 형태이다. 갈돌을 이용한 발화석으로는 공기2굴, 상촌리 19호 주거지(그림 14-1) 출토품이 있다.

발화석은 한반도 전 지역에서 출토되고 있으나 모든 유적에서 확인되는 것은 아니기 때문에 석제 발화구 이외에 목재를 이용한 발화구도 상정된다. 출현 시기는 아직 자료가 부족하여 구체적으로 파악할 수 없지만, 현재까지 조사 사례로 볼 때 중·후기 유적에서 주로 출토되는 경향이 있다. 조기 유적에서는 보이지 않고 지탑리와 목도유적에서 일부 확인되는 것으로 보아 전기

---

[25]　부경문물연구원의 최종혁선생의 실험에 따르면 발화석을 이용하여 손으로 발화목을 회전시켜 불을 지피는 것이 가능하다고 한다.

[26]　발화공은 현재까지 발굴된 자료를 살펴볼 때 직경 2cm, 깊이 0.5cm 전후가 많다.

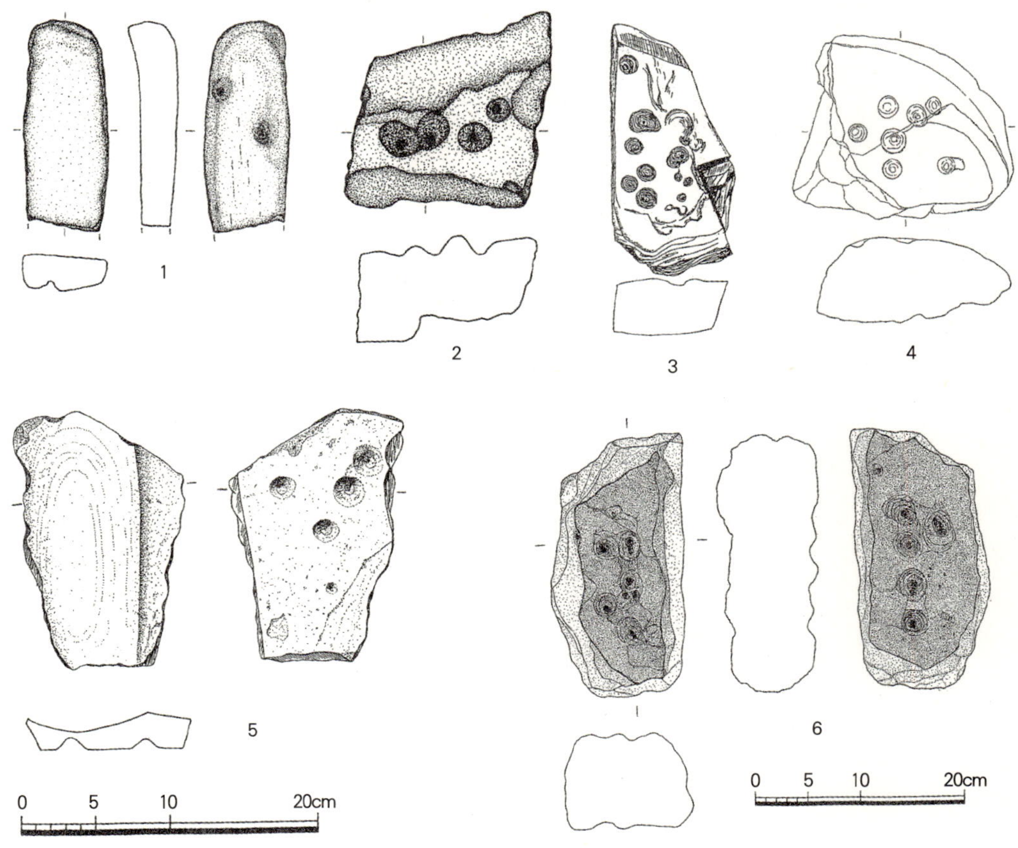

그림 14 발화석
1 · 2: 상촌리, 3: 용곡동, 4: 정선 아우라지, 5: 상시3그늘, 6: 갈머리

부터 사용된 것은 분명하나 출현 시기에 대해서는 앞으로 자료의 증가를 기다려야 할 것 같다.

Ⅲ. 시기별 석기 양상

이상에서 살펴본 가공구는 기능과 용도에 따라 여러 종류로 구분할 수 있고 각 기종은 세부 속성에 따라 세분이 가능하다. 그리고 집단의 생업환경과 유적의 입지 혹은 문화적 전통에 따라 다양한 변이와 조성관계도 간취된다. 그러나 기종마다 관련 자료가 일정하지 않고 특정 시기에 편중되는 현상도 보이기 때문에 시기별 가공구 조성과 특징, 변화과정을 구체적으로 파악하기 곤란한 점도 없지 않다. 따라서 본고에서는 신석기시대 석기의 변화 양상을 전체적인 맥락에서 이해하기 위한 기초적 작업으로써 현 자료의 수준에서 시기별로 간취되는 특징을 중심으로 간략하게 살펴보고자 하였다.

신석기시대 초기(기존 초창기)단계의 가공구는 제주지역에서만 확인되고 내륙지역에서는 구체적인 자료가 거의 없어 이 시기의 가공구의 양상과 기종별 특징은 불투명한 실정이다.

제주지역 고산리단계의 가공구는 고산리, 강정동, 삼화지구유적 등의 출토 자료를 통해 볼 때 전면마연석부, 지석, 석추, 밀개, 새기개, 긁개, 석인 석기 등이 있으며, 대부분을 차지하는 것은 석인을 포함한 박편석기류이다.[27] 그러나 내륙지역에서 보이는 찰절구, 마제석도, 석거형 석기, 석도형 석기, 발화석 등은 보이지 않는다. 이러한 현상은 초기 이후의 내륙지역과는 다른 모습이다. 시기적 차인지 혹은 지역적인 특성을 반영하는 것인지는 앞으로 검토가 필요하다.

고산리식토기 단계의 가공구는 용도별로는 식료 가공, 석재 가공, 목재 가공구로 분류할 수 있지만(박근태 2011), 출토량이 적어 용도별 양상과 특징을 파악하는데 어려움이 있다.

목재 가공구인 전면마연석부는 전술한 바와 같이 고산리, 삼화지구와 강정동에서 출토된 것이 있으나 재질로 보아 재지계가 아닌 내륙지역에서 유입된 것으로 생각된다. 이들 자료는 현재 한반도에서 출토된 가장 오래된 석부라고 할 수 있는 만큼 내륙에서도 제주도 고산리문화 단계에 속하는 이른 시기의 문화가 존재하고 있음은 분명하다. 현재 내륙지역의 초기 석기의 양상은 알 수 없지만, 삼화지구 등의 전면마연석부는 내륙지역의 초기 석부의 형식적 특징을 이해하는데 참고가 될 것으로 생각된다. 석재 가공구에는 지석을 제외하고 찰절구가 보이지 않는데, 자료 부족인지 혹은 지역적 특징인지 앞으로 검토가 필요하다.

융기문토기를 표지로 하는 조기 단계는 고산리식토기 단계에 비해 가공구의 조성이 다양화되는 특징을 보이는데 전면마연석부, 인부마연석부, 편인석기, 지석, 찰절구, 석추, 마제석도, 석도형 석기, 석거형 석도, 석시형 석기 등 다양한 기종이 목재 및 석재, 식료 가공 등의 도구로 사용된다. 물론 이러한 가공구의 형태가 모든 지역에서 동일한 조성을 이루지 않지만 조기 단계에는 가공구의 기본 세트가 마련되는 것으로 추정된다.

조기 유적이 남해안과 동해안지역에 집중되어 있고, 내륙에는 거의 확인되지 않아 지역에 따른 가공구의 조성상의 특징을 파악하는데 한계가 있지만, 남해안과 동해안지역에서는 가공구

---

[27] 고산리유적의 경우는 수렵구인 석촉이 과반수 이상을 점유하는 특징을 보이며, 가공류가 그 다음으로 많은 비중을 차지한다. 가공구 중에서도 석재나 목재 가공구의 비율은 매우 낮고 식료 등 기타 가공구의 비율이 매우 높은 양상을 보인다. 이러한 양상은 조기 이후의 가공구 조성과는 차이가 크다. 이러한 석기조성과 특징은 고산리문화 단계의 생업 유형이 후기 구석기 이래 지속되어온 수렵활동에 중심을 두고 있을 뿐만 아니라 그 전통이 아직 잔존하고 있음을 보여주는 것으로 생각된다(하인수 2009b).

의 조합에서 차이를 보인다.

남해안지역의 경우는 인부마연석부가 주류를 이루고 전면마연석부가 거의 보이지 않는 반면에, 동해안지역의 경우는 인부마연석부의 존재가 미미하고 전면마연석부(대형), 마제석도, 찰절석기가 매우 큰 비중을 차지하는 지역적 특징이 간취된다.

남해안지역 조기에 전면마연석부가 거의 보이지 않는 것은 인부마연석부가 그 기능을 대신하였기 때문으로 추정되지만, 고산리식토기 단계의 외래계 전면마연석부의 존재로 보아 조기 이전 단계에 전면마연석부의 존재도 예상되기 때문에 앞으로 이에 대한 자료 조사가 기대된다.

동해안지역에서는 후포리유적을 중심으로 출토되는 초대형 전면마연석부(ⅠD형)는 두만강유역의 연대봉과 상삼봉, 춘천 교동, 영양 연당리유적에서 확인되는 등 주로 동해안 주변 지역에 집중 출토되는 분포상의 특징을 보이며, 시기도 거의 조기에 한정된다. 따라서 초대형 전면마연석부는 마제석도, 찰절구와 더불어 동해안지역의 조기의 특징적인 석기라고 할 수 있다. 대형인 ⅠC형은 한반도 전역에서 출토되고 있지만, 동해안지역에서 집중적으로 확인된다. 소형 인부마연석부는 대형과 마찬가지로 일정한 점유율을 보이면서 전기까지 이어지는 것으로 생각되나 중기 이후부터는 점차 수량이 감소하여 후기가 되면 일부 유적에서만 확인된다.

동해안과 남해안지역에서 사용되는 석부 종류가 현격한 차이를 보이는 것은 생업환경과 생계 방식의 차이로 해석할 수 있지만 그 이면에는 또 다른 배경이 있을 것으로 생각된다.

한편 조기에는 전기 이후에 전국적인 분포상을 보이는 발화석이 보이지 않는데, 자료 부족인지 혹은 석재 대신에 목재를 이용한 발화구를 사용한 것인지는 앞으로 검토가 필요하다. 그리고 초기의 고산리식문화에서 많은 비중을 차지하는 석인상 박편석기가 감소하고 부정형 박편석기의 양이 증가하는 경향을 보인다. 특히 남해안과 동해안을 중심으로 흑요석제 박편석기가 새로 출현하여 다양한 용도의 인기로 사용된다.

영선동식토기를 표지로 하는 전기는 수렵·어로구 중심의 석기조성 상태를 보이는 조기에 비해 석기의 종류가 다양화하며, 특히 가공구의 비중이 증가하는 양상을 보인다. 가공구 조성은 기본적으로 조기와 큰 차이가 없는 것으로 보이나 자료의 부족 등으로 지역적인 편차가 있다.

전기에는 조기에 보이지 않는 발화석과 가도형 석도가 추가되는데, 가도형 석도는 서해안을 중심으로 성행하고 타 지역에서는 확인되지 않는다. 특히 동해안지역의 경우는 마제석도가 사라지고 찰절구의 비율이 감소하는 양상을 보인다. 남해안과 남부 내륙지역에서는 조기에 비해 인부마연석부가 다양화하고 양도 증가하는 경향도 보이는데, 크기와 평면, 단면과 인부 형태에 따라 다양한 변이를 보이면서 규격성과 정형성을 갖는다. 인부마연석부의 이러한 형태 분화는 목재 가공구로서의 기능과 용도가 생업활동에 맞게 다양화되고 있음을 보여 주는 것으로 생각된다. 반면에 전면마연석부는 여전히 차지하는 비중이 낮다.

자귀형 편인석기는 출토 자료가 소량이기 때문에 양상이 불확실하지만 현재의 자료로 볼 때 조기에 이어 전기에도 한정적으로 사용된 것으로 추정된다. Ⅱ류 편합인석부는 조기부터 확인되나 전기 이후부터 수량이 증가하며 후기까지 지속적으로 제작되었던 형태로 추정된다.

전기의 중서부지역에서는 가공구의 종류와 양도 증가하는 양상을 보이는데, 이러한 양상은 잡곡 농경이라는 새로운 생업형태의 출현 현상과 관련이 있을 것으로 생각된다. 특히 전기 후반 무렵부터 지탑리유적을 중심으로 전개되기 시작하는 농경활동과 그와 관련한 채집·농경구, 식료 및 목재 가공용 석기의 다양성은 이후 남부 내륙과 해안지역의 생업활동과 도구조성에 많은 영향을 미치는 것으로 추정된다.

중기의 석기조성은 생업활동의 다변화와 잡곡농경과 관련하여 앞 시기에 비해 사용량이 증가하고 여러 면에서 변화가 보인다. 특히 본고에서는 다루지 않았지만, 식물재배와 기경구의 기능이 강화된 따비형 타제석부와 괭이형 타제석부가 폭발적으로 증가하고, 식료 가공구인 말안장형의 갈돌과 갈판도 그 형태가 지탑리형으로 정형화되는 양상을 보인다(하인수 2007b). 중기에는 이러한 변화와 관련하여 가공구의 양과 기종도 증가하는 양상을 보인다. 기본적인 가공구 조성은 앞 시기와 비슷하나 지역에 따라 벌목용 마제석부와 목재 가공용인 편인석부류의 양이 증가하고, 석도형 석기, 휴대형 지석 등의 비중이 높아지는 현상도 간취된다.

마제석부류는 남해안지역의 경우 전기에 비해 사용량이 증가하는 양상을 보이는데, 특히 범방유적에서는 전면마연석부가 중기문화층에서 다수 출토되고 있다. 중기문화층에서 출토된 7점의 마제석부는 이 지역에서 산출되지 않는 편마암 내지 화강편마암 등으로 가공된 것으로 보아 양질의 석부를 필요를 하는 작업을 위해 외부 집단으로부터 교역 등을 통해 입수한 것으로 보인다. 중기 이후 마제석부류가 증가하는 현상은 취락의 대형화에 따른 벌목, 목재 가공, 잡곡을 재배하기 위한 농경지 확보 등과의 관련성도 고려해 볼 필요가 있다고 생각한다(하인수 2007a).

조기 이전부터 출현하는 ⅠC형(대형 합인석부)은 신석기 중기까지 활발히 제작·사용되다가 후기가 되면서 출토량이 급감한다. 인부마연석부는 크기와 평면 형태 등에서 앞 시기에 비해 변이가 풍부하며, 평면이 말각방형인 대형 인부마연석부는 전기 이전 시기에는 보이지 않는 것으로 보아 중기 단계에 등장하는 것으로 생각된다. 이러한 형식은 이후 평면이 방형인 대형 인부마연석부와 함께 후기까지 지속적으로 사용된다.

석도형 석기는 조·전기 유적에서도 일부 확인되지만, 특히 중기 유적에서 출토량이 많은 편이다. 휴대용 지석은 남부 내륙의 중기~후기의 유적에서 다량으로 출토되며, 크기와 형태에서 어느 정도 규격성을 갖는 것으로 보아 석기 생산의 형태와 관련성도 검토해 볼 필요가 있다.

중기 단계의 가공구는 지역에 따라 기종이 누락되거나 변이가 보이고, 조성 관계가 일정하지

144

않는 것은 이것은 농경이라는 새로운 생계유형이 집단의 생업조건과 주변의 자연환경에 따라 변용되는 정도에 차이가 있기 때문이라 생각된다. 하지만 큰 틀에서 보면 중기 단계에는 가공구 조성이 완성되어 이후 시기까지 유지되고 안정적으로 사용되는 것으로 추정된다.

후·말기의 가공구는 자료가 부족하여 전체적인 양상을 파악하는데 어려움이 있지만 중기의 양상이 지속적으로 유지되는 것으로 생각된다. 그러나 기종별로는 앞 시기와 다른 형태적인 변이를 보이기도 한다. 특히 마제석부는 전 단계에 비해 소형화되며, 소형 합인석부(ⅠA형)의 경우는 사용량이 증가하는 현상을 보인다. 자료가 부족하여 단정할 수 없지만, 출토 양상으로 보아 끌형 편인석기 역시 후기에 활발히 사용되었던 것으로 생각된다.

이상에서 시기별 가공구의 양상에 대해서 간단하게 살펴보았는데, 지역과 시기에 따라 편차가 심하고 조성 상태가 일정하지 않아 신석기시대 가공구의 전반적인 변화과정과 특징을 이해하는데 어려움이 많다. 이러한 점들은 앞으로 관련 자료의 증가를 기다려 재검토되어야 할 것으로 생각된다.

Ⅳ. 맺음말

본고에서는 석제 가공구를 기존 연구 성과와 관련 자료를 재검토하여 새롭게 분류하고 기종별 특징과 성격에 대해 검토를 시도했다. 그러나 일부 항목에서는 자료 부족으로 극히 간략하게 다룰 수밖에 없었고, 시기별 변화 양상도 구체적으로 검토할 수 없었는데, 이러한 점들은 차후 수정·보완하고자 한다.

가공구는 신석기 사회의 생계와 생활방식을 이해하고 지역 사회의 성격을 파악하는 중요한 지표가 된다는 점에서 앞으로 지속적인 연구가 이루어져야 한다. 뿐만 아니라 시기적으로 혹은 지역적으로 다양한 도구조성을 보이는 석기의 전반적인 성격과 생계 영역에서 가공구가 차지하는 문화적 위치와 그 의미를 파악하기 위해서도 개별 기종에 대한 구체적인 분석과 연구가 진행되어야 할 것이다.

그리고 지금까지 단편적으로 검토되어온 석부와 흑요석 석기의 생산 문제에 대해서도 보다 심도 깊은 논의와 함께 과학적인 산지 분석을 통해 특정 유물의 이동에 따른 집단 간의 교류와 물자 유통에 대한 사회·경제적인 연구도 진행되어야 할 것으로 생각된다. 특히 일반적으로 박편석기로 일괄하여 취급되어 온 다양한 박편석기류의 분류와 사용흔 분석 작업도 병행되어야 함은 물론이다.

가공구에 대한 이러한 문제점이 충분히 검토되고 해결된다면 그 동안 불투명했던 신석기시대 석기문화의 본질과 성격에 대해 보다 구체적으로 접근할 수 있을 것으로 기대된다.

__참고문헌

강창화, 2006, 「제주 고산리 신석기문화 연구」, 영남대학교 대학원 박사학위논문.

高橋豊·河仁秀·小畑弘己, 2003, 「螢光X線分析에 의한 東三洞·凡方遺蹟 出土 黑曜石 産地推定」, 『韓國新石器硏究』6.

고재원, 1997, 「제주도 고산리유적 출토 타제석기의 형태적 분석」, 『제2회 한일신석기연구회 발표자료집』.

廣瀨雄一, 1984, 「韓國上老大島出土の剝片石器」, 『考古學の世界』4.

국립대구박물관, 1994, 『국립대구박물관 도록』.

김경진, 2010, 「석기 사용흔 분석과 기능 연구」, 『한강고고』4, 한강문화재연구원.

김상태, 2002, 「한반도 출토 흑요석기와 원산지 연구현황」, 『한국구석기학보』6.

김선지, 2000, 「남해안의 신석기시대 석부에 대한 일고찰」, 서울대학교 대학원 석사학위논문.

김성욱, 2008, 「사용흔분석을 통한 신석기시대 수확구 시론」, 『한국신석기연구』16.

박근태, 2009, 「신석기시대 초창기단계의 석기 검토」, 『고고광장』5, 부산고고학연구회.

______, 2011, 「제주도 신석기시대 석기 검토」, 『한국신석기연구』21, 한국신석기학회.

박성근, 2012, 「남부지역 신석기시대 석부 연구」, 『한국고고학보』86, 한국고고학회.

______, 2013, 「후포리유적의 재검토」, 『남한의 신석기유적 재조명』, 한국신석기학회.

배진성, 2005, 「무문토기시대 석기의 지역색과 조성변화」, 『사람과 돌』, 국립대구박물관.

榧本杜人, 1980, 『朝鮮の考古學』, 今田達.

西谷正, 1982, 「朝鮮半島の黑曜石について」, 『賀川光夫先生還曆記念論集』.

______, 2002, 「東北アジアの鞍形磨臼」, 『東北アジアにおける先史文化の比較考古学的研究』, 國立歷史民俗博物館.

小畑弘己, 2003, 「極東地域における黑曜石出土遺跡と原産地研究」, 『stone sources』2, 石器原産地研究會.

______, 2004, 「極東地方新石器時代における黑曜石利用」, 『極東地方新石器時代における更新世黑~完新世の狩獵道具の變遷研究』, 熊本大學埋藏文化財研究室.

五味一郎, 1995, 「石匙」, 『繩文文化の研究』7, 雄山閣.

原田幹·黑沢浩, 2008, 「パプア·ニュギニアで收集された磨製石斧の使用痕分析」, 『考古學フォーラム』19.

有光敎一, 1962, 「朝鮮の櫛目文土器」, 『京都大學文學部考古學叢書』3.

윤정국, 2012, 「석도형석기」, 『한국고고학전문사전 - 신석기시대편』, 국립문화재연구소.

윤정국, 2015a, 「한국 신석기시대 석기제작 연구」, 전남대학교 대학원 박사학위논문.

______, 2015b, 「중동부지역 신석기시대 석기와 생업」, 『한반도 중동부지역의 신석기문화』, 한
　　　국신석기학회.

윤지연, 2006, 「한반도 중서부지역 석부에 대한 일고찰」, 서울대학교 대학원 석사학위논문.

윤혜나, 2011, 「한국 중서부지역 신석기시대의 석기 조성과 생업」, 전남대학교 대학원 석사학
　　　위논문.

이경아, 2011, 「중서부지역의 생업 연구」, 공주대학교 대학원 석사학위논문.

이정재, 2011, 「동해안지역 신석기시대 석기를 통한 생업의 변화」, 『제1회 한국고고학연합대회
　　　발표자료집』, 한국고고학회.

이화여자대학교박물관, 1999, 『이화여자대학교 박물관 명품』.

忍澤成視, 2011, 『貝の考古學』, 同成社.

임상택, 2000, 「중서부지역 신석기시대 석기에 대한 초보적 검토」, 『한국신석기연구회 학술발
　　　표회 논문집』 2000-1, 한국 신석기연구회.

______, 2001, 「고찰-유물」, 『가도패총』, 충남대학교박물관.

임효재·권학수, 1984, 『오산리유적』, 서울대학교박물관.

최종혁, 2005, 「한반도 남부지방 농경에 대한 연구-석기조성을 중심으로」, 『한국신석기연구』
　　　10, 한국신석기학회.

坂田邦洋, 1982, 「九州産黑曜石からみた先史時代の交易について」, 『賀川光夫先生還曆記念論
　　　集』.

하인수, 1996, 「고찰」, 『범방패총』Ⅱ, 부산광역시립박물관.

______, 2006a, 「신석기시대 산상유적에 대하여」, 『박물관연구논집』 12, 부산박물관.

______, 2006b, 「영남해안지역의 신석기문화 연구」, 부산대학교 대학원 박사학위논문.

______, 2006c, 「신석기시대 한일문화교류와 흑요석」, 『한국고고학보』 58.

______, 2009a, 「남해안지역 중기 즐문토기사회의 동향」, 『한국상고사학보』 66.

______, 2009b, 「신석기시대 석기의 종류와 양상」, 『박물관연구논집』 15, 부산박물관.

______, 2010, 「범방유적의 석기 검토」, 『부산대 고고학과 창설20주년 기념논문집』, 부산대학
　　　교 고고학과.

______, 2011a, 「생업도구」, 『한국 신석기문화 개론』, 중앙문화재연구원 학술총서 3, 서경문화사.

______, 2011b, 「신석기시대 석기 연구 현황과 과제」, 『제1회 한국고고학연합대회 발표자료집』,
　　　한국고고학회.

______, 2014, 「즐문토기의 편년 연구와 과제」, 『한국 신석기시대 토기와 편년』, 중앙문화재연

구원 학술총서 17, 진인진.

下條信行, 2011, 「북동아시아 벌채석부의 전개」, 『동아시아 마제석기론』, 서경문화사.

戶澤充則 編, 1994, 『繩文時代硏究事典』, 東京堂出版.

황기덕, 1962, 「두만강류역의 신석기시대 문화」, 『문화유산』1962-1, 과학원출판사.

黑岐直, 1970, 「木製農耕具の性格と彌生社會の動向」, 『考古學硏究』63.

※ 발굴보고서는 생략함

05

신석기시대의 어로구

이영덕(호남문화재연구원)

Ⅰ. 어로구의 연구 현황

후빙기가 시작되는 약 10,000년 전, 기후가 온난해지고 점차 해수면이 상승하면서 해진이 시작되었다. 연안 저지에는 얕은 해안과 강어귀가 형성되고 많은 플랑크톤이 생성되면서 조개와 어류의 서식에 적합한 생태조건이 만들어지게 된다. 이러한 기후와 환경의 변화는 육상에서 수렵과 채집 위주로 생계를 꾸리던 수렵채집 집단의 변화를 가져오게 되는데, 즉, 바다에서의 어로와 조개채취가 본격화되기 시작한다.

　한반도에서도 신석기시대 조기 단계에서부터 이미 바다자원에 대해 인지하기 시작했으며,

어로라는 생산기술이 다양하게 개발된다. 어로는 별도의 도구가 필요 없는 소극적인 방법부터 도구의 사용과 수산자원의 생태에 대한 인식이 근간이 된 적극적인 방법인 낚시나 그물 등 다양해진다. 또한 어로환경에 따른 도구의 적용이 다양하게 전개되는데 특히 삼면이 바다로 둘러싸인 한반도에서는 각 지점에 따른 어로도구의 양상이 각각 다르게 확인되고 있다.

동남해안 지역은 조기단계에서부터 작살이나 결합식낚시 등 다양한 어로의 기술력이 갖추어지게 되나 서해안 지역에서는 도구를 이용한 어로보다는 조개채취와 같은 채집단계에 머물고 있다.

이러한 지역에 따른 어로의 기술력 또는 도구체계의 분화는 해당 지역의 바다환경 차이에서 기인한 것에 1차적인 원인으로 파악할 수도 있으나 고도의 기술력을 필요로 하는 외양성 어로의 사례로 볼 때 어로를 기반으로 하는 집단과 그렇지 못한 집단의 차이일수도 있는 것으로 판단된다. 즉, 지금까지 확인된 신석기시대 어로구는 서해안과 남해안, 동해안 지역의 포획환경에 따른 어로대상물이나 어로방법 등에서 다소 차이가 있다.

현재까지 확인된 신석기시대 어로형태는 해당 수역의 환경과 물고기뼈, 패류, 도구를 통해 확인되는데 해안지역의 경우 외양성, 내만성, 내만+외양성으로 구분되나(김건수 1999), 내수면의 경우 잔존 어로도구의 한계가 있어 어로 유형을 파악하는데는 한계가 있다.

한반도 신석기시대 어로의 연구는 2000년대 들어서 구체적인 방법과 지역적인 전개, 인공유물과 자연유물의 결합 등 다양하게 진행되고 있다. 이전의 연구는 생업의 한 분야 정도로 미미하게 추론되었으며, 큰 비중을 차지하지는 않았다.

본격적인 어로의 연구는 패총에서 출토된 동물유체의 분석에서부터 출발한다고 할 수 있다. 일제강점기 동삼동패총에서 결합식낚시의 침을 아메리카 인디언 결합식낚시 형태로 인식하거나 대형유체의 종 동정이 이루어졌으나 어로의 구체적인 방법은 제시되지 않았다(橫山將三郎 1933). 궁산패총의 동물유체 분석을 진행하는 등 생업에 대한 꾸준한 연구가 진행되었던 1980년대 이전까지 북한지역에서는 신석기시대 어로의 구체적인 형태들이 제시되기도 한다(서국태 1986). 서포항, 금탄리, 남경의 어망추의 사례를 들어 자망과 지인망을 추론하거나 작살, 찔개살, 낚시, 홀리개 등의 도구를 언급하였다. 또한 서포항 4기층의 고래뼈(길이 31㎝)를 노로 추정하여 배의 존재를 언급하기도 하였다.

한편 남한지역에서는 1963~4년에 시굴조사되었던 동삼동패총의 동물유체가 Sample에 의해 보고되었다(Sample 1974). 이후 샘플에 의해 보고된 분석자료는 가네코 히로마시金子浩昌에 의해 이루어진 것이 밝혀졌는데(金子浩昌·中山淸隆 1994) 가네코 히로마시는 남해안지역의 패총 동물유체에 대한 꾸준한 관심을 보이며 많은 동정을 실시했다. 1990년대 후반 국내 연구자에 의한 분석이 이루어지기 전까지 수가리, 연대도, 동삼동 등 많은 동물유체 분석이 그에 의해 진행되었다. 이후에 안덕임, 김건수, 최종혁, 이준정, 김은영 등의 연구자에 의해 동물유체가 분석되고 그에 따른 생업이 논의되고 있다.

안면도 고남리패총 패류의 경우 해산패와 육지달팽이로 구분하여 서식처와 계절성을 밝힌 성과는 당시로서는 상당한 진전이었다. 또한 참돔의 성장선분석을 이용한 어획기의 추정 등 다양한 방법이 도입되기 시작했다(안덕임 1993). 그리고 신숙정은 당시까지 조사되었던 남해안 지역 패총유적의 입지와 주변 자원영역, 동물유체를 통해 계절성과 정착을 논하였다(신숙정 1994). 김건수는 그동안 발굴조사에서 확인된 어로구와 동물유체를 접목시켜 한반도 지역의 신석기시대 이후 어로문화의 흐름을 파악하였다(김건수 1999). 어로문화의 집성은 2006년 동삼동패총전시관에 의해 단행본이 발간되면서 시기별, 지역별 어로양상이 개괄적으로 파악되었다고 할 수 있다(동삼동패총전시관 2006). 한편 이준정(이준정 2002)과 김은영(김은영 2006)의 연구는 동물유체 동정 자료를 바탕으로 생업 변화양상이나 패총 유적의 점유 방식을 추정하고 있다.

개별 어로방식 또는 어로구에 대한 연구도 꾸준히 증가하고 있으며, 필자는 잠수어로(이영덕 2006b)나 어망추의 무게와 유적 주변의 지형에 근거하여 건강망의 방식을 추론하기도 하였다(이영덕 2006a). 또한 결합식낚시의 연구(김충배 2003; 최득준 2012), 어망추를 통한 어로의 연구(김경규 2003), 패추를 이용한 주꾸미낚시(김건수 2005), 서해안지역 독살의 가능성(소상영 2012), 골제 자돌구의 제작방법과 용도를 실험고고학적 방법과 사용흔 분석을 통한 해석(이상규 2013)과 단일 기종으로서 작살에 관한 연구(이상규 2014) 등 세분화가 이루어지고 있다.

Ⅱ. 지역별 어로구와 방법

지금까지 신석기시대의 어로구가 확인된 유적은 대체로 해안이나 도서에 위치한다. 내륙의 경우 강안에 위치한 암사동이나 미사리, 금탄리, 송죽리, 오진리암음 등에서 소형의 석제어망추가 확인될 뿐 다른 어로구는 확인되지 않았다. 해안 지역에서 어로구가 확인된 유적은 대체로 등수심 20m 내의 연안에 위치하며, 일부 남해안지역의 유적은 50~100m 내외의 해저수심대의 원도권에 위치한다.

내륙지역의 경우 하천에서 어로가 행해졌을 개연성은 충분하나 잔존물은 어망추 이외에 물고기뼈와 같은 유기물은 남아있지 않다. 내륙유적에서 확인된 어망추는 해안지역에서 확인된 어망추에 비해 크기가 작고 무게 또한 가볍다. 송죽리유적은 중심무게가 38g, 지경리 4호주거지 98.0g, 지경리 6호주거지 98.1g, 지경리 9호주거지 67.1g, 오진리 암음 11.41g 등 100g를 넘지 않는 작은 자갈돌을 이용하였다. 오진리 암음의 경우 다른 유적에 비해 매우 작은 자갈돌을 사용하였는데 반두로 추정한 송죽리의 어망추와는 다른 방법의 그물이 사용되었던 것으로 보인다. 또한 동해안지역인 지경리나 초당동은 석호가 주 무대로 이용되었을 것으로 보이는데 강안지역보다는 좀 더 무거운 어망추를 사용했으며, 좁은 물길에서 사용되는 반두보다는 지인망과 같은 그물을 이용해서 공동어로를 했을 가능성도 있다.

이상과 같이 내륙지역에서는 어망추 이외에 다른 어로구가 출토되지 않아 재래적인 방법으로 추론할 수밖에 없는 실정이다. 내륙지역에서도 기본적으로 해안지역에서 행해졌던 어로방법이 이용되었을 것으로 추정되며, 넓은 수역에서는 불가능한 뜰채어법, 독초어법, 충격어법, 물푸기어법, 어살Fish trap 등이 추가되었을 것으로 판단한다.

반면 잔존 어로도구나 어로의 결과물로 남겨진 물고기뼈, 인골 자료 등 풍부한 자료가 남아있는 곳이 해안지역이다. 유기물 보존환경이 양호한 패총에서 골각기나 물고기뼈 등을 통해 직접적인 어로근거를 찾을 수 있지만 보존환경에 관계없이 잔존률이 동일한 석기의 종류나 수량이 풍부한 점도 어로행위는 주로 해안가에서 이루어졌다고 할 수 있다. 해안에서의 어로 역시 특별한 도구를 수반하지 않는 방법이나 패총에서조차도 보존될 가능성이 거의 없는 유기질의 도구에 의한 어로방법의 복원은 한계가 있다.

일반적으로 재래적인 어로방법이라고 할 수 있는 것은 채집어로, 맨손어법, 타격어법, 방축어법, 반두어법, 농어법籠漁法, 어전어법, 자돌어법刺突漁法, 궁시어법弓矢漁法, 조어법釣漁法, 망어법網漁法 등이 있다. 이중 유물로 잔존하는 어로구는 조어구釣漁具, 자돌구류刺突具類, 궁시구류弓矢具類, 망어구網漁具 등이다. 또한 어로과정에서 획득한 결과물을 해체처리하는 과정에서의 도구로 석인이나 석도, 패인 등도 어로구로 포함될 수 있다.

1. 서해 북부지역

북서부지역에서 어로구가 출토된 예는 궁산패총(도유호·황기덕 1957)이 대표적이다. 1949년 발굴조사된 북서부지역의 대표적인 신석기시대 유적으로 현재는 해안선에서 약 2km 안쪽에 위치하나 패총이 형성되었을 당시에는 해안선이 패총 앞으로 형성되었을 것으로 보고자는 판단하고 있다.

궁산패총에서 출토된 어로구는 석제어망추 30여 점, 유엽형석촉, 길이 12cm 내외의 석창, 찔개살로 분류된 석촉 등의 석기류와 기부중앙에 원공이 있는 골제첨두기, 사슴뿔로 만든 뿔괭이, 한쪽에 날이 세워진 멧돼지 견치 등이 있다. 기부중앙에 원공이 있는 골제첨두기 2점은 끈을 묶거나 연결하는 고리부분으로 판단되는데 형태가 현대의 망침과 유사한 점을 들어 어망을 만드는데 사용되었을 가능성이 높은 것으로 판단하고 있다. 그리고 궁산패총에서 다량으로 출토되는 석제찔개살과 석창은 자돌어로구로 사용되었을 가능성이 있다. 그리고 유엽형석촉 역시 궁시어로구로 사용은 가능하였을 것이다.

농경과 관련지어 낫으로 보고된 멧돼지 견치로 만든 골각기 역시 유적의 성격이 패총인 점을 감안하면 어패류의 가공과 관련된 것으로 판단된다.

이상과 같이 궁산패총에서 출토된 어로구를 통해서 살필 수 있는 어로방법은 망어법과 자돌어법, 궁시어법 등이며, 패류의 채취와 어패류의 해체가공에 자돌구나 골도 등이 사용되었던 것으로 판단된다.

2. 서해 중부지역

다수의 패총유적이 지표조사나 발굴조사 되었음에도 불구하고 중서부지역에서 2000년대 들어 발굴조사된 소연평도(국립문화재연구소 2002)와 모이도패총(국립문화재연구소 2003)을 제외하면 어로구는 빈약한 편이다.

소연평도패총은 2개소의 패총이 발굴조사되었는데 제1패총에서 136점, 제2패총에서 83점의 어망추가 확인되었으며, 구지표나 지표상에서 확인된 어망추를 포함하면 모두 297점으로 중심무게는 350g 내외이다. 그리고 제2패총 Ⅴ층에서는 골제첨두기도 출토되었다.

모이도패총 역시 56점의 석제어망추와 석촉편, 골제첨두기 등이 출토되었으며, 어망추의 중심무게는 500g 내외이다. 보고서에 골제첨두기 중 골침으로 분류하여 망침의 역할로 판단한 어류의 등지느러미 가시뼈背鰭는 인위적인 가공흔은 없는 것으로 판단된다[1]. 한편 보고자는 골제첨두기의 대부분을 자돌어로구보다는 굴을 따는 도구(조새)로 판단하고 있다. 그리고 해체가공구로 파악할 수 있는 고라니 견치도 출토되었다. 그리고 동일한 지역에 위치한 소연평도패총과 모이도패총은 경기만에서 확인된 제유적과 달리 다량의 물고기뼈가 확인되었는데 매가오리가 주종을 이루며, 농어, 방어, 참돔, 넙치, 복어류 등이다.

---

1   등가시지느러미뼈나 혈관간극(担鰭骨)을 골침으로 보고하는 예가 있으나 하단의 구멍은 골격간 연결고리 역할을 하는 자연적인 것으로 사용흔이나 제작흔의 세밀한 관찰이 요구된다.

소연평도나 모이도패총에서는 어로구라고 할 수 있는 것은 석제어망추이며, 다량으로 출토된 점으로 보아 주 어로방법은 망어법이다. 그리고 골제첨두기를 이용한 자돌어로나 석촉의 존재로 보아 궁시어로의 가능성도 있다[2].

한편 영종도 송산유적(박희현 외 1996)에서는 21기의 적석노지와 함께 석촉 14점이 출토되었는데 패각층이나 물고기뼈 등이 확인되지 않아 바다자원의 획득 관련성을 언급하기에는 무리가 있으나 유적의 입지가 바다와 연접하고 있는 점으로 보아 궁시어로나 자돌어로구로 사용되었을 가능성도 있다.

그리고 경기만에 위치한 시도나 오이도 신포동B패총(임효재·박순발 1988), 흘곶패총(기전문화재연구원 2004) 등은 출토량이 빈약하나 궁시어로구로 파악할 수 있는 석촉과 골촉이 확인되었다. 오이도 신포동B패총에서도 어망추가 2점 보고되었는데 일반적으로 대다수의 어망추가 장축에 홈을 낸 반면 단축에 홈을 내고 있으며, 측면을 따라 날이 세워져 있어 어망추보다는 굴지구류로 사용되었을 가능성이 있다. 또한 이들 한강 기수역에 위치한 패총유적에서 물고기뼈 자료의 출토예가 거의 없는 점도 이들 패총유적이 어로보다는 패류채취에 국한되었을 가능성이 있다.

한강 기수역인 경기만의 섬에 위치한 패총유적과 달리 안면도권에서는 어망추와 굴지구, 골제첨두기가 출토되었다. 안면도 고남리패총에서는 비록 한 점에 불과하나 석제어망추가 출토되고 있고 다량의 물고기뼈가 출토되는 점으로 보아 인근의 원산도와 함께 망어법이 이루어졌을 가능성을 엿볼 수 있다. 그리고 물고기의 해체도구로 판단하고 있는 석영제 격지도 다량 출토되었다.

3. 서해 남부지역

금강과 서해가 합류하는 기수역에 위치한 오식도, 노래섬, 가도, 비응도, 띠섬 등의 오식군도에서는 14개소의 신석기시대 패총이 발굴조사되었다. 이중 어로구가 출토되는 유적은 노래섬 7개소, 가도 1개소, 비응도 3개소이다.

노래섬(최완규 외 2002)은 가지구 1문화층과 라지구A패총1문화층으로 구성된 남해안 전기 양상을 보이는 노래섬 Ⅰ기와 가지구 2문화층, 나지구포함층, 라지구A패총 2문화층, 마지구

---

2   보고자는 사슴뼈의 존재로 미루어 모이도패총이 어로에만 국한된 것이 아니라 수렵도 행해졌을 것으로 판단하고 있다.

A·B패총의 서해안 후기 양상으로 대별된다. 어로구의 조성에서도 노래섬 Ⅰ기에서는 결합식 낚시를 비롯하여 고정식작살, 궁시어로구, 어망추, 골제첨두기, 굴지구, 석인, 고라니 견치 등 다양하게 출토되는 반면 노래섬 Ⅱ기에서는 굴지구와 어망추, 석인, 궁시어로구 등 상대적으로 빈약하다.

특히 대부분의 패각층이 교란되기는 하였으나 가지구의 경우 281점의 어망추와 함께 참돔, 민어, 복어, 가오리, 상어류, 감성돔, 양태 등의 물고기뼈도 다량으로 출토되었다. 가지구 이외의 지역에서 물고기뼈가 확인된 곳은 라지구A패총과 마지구A패총으로 가지구에 비해 빈약하다. 이러한 양상은 오식군도내에서 서해안식토기만이 출토되는 노래섬 마지구B패총이나 가도B패총, 가도C패총에서도 확인된다.

노래섬 가지구와 유사한 양상을 보이는 곳이 가도A패총(박순발 외 2001)으로 어로구의 조성에서 거의 유사한 면을 보인다. 가도A패총에서 확인된 어로구는 어망추와 석제작살, 궁시어로구, 굴지구, 결합식낚시, 골제첨두기, 석인, 고라니와 멧돼지 이빨을 이용한 해체가공구 등이다. 그리고 물고기뼈 역시 참돔과 복어의 비율이 압도적이며, 상어류, 농어, 방어 등도 출토되었다. 그리고 규장암제 석인은 노래섬 가지구에서 출토된 것과 동일한 암질로 다량으로 출토된 물고기뼈와 관련되었을 가능성이 크다.

비응도B패총(윤덕향 외 2002)에서도 보고는 이루어지지 않았으나 물고기뼈가 출토되었으며, 어로구로는 어망추나 골제첨두기, 석인 등이 있다. 노래섬이나 가도에 비해 많은 양은 아니나 대체로 비응도에서 출토된 토기가 서해안 후기 양상인 점으로 보아 어로구의 조합에서도 노래섬 Ⅱ기와 괘를 같이한다고 할 수 있다.

4. 남해 서부지역

남해 서부지역은 어로환경이 앞에서 언급한 서해안지역과는 차이를 보인다. 먼저 등수심 50m 내외의 원도권 섬에 패총이 형성되며, 패각층의 구성에서도 굴이 90% 이상을 차지하는 서해안지역과 대별된다. 남해 서부지역에서 어로구가 출토된 유적은 송도패총을 위시한 여수반도 근해의 안도'가'패총, 안도'나'패총, 개도'사'패총, 대경도'라'패총, 돌산 마상포유적 등 지표조사를 통해 확인된 유적들과 원도권에 해당하는 거문도패총, 손죽도패총과 발굴조사가 이루어진 여서도패총과 가거도패총이 있다. 그리고 남해안의 원도권과 유사한 바다환경인 제주도 북촌리 유적도 포함시켰다.

남해 서부지역의 특징적인 어로구는 결합식낚시와 함께 잠수어로의 가능성이 있는 고정식작살이나 패류채집구이다. 반면 서해안 전역에서 확인되었던 어망추나 굴지구는 상대적으로 감소하는 경향을 보인다. 특히 가거도패총과 여서도패총, 북촌리유적 등 원도권 유적에서는 개뻘 서식자원의 획득도구로 판단되는 굴지구나 조차潮差를 이용한 어망어로에 사용된 어망추가 전혀 발견되지 않는다.

송도패총(지건길·조현종 1989; 지건길·조현종 1990)에서 어로구로 판단되는 것은 결합식낚시, 굴지구와 골제첨두기, 골제촉 등과 흑요석격지이다. 흑요석 격지는 포획한 물고기를 해체가공하는 도구로 판단되는데 노래섬이나 가도 등지에서 확인된 석인이나 패인과 같은 역할을 했을 가능성이 있다. 송도패총외에 나머지 유적은 지표조사를 통해 알려진 유적으로 어로구의 전모를 파악하는데는 무리가 있다. 다만 안도'가'패총에서 수습된 삼각형석촉과 형태상 차이가 없는 작살은 기부에 작살 끝의 회수와 명중시킨 어획대상물을 끌어내기 위한 끈을 묶기 위한 索孔이 4개나 뚫려있다. 이처럼 촉신의 하단 중앙에 삭공이 있는 석촉은 서해안지역에서 노래섬 가지구와 라지구A패총, 가도A패총이며, 범방패총이나 오산리 등 남해안 전기에 해당하는 유적들에서 어로구와 공반되어 확인된다.

원도권패총의 단면을 보여주는 곳이 여서도패총과 가거도패총이다. 두 유적 모두 결합식낚시와 고정식작살, 빗창의 가능성이 있는 골제첨두기 등이 출토되며, 대형어족자원의 뼈도 공반된다. 그리고 지표조사된 거문도패총의 경우도 고정식작살과 결합식낚시 등이 확인되는 것으로 보아 어로유형이 앞의 두 유적과 큰 차이가 없는 것으로 판단된다.

여서도패총은 패각층의 퇴적과 출토 토기의 시간 폭이 크지 않음에도 불구하고 다양한 유형의 결합식낚시 축과 침이 확인되었다. 그리고 기부에 원공이 있는 골제첨두기는 조간대 이하의 심도에서 암반에 흡착 서식하는 전복류를 포획하는 도구일 가능성이 있다. 주로 잠수에 의해 전복을 포획하게 되는데 잠수과정에서 물갈퀴 역할을 하는 손을 자유롭게 하기 위해 끈을 묶을 수 있는 원공을 뚫은 것으로 생각된다. 현재 해녀가 사용하는 빗창 역시 기부에는 끈을 묶을 수 있는 구멍이 있어 이러한 가능성을 뒷받침한다고 할 수 있다.

북촌리유적(이청규 1988)에서 확인된 어로구는 골제첨두기가 대부분이며, 전복류의 포획과 관련된 도구로 판단된다. 그리고 장축 양선단에 뾰족한 날을 세운 고정식작살도 1점 있다.

5. 남해 동부지역

남해 동부지역은 남해와 동해의 어로환경이 교차하는 지역이다. 동해안은 해안선이 단조롭고 조석간만의 차가 적을 뿐 아니라 갯벌이 거의 없다. 반면 남해안은 해안선이 복잡하고 육지와 연한 크고 작은 섬들이 많다.

동해안에 속하는 울진 죽변유적이 경우 자돌구와 결합식낚시만이 출토되었다. 반면 갯벌이 형성되기 시작하는 울산만의 세죽패총이나 범방, 연대도, 욕지도 등은 자돌구, 결합식낚시와 더불어 패류채취를 위한 자돌구류, 어망추 등이 확인된다.

전반적으로 남해 동부지역의 어로 양상을 대변하는 유적이 동삼동패총이다. 1920년대 일본인 학자에 의해 발견·조사되면서 존재가 알려진 후에 1963~4년의 모어Mohr와 샘플Sample 조사, 1969년에서 1971년에 걸친 3차례의 국립중앙박물관 조사, 이후 1999년 부산박물관에 의한 패총 정화지역 조사 등 여러 기관에 의한 조사로 인한 층위의 난맥상이 있어 왔다. 하지만 가장 최근의 조사라고 할 수 있는 부산박물관의 조사를 통해 5개의 문화층이 확인되었는데 기존의 조사 자료와의 비교를 통해 생계전략을 파악하기도 했다(金殷暎 2012).

즉, 정화구역 Ⅰ, Ⅱ문화층인 조~전기 단계에는 어망추, 골제자돌구, 匕형골기 등 해양 자원 획득을 위한 1차도구가 주로 출토되며, 상어나 참돔, 다랑어, 대구와 같은 대형 어종부터 정어리나 전갱이 같은 소형 어종까지 다양한 어류가 공반되고 있다. 즉, 동삼동 패총에서 해양 자원에 대한 집중적인 이용과정이 시작되는 단계라고 할 수 있다.

중기는 상어류, 참돔, 다랑어와 같은 중대형 어종이 주체를 이루고 있으며, 청새치와 같이 먼 바다에 나가야 포획할 수 있는 어종이 추가되는 양상이다. 해서포유류 역시 급격하게 증가하는 양상인데 동삼동패총이 중기단계에 주거지와 수혈 등의 유구와 함께 두꺼운 패각층이 남아있는 것으로 보아 가장 활발하게 점유하였던 시기라고 할 수 있다.

정화구역 Ⅴ문화층인 후~말기 단계는 패천이 증가하고 오히려 어류나 해서포유류의 유체가 감소하는 경향을 보인다. 즉, 단기간의 점유였을 것으로 판단하기도 한다.

이상과 같은 동삼동의 양상은 비록 시기에 따른 어로구나 어획물의 양의 차이는 보이나 어로구의 변화가 거의 없이 전 시기에 걸쳐 확인된다. 그리고 어망추의 경우 남해 서부지역이나 서해안에 비해 급감하는데 이는 어망어로를 할 수 있는 입지환경과 연동된다고 할 수 있다.

6. 동해안지역

동해안은 암초와 사빈해안으로 이루어졌으며, 조차를 거의 느끼지 못할 정도로 미미하다. 이러한 해안의 지리적인 환경과 아울러 쿠로시오 난류대(동한해류)와 리만 한류대(북한한류)가 교차하는 동해안은 서해안과 달리 겨울에도 어장이 형성된다. 반면 조개의 서식은 대부분 짧은 사빈해안으로 이루어져 있어 한두 종에 불과하며 패총이 전무한 이유도 이러한 서식환경에 근거를 찾을 수 있다.

이런 환경적인 요인은 신석기시대 어로방법이나 도구, 잔존물에서도 차이를 보인다. 서해안의 경우 조간대 조차를 이용한 독살을 포함한 건간망이 대표적인 어로방법이라면 수심이 깊은 동해안 지역은 결합식낚시와 작살 등이 주된 어로방법이었다.

중부 동해안지역은 해안선이 단조롭고 바로 깊은 심해로 이어져 단순한 양상의 어로로 판단하고 있다. 또한 연어의 회귀에 따른 다른 지역과의 차별성이 강조되기도 하였다. 필자는 동해안 연어잡이의 경우 가장 쉽고 대량 획득이 가능한 방법이 사용되었을 것으로 판단한다. 그리고 이 지역에서 연어잡이에 이용되었을 것으로 파악되었던 결합식낚시는 남동해안이나 남해안의 예처럼 대형어족자원을 획득하기 위한 해안가 암벽을 이용한 낚시로 판단된다. 그리고 전시기에 걸쳐 확인되는 석제 어망추의 경우 투망보다는 지인망이나 주목망 등 공동어로의 도구로 파악되며, 일부 소형의 어망추는 투망이나 반두와 같은 개인어로구로 사용되었던 것으로 생각된다.

지금까지 한반도 해안지역에서 확인된 어로구는 〈표 1〉과 같다.

그리고 이들 어로구와 함께 어로의 결과물로 남겨진 물고기뼈는 〈표 2〉와 같다.

참돔이 대부분의 유적에서 주체종이며, 대구, 농어, 가오리류, 상어류, 돌돔, 쥐돔, 감성돔, 어름돔 등의 돔류와 복 어류, 방어, 다랑어류 등 수십종이 넘는 물고기뼈가 확인된다. 남해안지역에서는 상어류나 참돔, 다랑어류 등이 많은 비중을 차지하는 반면, 서해안은 참돔과 아울러 노래섬과 가도에서는 복어류가 많은 비중을 차지한다. 또한 소연평도나 모이도패총에서는 다른 물고기뼈에 비해 가오리류가 월등히 높은 비중을 차지한다.

남부지방에 국한되기는 하나 조·전기 단계에서는 참돔·상어·다랑어 등이 주체를 점하는 등 외양성 어업이 성행하나, 중기부터는 외양성 어업에서 내만성 어업이 발달해 외양성+내만성 어업으로의 변화와 함께 쇠퇴하는 경향을 보이는 것으로 파악하고 있다(최종혁 2012).

그리고 지엽적인 양상이기는 하나 노래섬'가'나 가도'A', 고남리, 수가리 등지의 물고기뼈 부위 출토량 차이는 어로의 생산과 소비라는 차원에서 접근 필요성을 느끼게 한다. 이들 유적에서는 물고기뼈 중 머리뼈의 개체가 월등히 많고 등뼈와 같이 몸통에 해당되는 부분의 뼈는 간헐적으로만 확인되었다. 즉, 소비지와 생산지가 다를 가능성이 있는 것으로 파악된다. 동일한 지점에서 해체와 소비가 이루어졌다면 부위별 고른 분포를 보이는 것이 당연하다. 하지만 골각기의 제작을 위해 의도적으로 사슴과 같은 육지동물의 사지골 부위만을 내륙에서 반입해 온 것처럼 물고기의 머리 부분을 해체한 후 몸통만을 건조하거나 염장처리해서 내륙으로 반출했을 가능성도 있다.

표 1 한반도 해안지역 출토 어로구

지역	유적	網漁具 석제어망추	刺突漁具 골제 작살	刺突漁具 골제 첨두기	刺突漁具 석제 타제작살	刺突漁具 석제 마제작살	弓矢漁具 유엽촉	弓矢漁具 직기촉	弓矢漁具 만입촉	弓矢漁具 유공촉	釣漁具(결합식) 석제 축	釣漁具(결합식) 석제 침	釣漁具(결합식) 낚시추	釣漁具(결합식) 골제 축	釣漁具(결합식) 골제 침	釣漁具(결합식) 패제 축	釣漁具(단식)	貝類採取具 굴지구	貝類採取具 자돌구류	解體加工具 석도	解體加工具 석인	解體加工具 패인	解體加工具 골도
서해 북부	궁산	○		○		○	○	○	○										○				○
	용당포	○		○		○																	
	당산	○																					
서해 중부	까치산	○																					
	소연평도	○		○															○				
	학곡리	○										○											
	모이도	○		○						○									○				○
	당도'남'	○																					
	시도	○					○																
	영종도 송산	○					○	○	○														
	오이도 신포동						○ (골촉)	○															
	오이도 뒷살막	○																					
	울도																					○	
	흘곳							○															
	고남리	○		○													○	○			○		
	초락도																					○	
	원산도	○																					
서해 남부	노래섬 '가'1기	○	○	○	○	○		○	○	○			○	○	○			○	○		○		○
	노래섬 '가'2기	○		○														○			○		

絹魚具 · 刺突魚具

지역	유적	絹魚具 석제 어망추	刺突魚具 골제 작살	刺突魚具 골제 첨두기	刺突魚具 석제 타제작살	刺突魚具 석제 마제작살
서해 남부	노래섬'나'	○				
	노래섬'터A'1기	○				
	노래섬'터A'2기					○
	노래섬'터B'	○				
	노래섬'마A'	○				
	노래섬'마B'	○				
	비응도'A'	○				
	비응도'B'					
	비응도'C'	○				
	가도'A'	○		○	○	○
남해 서부	가거도		○			
	여서도		○			
	돌산 송도					
	안도'가'	○			○	○
	안도'나'	○				
	개도'사'	○				
	오복2	○				
	오복3					
	돈탁					

弓矢漁具 · 釣魚具(결합식) · 釣魚具(단식)

지역	유적	弓矢漁具 유엽촉	弓矢漁具 직기촉	弓矢漁具 만입촉	弓矢漁具 유공촉	釣魚具(결합식) 석제 촉	釣魚具(결합식) 석제 침	釣魚具(결합식) 석제 낚시추	釣魚具(결합식) 골제 촉	釣魚具(결합식) 골제 침	釣魚具(결합식) 패제 촉	釣魚具(단식)
서해 남부	노래섬'나'											
	노래섬'터A'1기											
	노래섬'터A'2기				○							
	노래섬'터B'											
	노래섬'마A'		○									
	노래섬'마B'											
	비응도'A'											
	비응도'B'											
	비응도'C'											
	가도'A'	○		○	○			○	○	○		
남해 서부	가거도					○				○		
	여서도					○			○	○	○	
	돌산 송도				○ 골촉	○				○		
	안도'가'											
	안도'나'											
	개도'사'											
	오복2											
	오복3											
	돈탁											

貝類採取具 · 解體加工具

지역	유적	貝類採取具 굴지구	貝類採取具 자돌구	解體加工具 석도	解體加工具 석인	解體加工具 패인	解體加工具 골도
서해 남부	노래섬'나'	○			○		
	노래섬'터A'1기		○				
	노래섬'터A'2기				○	○	
	노래섬'터B'	○					
	노래섬'마A'	○			○	○	
	노래섬'마B'	○					
	비응도'A'				○		
	비응도'B'				○		
	비응도'C'						
	가도'A'	○	○		○		○
남해 서부	가거도		○				
	여서도		○				
	돌산 송도	○	○		○ 흑요석제		
	안도'가'		○				
	안도'나'						
	개도'사'						
	오복2						
	오복3						
	돈탁		○				

| 지역 | 유적 | 網漁具 | 刺突漁具 | | | | 弓矢漁具 | | | | 釣漁具(결합식) | | | | | | 釣漁具(단식) | 貝類採取具 | | 解體加工具 | | | |
| | | | 골제 | | 석제 | | | | | | 석제 | | | 골제 | | 패제 | | | | | | | |
		석제 어망추	작살	첨두기	타제 작살	마제 작살	유엽 촉	직기 촉	만입 촉	유공 촉	축	침	낚시 추	축	침	축		굴지 구	자돌 구류	석도	석인	패인	골도
남해 서부	거문도		○												○								
	손죽도																		○				
	북촌리																		○				
	도두동	○																					
	하모리														○				○				
	상모리																		○				
	사계리										○												
남해 동부	범방유적	○									○												
	범방패총		○	○							○				○				○				
	동삼동		○	○							○			○	○				○				
	구평리														○								
	농소리														○								
	비봉리	○		○							○			○	○								
	장항										○												
	늑도													○?									
	수가리																		○				
	상노대도		○											○	○			○	○				
	연대도	○	○	○										○	○				○				
	욕지도	○		○										○	○			○					

분류	기종	신진리	신암리	세죽	황성동	죽변	망상동	안현동	하시동	초당동	송전리	가평리	오산리	용호리	지경리	대진리	철통리	문암리	서포항	농포동
(지역)		남해동부				동해안														
解體加工具	골도																			
	패인																			
	석인																			
	석도																			
貝類採取具	자릉구류																		○	○
	굴지구																			
釣漁具(단식)					○														○	
釣漁具(결합식) 패제	축																			
釣漁具(결합식) 골제	침			○																
	축			○																
釣漁具(결합식) 석제	낚시축																			
	침																		○	
	축			○		○	○			○		○		○				○		
弓矢漁具	유공촉																			
	만입촉																			
	직기촉																			
	유엽촉																			
刺突漁具 석제	마제작살																			
	타제작살																			
刺突漁具 골제	첨두기																			
	작살				○														○	
網漁具	석제 어망추																		○	○

표 2 신석기시대 주요 패총 출토 어류(●는 주체종)

유적명 / 어류	남해안													서해안							동해안		
	연대도	상노대도 상리	상노대도 산등	안도	목도	가거도	여서도	동삼동	북정	수가리	범방	비봉리	하모리	까치산	궁산	모이도	소연평도	고남리	노래섬'가'	가도'A'	세죽	서포항	농포동
상어류	◎					○	○	●				○							○		○		
가오리류	○	○						○		○		○		○		●	●		○				●
숭어	○											○									○		
대구	○						○			○						○							○
농어	○	○								○		○		○		○			○				○
능성어	○						◎									○							○
민어	○															○			○	○			○
조기	○																						
참돔	◎	●		○			●	●								○	○		●	●	●		○
감성돔	○							○		○		○				○			○		○		○
돌돔							○																
쥐돔			○																				
어름돔										○													
전갱이	○						○																
방어	○					○	○	○											○	○	○		
다랑어류	○							○													◎		
자바리							◎																
고등어	○						○														○		
삼치							◎	○				○									○		
혹돔	○					○															○		
쥐치	◎	○																					
복어류	○							○		○		○		○		○	○		●	●			○
쏨뱅이	◎							○															
옥돔							○																
잉어												○											
양태	○															○			○				○
넙치	○																○				○		
도미과	○			○																			

Ⅲ. 어로구에 따른 어로방법

앞에서 살펴본 바와 같이 한반도 신석기시대 어로구는 망어구, 자돌어구刺突漁具, 궁시어구弓矢漁具, 조어구釣漁具, 패류채취구貝類採取具, 해체가공구解體加工具 등이다. 그리고 조석간만의 차가 거의 없어 조간대 뻘이 형성되지 못한 동해안의 경우 해수류를 포획하기 위한 작살이나 결합식낚시가 대부분이며, 석호가 형성되는 동해 중부해안의 경우 석호를 근간으로 한 어망추가 확인된다.

1. 망어법(網漁法)

어망은 낚시나 다른 어로방법과는 달리 한꺼번에 대량의 물고기를 잡을 수 있는 도구로 어망과 부자浮子, 어망추沈子로 구성된다. 어망과 부자는 썩기 쉬운 유기질이기 때문에 쉽게 발견되지 않고 다만 어망추에 묶었던 흔적 정도로만 남아있다. 그리고 어망추는 어망에 침강력을 부여하기 위해 사용되는 것으로 일정한 무게와 내구력을 가지며, 사용된 지역의 조차나 수심 등에 따라서 크기의 변이가 있다. 어망추의 재질은 석추를 비롯하여 토추, 토기편추, 패추 등이 있으나 현재까지 신석기시대 유적에서 발견된 어망추는 석추가 대부분이다[3]. 석추는 장축에 홈을 낸 것과 궁산[4]이나 모이도, 시도, 노래섬 나지구에서 보이는 것과 같이 단축에 홈을 낸 것이 있으나 대부분 장축을 이용하고 있다.

　서해안 지역인 노래섬, 가도, 비응도의 경우 1kg이 넘는 어망추도 확인된다. 이는 동해안의 오산리나 지경리, 남해안의 연대도, 욕지도 등지의 어망추가 100 g 내외인 점과 대조를 이루는데 서해안의 높은 조차에 따른 차이로 보인다[5].

　이러한 어망추의 사용방법을 복원한 시도가 있었는데, 자망법이 사용되었을 것으로 판단하고 있다(김경규 2003). 자망법은 그물을 어군의 통로에 수직으로 설치하여 대상물이 그물코에 꽂히게 하여 잡는 어법으로 그물코의 크기는 대상물의 아가미 둘레의 크기와 거의 일치해야 한

3　일부 유적에서 토기편추의 존재를 보고하고 있으나 지표조사된 것이 대부분이며, 현재까지 사용하는 어망의 추일 가능성이 있어 주의가 요망된다.

4　궁산패총에서 출토된 어망추 중 단축에 비교적 홈이 깊은 어망추는 장기간 끈과 같은 것에 의해 마모되었을 가능성이 있으며, 어망추라기보다는 고르랫돌(繩錘)일 가능성이 있다.

5　오산리와 지경리의 경우 남대천이나 화상천이 동해에 합류하는 지점에 위치하는 유적으로 이들 하천에 회유하는 어종을 대상으로 한 내수면 어로의 가능성도 있다.

1. 당산, 2. 궁산, 3. 남양리, 4. 남경, 5. 마산리, 6. 지탑리, 7. 룡당포, 8. 까치산, 9. 운서동, 10. 운북동, 11. 중산동, 12. 학곡리, 13. 소연평도, 14. 모이도, 15. 삼거리, 16. 미사리, 17. 암사동, 18. 조동리, 19. 사천동, 20. 봉명동, 21. 신관동, 22. 둔산, 23. 안자동, 24. 원촌, 25. 노래섬 '라', 26. 비응도, 27. 가도, 28. 안도 '가', 29. 경도, 30. 도두동, 31. 연대도, 32. 욕지도, 33. 선진리, 34. 상촌리, 35. 평거동, 36. 송죽리, 37. 오진리, 38. 비봉리, 39. 범방, 40. 망상동, 41. 지변동, 42. 초당동, 43. 하시동, 44. 지경리, 45. 가평리, 46. 송전리, 47. 오산리, 48. 용호리, 49. 철통리, 50. 문암리, 51. 대진리, 52. 용항리, 53. 아우라지, 54. 피낭굴, 55. 공기 2굴

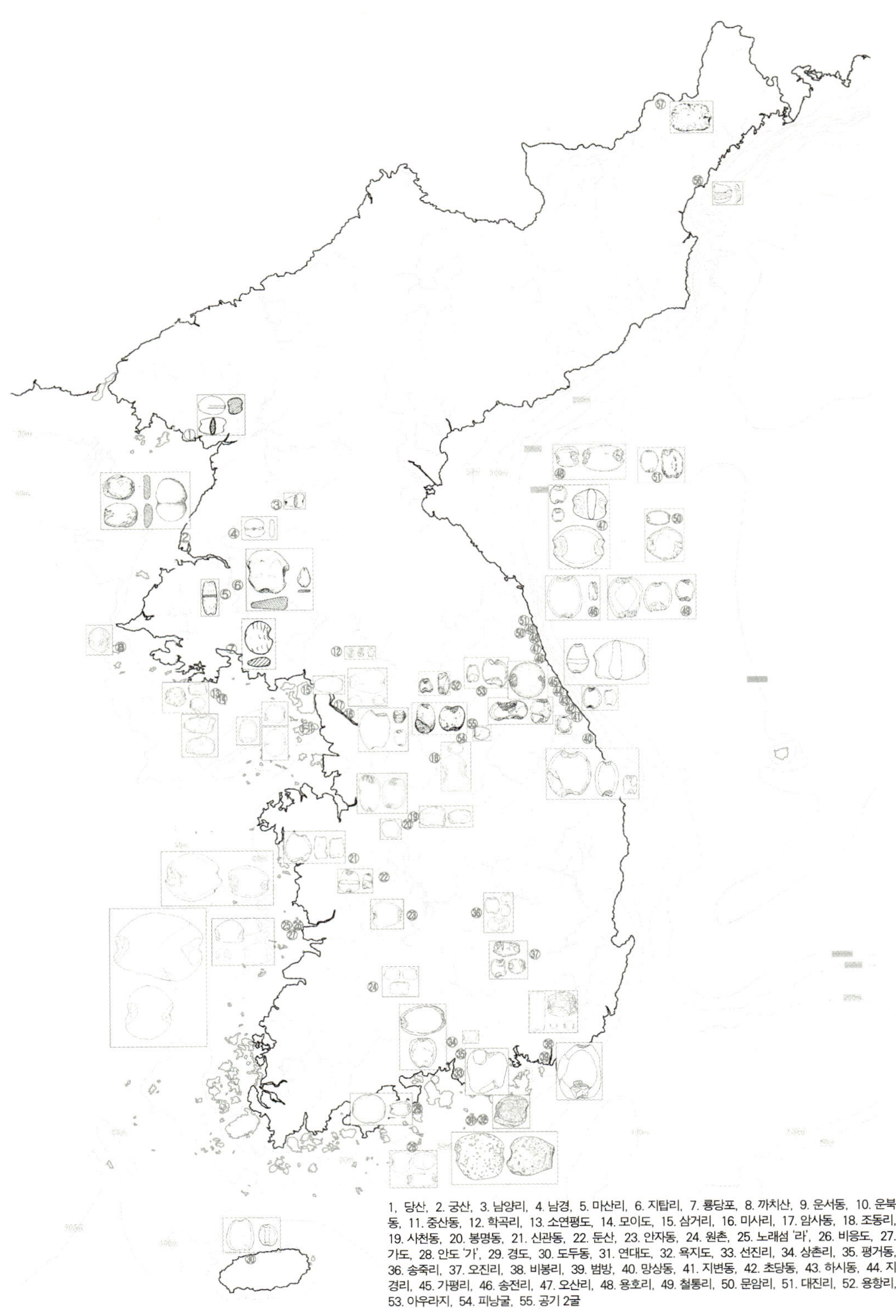

그림 1 어망추 분포도

다. 그리고 대상물의 유영층에 따라 표층表層, 중층中層, 저층底層 걸그물로 분류된다(박구병 외 1992). 이와 관련하여 서해안의 경우 자망의 설치 가능했는지? 그리고 석제 어망추가 다량으로 출토된 소연평도패총에서 출토된 물고기뼈의 주종을 이루는 매가오리가 지망에 의해 포획이 가능했는지 의문이 생긴다.

앞에서 언급한 바와 같이 자망은 물고기의 아가미가 그물코에 걸리게 하여 잡는 방법으로 신석기시대의 경우 고정식자망이 사용되었을 것으로 판단하고 있다. 그리고 자망에 의해 포획할 수 있는 어종은 조기, 고등어, 전갱이, 삼치, 방어, 명태, 꽁치, 멸치, 오징어, 연어, 송어 등 방추형紡錘形이 대부분이며, 아가미가 대체로 큰 편에 속한다.

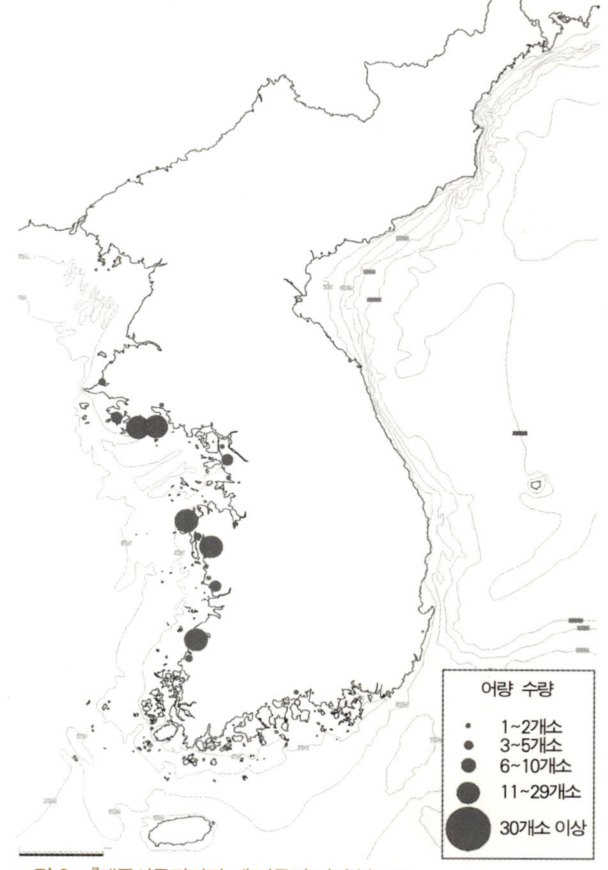

그림 2 『세종실록지리지』에 기록된 어량 분포도

동해안지역의 어망추는 전 시기에 걸쳐 확인되는 것으로 파악된다. 이 지역에서 확인된 어망추는 주로 투망법으로 추정하고 있으며, 일부 소형의 어망추의 경우 낚시추로 파악하고 있다(강원문화재연구소 2006; 예맥문화재연구원 2007). 그러나 그물의 부피와 무게에 따른 효율성이 저하되어 투망 자체가 어려울 것이라는 비판이 있었으며(신종환 2006), 필자도 이에 동의하며, 석호나 동해로 유입되는 작은 하천 등에서 사용되었을 것으로 생각한다. 반면에 지변동이나 송전리, 망상동 등지에서 확인된 10g 내외의 소형 어망추는 물의 저항을 적게 받으면서 신속하게 포획이 용이한 투망이나 반두와 같은 어망으로 복원이 가능할 것으로 판단된다.

한편 서해안지역에서 석제어망추를 통한 그물의 형태복원이 가능할 것으로 판단되는 지역이 오식군도이다. 어망추의 출토예가 많은 오식군도의 경우 패총의 앞에는 해발 0~3m 내외의 완만한 지형의 조간대가 형성되어 있으며, 평균조차는 대조차 593.8cm, 소조차 288.6cm로 조차가 심한 편이다. 그리고 난조류의 최대유속[6]이 노래섬 가지구패총 앞에 뻘이 드러나는 시점과 일치한다. 가도A패총 역시 노래섬 가지구패총과 유사한 입지를 택하고 있는데 입지를 달리하는 가도내 다른 패총과 어로구 출토빈도나 물고기뼈의 존재유무에서 입지상의 차이를 보인다. 즉, 노래섬만을 한정해서 보았을 때 주거공간과 생산공간의 분리가 패총의 입지와 출토유물에서 확인된다[7]. 가지구의 경우 조차를 이용한 물고기잡이 장소로서 최적의 조건을 갖추고 있었으며, 발굴조사 당시에도 주목柱木에 의해 고정된 그물을 이용한 어로를 하고 있었다.

　이러한 어로방법은 첨단화된 3중그물을 사용하고 있어 저층低層 걸그물로 분류할 수 있으나 간조 시 그물이 드러나는 점이나 그물을 호상弧狀으로 쳐서 낙조류와 함께 대상물이 그물에 포위되게 한 것으로 보아 함정어로의 한 형태인 개막이그물建干網로 판단된다. 개막이그물의 경우 설치하는 과정에서 공동의 노동이 필요하나 동일한 지점에서 안정된 어획을 올릴 수 있는 이점이 있다. 개막이그물과 같은 함정어로는 장소와 사용된 재질에 따라서 석방렴石防簾이나 어장漁帳, 어전漁箭 등이 있으며, 모두 조류와 조차를 이용한다는 공통점이 있다. 함정어로는 비록 원시적인 어로방법이긴 하나 포획과정에서 많은 노동력을 투입하지 않고도 다량의 어획량을 안정적으로 확보할 수 있기 때문에 현대까지도 사용되었다.

　한편 이와 간은 함정어로[8]는 조선시대에 관에서 관리를 할 정도로 비중이 컸던 것으로 판단된다.

표 3 『세종실록지리지』 어량의 현지명과 주요 포획어종

지리지 지명	현지명	수량	포획어종
수원도호부	경기도 수원시	2	숭어(首魚), 민어, 참치(眞魚), 농어, 뱅어(白魚), 상어(沙魚)
남양도호부	경기도 화성군	2	주로 민어, 송어, 숭어, 상어 참치, 가물치(加大魚), 조기(石首魚)
안산군	경기도 시흥시	5	주로 송어, 민어, 숭어, 조기, 농어, 참치, 홍어
부평도호부	인천광역시	1	참치, 민어, 조기, 가물치(加火魚)
강화도호부	경기도 강화군	2	홍어, 숭어, 민어
인천군	인천광역시	19	주로 참치,오징어,농어,갈치,홍어,넙치(廣魚),설치(舌大魚),송어(蘇魚), 조기,망어(亡魚),상어(沙魚),민어,가물치(加火魚),도미
김포현	경기 김포시	1	숭어, 민어

6　고조 후 2.1~4.6시경으로 조류를 따라온 물고기가 고조지점까지 올라가서 유영이 가능한 시간으로 생각된다.

7　생산과 주거공간의 분리가 정주를 의미하지는 않는다.

8　조선시대 전기까지만 해도 이러한 함정어로는 어량(魚梁)으로 통칭되었던 것으로 보인다. 어량이란 하천이나 바닷가에 대나무나 갈대 등을 엮어서 만든 것으로 하천물이나 바닷물이 빠져나갈 때에 미처 빠져나가지 못한 고기들을 홈통에 모이게 하여 사대로서 잡아들이는 것을 이른다.

지리지 지명	현지명	수량	포획어종
통진현	경기 김포시	2	주로 숭어, 참치
직산현	충남 천안시	1	송어
아산현	충남 아산시	3	민어, 숭어, 참치, 망둥이, 황숭어, 세미어(細尾魚)
서천군	충남 서천시	17	주로 홍어, 상어, 숭어, 전어(錢魚), 민어
남포현	충남 서천시	3	주로 청어, 상어, 숭어, 홍어
비인현	충남 서천시	2	주로 청어, 홍어, 상어, 전어, 가물치, 오징어
홍주목	충남 홍성군	33	주로 청어, 갈치, 망어, 상어, 조기, 가물치, 준치, 광어
태안군	충남 태안군	46	주로 청어, 갈치, 전어, 상어, 민어, 조기, 망어
서산군	충남 서산군	10	주로 청어, 조기, 상어
해미현	충남 서산군	1	주로 민어, 전어, 광어, 갈치, 조기, 홍어, 숭어
당진현	충남 당진군	1	주로 숭어, 홍어
보령현	충남 보령시	5	주로 청어, 가물치, 숭어, 상어, 홍어
결성현	충남 홍성군	1	주로 준치, 전어, 갈치, 조기 숭어, 상어, 오징어, 가물치, 민어
경주부	경북 경주시	1	연어(年魚)
진주목	경남 진주시	2	
하동현	경남 하동시	3	
칠원현	경남 창원시	1	대구어
부안현	전북 부안군	2	주로 청어
영광군	전남 영광군	13	
무장현	전북 고창군	34	
낙안군	전남 순천시	1	
해주목	황해도 해주시	4	주로 청어(靑魚)
옹진현	황해도 옹진군	26	주로 청어, 고등어
장연현	황해도 옹연군	2	주로 청어, 고등어
강령현	경기도 옹진군	84	주로 청어
연안도호부	황해도 연백군	2	
풍천군	황해도 풍천군	7	주로 청어
은율현	황해도 은율군	1	
장련현	황해도 은율군	1	주로 숭어
문천군	강원도 문천시	1	
안변도호부	강원노 안변군	1	
단천군	함경남도 단천시	1	연어

　〈표 3〉은 「세종실록지리지」(1432년)에 기록된 어량의 현지명과 주요 포획어종을 나타낸 것이다. 「세종실록지리지」(1432년)에 의하면 어량이 충청도에 136개소, 황해도에 127개소, 전라도 50개소, 경기도 34개소, 경상도 7개소, 강원도 2개소, 함경도 2개소에 설치되었다. 포획된 주요 어종은 충청도에서는 청어와 민어 상어를 잡았고, 황해도에서는 청어와, 고등어, 전라도에서

는 청어, 경기도에서는 송어, 민어, 진어, 조기류, 경상도에서는 대구와 연어를, 함경도에서는 연어를 잡았다. 물론 이와 같은 「세종실록지리지」의 기록이 모든 어량에 대한 조사결과를 나타낸 것은 아니지만 대체로 충청도와 황해도를 비롯한 서해안 지역에 집중되었음을 알 수 있다. 즉, 조차를 이용한 함정어로는 완만한 조간대 지형이면서 조차가 심한 서해안지역에서 주로 사용된 어로방법이라고 할 수 있다.

　이러한 「세종실록지리지」에 나타난 어량의 분포양상은 신석기시대 해안과 도서지역에서 확인된 어망추의 분포와 일치하고 있다(그림 1). 또한 상대적으로 조차가 적은 동해안이나 남해안에 비해 서해안에서 확인되는 어망추가 무거운 점도 조차를 이용한 함정어로(개막이그물류)를 하였을 가능성이 있다.

2. 자돌어법(刺突漁法)

자돌어법은 대상물을 찔러서 포획하는 방법을 이르는 것으로 미늘의 유물에 따라서 작살과 찔개살(혹은 찌르개)로 구분하기도 하며, 투창投槍의 유물에 따라서 구분하기도 한다(김건수 1998). 대체로 자돌어법에 사용된 도구는 재질에 따라 석제(마연, 타제)와 골각제가 있으며, 형태나 사용방법 등에 따라서 세분될 수 있다.

　골제고정식작살은 전면을 마연하며, 예리한 삼각형촉의 봉부를 갖추고 있으며, 기부는 한쪽으로 치우쳐있다. 주로 남해안지역의 여서도와 가거도패총, 거문도패총, 상노대도, 동삼동에서 출토되었는데 동삼동을 제외하면 등수심 50여m 내외의 원도권 섬에 해당하는 지역이다.

　골제고정식작살은 자루에 착장하였을 때 휘어진 기부가 미늘의 역할을 하며, 자루와 결합되는 부분은 작살촉의 중앙이 된다. 여서도나 가거도패총에서 출토되는 고정식작살의 봉부가 파손된 것이 다수 확인되고 있어 봉부의 파손이 대상물을 포획하는 과정에서 파생되었을 것으로 추정하였다. 필자는 골제고정식작살의 사용 방법을 현재 해녀들이 사용하는 작살과 같은 형태로 복원하였으며, 잠수어로 도구로 판단하였다(이영덕 2006).

　골제첨두기骨制尖頭器9는 자돌어로 뿐만아니라 패류채취 등의 도구로 사용되었을 가능성이 있다. 경기내만의 패총유적을 제외한 대부분의 패총유적에서 출토되는 보편적인 도구로 특히 물고기뼈가 출토되는 패총유적에서 집중적으로 확인되고 있어 어로와 관련성을 짐작할 수 있다.

9　일반적으로 자돌구라는 용어로 사용되어 왔으며, 짐승의 중수골이나 중족골을 가공하여 한쪽끝이 뾰족한 형태이다. 사용에 대해서는 자돌어로구, 굴따는 골각기(조새), 시문구 등 다양하게 구분되었다.

  석제타제작살은 결합식과 단식으로 나눌 수 있는데 단식의 경우 노래섬 가지구와 가도 A패총 등 패총유적에서 확인되는데 석촉을 제작하는 과장에서 반제품으로 간주할 수도 있으나 다수 출토되고 있고 측면을 따라 날을 세우고 있어 완제품으로 판단된다. 형태상 자루에 결합하여 자돌어로에 사용되었던 것으로 판단된다.

  결합식작살은 상어류나 대형 어류, 해서포유류를 포획할 때 이용된 것으로 추정된다. 주로 흑요석을 소재로 섬두銛頭를 분할하여 제작하였으며, 나무나 뼈에 결구한 형태이다. 남해안지역의 패총과 동해안지역의 문암리, 농포리유적(유판패총), 웅기패총 등에서 출토되나 서해안지역에서는 아직 사례가 없다.

  석제마연작살은 뒤에서 언급할 궁시어로와 일정부분 중복되는 면이 있다. 따라서 자돌어법으로 분류한 석제마연작살은 기부 중앙에 원공이 있는 것만 포함시켰다. 가도 A패총이나 노래섬, 안도 '가'패총에서 대체로 공반된 석촉류에 비해 크기가 5cm 내외로 큰 편이다. 기부 중앙의 원공은 작살 끝의 회수와 명중시킨 대상물을 끌어내는데 필요한 끈을 묶은 것으로 판단된다[10]. 원공이 있는 석제마연작살은 자루 끝에 메달아 투창식으로 사용되었거나 궁시구의 촉으로도 사용은 가능할 것으로 보인다.

3. 궁시어법(弓矢漁法)

활을 쏘아 물고기를 잡는 방법으로 궁시어로에 대한 적극적인 증거는 미약하다[11]. 특히 물고기 뼈를 반출하지 않는 경기만 일대의 오이도나 흘곶, 시도패총 등지에서도 석촉이 확인되는 것으로 보아 패총에서 출토되는 모든 석촉을 궁시어로와 직접 관련이 있는 것으로 판단하기에는 무리가 없지 않다.

  다만 노래섬이나 가도 A패총, 안도 '가'패총에서 출토된 기부 중앙에 원공이 있는 석촉의 경우 어로와 관련되었을 가능성이 있다. 내륙유적에서는 확인되지 않는 형태로 대상물과 석촉의 회수를 위해 의도적으로 뚫었던 것으로 보이며, 형태상 동일한 다른 석촉류에 비해 큰 편에 속한다. 대형석촉은 상대적으로 공기저항이 커서 원거리 사냥보다는 근거리용에 적합할 것으로 보이는데 가까이에 있는 물속의 경우 작고 가벼운 석촉에 비해 물속을 잘 뚫고 들어갈 것으로

---

[10] 이와 유사한 형태의 석제마연작살이 범방IV층과 오산리에서 출토된 바 있으며, 모두 신석기시대 전기로 편년된다.

[11] 벵골만 안다만제도의 민족지 자료나 일본 동북지방 패총에서 출토된 참돔 전두골에 박힌 석촉의 예로 보아 가능성은 있다 하겠다.

 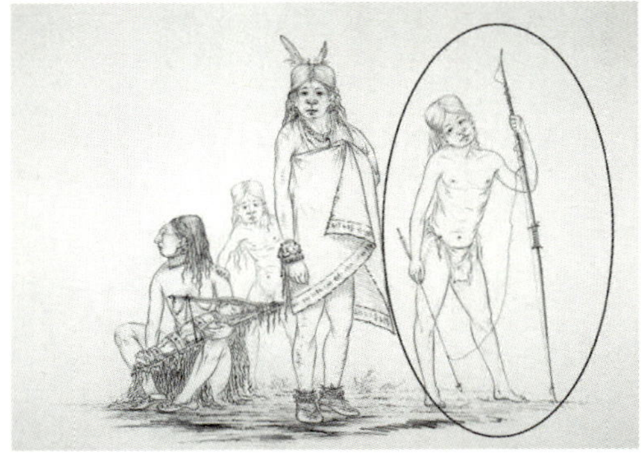

그림 3 치누크족의 궁시어로(1850, George Catlin. Source: NYPL)

보인다.

원공이 없는 석촉도 어로의 잔재가 거의 확인되지 않은 경기만 패총유적을 제외한 금강기수역이나 송도, 궁산패총[12] 등지에서 다수가 확인된다. 특히 금강 기수역의 경우 출토된 육상동물의 잔존부위가 사지골이 주를 이루고 있어 동일 지역내에서 수렵의 가능성은 많지 않을 것으로 판단되며[13], 골각기의 재료로써 반입되지 않았나 생각된다[14]. 따라서 사용방법의 차이는 있겠지만 원공이 없는 석촉 역시 일정부분 궁시구를 이용한 어로와 관련성이 있을 것으로 판단된다.

동해안지역의 경우 오산리 A지구 4호주거지와 문암리 Ⅶ-1층, 오산리 C지구 최하층에서 4점(고동순·홍성학 2007)이 출토되었으며, 석창으로 분류하기도 하였다. 궁시어로는 민족지에서 흔히 확인할 수 있는 사례로 〈그림 3〉은 19세기 후반 컬럼비아 강 어귀에서 정착했던 치누크족의 사례이다.

4. 조어법(釣漁法)

조어구는 동해안과 남해안의 유적에서 빈출하며 서해안에서는 노래섬'가'와 가도'A'패총이 유일하다.

---

12 궁산패총의 경우 멧돼지, 사슴, 물소 개 등의 두개골 부위가 확인되고 있고, 해안가에 위치하기 때문에 수렵이 행해졌을 가능성이 크다.

13 이들 유적을 근거지로 삼아 어로와 수렵이 병행되면서 고기부분만 해체된 채 반입되었을 수도 있으나 주변에 튼 섬이 없는 점으로 미루어 수렵의 가능성은 많지 않다.

14 예를 들어 고라니 견치는 수십여 개체분이 출토되었음에도 불구하고 나머지 두개골 부위는 확인되지 않았다.

결합식낚시의 결구 방법이나 형태, 재질 등에 따른 분류와 낚시형태 복원, 시공적 범위에 대한 연구가 몇몇 연구자에 의해 진행된 바 있다(김충배 2002; 김건수 1999; 장명수 1991; 송은숙 1991; 하인수 1996). 하지만 최근 여서도패총의 발굴은 시간폭이 크지 않음에도 불구하고 다양한 결합식낚시축과 침이 출토되어 결합식낚시의 분류와 시공적 범위에 대한 재고가 필요하다.

여서도패총에서 출토된 침의 경우 미늘의 위치가 내외측 모두에서 확인되며, 미늘이 없는 것도 있다. 신부의 형태 또한 직선에 가까운 것에서부터 반원상의 형태를 띠는 것 등이 있으며, 축과의 결구홈은 외측이 돌출된 것, 홈이 있는 것, 전면에 한줄의 홈을 돌린 것 등 다양하다. 축 또한 석제, 골각제, 패제 등을 이용하였으며, 접합면이나 결구홈의 형태가 현재까지 한반도에서 출토된 결합식낚시의 전반적인 형태를 반영하고 있다. 그리고 정면접합고정식 조침인 끼또이형과 유사한 축도 확인되었다(김건수·이승윤 2006).

결합식낚시의 축은 대체로 석제를 사용했을 것으로 보이나 일부 골각제(노래섬, 가도, 여서도, 연대도, 동삼동, 욕지도 등)나 패제(동삼동 말기층, 여서도, 상노대도)도 확인된다. 골각제나 패제의 경우 별도로 봉돌의 역할을 하는 낚시추가 필요할 것으로 판단되는데 노래섬'가'패총에서 출토된 20 g 내외의 소형석추가 봉돌로 사용되었을 것으로 추정된다[15].

결합식낚시의 침은 대부분 골각제이며, 중부 내륙에 위치한 연천 학곡리가 유일하다[16].

결합식낚시는 축의 크기에 따라 대형(9cm 이상), 중형(5~9cm 내외), 소형(5cm 미만)으로 분류된다(김충배 2002). 대체로 축의 크기는 유적이 입지한 수심의 분포와 일치하는 것으로 판단되는데 문암리 02-8호수혈에서 출토된 37점의 축은 10~15cm가 대부분이며, 20cm가 넘는 대형도 있다. 문암리의 축은 기존 다른 유적에서 출토된 축의 대부분이 결실된 상태로 출토된 반면 대부분 완형이다. 물론 향후에 사용하기 위한 임시보관처일 가능성도 있으나 공반된 석부 7점과 함께 02-3호 매장유구처럼 매장유구일 가능성도 있으며, 실사용이라기보다는 의례용으로 크기가 과장되게 제작되었을 가능성이 있다.

결합식낚시는 대형어족자원의 포획과 관련된 도구라는 데는 어느 정도 일치하고 있으며, 쿠로시오 해류의 영향으로 다양한 대형어족자원이 풍부한 남해안과 동해안 일대에서 결합식낚시의 빈출도 당연한 결과로 판단한다. 한편 낚시가 가능한 여건을 갖췄다 할지라도 서북부지역과

---

15 형태나 무게가 내륙에서 발견되는 석제어망추와 차이가 없으나 조차가 심한 노래섬에서 다른 망어법으로 사용 가능성이 없는 점과 가지구에서만 출토되는 점, 낚시의 축과 침이 골각제로 이루어져 있어 봉돌역할을 하는 도구의 필요성 등으로 보았을 때 노래섬과 가도 A패총에서 출토된 소형석추는 낚시추의 역할을 했던 것으로 판단된다.

16 학곡리의 경우 실제 사용된 낚시의 침인지 아니면 상징적인 의미인지는 불분명하다.

그림 4   결합식낚시 축부 분포도

중서부지역 기왕의 유적에서 조어구가 확인되지 않았음을 반증한다고 할 수 있다. 반면 노래섬이나 가도 A패총에서 출토되는 결합식낚시는 남해안식토기와 관련하여 남해안 어로문화의 확산으로 이해할 수 있다.

그림 5   결합식낚시 침부 분포도

5. 패류채취(貝類採取)

패류의 채취는 패총 형성의 한축을 담당하는데 서해안 패총의 경우 대부분이 암초에 착생하는
굴과나 이매패로 구성된다. 그리고 이들 패류의 채취와 해체가 도구 없이는 어려운 점을 감안

하면 패총에서 출토되는 유물의 일부는 패류채취 행위와 관련되지 않을까 한다. 굴과는 암초에 고착하거나 개체군집 상태의 초礁를 이루면서 서식하는데 표면의 성장맥이 거칠고 암초에 단단하게 고착된 상태이기 때문에 맨손으로 채취하는 것은 무리가 있다. 암초에 고착된 굴을 떼어내는 것은 지렛대의 원리를 이용한 도구를 사용한다거나 망치돌과 같은 것으로 찧는 방법으로 가능했을 것으로 보인다[17].

현재 사용되는 굴채취구(조새)는 암초에 고착된 좌각은 남겨둔 채 우각을 벌려서 속살만을 꺼내오는 방법으로 소비지에서의 굴패각 퇴적이 거의 이루어지지 않는다. 그러나 패총은 다량의 굴퇴적이 이루어져 있어 암초에서 패각자체를 운반해서 가공, 소비했을 것으로 판단된다.

따라서 패총에서 출토되는 망치돌의 경우 굴과로 대표되는 암초 고착서식종을 포획과정에서 사용되었을 가능성이 있으며, 골제첨두기 역시 이매패의 좌우각을 벌리는 용도로 사용되었을 가능성이 있다. 그리고 오이도 신포동B패총이나 송산유적처럼 삼각형석촉의 촉신형태를 갖추고 있는 석기도 이매패의 포획이나 가공과 관련된 것으로 보고된 바 있다.

한편 연약저질에 서식하는 백합과, 꼬막조개과, 죽합과 등은 간조시에 뻘을 파서 포획할 수 있으며, 현재도 간단한 호미나 갈쿠리 같은 도구를 사용한다. 그리고 죽합과의 죽합이나 가리맛조개의 경우 니질저에 잠입생활하기 때문에 깊게 팔 수 있는 도구가 필요하다[18]. 이러한 연약저질에 서식하는 이매패의 포획을 위한 도구로 굴지구가 사용되었을 가능성이 있는 것으로 판단한다[19]. 굴지구의 경우 내륙의 취락유적에서 다수 확인된 바 있으며, 땅을 파는 광의의 의미에서부터 농경이라는 분화된 도구로 인식하기도 한다. 서·남해안지역의 경우 노래섬과 가도를 비롯한 고남리, 송도패총 등지에서 확인되며, 외해의 원도권 패총유적인 가거도나 여서도패총 등에서는 확인되지 않는 유물이다. 이와 같이 굴지구를 반출하는 유적은 넓은 조간대를 끼고 있어 조간대의 뻘에 서식하는 이매패류와 관련성을 엿볼 수 있다[20]. 노래섬에서 출토된 굴지구는 한쪽 혹은 양장축이 마모되었거나 전면이 마모된 것도 확인된다. 그리고 자루를 착장한 것으로 보이는 홈이 있는 굴지구가 노래섬 마지구A패총에서도 출토되었다. 전면에 마모흔이 있는 라지구B패총의 굴지구는 깊게 땅을 팠을 때 생기는 것으로 니질저에 잠입생활하는 이매패류의 포획에 사용되었을 가능성이 있다.

---

17   나무로 만든 도구도 사용되었을 수 있으나 고고학 자료로 남아 있을 확률이 거의 없는 한계가 있다.

18   곽진선의 분석에 의하면(곽진선 2006) 노래섬에서 출토된 굴지구의 경우 낙지나 주꾸미와 같은 연체동물의 포획도구일 가능성도 있다.

19   물론 고고학적 유물로 잔존하는 예가 거의 없는 대나무나 목제 골봉도 사용되었을 수 있다.

20   노래섬, 가도와 같은 입지에서는 근경류의 채취 도구로도 사용되었을 수 있다.

6. 해체가공(解體加工)

해체가공 행위는 포획이나 채취하는 단계까지만을 아로의 범주로 한정한다면 별개로 파악할 수 있다. 다만 필자는 어로가 '수산 동·식물을 포획하거나 채취하는 과정'이라는 전제하에서 해체가공 역시 어로의 연장선상으로 파악했기 때문에 이 글에 포함시켰다. 유적을 형성한 사람들이 어획대상물에 대한 사전 인지가 없었다면 해체가공구 역시 어로도구 체계에 포함되지 않았을 수 있다. 하지만 노래섬이나 가도A패총 등에서 다량으로 확인되는 석인의 존재는 어획대상물을 인지한 상태에서 준비된 도구라고 할 수 있다[21].

석인石刃은 돌결 자체가 한쪽방향으로 나 있으며, 간단한 타격으로 직선상의 날이 형성된다. 일부 석인의 경우 톱니날 형태를 하고 있긴 하나 대부분 사용과정에서 박락된 것으로 대형의 경우 20㎝가 넘는 것도 있는 점으로 보아 참돔, 민어 등 대형 어족의 해체와 관련된 것으로 판단하고 있다. 규장암제 석인은 오식군도와 계화도 등지에서만 한정적으로 확인되고 있으며, 고남리패총에서는 석영제 석인이, 송도패총에서는 흑요석제 석인이 확인되었다.

그리고 멧돼지나 고라니의 견치를 가공하거나 교모에 의해 생긴 날을 그대로 이용한 골도 역시 해체가공구로 판단된다. 궁산패총의 경우 농경도구 가능성이 제시된 바 있으나 유적의 성격이나 물고기뼈, 포유류뼈 등 다량 출토된 점을 감안하면 농경구보다는 오히려 포획된 대상물을 해체 가공하는 도구로 사용되었을 가능성이 높다. 가도A패총이나 노래섬 가지구에서 다량 출토된 고라니 견치 역시 날을 세우기 위한 가공을 하지 않아도 손칼로 사용이 충분히 가능하다.

이상과 같이 석인이나 골도가 출토된 유적은 물고기뼈나 공반어로구의 존재로 보아 어로가 행재졌던 것으로 판단되며, 석인과 골도는 이들 유적에서 포획된 대상물을 해체 가공하는데 사용된 도구로 판단된다.

한편 출토예가 많지는 않으나 백합의 윤륵대를 이용하여 날을 세운 패인도 확인된다. 노래섬과 초락도, 울도 등지에서 확인되었는데 노래섬을 제외한 나머지 지역은 지표조사를 통해 확인된 것이다. 역시 날을 이용하는 의미에서 해체가공구로 판단되는데 재료로 이용된 백합은 각질이 단단해서 간단한 리터치만 가해진다면 날을 이용하는 도구로 충분히 사용이 가능하다.

---

21 노래섬이나 가도, 비응도 등지에서는 화성암인 규장암제 석인이 다량으로 출토된다. 이 지역의 기반암이 불국사화강암류이긴 하나 노래섬이나 오식도 등지의 노두에서는 석인과 같은 암질은 확인 할 수 없었다. 따라서 패총이 형성된 지점 이외의 지역에서 반입되었을 가능성이 있음을 피력한 바 있다.

Ⅳ. 맺음말

가장 보편적인 어로구는 대상물과 어로 환경에 대한 인지라고 할 수 있다. 즉, 당시 사람들이라고 할 수 있다. 따라서 고고학적 증거로 남겨지는 형태를 갖춘 도구만을 가지고 당시의 어로체계에 대한 전반을 논한다는 것은 매우 위험한 발상일 수도 있다.

지금까지 발굴조사된 자료만을 토대로 볼 때 신석기시대 사람들은 이미 조기단계에서부터 수산자원에 대한 인지가 있었으며, 유적이 위치한 지점의 환경에 따라 다양한 형태의 어로행위를 하였던 것으로 파악되었다.

동남해안 지역의 경우 조기단계에서부터 작살이나 결합식낚시 등 난이도가 높은 어로의 기술력이 갖추어지나 오히려 어망추와 같은 가장 초보적인 도구는 석호를 제외한 지역에서는 거의 확인되지 않는다. 반면에 서해안지역은 조차를 이용한 어망어로가 주를 이루다시피 하는데 해당 지점의 어로환경이 도구로 반영된다고 할 수 있다.

그러나 어로어 대한 인지가 모든 지역에서 보편적이지는 않았을 가능성도 있다. 중부 서해안 지역의 경우 연평도 지역을 제외한 내만에 위치한 섬에서는 패류채취 이외의 잔존물이 거의 남아있지 않다. 즉, 고도의 기술력을 필요로 하는 외양성 어로의 사례로 볼 때 어로를 기반으로 하는 집단과 그렇지 못한 집단의 차이일수도 있다. 따라서 서해안과 남해안, 동해안 지역을 포획 환경에 따른 어로대상물이나 어로방법 등의 차이뿐만 아니라 어로를 기반으로 하는 집단과 그렇지 않았던 집간으로 인식할 필요도 있다.

필자 역시 작은 지역 단위의 어로환경과 토기로 대별되는 지역성을 연동시켜 파악하지는 못했다. 삼면이 바다로 둘러싸인 한반도 해역의 다양성을 염두한다면 향후 소지역별 어로유형의 변화 파악이 필요한 것으로 판단된다.

___참고문헌

고동순 2009, 「동해안지역의 신석기문화」, 『한반도 신석기시대 지역문화론』, 동삼동패총전시관

古澤義久, 2014, 「한국 서북지방과 중서부지방 편년의 병행관계」, 『한국 신석기시대 편년과 지역간 병행관계』, 2014년 한국신석기학회 정기학술대회

곽종철 외, 1995, 「신석기시대 토기태토에서 검출된 벼의 plant opal」, 『한국고고학보』32.

곽종철, 1990, 「낙동강 하구역에 있어서 선사고대의 어로생활 – 패총패류를 中心으로 본 일측면」, 『가야문화』3, 가야문화연구원.

곽진선, 2006 『군산 노래섬유적의 신석기시대 석기 연구』, 원광대학교석사학위논문.

국립문화재연구소, 2002, 『소연평도패총』.

_______________, 2003, 『연평 모이도패총』.

기전문화재연구원, 2004, 『흘곶패총』.

김건수·이순엽, 1999, 「여수 거문도와 손죽도의 신석기시대패총」, 『순천대학교박물관지』, 창간호, 순천대학교박물관.

김건수·이승윤, 2006, 「완도 여서도 패총」, 『남부지방 신석기문화의 제문제』, 2006년 한국신석기학회 학술대회 발표자료집.

김건수, 1998, 「우리나라 골각기의 분석적 연구」, 『호남고고학보』8, 호남고고학회.

_____, 1998, 「우리나라 골각기의 분석적 연구」, 『호남고고학보』8.

_____, 1999, 『한국 원시·고대의 어로문화』, 학연문화사.

_____, 1999, 『한국 원시·고대의 어로문화』, 학연문화사.

_____, 2001, 「가도패총출토 자연유물 보고」, 『가도패총』, 충남대학교박물관.

_____, 2001, 「군산 노래섬패총 식료자원의 계절성 검토」, 『한국신석기연구』제2호.

_____, 2005, 「우리나라 선사·고대의 함정어업 –패추(貝錘)를 중심으로-」, 『호남고고학보』21.

_____, 2007, 「韓半島における新石器時代のについて」, 『列島の考古學Ⅱ』, 渡邊誠先生古稀記念論文集.

_____, 2011, 「우리나라 유적 출토 개 유체 고찰」, 『호남고고학보』37.

김경규, 2003, 『한반도신석기시대어로활동연구-어망추를중심으로-』, 충남대 석사학위논문.

_____, 2003, 『한반도 신석기시대 어로활동 연구 –어망추를 중심으로』, 충남대학교 석사학위논문.

김도헌, 2008, 「청동기시대의 수렵과 채집」, 『한국청동기학보』3.

김민구, 2008, 「탄화 밀을 이용한 작물 생산성의 이해-전남지역 마한계유적을 중심으로-」, 『한국고고학보』68.

______, 2009, 「화재주거지 출토 탄화물을 통한 식량자원 구성의 복원: 해남 신금유적의 예」, 『한국고고학보』71.

김병모·소상영, 1995, 『안면도고남리패총-5,6차발굴보고서』, 한양대학교박물관총서 제21집, 한양대학교박물관.

김병모·심광주, 1990, 『안면도고남리패총-1차발굴보고서』, 한양대학교박물관총서 제10집, 한양대학교박물관.

김병모·안덕임, 1990, 『안면도고남리패총-2차발굴보고서』, 한양대학교박물관총서 제11집, 한양대학교박물관.

김병모·유병린·임혜연, 1998, 『안면도고남리패총-8차발굴보고서』, 한양대학교박물관총서 제30집, 한양대학교박물관.

김병모·유병린, 1990, 『안면도고남리패총-7차발굴보고서』, 한양대학교박물관총서 제26집, 한양대학교박물관

김병모 외, 1993, 『안면도고남리패총-3,4차발굴보고서』, 한양대학교박물관총서 제19집, 한양대학교박물관.

김신규, 1970, 「우리나라 원시유적에서 나온 포유동물상」, 『고고민속논문집』2.

김아관, 1993, 「한국 신석기시대의 골각기연구」, 한양대 석사학위논문.

김용남, 1963, 「해주시 룡당포 조개무지유적 조사보고」, 『고고민속』63-1.

______, 1967, 「우리나라의 신석기시대」, 『고고민속』1967-5호, 사회과학원 고고학연구소.

김원용·임효재, 1968, 『남해도서고고학』, 서울대학교 동아문화연구소.

金殷暎, 2006, 「신석기시대 연평도지역의 생계·주거체계연구」, 서울대 석사학위논문.

______, 2012, 「신석기시대 동삼동 지역의 생계 전략 변동에 대하여」, 『한국신석기연구』23, 한국신석기학회.

金子浩昌, 2008, 「창령 비봉리유적 출토 동물유체」, 『비봉리』, 국립김해박물관.

金子浩昌·中山淸隆, 1994, 「동삼동패총과 동물유존체자료-L.L.Sample씨 등의 조사자료를 중심으로-」, 『한국고고학보』31, pp. 297-339, 한국고고학회.

김충배, 2002, 『신석기시대 낚시바늘 연구-형식분포와 유적 환경에 대한 일고찰』, 한양대학교 석사학위논문.

도유호·황기덕. 1957, 『궁산원시유적발굴보고』, 과학원출판사.

박구병 외, 1992, 『한국민속종합조사보고서(어업용구편)』, 한국민속종합조사보고서 제 23책,

문화재관리국 문화재연구소.

박순발 외, 2001,『가도패총』, 충남대학교박물관총서 제22집, 충남대학교박물관.

박종진, 1991,「한반도 선사시대 골각기 연구」, 경희대 석사학위논문

박준범, 2006,「한강유역 출토 선사시대 간돌화살촉 연구」,『한국신석기연구』12.

박희현 외, 1996,『영종도 송산 선사유적』, 학술총서 제3집, 서울시립대학교박물관.

서국태, 1986,『조선의 신석기시대』, 사회과학출판사.

소상영, 1999,『안면도 신석기문화 연구-고남리패총유적을 중심으로』, 한양대학교석사학위논
　　　　문.

_____, 2012,「신석기시대 중서부해안 및 도서지역 어로문화연구」,『한국신석기연구』23.

_____, 2013a,「한반도 중서부지방 신석기시대 생계주거체계 연구」, 한양대 박사학위논문.

손보기 외, 1987,「서해안 우도의 선사문화」,『박물관기요』3.

송은숙, 2002,「한국 빗살무늬토기문화의 확산과정 연구」, 서울대학교박사학위논문.

안덕임, 1993,「물고기유체와 고고학-안면도고남리패총 자료를 중심으로」,『선사와 고대』4, 한
　　　　국고대학회.

_____, 1993,「패총 출토 동물유체」,『한국고고학보』29, 한국고고학회.

윤덕향 외, 2002,『비응도·가도·오식도패총』, 전북대학교박물관·목포대학교박물관.

이기길, 1994,「전남 여천군에서 새로이 찾은 신석기시대유적」,『호남고고학보』1, 호남고고학
　　　　회.

이상규, 2013,「신석기시대 골제 자돌구에 관한 연구」, 부산대 석사학위논문.

_____, 2014,「신석기시대 한반도 해안지역 작살에 대한 검토」,『한국신석기연구』27.

이영덕, 2006a,「서·남해안 신석기시대 어로구와 어로방법」,『신석기시대의 어로문화』, 동삼동
　　　　패총전시관.

_____, 2006b,「신석기시대 잠수작살의 가능성」,『한국신석기연구』11.

_____, 2011,「생업유형」,『한국 신석기문화 개론』, 중앙문화재연구원편.

_____, 2013,「중서부 해안지역의 어로 양상과 동인」,『한국신석기연구』25.

이준정, 2002,「소연평도패총 출토 어골자료」,『소연평도패총』, 국립문화재연구소.

이준정·김은영, 2007,『연평도지역 패총출토 동물유체 분석보고서』, 국립문화재연구소.

이청규, 1998,『북촌리유적』, 제주대학교박물관.

임효재·박순발, 1988,『오이도패총 – 신포동 A, B패총발굴조사보고 –』, 서울대학교박물관.

장명수, 1991,『신석기시대 어구의 형식분류와 편년연구』, 중앙대학교석사학위논문.

鳥居龍藏, 1917,「平安南道黃海道古墳調査報告書」,『大正五年度古蹟調査報告書』, 朝鮮總督府.

조현종·신상효·은화수, 1994, 「여천군도서 지표조사 보고」, 『돌산 세구지유적』, 국립광주박물관.

조현종, 1986, 「여천 돌산도서 지표조사보고」, 『송국리Ⅱ』, 국립중앙박물관.

주강현, 1998, 「충남 서해안의 독살 분포와 특징」, 『고고와 민속』창간호, 한남대학교박물관.

지건길·조현종, 1989, 『돌산송도Ⅰ』, 국립광주박물관학술총서 제19책, 국립광주박물관.

___________, 1990, 『돌산송도Ⅱ』, 국립광주박물관학술총서 제21책, 국립광주박물관.

최득준, 2012, 『한반도 신석기시대 결합식조침에 대한 연구』, 부산대학교 석사학위논문.

최몽룡 외, 1999, 『덕적군도의 고고학적 조사연구』, 서울대학교박물관.

최삼용, 2001, 「백령도 말등유적의 뼈유물 연구」, 『한국신석기연구』2.

______, 2005, 「신석기시대 뼈연모 제작기술 연구」, 『한국신석기연구』10.

최성락·김건수, 2002, 「군산 오식도패총」, 『비응도·가도·오식도패총』, 전북대학교박물관·목포대학교박물관.

최완규·김종문·이영덕, 2002, 『노래섬Ⅰ』, 원광대학교 마한·백제연구소.

최종혁, 2001, 「생산활동에서 본 한반도 신석기문화 – 중서부지방과 동북지방의 패총유물을 中心으로」, 『한국신석기연구』2, 한국신석기연구회.

______, 2001, 「생산활동에서 본 한반도 신석기문화」, 『한국신석기연구』2.

______, 2012, 「남부지방 중기 생업문화에 대한 연구」, 『한국신석기문화의 양상과 전개』, 중앙문화재연구원 편.

하인수, 1996, 『범방패총』Ⅱ, 부산광역시립박물관.

______, 2006, 「신석기시대 골각기의 양상」, 『한국신석기연구』11.

______, 2009, 「신석기시대 남해안지역의 골각기문화에 대한 고찰」, 『고문화』제73집.

______, 2011a, 「생업도구」, 『한국 신석기문화 개론』, 중앙문화재연구원 편.

______, 2011b, 「동해안지역 융기문토기의 검토」, 『한국고고학보』79.

______, 2014, 「신석기시대 골각기」, 『한국 선사·고대의 골각기』, 한강문화재연구원편.

하인수·안성희, 2009, 「남해안지역의 신석기문화」, 『한반도 신석기시대 지역문화론』, 동삼동패총전시관.

한병삼, 1970, 『시도패총』, 국립박물관.

황용훈, 1983, 「석기·골각기」, 『한국사론』12.

甲元眞之, 1998, 「環東中國海沿岸地域の先史文化」.

橫山將三郞, 1933, 「釜山府絶影島東三洞貝塚報告」, 『史前學雜誌』5-4.

___________, 1939, 「朝鮮の史前土器研究」, 『人類學·先史學講座』9.

Sample L.L, 1974, 「Tongsamdong: A Comtributution to Korean Neolithic CultureHisto-
ry」, 『Aretic Anthropology』11-2.

신석기시대의 수렵구

구자진(한국토지주택공사)

Ⅰ. 머리말

수렵狩獵은 사전적 의미로 도구 혹은 길들인 매나 올가미 따위로 산이나 들의 짐승을 잡는 일을 의미한다. 수렵을 통해 인간은 양질의 단백질을 제공받을 뿐만 아니라 뼈나 뿔, 이빨, 가죽 등의 일상생활에 필요한 다양한 도구나 물품을 만드는 재료를 획득하게 된다. 수렵에 사용된 도구는 먼 거리에서도 사냥을 할 수 있는 활과 화살, 비교적 가까운 거리에서 사용된 창 등이 주로 이용되었을 것으로 생각된다. 특히 다양한 형식의 석촉이 많이 출토되고 있어 활을 이용한 수렵이 성행하였던 것으로 판단된다.

이밖에 민족지의 예로 보아 올가미나 함정, 덫을 이용한 수렵방법도 사용되었을 것으로 추정되나 아직까지 이에 대한 구체적인 자료는 확인되지 않았다. 함정은 주로 화살로 잡기 힘든 몸집이 큰 동물을 잡는데, 올가미는 오소리나 너구리, 족제비와 같이 몸집이 작은 동물을 잡는데 사용하였을 것으로 추정된다(국립문화재연구소 2001).

활은 선사시대의 여러 사냥도구 중에 가장 위협적이고, 과학적인 방법을 이용한 수렵도구로 사용되었으며, 활과 화살은 세트를 이루는 도구이다. 그러나 활과 화살은 유기물로 제작되기 때문에 신석기시대의 자료는 매우 희박하며, 유적에서 출토되는 관련 유물은 대부분 돌로 제작된 석촉이 대부분이다.[1] 신석기시대 활과 화살은 집단 짐승사냥보다는 개별 짐승사냥에 알맞게 만들어졌을 뿐 아니라 작은 사냥감에 창을 던지는 것보다 훨씬 정교해서 숲에서의 사냥을 더욱 용이하게 해 주었다. 이렇게 중요한 수렵도구인 활의 화살촉은 신석기시대에 들어 구석기시대에 사용하던 타제석촉에서 좀 더 날카로운 마제석촉으로 변화하기 시작하였다.

최근에 이르러 신석기시대 석촉과 석창 등의 자료 증가에 따라 지역적으로 자료 집성 및 형식에 대한 연구 성과도 이루어지고 있으나 초보적인 단계이다. 본고에서는 그동안의 연구 성과를 살펴보고 지역·시기별 양상을 검토하여 우리나라 신석기시대 수렵구의 변천과정과 특징을 밝혀보고자 한다.

II. 연구 현황

우리나라 신석기시대 연구는 그동안 빗살무늬토기를 통한 편년연구가 중심을 이루었다. 그러나 2000년대 이후 활발하게 진행된 발굴조사를 통해 토기의 편년뿐만 아니라 생계방식을 비롯한 고환경 복원, 자연유물이나 도구의 과학적인 분석 등 다양한 분야의 연구가 이루어지고 있다. 이처럼 신석기시대 연구의 다양한 방법과 시각의 변화에도 불구하고 아직까지 초보적인 연구 단계에 있는 분야가 바로 석기 연구이다. 신석기시대 석기는 각종 유적에서 출토되는 유물 중에서 빗살무늬토기 다음으로 많은 양을 차지하며, 토기 못지않게 다양한 사회 문화적인 정보

---

[1] 우리나라에서 활의 사용은 신석기시대부터 시작되었다고 보는 것이 일반적이며, 제주도 고산리유적에서 나온 석촉이 가장 오랜 것으로 알려져 왔다. 그러나 최근 구석기유적에서 새로운 자료가 확인되고 있는데, 동해 망상동 기곡유적과 경기도 포천 화대리유적에서 타제석촉과 마제석촉이 확인되었다. 이에 구석기시대 석촉의 출현 가능성이 높아지고 있다.

를 가지고 있다. 그럼에도 불구하고 석기연구는 다른 분야에 비해 상대적으로 연구 성과가 적은 편이다(하인수 2011).

신석기시대 석기 연구는 생계방식 연구의 보조적 자료로 언급되면서 2000년대에 들어 시작되었다. 석기는 생업도구로서 석기 간의 비율을 통해 생산 활동 및 생계를 설명하는 자료로 주로 분석되었다. 물론 그 동안 석기 자체에 대한 연구가 전혀 없었던 것은 아니지만 특정 유물에 한정한 경우가 일부 있다.

신석기시대 수렵구와 관련된 연구는 석촉에 집중되어 있다.[2] 이는 신석기시대 수렵구로 판단되는 유물 중 일부는 어로구 등의 다른 용도로 사용되었거나 다용도로 활용되었을 가능성이 높고, 유적에서의 출토량이 많지 않아 관심의 대상이 되지 못한 결과이다. 신석기시대 석촉과 관련된 초기 연구는 선사시대 석기를 다루면서 개괄적인 언급에 머무르는 수준이었다. 본격적인 신석기시대 수렵구에 대한 분류와 검토는 임상택(2001)에 의해 이루어졌는데, 중서부지역의 석기자료를 검토하는 과정에서 신석기시대 석촉을 평면 형태, 기부형태, 단면형태를 기준으로 나래촉, 삼각만입촉, 삼각직기촉, 보트형촉, 유엽촉 등 7가지 형식으로 구분하였다. 이를 통해 중서부지역의 시기별 석기조성을 종합적으로 검토한 것이다.

이후 수렵구 중 석촉에 대한 연구가 지역별로 이루어졌는데, 한강유역에서 출토된 마제석촉을 대상으로 신석기시대부터 청동기시대의 지역적 변화상을 통시적으로 분석한 연구가 있다(박준범 2006). 또한 지역을 달리하여 동해안지역의 문암리, 지경리, 오산리, 초당동유적 등에서 출토된 신석기시대 마제석촉을 검토한 연구도 발표되었다(고동순 2006). 연구 결과 동해안지역의 전기 유적인 문암리 하층에서 출토된 날렵한 형태의 일자형석촉이 가장 먼저 사용되었고, 중기에는 유엽형석촉이 주류를 이루는 가운데 삼각형석촉과 보트형석촉이 더불어 사용되었다고 보았다. 그러나 삼각형석촉과 보트형석촉은 많이 사용되지 않은 것으로 판단하였다. 또한 제주도지역의 고산리유적 출토 타제석촉을 중심으로 한 연구가 있는데(박근태 2006), 고산리유적 타제석촉을 유경촉, 삼각무경촉, 오각형촉, 첨두형촉, 비대칭촉, 유엽형촉의 6가지 형식으로 설정한 후 그 특징과 변화상을 살펴보았다. 석촉의 암질은 화산암계 응회암이 주로 사용되었으며, 소량 확인된 수정과 흑요석 등은 제주도 외부에서 유입된 것으로 보아 집단 간의 교류 결과로 판단하였다. 그동안 마제석촉에 한정된 연구에서 벗어나 신석기시대의 타제석촉에 대해 처음으로 구체적인 검토가 이루진 점에서 의미가 있다.

여기에 그동안 체계적인 분류와 검토가 이루지지 않았던 신석기시대 석기에 대해 종합적인

개념정리와 분류를 통한 연구가 있어 주목된다(하인수 2009). 한반도에서 출토된 석기의 각 기종마다 형식분류를 시도하였고, 남부지역을 중심으로 석기조성변화와 생업활동을 검토하였다. 이밖에 우리나라에서 출토된 신석기시대 마제석촉을 대상으로 지역성과 계보 및 편년을 검토한 연구도 있다(이동주 2010). 그 결과 조기 단계에 동해안지역에서 평기식과 만입식이 처음으로 출현하는데 해안을 따라 남해안과 서남부지역으로 확산되고 전기 단계에는 서북지역과 주변 지역으로 확산된 것으로 판단하였다. 그리고 중기 단계 이후에는 농경문화의 수용과정과 관련하여 다양한 형식이 나타난다고 보았다. 그러나 일관된 기준이 적용되지 않은 너무 세분된 형식분류가 이루어져 석촉의 변화상을 이해하는데 방해요소가 되고 있다.

윤혜나(2011)는 중서부지역 석촉을 계량적으로 분석하여 평균 길이는 4.5cm이고 평균 너비는 1.6cm이라 보았다. 그리고 유역별 석촉의 비교를 통해 대동강유역에 비해 한강 및 금강유역의 석촉의 길이는 짧지만 금강유역은 석촉 너비가 넓으며 대동강유역은 길지만 너비가 좁다고 판단하였다. 최근에는 석기에 대한 재분석의 필요성이 대두되면서 첨두기·찌르개·찔개살 등의 용어사용을 검토하여 석촉·석창·작살의 분류 기준안을 제시하고자 한 연구가 있어 주목된다(박근태 2014). 하지만 '석촉형 석창' 등의 형식명을 사용함으로써 개념이 더 혼란스러워진 부분도 있다.

하재령(2015)은 신석기시대 석촉, 석창, 작살, 자돌구, 찔개살 등을 첨두형석기로 대분류하여 형식학적 관점에서 검토하였다. 첨두형석기는 공통적으로 가지는 평면 형태를 추출할 수 있으며, 기종별로 선호되는 형식을 확인할 수 있다고 보았다. 전기에서 후기로 갈수록 수량이 줄어들고, 대형에 비해 소형 첨두형석기의 수량이 훨씬 더 많은데, 시기에 관계없이 소형이 80% 이상의 비율을 유지한다고 보았다. 결국 소백산맥을 중심으로 이북은 마제, 이남은 타제의 사용이 두드러진다고 판단하였다. 하지만 분석에 이용된 석촉의 구체적인 자료가 제시되지 않아 논고의 사실여부를 확인하기 어려워 객관성이 떨어진다. 또한 첨두형석기의 소형과 대형 구분을 8cm로 정하였는데, 그 근거로 제시된 무게와 길이로 구한 산포도에서 기준이 명확하게 구분되지 않는 문제점도 확인된다.

Ⅲ. 기종분류와 특징

신석기시대 석기에 대한 체계적인 분류 및 검토는 하인수(2009)에 의해 이루어졌는데, 그는 신석기시대 석기를 생산용구, 가공구, 비실용구로 크게 구분하였다. 이는 식량자원을 획득하는데

1차적으로 직접 관계하는 생산용구와 획득된 자원을 가공하거나 다른 활동 영역에 사용되는 각종 도구를 제작하는데 활용되는 가공구, 실제 생업에 관계하지 않고 의례적 혹은 정신생활과 관련된 비실용구로 구분한 것이다.

　석기류는 제작방법과 기술, 형식적인 특징, 용도와 기능에 따라 다양한 기종으로 세분될 수 있다. 그러나 생업 유형별로 분류된 기종은 반드시 특정한 기능과 용도에 한정되지 않으며, 생업 환경과 필요에 따라 적절히 혼용되었던 것으로 추정된다. 생업 영역별 석기의 종류와 형태는 신석기시대 전시기를 통해 항상 같은 양상을 유지하지 않으며, 사회·경제적 변화와 집단 간의 생업환경 및 생산 방식의 차이에 따라 다양한 변이가 존재한다. 여기에서는 하인수의 분류안을 기준으로 하여 수렵구로 분류된 석촉, 석창에 대한 개념과 기존의 형식 분류안을 검토해 보고자 한다.

표 1　신석기시대 석기의 용도별 분류표(하인수 2009)

분류		석기종류
생산용구	수렵구	석촉, 석창, 첨두기
	어로구	어망추, 석추, 결합식조침(축부), 작살
	채집·농경구	타제석부(따비, 괭이, 곰배괭이 등 굴지구), 석겸, 유선형석기, 유견석기, 원반형석기
가공구	식료가공	갈돌, 마석, 갈판, 고석, 홈돌, 대석, 石匙, 박편석기(긁개, 밀개, 짜르개 등), 석인, 석도, 돌톱
	목재가공	마제석부, 석착
	석재가공	숫돌, 찰절석기, 공이, 송곳
	기 타	발화석
비실용구	장신구	耳飾, 垂飾, 石釧
	의례구	봉상석기(석봉)

1. 석촉

석촉의 특징을 살펴보기 위해서는 세부적인 명칭이 부여되어야 하는데, 한국고고학개정용어집을 참고하여 부여된 사례(박준범 2006, 고동순 2006)가 있어 참고할 만하다(그림 1·2참조). 석촉에 대한 형식분류는 연구자마다 조금씩 상이한 기준이 적용되고 있다. 신석기시대 석촉 분류는 임상택(2001)에 의해 처음 시도되었는데, 일차적인 분류기준은 형태(평면형, 인부의 유무, 인부형태 등)이다. 그는 중서부지역의 석촉류는 모두 마제석촉으로 평면 형태와 기부의 형태, 단면형태에 따라 나래촉, 삼각만입촉, 삼각직기촉, 보트형촉, 유엽촉으로 분류하였다.

　이후 신석기시대 석촉에 대한 형식분류를 제시한 박준범(2006)은 기존연구에서 석촉의 형식

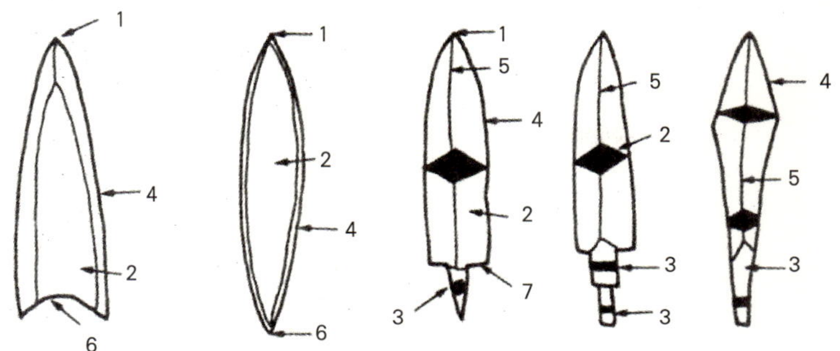

1. 머리 : 돌화살촉의 제일 앞쪽으로 끝이 뾰족한 부분

2. 몸 : 머리와 슴베를 제외한 부분으로 편평하거나 등줄과 날이 서 있는 부분

3. 슴베 : 화살대 속에 들어박히는 부분

4. 날 : 돌화살촉의 양쪽 옆

5. 등줄 : 돌화살촉을 만들 때 생긴 위·아래의 줄

6. 밑 : 슴베가 없는 돌화살촉의 아래 부분으로 화살대와 결합되는 부분

7. 어깨 : 돌화살촉의 머리에서 밑 또는 슴베부분으로 이어지는 등날의 양쪽에 계단처럼 층을 이룬 곳

그림 1　신석기시대 석촉의 각 부위 명칭(박준범 2006)

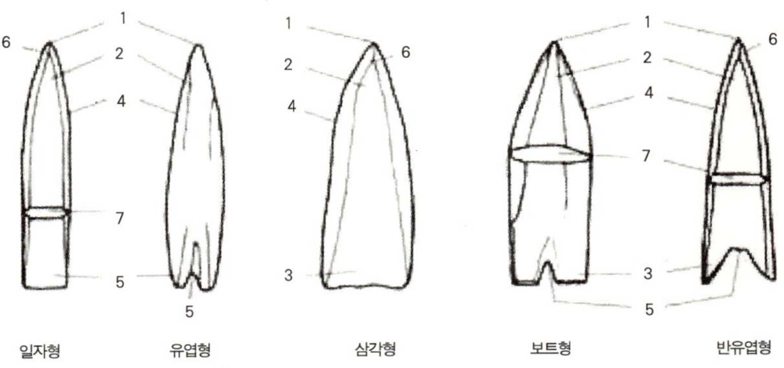

1. 촉끝(머리) : 석촉의 제일 앞쪽으로 목표물에 깊이 들어가도록 뾰족하게 만든 부분
2. 촉신(몸) : 석촉의 가운데 부분이며 촉의 중심이 되는 부분
3. 기저부(밑) : 석촉의 아랫부분으로 화살대와 결합되는 부분
4. 날 : 석촉의 양쪽옆 부분으로 목표물에 잘 들어가도록 날을 세운 부분
5. V자형 홈 : 석촉의 기저부에 결합이 용이하도록 파 놓은 홈으로 신석기시대에서 주로 사용한 방법
6. 등줄 : 석촉의 형태를 만드는 과정 중 촉신 중간에 나타난 선
7. 단면 : 석촉 촉신부의 자른 모양으로 석촉의 속성을 나타남

그림 2　동해안지역 신석기시대 석촉의 분류와 명칭(고동순 2006)

표 2　신석기시대 석촉의 형식분류표(임상택 2001)

석촉형식 \ 분류기준		평면형태	단면형태	기부형태
나래촉	I	보트형	렌즈형	나래형
	II	直弧邊삼각형	편육각형	나래형
三角灣入鏃		삼각형	◆◆형	灣入形
三角直基鏃	I	(직호변)삼각형	편육각	直基形
	II	삼각형	◆◆형	直基形
보트형촉		유엽형	편육각	直基形
柳葉鏃		유엽형	편육각	族部同一

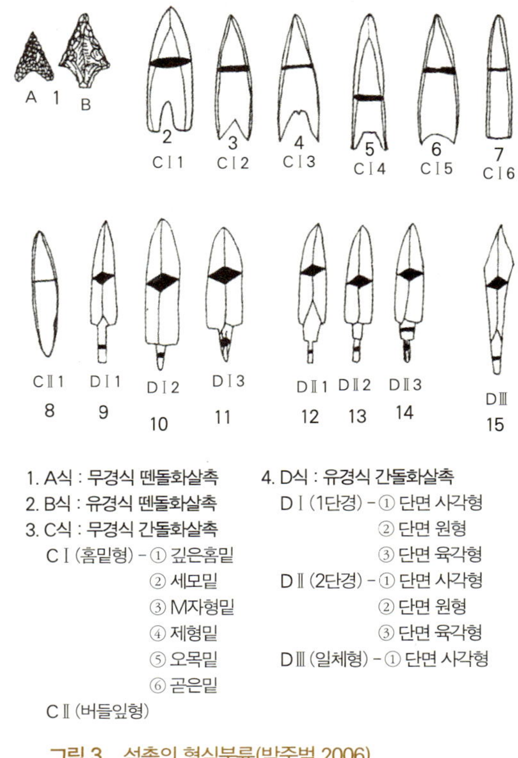

그림 3　석촉의 형식분류(박준범 2006)

표 3　동해안지역 신석기시대 마제석촉의 형식분류(고동순 2006)

형식명	특　징
일자형	촉끝에서 촉신까지 일정부분 넓어진 다음 기저부까지 수직으로 이어지는 형식. 다시 화살대를 끼우는 기저부의 형태에 따라 직기식과 기저부를 직선 또는 호형으로 만든 다음 가운데 일부에만 V자 홈을 파는 V자형 홈식으로 분류.
삼각형	길이에 비하여 폭이 넓고 촉끝에서 기저부까지 직선으로 넓어지는 형식. 다시 화살대를 끼우는 기저부의 형태에 따라 홈식과 밑을 직선 또는 호형으로 만든 다음 가운데 일부에만 V자 홈을 파는 V자 홈식으로 분류.
유엽형	버드나무잎 모양과 같은 모양을 하고 있어 붙은 형식으로 촉끝에서 촉신까지 점차 넓어져 촉신 중간 또는 그 아래에서 최대 폭을 형성한 후 점차 좁아져 기저부에 이르는 형식. 즉 촉끝과 기저부가 촉신의 최대 폭보다 좁은 형식. 다시 화살대를 끼우는 기저부의 형태에 따라 무홈식과 기저부를 직선 또는 사선으로 만든 다음 가운데 일부에만 V자 홈을 파는 V자형 홈식으로 분류.
반유엽형	유엽형과 같은 형식이나 최대 폭이 기저부에 있는 형식. 촉의 길이가 최대 폭 보다 3배 이상인 형식으로 청동기시대에 많이 조사되나 송전리 토광묘에서 9점이 출토됨. 보통 청동기시대 것은 반유엽형을 유엽형으로 칭함. 유엽형과 같은 형식이나 유엽형은 최대 폭이 촉신 가운데에 있는 반면, 반유엽형은 최대 폭이 기저부에 있는 형식으로 석촉의 길이가 최대 폭 보다 3배 이상인 형식.
보트형	촉끝에서 촉신으로 넓게 벌어진 후 기저부로 수직으로 짧게 내려오다 반듯한 기저부를 만든 후 기저부 가운데에 작은 V자형 홈을 만든 형식으로 일자형으로 보기에는 촉신이 짧고 폭이 넓은 형이며, 기저부는 신석기시대의 전형적인 V자형 홈을 만든 형식.

분류는 주로 슴베의 유무와 몸체의 생김새였으나 이러한 분류기준은 그 근거가 맨눈관찰에 의한 것으로 단순분류에 지나지 않는다고 지적하였다. 때문에 보다 명확한 유물 분류를 위해서는 그 기준이 간단해야 하고, 어느 형식이라도 정해진 분류의 틀 안에 포함될 수 있도록 포괄적이어야 한다고 보았다.

결국 마제석촉 가운데 제작의도 및 제작패턴을 파악할 수 있는 것을 찾아 분류의 기준으로 삼아야 하는데, 마제석촉에서 제작자의 의도를 가장 잘 알 수 있는 부분을 슴베라 판단하였다. 슴베의 모양은 석촉을 화살대와 묶을 때 어떻게 묶었는가를 추정할 수 있게 해주며, 슴베의 단면 형태는 제작의도를 분명히 알 수 있는 석촉의 기술적 속성이 되기 때문으로 본 것이다. 이에 슴베의 유무가 분류의 가장 큰 기준이 될 뿐만 아니라 화살대의 끝부분을 잘라서 끼워 넣었는지 돌려서 끼워 넣었는지를 알게 해주는 근거 역시 슴베의 단면 형태이므로 이를 2차 분류의 기준으로 삼은 것이다(그림 3 참조).

이러한 형식분류는 유엽형을 제외한 다른 형식이 모두 평면 형태가 삼각형이기 때문에 기부 형태만으로 간결한 분류가 이루어진 것으로 보인다. 하지만 임상택과 고동순이 지적한 보트형이나 일자형의 자료는 포함되지 않아 신뢰도가 떨어지며, 신석기시대 마제석촉은 슴베가 존재하는 수량이 많지 않아 유의미한 결과를 도출해 내기 어려운 단점을 지닌다.

동해안지역의 신석기시대 석촉을 검토한 고동순(2006)은 외형상 나타난 전체 모양을 가지고 1차 기준을 삼았고, 기저부를 2차 분류기준으로 삼았다(그림 2, 표 3 참조). 이러한 분류는 신석기시대 석촉의 형태가 다양한 모양이 아니어서 비교적 외형상으로 쉽게 구분이 가능하기 때문에 사용된 분류안으

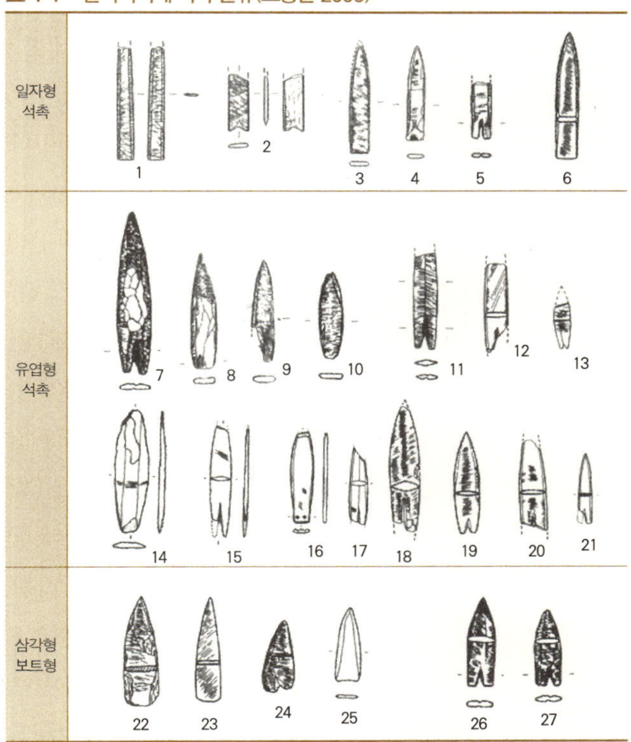

표 4-1 신석기시대 석촉 분류(고동순 2006)

1·2·25. 문암리유적, 3~5·7~11. 초당동유적, 6·18~20·23·24. 지변동유적, 12. 송전리유적, 13·22. 가평리유적, 14~17·21. 지경리유적, 26·27. 하시동유적

표 4-2 신석기시대 석촉 분류(이동주 2010)

기본형	평기식										첨기식	
대형식	I								II			
소형식	A	B	C	D	E	F	G	H	A	B	A	B

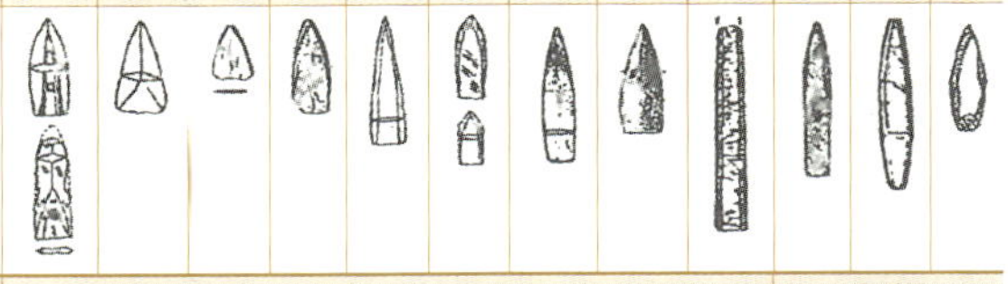

기본형	만입식									유경식		
대형식	I					II			III			
소형식	A	B	C	D	E	A	B	C		A	B	C

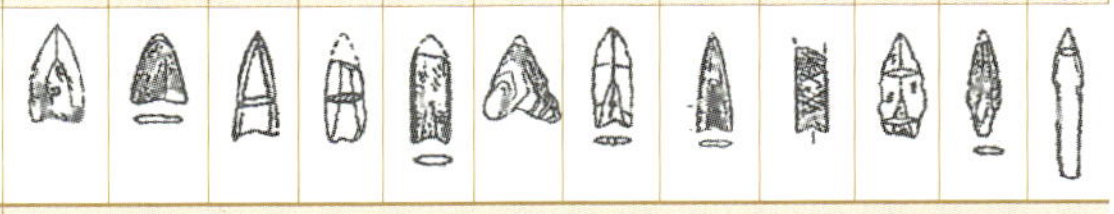

기본형	양익식																			
대형식	I												II							
소형식	A	B	C	D	E	F	G	H	I	J	K	L	A	B	C	D	E	F	G	H

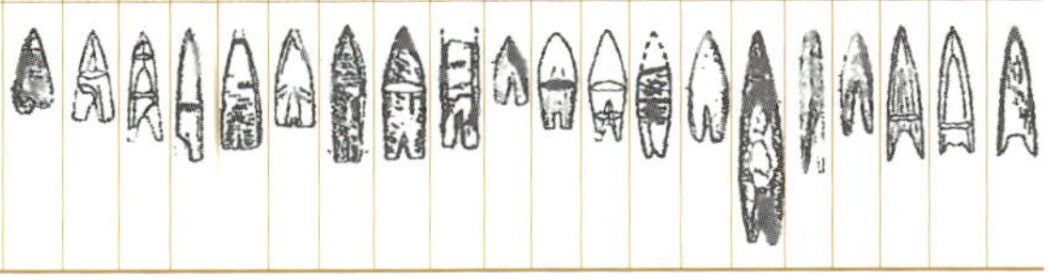

로 판단된다. 더불어 지금까지의 신석기시대 석촉 연구가 형태상 차이가 있음에도 불구하고 청동기시대 석촉의 형식분류안을 적용하여 신석기시대 석촉 분류에 약간의 문제점이 있다고 지적하였다.

하인수(2009)는 신석기시대 석촉을 제작방법에 따라 일차적으로 타제와 마제로 구분하였고, 형태적 속성에 따라 다양한 형식으로 분류가 가능하다고 보았다. 석촉은 경부의 유무에 따라 무경식과 유경식으로 구분되며, 타제석촉은 기부의 형태와 평면에 따라 삼각만입형과 삼각평기형, 첨두형, 우엽형으로 나누어진다. 마제석촉은 평면 형태와 기부의 특징에 따라 삼각만입형, 삼각평기형으로 나누어지며, 삼각만입형은 양익의 형태와 신부의 세부 속성에 따라, 삼각평기형은 신부의 형태에 따라 세분이 가능하다고 판단하였다.

이동주(2010)는 마제석촉류를 기부 형태에 따라 평기식平基式, 만입식灣入式, 양익식兩翼式, 첨기식尖基式으로 대분류한 후 다시 대형과 소형으로 세분하였다. 평기식의 경우, 평면 형태가 일반적인 것을 I형식, 일자형으로 세장한 것을 II형식으로 구분하였다. 만입식의 경우, 기부의 만입 형태에 따라 둥근 만입을 띠는 것을 I형식, 역V자상의 만입을 II형식으로 구분하였으며, 세장한 일자형에 역V자상의 만입부가 만들어진 것을 III형식으로 구분하였다. 양익식의 경우, 익부(나래)의 끝이 편평한 것을 I형식, 뽀족한 것을 II형식으로 대별하였다. 첨기식과 유경식의 경우, 세부 형태가 많지 않아 소형식으로만 분류하였다. 이와 같은 형식구분은 세부 속성분류의 의도와 기준이 명확하지 않은 점이 아쉬움으로 남는다.

하재령(2015)은 먼저 제작기법에 의해 타제와 마제로 구분한 후, 기부형태에 따라 유경식과 무경식으로 나누었는데 무경식은 기부의 만입여부와 형태로 세분하였다. 기부는 평기형과 만입형의 두 가지로 구분할 수 있으며 제작자의 의도가 응축되어 있다고 판단하였다. 평면 형태는 보트형, 삼각형, 침형(유엽형, 일자형 포함)으로 분류하였으며, 단면형태는 편평육각형, 양요

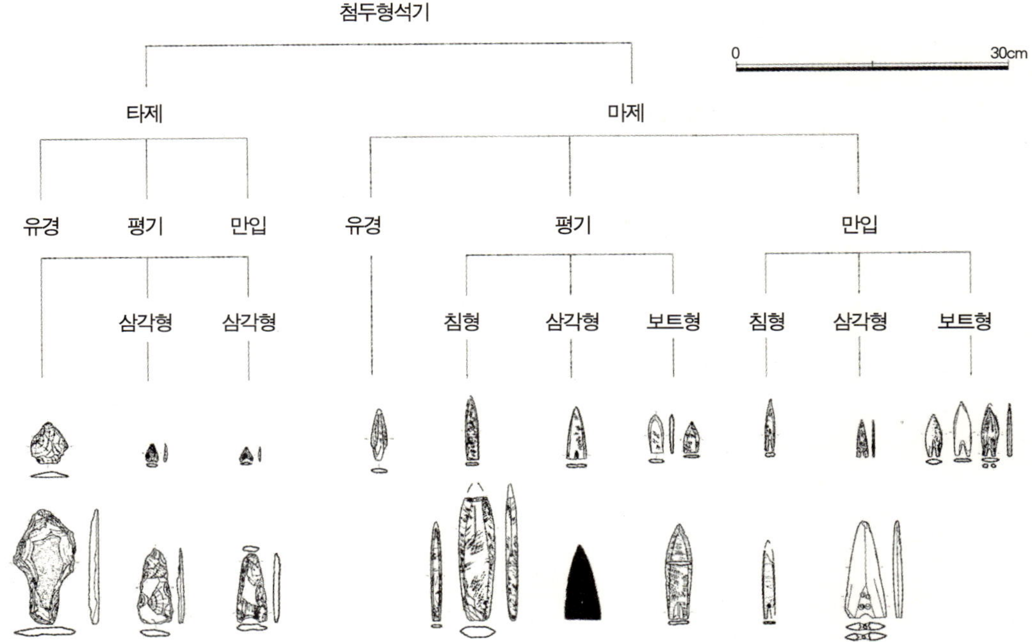

그림 4　신석기시대 첨두형석기의 형식분류(하재령 2015)

육각형, 렌즈형, 능형, 삼각형 등으로 구분하였다(그림 4 참조).[3]

2. 석창

사전적인 의미로 석창은 주로 수렵에 이용되고 작살은 대형 어류나 해수류를 포획할 때 사용하는 도구이지만 고고학적인 유물만으로 양자를 구분하기란 어렵다. 그것은 신석기시대 생업활동 자체가 복합적이고 사용하는 도구 역시 다용도로 사용되었을 가능성이 크기 때문이다. 창의 기능이 대상물을 찌르거나 던져 포획하는데 있으므로 실제 기능상에서는 상황에 맞게 적절히 사용했을 것으로 생각한다. 그렇다면 내륙과 해안지역에서 출토되는 각종 석창은 수렵과 어로용으로 병용되었을 가능성이 크다고 생각된다.

　따라서 본고에서는 크기를 기준으로 편의상 작살보다 대형인 것을 수렵용 석창으로 분류하였지만 반드시 용도가 수렵용에만 한정된다는 의미는 아니다. 석창은 지역에 따라 혹은 제작방

3　연구자에 따라서는 석촉의 단면형태가 관통력과 관련되기 때문에 형식분류의 중요한 요소로 보기도 한다. 또한 크기는 발사체로서 사용가능 여부를 판단하는 데에 도움을 준다.

법과 형태에 따라 여러 종류가 있다. 석창은 제작방법에 따라 타제와 마제로 구분되고, 경부의 유무에 따라 무경식과 유경식으로 대별된다. 타제석창은 유경식과 무경식으로 나누어지며, 유경식 타제석창은 타원형의 신부에 장방형상의 경부가 붙은 형태이다. 무경식 타제석창은 신부가 세장한 삼각형을 이루고 기부가 평탄한 형태와 신부와 경부가 구분되지 않는 유엽형으로 구분된다. 마제석창은 무경식만 확인되는데, 기부와 평면 형태에 따라 유엽형, 삼각평기형, 삼각만입형으로 나누어진다. 삼각평기형은 신부의 형태에 따라 세분이 가능하다(하인수 2009).

Ⅳ. 지역·시기별 양상

여기에서는 앞서 살펴본 형식분류에 따라 우리나라에서 출토된 석촉과 석창을 지역별로 구분하여 살펴보고, 시기에 따른 변화양상을 검토해 보고자 한다. 석촉과 석창의 연구 성과를 종합해 보았을 때, 가장 합리적인 분류안은 1차로 석기의 제작방법과 관련된 타제와 마제로 구분한후, 2차로 슴베의 유무(유경식과 무경식), 3차로 평면 형태(삼각형, 보트형, 일자형, 유엽형), 마지막으로 기부의 형태(나래, 만입, 편평)에 따라 세분된 형식분류안을 적용하는 것이라 판단된다. 이밖에 촉신의 단면형태도 석촉의 특징을 파악하는데 유용한 속성으로 생각된다.

　지역구분은 기본적으로 신석기시대 토기문화를 바탕으로 산맥 혹은 대하천 및 해안 등의 자연·지리적 조건 등을 감안하여 구분된다. 본고에서는 크게 동북지역, 서북지역, 중부서해안지역, 중부동해안지역, 남부내륙지역, 남부해안지역, 제주도지역으로 구분하여 살펴보고자 한다.

　북한지역에 해당하는 동북지역과 서북지역은 출토된 석촉과 석창의 수량이 많음에도 불구하고 제시된 도면이 많지 않아 구체적인 양상을 파악하기 어려워 크게 2개의 지역권으로 통합하여 살펴보고자 한다.[4] 또한 기존에 중서부지역이나 동해안지역으로 분류되던 지역은 중부서해안지역과 중부동해안지역으로 구분하였다. 이는 신석기시대 석촉(석창)은 강원 영서지역의 경우 동해안지역인 영동지역과의 관련성이 엿보이기 때문이다. 또한 기존 필자(2010)의 지역구분안 중에서 중부서해안지역과 중부내륙지역(영서지역 제외)은 중부서해안지역으로 통합하여

4　본고에서 서북지역으로 구분한 유적 중 평안도와 황해도지역은 기존의 중서부지역에 해당하는 유적으로 본고의 중부서해안지역과 매우 밀접한 관련성이 있으며, 동일 지역권으로 묶어 비교·검토가 가능하다. 그러나 앞서 언급한 바와 같이 북한지역 유적은 제시된 유물의 도면이 많지 않아 단순 유물간의 비교는 가능하나, 구체적인 분석과 양상을 파악하기에는 어려움이 있어 따로 구분한 것임을 밝혀둔다.

살펴보고자 한다. 남부지역은 해안가의 패총 유적 등과 내륙지역 유적의 성격이 확연히 구분되는 점을 감안하여 남부내륙지역과 남부해안지역으로 지역구분을 하고자 한다. 시기구분은 임상택(2006)과 하인수(2006)의 편년안을 수용하되 석기의 변화양상을 파악하기 위해 세부적인 편년안보다는 크게 전·중·후기의 3시기로 구분하여 검토하고자 한다.

1. 동북지역

동북지역 신석시대 유적 중 석촉 혹은 석창이 출토된 유적은 서포항, 라진동, 송평동, 농포동, 검은개봉, 범의구석, 두룽봉, 룡평리, 토성리유적 등이 있다. 이 중에서 가장 많은 양의 수렵구가 출토된 유적은 서포항유적인데, 석촉과 석창뿐만 아니라 골촉(창)도 다수 출토되었다. 석촉은 150여 점이 출토되었는데, 각암, 흑요석, 편암으로 만든 것이 대부분이다. 각암과 흑요석으로 만든 것은 타제이며, 편암은 마제가 주류를 이룬다.

서포항유적의 타제석촉은 슴베가 없는 무경식으로 촉신의 형태는 삼각형과 보트형이 확인된다. 기부의 형태는 만입되었는데, 삼각형의 경우 만입된 깊이가 깊다. 보트형은 약간 만입되었거나 흔적이 미비한 경우가 대부분이다. 흑요석제의 타제석촉 중 작은 것은 날을 이룬 두 변이 대칭되나 큰 것은 대칭되지 않는다. 흑요석제 석촉 중에는 촉신의 양 옆을 떼어내어 홈이 생긴 형태의 것도 출토되었다. 마제석촉은 삼각형, 보트형, 유엽형의 평면 형태가 확인되며, 기부는 약간 만입되었거나 나래를 형성한 것이 있다. 마제석촉의 크기는 길이 3~6cm 내외이며, 너비는 1~2cm이다. 흑요석제 석촉의 경우에는 작은 편으로 길이 3cm, 너비 2cm 내외이다.

석창은 각암으로 만든 1점이 출토되었는데, 옆모서리를 떼어내어 거칠게 다듬었으며 단면이 고르지 못한 볼록렌즈형에 가깝다. 길이는 13cm이고 가장 넓은 부분의 너비는 7.5cm이다. 이밖에 동북지역 신석기유적에서 출토된 석촉은 타제석촉의 경우 흑요석, 마제석촉의 경우 편암이 대부분이다. 흑요석제 타제석촉은 라진동, 송평동, 농포동, 검은개봉, 범의구석, 두룽봉, 토성리유적에서 확인된다. 대부분 평면 형태는 삼각형이며 기부가 만입된 것이다. 마제석촉은 납작하게 전면을 갈아 만들었으며, 삼각형에 기부는 만입되어 있다.

석창은 송평동, 농포동, 범의구석, 룡평리유적 등에서 출토되었는데, 룡평동유적의 석창을 제외한 나머지는 흑요석으로 만든 것이다. 룡평동유적의 석창은 현무암을 이용하였으며, 끝부분의 양쪽에 예리한 날을 세웠다. 날과 밑부분의 경계점을 잘록하게 다듬어 턱이 졌다. 범의구석유적 출토 석창은 모두 흑요석으로 만들었는데 양면을 정밀하게 수정한 것으로서 몸체는 얇고 측면의 날은 예리하다. 이 중 하나는 길이가 13.2cm인데, 몸체는 비늘처럼 다듬었으며 자루를

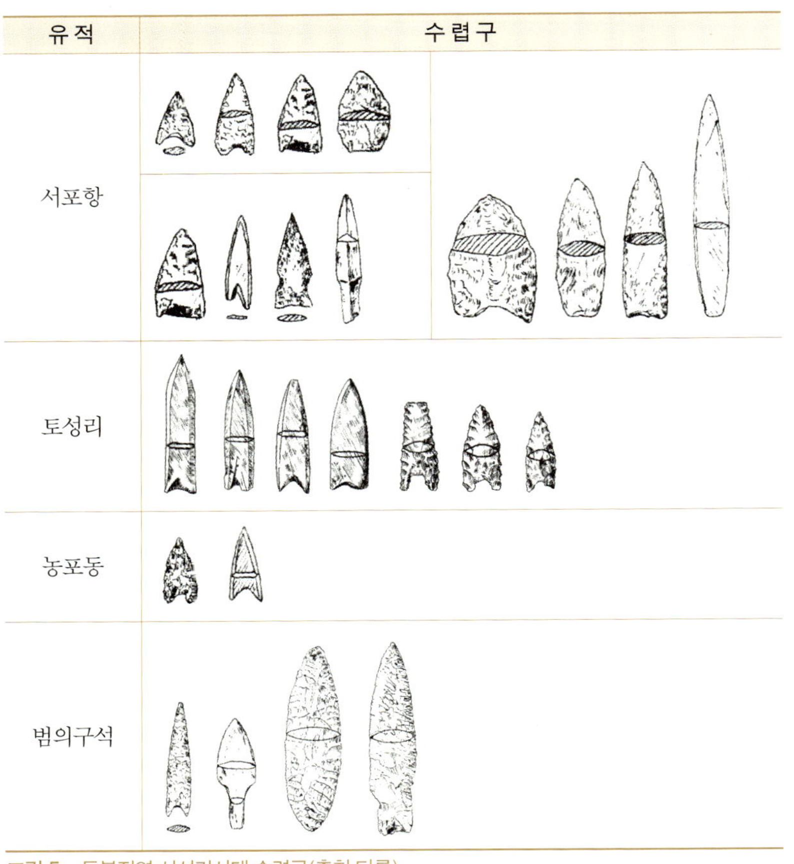

그림 5 동북지역 신석기시대 수렵구(축척 다름)

맞추는 쪽을 얼마간 좁혀서 긴 대에 묶는데 편리하게 하였다. 다른 하나는 유엽형으로 길이는 12.2 *cm*이다.

동북지역의 신석기시대 수렵구는 전기에서 후기까지 지속적으로 사용된 것으로 판단되나, 보고된 석촉과 석창의 수량이 매우 소수이어서 앞서 언급한 내용 이외의 세부적인 특징을 파악하기 어렵다.

2. 서북지역

서북지역 신석기시대 석제 수렵구가 출토된 유적은 궁산, 지탑리, 금탄리, 남경, 마산리, 룡덕리, 석탄리, 소정리, 룡당포, 남양리유적 등이 있다. 이 지역의 석기는 이후 살펴볼 중부서해안지역과 매우 밀접한 관련이 있으며, 이 중에서 가장 많은 수량의 석촉이 출토된 유적은 궁산과 마산리유적이다.

궁산유적에서는 40여 개의 석촉이 출토되었다. 대부분 판암제로 석촉의 크기는 길이 3~6 *cm*, 너비 1~2 *cm*, 두께 0.2~0.3 *cm*이다. 보고자는 형태에 따라 석촉을 크게 3가지로 구분하였는데, 첫째는 삼각형의 기부가 만입된 형태이다. 주목되는 것은 3호 집자리 바닥에서 석촉 반제품 22개가 나왔는데, 모두 같은 규격으로 잘라 놓은 것처럼 형태가 동일하고 크기는 동일 집자리에

196

서 나온 완성품과 일치하는 점이다. 이는 석촉의 제작과정을 엿볼 수 있는 자료로 판단된다. 둘째는 보트형이며, 셋째는 유엽형으로 좁고 긴 것이다.

마산리유적은 석촉 70여 점이 출토되었으며, 대부분 점판암으로 만들었으나 1점은 각암이다. 점판암제는 모두 마제석촉으로 평면 형태는 유엽형이며 단면은 렌즈형 또는 평육각형을 이룬다. 각암으로 만든 것은 눌러뜯기 수법으로 만든 것인데 평면 삼각형에 가깝다. 밑변에는 예각이 되게 홈을 내어 나래를 만들었다. 전체적인 크기는 길이 5~7cm, 너비 1.0~1.4cm, 두께 0.2~0.3cm이다.

이밖에 지탑리유적에서 편암으로 만든 유엽형의 마제석촉 1점이 출토되었으며, 금탄리유적에서도 유엽형의 석촉이 8점 출토되었다. 남경유적은 편암제 석촉 2점이 31호 집자리에서 출토되었는데, 크기는 길이 5cm, 너비 1.7cm, 두께 0.2cm이다. 룡덕리유적은 점판암제 석촉 4점이 출토되었으며, 유엽형으로 크기는 길

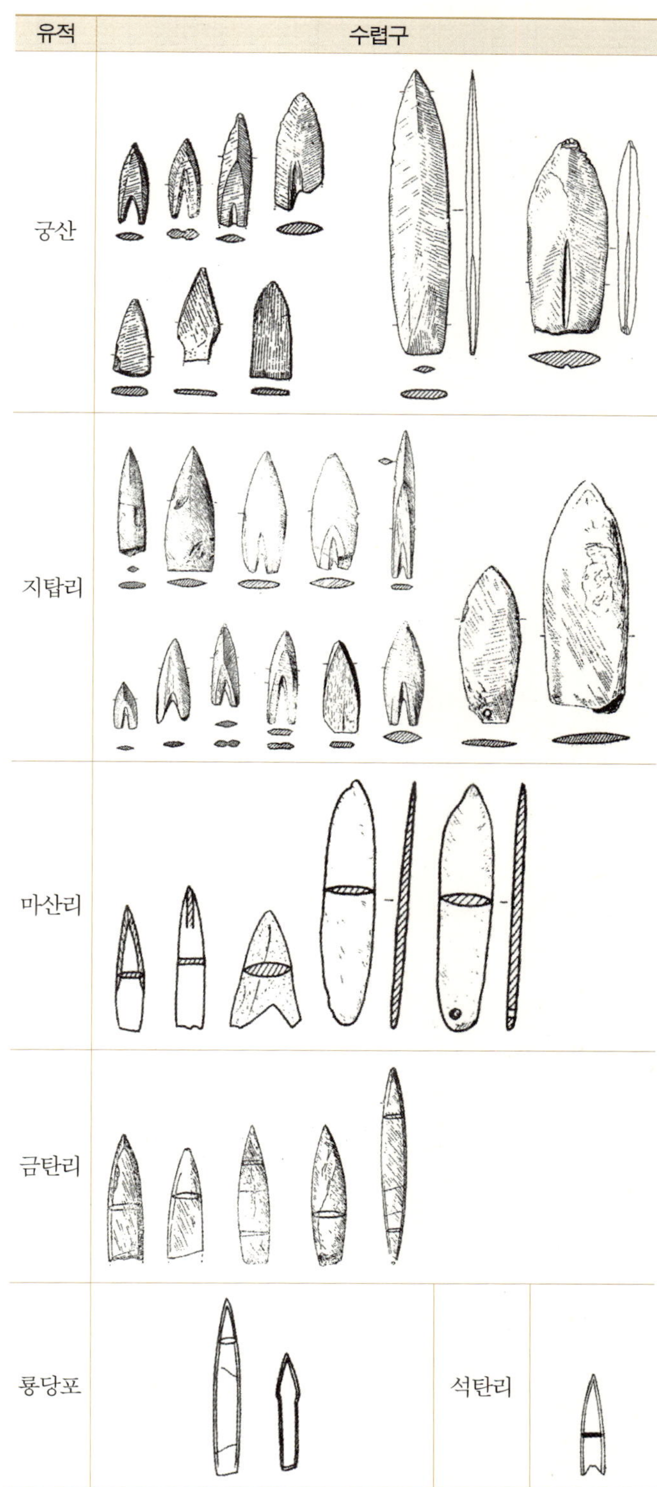

유적	수렵구
궁산	
지탑리	
마산리	
금탄리	
룡당포	석탄리

그림 6　서북지역 신석기시대 수렵구(축척 다름)

이 6~7cm, 너비 1.2~1.4cm, 두께 0.2cm 내외이다. 또한 석탄리(1점), 소정리(3점), 남양리(1점) 유적에서 점판암으로 만든 석촉이 출토되었으며, 대부분 유엽형으로 판단된다. 룡당포와 반궁리유적에서는 편암으로 만든 석촉이 각 1점씩 출토되었으며, 룡당포 출토품은 길이 5.5cm, 너비 0.6~1.0cm이며, 탄궁리유적 출토품은 유엽형의 형태를 띤다.

서북지역 신석기시대 유적에서 출토된 석창은 궁산과 마산리유적에서만 확인되었다. 궁산유적의 석창은 10여 점인데, 편암으로 만들었으며 대체로 폭이 좁고 두께가 얇은 유엽형이다. 온전하게 남은 것의 크기는 길이 12cm, 너비 2.4cm, 두께 0.4cm이다. 이보다 약간 두껍고 폭이 넓은 것도 있는데, 석창 몸체의 양면에 홈을 세로로 판 것이다. 그 가운데 특이한 것은 석창 밑면에 매우 가늘고 짧은 홈을 많이 그은 것도 있다. 마산리유적의 석창은 8점인데, 모두 얇은 점판암을 갈아서 만들었다. 평면은 유엽형이고 5호 집자리 출토품 중 하나는 촉두에서 촉신쪽으로 2/3정도 치우친 양옆에 홈을 내어 턱을 만들어 놓았다. 다른 하나는 뒷부분에 구멍을 뚫어 놓았는데, 크기는 길이 10~20cm, 너비 3cm 내외, 두께 0.5cm 내외이다.

서북지역의 수렵구 중 석촉은 전기에 삼각형의 형태로 기부가 만입되었거나 평평한 것이 비중이 높았던 것으로 추정되며 후기로 갈수록 보트형이나 유엽형이 증가하는 것으로 판단된다. 하지만 서북지역 역시 동북지역과 마찬가지로 보고된 석촉과 석창의 수량이 매우 소수이어서 전체적인 양상 파악이 가능할 뿐 세부적인 특징을 파악하기는 어렵다.

3. 중부서해안지역

중부서해안지역은 암사동, 미사리, 삼거리, 시도, 오이도(신포동), 송산, 삼목도, 홀곶, 학곡리, 능곡동, 농서리, 운서동, 대부북동, 학암리, 운북동, 중산동, 장재리, 기지리, 모이도, 운양동, 영하리, 양촌, 운양동, 상시3바위그늘, 용동리, 당동리, 대죽리, 석곡리유적 등에서 신석기시대 수렵구가 출토되었다.

중부서해안지역은 해안지역과 내륙지역으로 구분될 수 있는데, 해안지역 유적은 운서동, 송산, 삼목도, 중산동, 운북동, 양촌, 운양동, 능곡동, 대부북동, 홀곶, 모이도, 오이도, 시도, 대죽리유적 등이 있다. 운서동유적에서는 총 14점의 석촉이 출토되었으며, 보트형과 삼각형의 평면형태를 보이는데, 보트형은 기부가 만입된 것이다. 운서동유적에서 주목되는 것은 Ⅰ-1-8호 집자리에 출토된 삼각형의 석촉이다. 이 석촉은 신부와 기부 사이에는 양쪽에서 홈을 내었으며, 기부는 ∧형으로 약간 만입되어 있다. 전면에는 十자형의 홈이 있으며, 후면에는 봉부에서 기부의 중앙부까지 홈이 一자형으로 나 있다. 봉부는 Y자형으로 능각이 뚜렷하게 형성되어 있고,

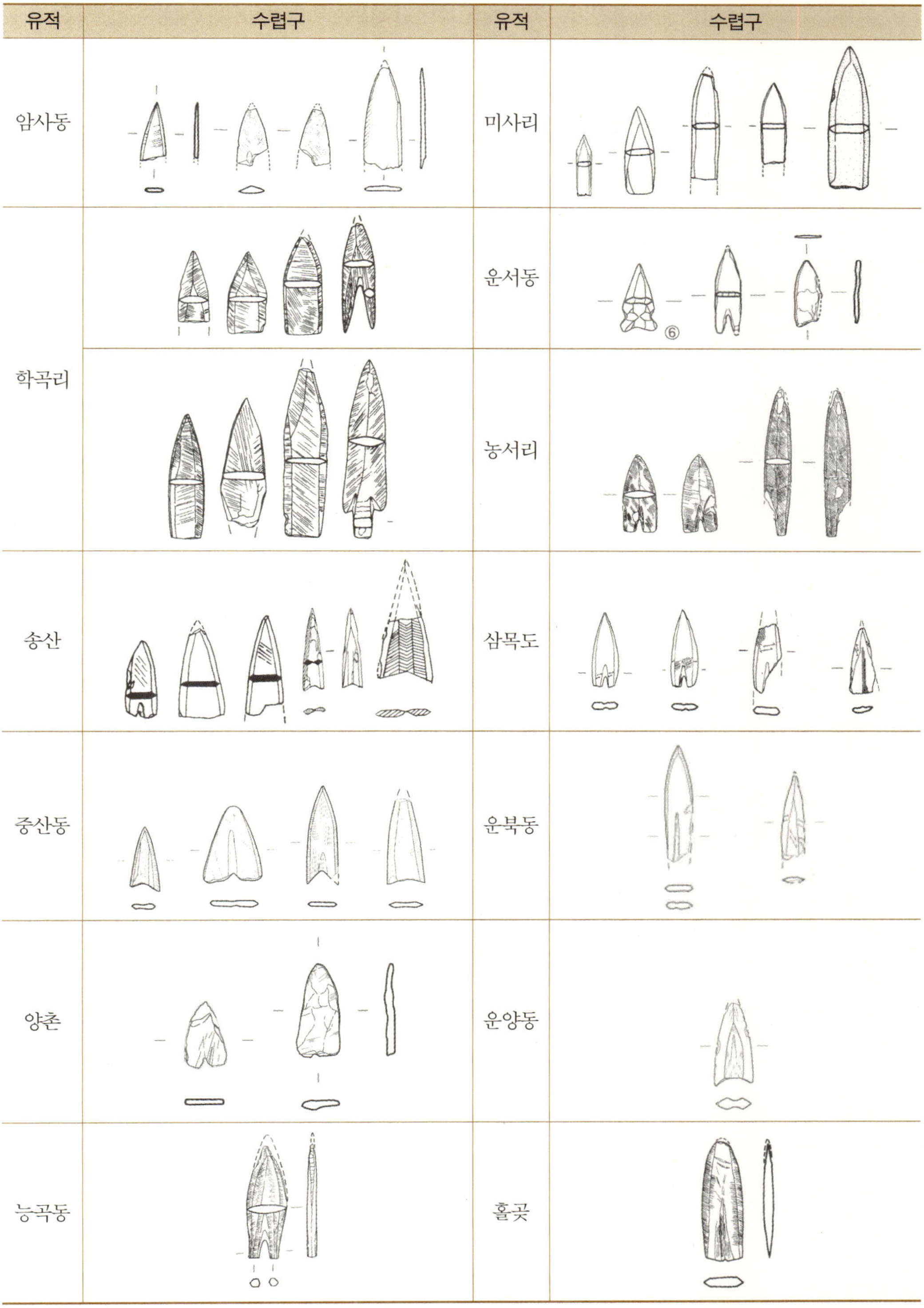

유적	수렵구	유적	수렵구
암사동		미사리	
학곡리		운서동	
		농서리	
송산		삼목도	
중산동		운북동	
양촌		운양동	
능곡동		홀곶	

그림 7　중부서해안지역 신석기시대 수렵구①(축척 다름)

단면형태는 중앙부가 약간 만입된 편평육각형이다. 크기는 길이 2.7cm, 너비 1.3cm, 두께 0.2cm 이다. 이러한 형태의 마제석촉은 아직까지 우리나라에서 보고된 바 없는 것이다.

송산유적에서는 14점의 석촉이 출토되었으며, 유엽형과 삼각형이 주류를 이룬다. 석촉은 가운데 부분에 홈이 종방향으로 파여져 있어 단면이 가운데가 오목한 편평육각형이 다수 확인된다. 대체적으로 크기는 길이 3cm 내외, 너비 1.5cm 내외, 두께 0.2cm이다. 삼목도유적에서 출토된 석촉은 기본적으로 삼각형이며 기부는 편평하거나 만입된 것이 확인된다.

대부북동유적은 석촉 11점이 출토되었는데, 보트형과 유엽형의 평면 형태를 지니며 기부가 만입된 형태의 슬레이트제이다. 출토품 중 주목되는 것은 1호 집자리에서 슬레이트제 격지와 미완성석촉, 석촉 완형, 석촉 파손품 등이 동반 출토되어 석촉의 제작에서부터 폐기까지의 과정을 유추할 수 있는 유물이 확인된 점이다. 운북동유적은 신석기시대 집자리에서 3점, 지표에서 4점의 석촉이 출토되었다. 석촉은 가늘고 긴 형태로 이 가운데 한 점은 기부에 장착을 위한 얇은 홈을 만들었다 삼각형의 석촉도 1점 출토되었으며, 모두 셰일로 만들었다. 크기는 길이 3.3~5cm, 너비 1.2~1.5cm, 두께 0.25cm 내외이다. 중산동유적에서는 이 지역에서 가장 많은 수인 18점의 석촉이 출토되었는데, 암질은 점판암 10점, 사암 7점, 편암 1점이다. 석촉의 크기는 길이 3.7cm, 두께 0.3cm 내외이다. 석촉은 크게 삼각형의 길이가 짧은 것과 가늘고 긴 형태로 구분된다.

이밖에 양촌(삼각만입형-편암), 운양동(삼각형), 능곡동(보트만입형-슬레이트), 홀곶(유엽형), 모이도(이암), 오이도(보트만입형), 시도(보트만입형), 대죽리(삼각만입형)유적에서 소량의 마제석촉이 출토되었다. 대부분 삼각형 혹은 보트형으로 기부가 만입된 형태가 주류를 이룬다. 석창은 대부북동유적 10호 집자리와 삼목도유적의 지표에서 수습된 것 2점이 확인되었다.

내륙지역 유적은 암사동, 미사리, 삼거리, 학곡리, 농서리유적의 경기내륙지역과 상시3바위그늘, 영하리, 장저리, 용동리, 석곡리, 기지리, 학암리유적의 충청내륙지역으로 세분될 수 있다. 경기내륙지역 중 암사동과 미사리유적에서는 다수의 마제석촉이 출토되었는데, 보트형과 일자형이 주류를 이룬다. 학곡리유적에서는 점판암, 편암, 천매암으로 만든 마제석촉 20여 점 출토되었다. 평면 형태는 삼각형과 보트형이 주류를 이루며, 일부 일자형이 확인된다. 한 점은 일단경식 석촉으로 촉신의 하단은 미늘형으로 인부는 합인의 형태로 마연되었으며, 곡선을 이룬다. 인부 가장자리가 곡선을 이루는 점에서 재가공하였음을 유추할 수 있다. 크기는 길이 6.6cm, 너비 1.6cm, 두께 0.4cm이다. 농서리유적은 셰일로 만든 3점의 석촉이 출토되었으며, 기부에는 ∧형의 홈이 조성되어 있다. 이밖에 삼거리유적에서도 점판암으로 만든 석촉으로 추정되는 것이 출토되었다.

충청내륙지역 중 상시3바위그늘유적에서는 타제석촉 4점과 마제석촉 7점이 출토되었다. 이 유적에서 확인된 마제석기는 주로 셰일, 타제석기는 섬록암, 화강암, 편암 등을 사용하였다. 석촉 중 완전한 것은 유엽형으로 촉신에 홈이 파인 것도 확인된다. 용동리유적은 모두 5점의 석촉

유적	수렵구	유적	수렵구
대부북동			
모이도		오이도	
시도		대죽리	
상시 3바위그늘		용동리	
학암리		영하리	
장재리		석곡리	

그림 8 중부서해안지역 신석기시대 수렵구②(축척 다름)

이 출토되었으며, 천매암과 점판암으로 만든 삼각형의 형태로 기부 중앙에는 살대를 고정시키기 위한 오목한 홈이 나 있는 것도 있다. 학암리유적은 2점의 마제석촉이 출토되었는데 1점은 사암으로 만든 삼각만입형이다. 이밖에 영하리(슬레이트), 장재리(점판암), 석곡리(편암, 셰일) 유적에서 석촉이 출토되었다. 기지리유적의 Ⅰ-3호 집자리에서는 추정석창편 1점 출토되었는데, 석검의 검신과 같은 유엽형의 형태로 길이 9.5cm, 너비 2.0cm, 두께 0.6cm이다.

　중부서해안지역은 중기 이후에 소형의 삼각형 석촉이 유행하는 경향을 보이나 전 시기에 걸쳐 유엽형과 보트형 등 다양한 형식의 석촉이 출토되고 있어 뚜렷한 변화양상을 찾아보기 어렵다.

4. 중부동해안지역

중부동해안지역은 오산리, 문암리, 가평리, 송전리, 지경리, 지변동, 초당동, 하시동, 증산동, 주천리, 아우라지, 우두동, 쌍굴, 공기2굴, 용항리, 대이리유적 등에서 신석기시대 석촉 혹은 석창이 출토되었다. 이 지역은 해안지역(영동지역)과 내륙지역(영서지역)으로 구분될 수 있다. 다른 지역과 비교하여 각 유적별 수렵구의 출토량이 많은 편이다.

오산리C유적은 석촉으로 분류된 유물 중 신석기시대 것은 26점으로 모두 마제석촉이다. 신석기시대 조기문화층에서 22점, 전기문화층에서 2점, 중기문화층에서 2점이 출토되었다. 암질은 셰일이 대부분을 차지하고 이암, 천매암, 편암, 점판암 등을 사용하였다. 석촉은 보트형과 유엽형, 삼각형의 평면 형태를 보이며, 보트형의 경우 기부는 만입, 편평, 볼록한 형태가 존재한다. 비교적 단일 유적 내에서 다양한 형식의 석촉이 출토되는 특징을 보인다. 이밖에 서울대박물관 조사구간에서 석촉 2점과 석창 1점이 출토되었다. 문암리유적은 52점의 석촉이 출토되었으며, 암질은 셰일과 응회암이 대부분이다. 석촉의 형태는 삼각형과 유엽형이 확인되는데, 기부는 편평한 것과 만입한 것이 있다. 초당동유적의 석촉류는 완성된 석기보다는 마름질 및 다듬질 단계의 미완성의 석촉류가 대부분이다. 모두 40점의 석촉이 출토되었고, 유엽형, 일자형, 삼각형이 확인된다. 석촉은 모두 마제인데, 평행하는 양변을 가지며 폭이 길이에 비해 상대적으로 좁은 형태이다. 기부는 좁고 긴 만입부를 가진 것이 대부분이며, 신부 횡단면은 편육각형이나 렌즈형, 능형을 띤다.

지경리유적은 석촉 17점이 출토되었는데, 대부분 길고 좁은 유엽형이고 단면은 편육각형이다. 4호 집자리 출토 석촉은 기부 가운데가 위로 패여 양날개를 이루는 형태이다. 6호 집자리 석촉 중에는 기부가 납작하고 좁혀진 기부쪽에 얕은 홈을 2개 나란히 뚫은 특이한 형태도 확인되었다. 암질은 셰일이 대부분이며, 점판암, 니암, 편암 등도 있다. 지변동유적에서도 모두 24점의 석촉이 출토되었다. 석촉의 기부는 유엽형의 경우 대부분 ∧형의 홈을 형성하였고 일부 삼각형석촉도 동일한 양상을 보인다. 석촉의 단면은 일자형의 경우는 편육각형, 삼각형은 편사각형, 유엽형은 렌즈형의 단면을 띤다. 암질은 대부분 셰일이며, 니암, 천매암, 편암 등도 있다. 크기는 길이 5~6㎝, 너비 1.2~2.0㎝, 두께 0.5㎝ 미만이다.

중부동해안지역의 신석기시대 석촉 중 주목되는 것은 송전리유적 출토품이다. 1호 집자리에서 8점, 토광묘에서 9점의 석촉이 출토되었는데, 집자리 출토품은 유엽형이며, 토광묘 출토품은 반유엽만입촉으로 보고자는 판단하였다. 석촉은 사용흔이 거의 관찰되지 않고 크기와 형태가 정형화된 것으로 볼 때 부장용으로 제작되어 매납된 것으로 판단된다. 그러나 토광묘 출토 석촉은 청동기시대 것일 가능성 높다. 이밖에 해안지역 유적 중 가평리와 하시동, 증산동유적에

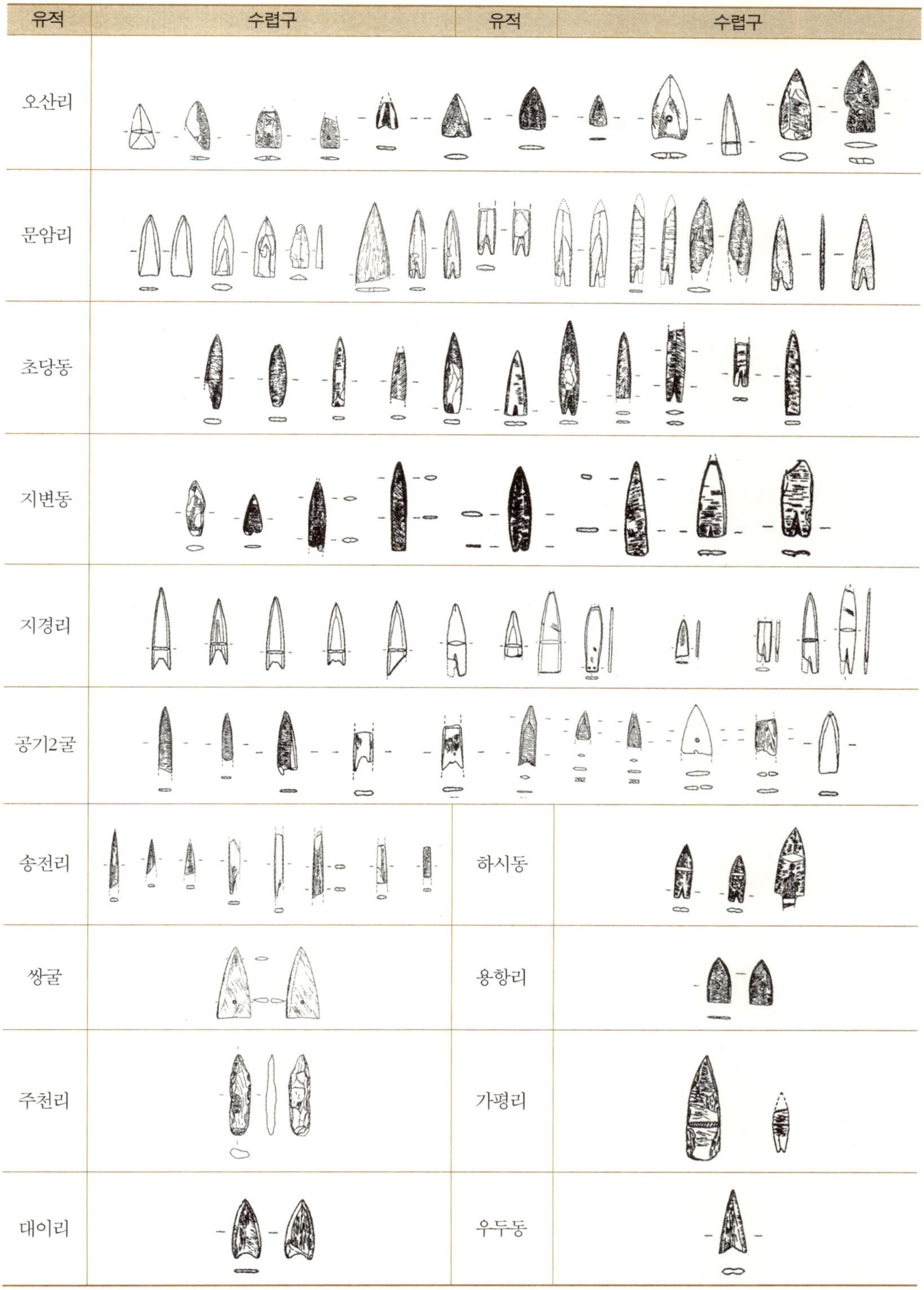

유적	수렵구	유적	수렵구
오산리			
문암리			
초당동			
지변동			
지경리			
공기2굴			
송전리		하시동	
쌍굴		용항리	
주천리		가평리	
대이리		우두동	

그림 9 　중부동해안지역 신석기시대 수렵구(축척 다름)

서 신석기시대 석촉이 출토되었다. 가평리는 삼각형과 유엽형, 하시동은 보트형, 증산동은 일자형과 보트형석촉이 출토되었다.

석창은 문암리유적에서 3점이 출토되었는데, 전체적으로 마연된 것과 날부분을 타격한 형태로 구분된다. 이 가운데에서 전체적으로 마연된 형태는 날 부분을 집중적으로 마연하였으며 기부는 편평하고 구멍이 상하 2개 뚫린 형태이다. 또한 지경리와 오산리유적에서도 석창이 출토되었는데, 잔존상태가 좋지 않다.

중부동해안지역의 내륙지역에서 신석기시대 수렵구가 출토된 대표적인 유적은 공기2굴인데, 총 16점이 출토되었다. 석촉은 세장한 삼각형으로 기부가 만입된 것이다. 이밖에 쌍굴, 우두동, 아우라지, 용항리유적에서도 석촉이 출토되었다. 석창은 쌍굴과 주천리유적에서 출토되었는데, 쌍굴에서 출토된 석창은 마연된 것으로 암질은 슬레이트이다. 두께는 창끝에서 구멍으로 가며 점차 두꺼워져서 구멍에서 최대치를 이룬다. 구멍은 좌·우 날개와 밑변에서 거의 같은 거리에 뚫려 있다. 크기는 길이 9.6cm, 너비 4.4cm, 두께 0.4cm이며, 구멍의 지름은 0.2~0.5cm이다.

중부동해안지역 신석기시대 석촉 중 이른 시기의 것은 오산리유적 출토품을 통해 살펴볼 수 있다. 오산리유적의 조기문화층에서는 기부에 비하여 신부가 넓은 보트형이 출토되었는데, 기부에 치우쳐 몸체 중심에 투공을 마련한 것이 특징적이다. 기부의 형태가 남아있는 17점 중 13점에서 투공의 흔적이 관찰되고 있다. 촉두와 신부의 양쪽 가장자리에 날카로운 날이 형성되어 있다. 또 하나의 형태는 기부에 슴베를 마련한 유경식석촉 2점이 출토되었다. 지금까지 동해안지역에서 신석기시대의 유경식석촉이 출토된 예가 없어 청동기시대에 처음으로 사용된 석촉으로 인식되어 왔으나 오산리유적에서 확인되어 주목된다. 또한 석촉은 중간에서 기저부 방향으로 1/3부분에 투공이 위치하는데, 부러진 화살촉의 대부분이 투공 부분에서 확인된다.

전기문화층에서는 2점의 석촉이 출토되었는데 모두 조기문화층에 비하여 신부가 짧은 소형의 삼각형석촉이다. 몸체의 최대 너비가 기부에 위치하고 있으며, 기부에는 ∧형태로 만입되어 있다. 중기에 해당하는 석촉은 유엽형석촉이 주류를 이루는데, 초당동, 지변동, 가평리, 지경리, 송전리유적 등에서 출토되었다. 그 중에서 기부의 형태는 편평한 것과 만입한 것이 있는데 편평한 것이 대부분이다. 이밖에 삼각형과 보트형이 사용되었으나 출토량은 많지 않다.

5. 남부내륙지역

남부내륙지역은 전라도와 경상도의 해안지역을 제외한 지역으로 갈머리, 진그늘, 상촌리, 송죽리, 평거동(4-1지구), 원촌유적 등에서 신석기시대 수렵구가 확인되었다. 이 지역은 신석기시대 유적 수도 많지 않으며, 대부분 유적의 입지가 하천변에 위치하고 있는 특징을 보인다.

　갈머리유적은 석촉류가 총 21점이 출토되었으며, 삼각형과 유엽형이 확인되며 삼각형의 경우 기부가 만입된 것과 편평한 것이 있다. 이밖에 석창처럼 보이는 석기도 출토되었으나 유엽형과 더불어 아직 날을 만들지 않은 석촉용 재료일 가능성도 있다. 즉 퇴적층에서만 출토된 석

유적	수렵구
갈머리	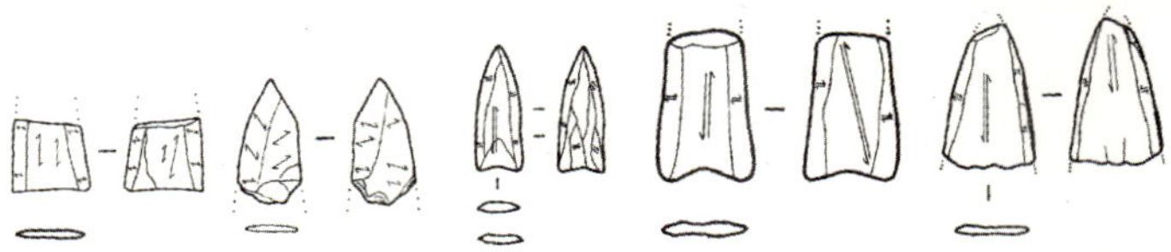
진그늘	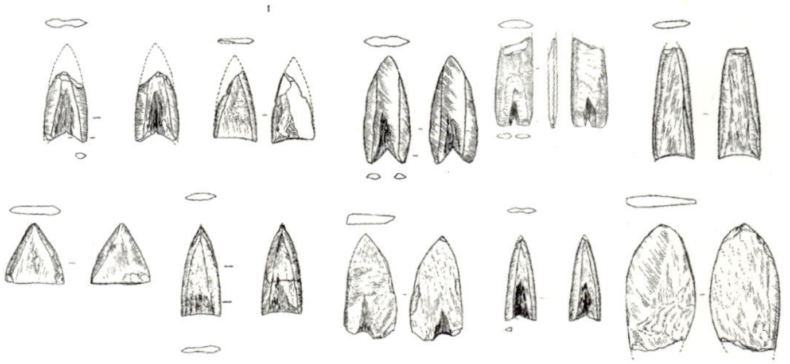
송죽리	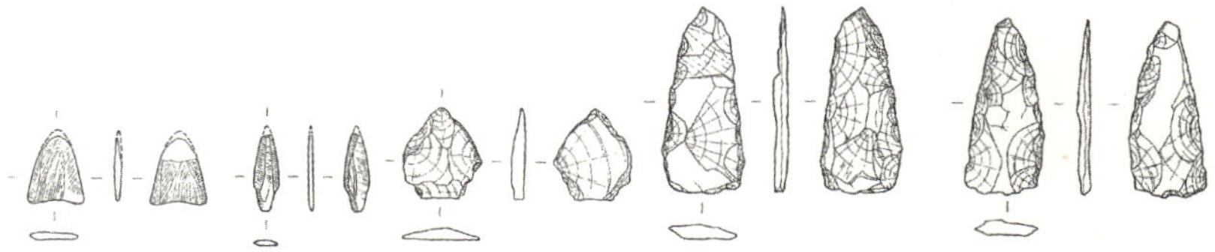
상촌리	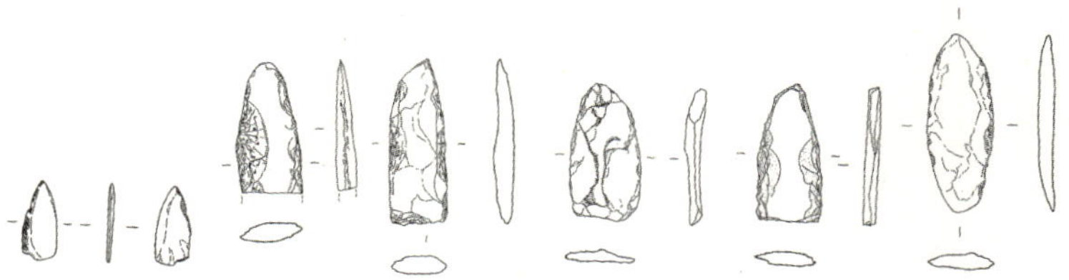
평거동	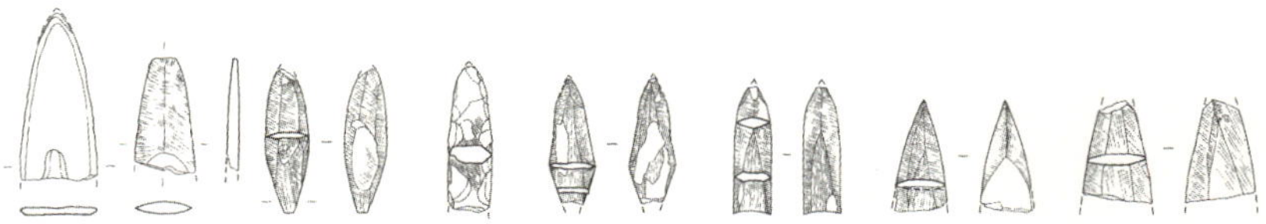
원촌	

그림 10　남부내륙지역 신석기시대 수렵구(축척 다름)

창 형태의 석기는 실제로 석촉을 제작하는 과정에 있는 미완성품으로 보인다. 진그늘유적에서는 석촉 10점, 석창 1점이 출토되었다. 석촉은 삼각형의 기부가 만입된 형태이고, 석창은 석촉을 그대로 확대시킨 양상이다. 석촉의 크기는 길이 4.6cm, 너비 1.7~2.0cm, 두께 0.3~0.4cm이다. 석창은 석촉보다 길이, 너비, 두께가 2배 정도 크다. 원촌유적에서는 석촉 2점이 출토되었는데, 한 점은 삼각형의 석촉으로 날만 마연되어 있는 것이며, 다른 한 점은 구상유구 퇴적층에서 출토된 석촉으로 신석기시대 유물보다 늦은 시기일 가능성이 높다.

상촌리유적은 석촉보다 석창이 다수 출토되었다. 석창는 원석에서 떼어낸 납작한 석재의 양면을 타격하여 선단부를 뾰족하게 만든 형태로 기부는 두껍고 모서리 부분의 각을 없앤 형태이다. 출토된 50여 점의 석창은 동일 유적임에도 불구하고 보고자에 따라 암질을 달리 보았다. 동의대 발굴구간은 이암이 주류를 이루며 일부 혼펠스가 존재한다고 보았으나, 동아대 발굴구간은 점판암으로 판단하였다. 또한 동아대 발굴보고자는 석창의 경우 '창선형 첨두기'란 용어를 사용하고 있어 차이를 보인다. 석촉은 10여 점이 출토된 것으로 보고되었다. 송죽리유적은 점판암으로 만든 유경식 1점과 무경식 3점의 석촉이 출토되었다. 이 중 무경식은 삼각형으로 기부에는 화살대를 장착하기 위한 작은 홈이 양면에 나 있다. 석창은 5점이 출토되었는데 석촉과 같은 암질의 석재를 사용하였다.

평거동(4-1지구)유적에서는 석촉 14점과 석창 1점이 출토되었다. 석촉은 셰일로 만들었으며 유엽형, 보트형, 삼각형이 확인되며, 상하면의 가운데가 오목한 형태로 상하면에 능이 여러 개 확인되는 것도 존재한다. 크기는 길이 5~7cm, 너비 1~2cm, 두께 0.2~0.6cm정도이다. 석창은 23호 구에서 1점이 출토되었는데, 처트제로 잔손질떼기로 인부를 형성하였다. 크기는 잔존길이 8.1cm, 너비 5.2cm, 두께 1.1cm이다.

남부내륙지역은 이른 시기의 유적이 확인되지 않아 수렵구 역시 중기 이후의 양상만을 살펴볼 수 있다. 중기에는 삼각형의 석촉이 주류를 이루며, 후기에는 유엽형과 보트형 등과 함께 다양한 형태의 석촉이 확인된다. 석창은 중기에는 긴 이등변삼각형의 형태로 가공하되 별도로 마연되지는 않은 반면, 후기에는 크기가 조금 작고 짧은 슴베가 달려 있으며 날부분을 정밀하게 마연한 특징을 보인다.

6. 남부해안지역

남부해안지역은 가장 많은 유적에서 신석기시대 석제 수렵구가 출토되었다. 남부서해안지역의 가도와 노래섬유적, 남부남해안지역의 동삼동, 선진리, 연대도, 욕지도, 상노대도, 오진리, 범방,

남양동, 수가리, 가덕도 장항, 비봉리, 경도, 율리, 안도유적, 남부동해안지역의 세죽, 황성동, 죽변리, 오산리931번지, 신암리, 처용리유적 등이 있다.

우선 가도유적에서 출토된 신석기시대 석촉은 평면 형태 삼각형, 유엽형으로 구분되며, 삼각형의 경우에는 기부에 따라 나래, 만입, 편평한 것이 모두 확인된다. 석촉은 대부분 소형이며 마제이다. 노래섬유적에서는 석촉류(석촉, 석창) 62점이 출토되었다. 보고자는 삼각형석촉의 경우 만입된 기부를 지닌 것과 편평한 것(유공, 무공)으로 구분하였다. 석창은 타제로 만든 것이 소수 출토되었다. 삼각형의 석촉 중 기부에 구멍이 뚫린 것은 남부지역의 전기로 편년되는 석촉과 유사하며, 고정식 작살로 판단하였다.

남부남해안지역의 유적 중 동삼동유적은 타제석촉과 석창이 다수 출토되었다. 석촉은 삼각형이 주류를 이루며, 만입여부에 따라 세부적인 형식분류가 가능하다. 연대도유적에서는 41점의 석촉이 출토되었는데, 암질은 흑요석이 대부분이며, 스누카이트와 혼펠스, 화강편암 등도 사용되었다. 석촉 중에는 한쪽 면을 마연한 후 떼어내었거나, 박편을 이용하여 대충 가공한 것들도 보인다. 욕지도유적은 타제석촉 12점과 타제석창 5점이 출토되었다. 석촉은 흑요석과 혼펠스로 만들었으며, 격지를 이용한 것도 있다. 보고자는 대체로 촉신이 길고 안으로 많이 휘면서 등날이 높게 선 것이 이른 시기의 것으로 보았으며, 얇으며 평면 형태가 정삼각형에 가까운 것이 늦은 시기의 것으로 판단하였다.

안도유적은 11점의 석제 수렵구가 출토되었다. 온전한 것 중에는 평면 형태가 유엽형에 가깝고 자루와의 결합부분에 1개의 구멍이 뚫려 있는 것도 있으며, 크기는 길이 9.2*cm*, 너비 3.3*cm*, 두께 0.6*cm*이다. 오진리유적은 이암과 응회암으로 만든 석촉 4점이 출토되었다. 석촉은 하단부에 홈이 파여 있는데, 종방향의 마연흔적이 깊게 남아있다. 평면 형태는 두 점은 유엽형이고 한 점은 삼각형으로 판단된다. 크기는 길이 5~7*cm*, 너비 1.5~2.0*cm*, 두께 0.3*cm*이다. 범방유적은 석창 1점과 석촉 2점이 출토되었다. 석촉은 흑요석과 이암혼펠스로 만들었으며, 한 점은 삼각형으로 기부가 만입되어 있다. 다른 한 점은 신부 중앙이 종방향으로 약간 오목하게 처리되어 있고, 그 아래에는 양면에 뚫은 구멍이 있다. 석창은 전체 형태는 이등변삼각형을 이루고 있으며 기부는 직선적으로 처리되어 있다. 신부 중앙에는 목병구에 결박하기 위한 에임을 만들기 위하여 좌우 대칭적으로 크게 조정하였다. 재질은 이암혼펠스이며, 크기는 잔존길이 11*cm*, 너비 5.5*cm*, 두께 1.9*cm*이다.

가덕도 장항유적은 인골 36호에서 석제 수렵구 1점이 출토되었다. 전면 마연된 삼각형으로 만입된 기부를 지닌 것으로 중앙 아래쪽에 지름 0.2*cm*의 투공이 확인된다. 크기는 길이 5.7*cm*, 너비 3.2*cm*, 두께 0.5*cm*이다. 또한 흑요석으로 만든 기부가 만입된 삼각형의 석촉과 전면 마연된 석창도 출토되었다. 이밖에 상노대도, 경도, 선진리, 남양동, 다포리 대포유적에서도 타제 혹

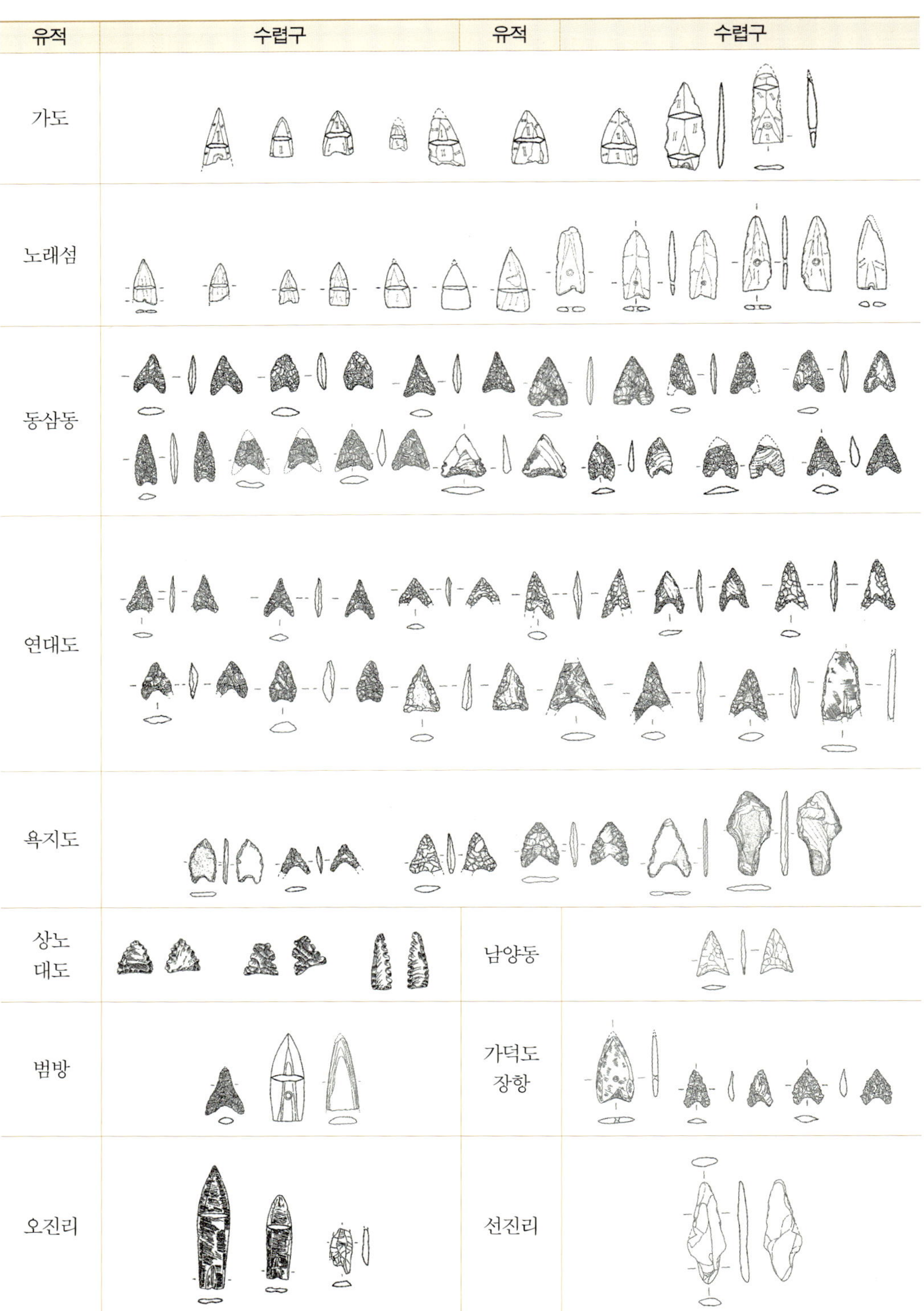

유적	수렵구	유적	수렵구
가도			
노래섬			
동삼동			
연대도			
욕지도			
상노대도		남양동	
범방		가덕도 장항	
오진리		선진리	

그림 11　남부해안지역 신석기시대 수렵구①(축척 다름)

208

유적	수렵구	유적	수렵구
경도	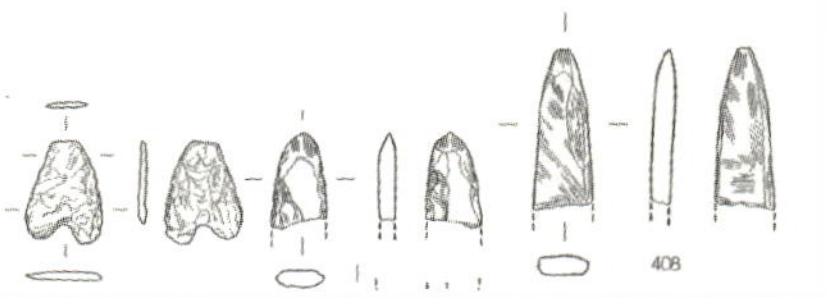	안도	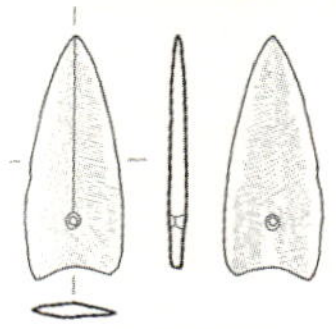
세죽	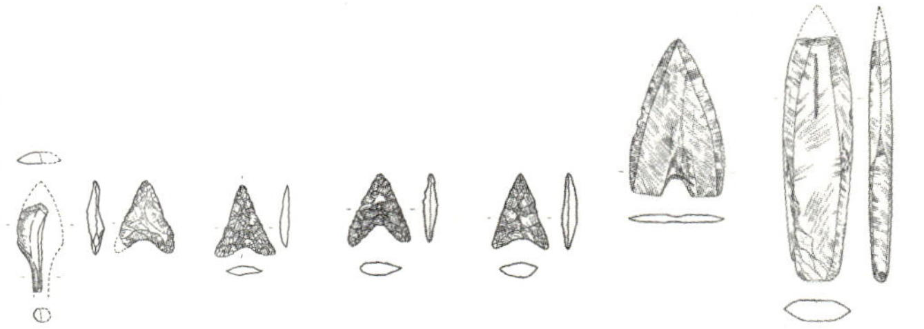		
황성동	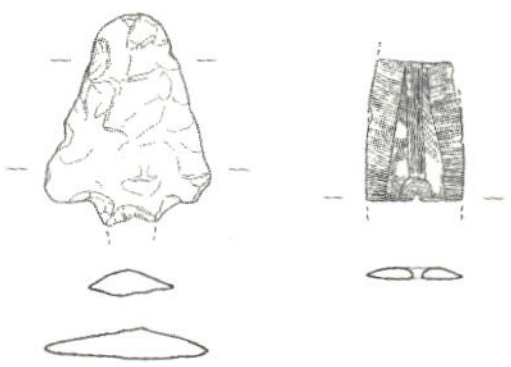	죽변리	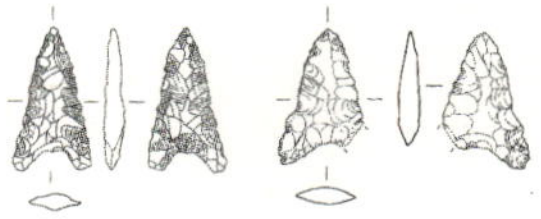
오산리 931		신암리	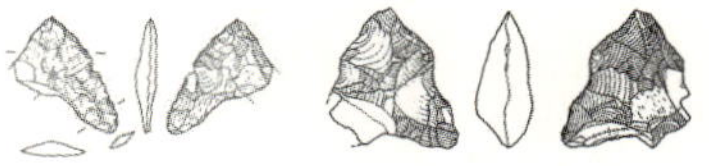
처용리		다포리 대포	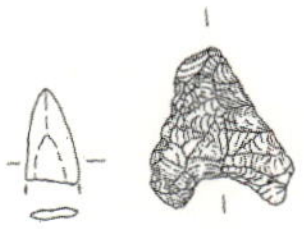

그림 12 남부해안지역 신석기시대 수렵구②(축척 다름)

은 마제석촉이나 석창이 출토되었다.

　남부동해안지역 유적은 남부남해안지역 유적 및 같은 동해안지역인 중부동해안지역과 비교해 석제 수렵구의 출토량은 많지 않은 편이다. 세죽유적은 석촉 5점과 석창 2점이 출토되었다. 석촉은 흑요석과 혼펠스로 만들었으며, 석창은 이암혼펠스이다. 석촉은 대부분 타제로 삼각형의 만입된 기부를 지니며, 한 점은 인부와 경부 측면에 사방향의 마연흔이 남아 있는 유경식으로 추정되나 편으로 확실하지 않다. 석촉의 크기는 길이 3~5㎝, 너비 2~3㎝, 두께 0.5~0.7㎝이다. 석창은 삼각형과 유엽형에 가까운 것 2점이 출토되었다. 유엽형은 길이 14.7㎝, 너비 4.1㎝,

두께 1.3cm로 신부 상면에 종방향의 홈이 나 있다. 죽변리유적은 석촉 2점과 석창 9점이 출토되었는데, 석촉은 대부분 미완성 형태로 확인되었다. 석창은 전면을 타격한 것과 기면만 마연하고 날 부분을 타격한 형태, 기부에 구멍이 뚫린 형태가 확인된다. 첨두기 형태의 석창은 고산리유적 출토 첨두기와 유사하다.

이밖에 황성동유적에서는 타제와 마제로 된 석제 수렵구가 각 1점씩 출토되었다. 마제석창은 신부에 구멍이 뚫려 있고 전면이 마연된 것이다. 오산리 931번지 유적에서는 지표에서 보트형의 마제석촉 1점이 출토되었다. 처용리유적은 1호 수혈에서 흑요석으로 만든 석촉편이 출토되었는데, 평면은 삼각형으로 추정된다.

남부해안지역의 이른 시기 수렵구 중 석촉은 타제가 주류를 이루며 삼각형의 형태로 만입된 기부를 지닌다. 석촉과 석창으로 분류된 것 중에는 유적의 입지와 성격상 작살로 사용되었을 가능성이 높은 유물이 많으며, 마제석창(촉) 중에는 신부에 구멍이 뚫려 있는 것이 다수 확인된다. 또한 다른 지역과 달리 유경식으로 보이는 수렵구도 상당수 확인되고 있어 지역적인 특징으로 보이며, 동북지역의 유적과 마찬가지로 흑요석 혹은 이암으로 만든 타제석촉이 다수 출토된 것으로 보아 암질의 선택이 주변 환경(지질 및 교역 등)과 매우 밀접한 관련이 있음을 유추해 볼 수 있다.

7. 제주도지역[5]

제주도 출토 신석기시대 석기 중 수렵구로 판단되는 유물은 석촉과 첨두기가 있다. 석촉은 초창기와 조기 단계에서 확인된 타제석촉이 대부분이다. 제주도지역의 석촉은 평면 형태, 신부 형태, 슴베의 형태, 밑변의 형태, 미늘의 각도에 따라 세분할 수 있다. 첨두기는 직접 던지거나 투창기를 이용하여 사냥하는 도구로 형태와 제작방법에 따라 양면조정첨두기와 유경첨두기로 분류된다. 고산리유적 첨두기와 사계리 지표채집품, 저류지유적 첨두기가 유경첨두기에 해당한다.

초창기 단계의 석촉은 고산리, 강정동, 삼화지구, 병문천저류지, 김녕리, 외도동, 용담동유적에서 출토되었다. 대체로 석촉은 길이가 2~3cm 내외이며 무게는 2g 내외이다. 유적별 석촉의 특징으로는 고산리유적의 경우 유경식이 무경식에 비해 압도적으로 많으며 그 중에서도 물고기형이 주류를 이룬다. 이러한 현상은 고산리유적의 범위 안에서 부분적인 현상이며 물고기형 석촉은 고산리유적에서만 확인되고 있다. 삼화지구유적에서는 다른 유적과 달리 무경식이 유

---

5   제주도지역의 신석기시대 수렵구는 박근태(2011)의 견해를 수정·보완한 것임을 밝혀둔다.

경식에 비해 많은 것이 특징이다. 강정동과 김녕리, 저류지유적에서는 유경식과 무경식이 함께 출토되는데 유경식이 약간 많은 편이다. 제주도 신석기시대 초창기 단계의 석촉은 삼화지구유적을 제외하면 유경촉의 비율이 무경촉에 비해 압도적으로 많다. 이러한 양상은 남해안 패총유적에서 확인되는 석촉이 대부분 무경만입촉인 점과 대조적이다.

첨두기 중 유엽형첨두기는 고산리와 삼화지구유적에서 확인되었다. 후기 구석기시대 유적에서는 대체로 유엽형이 출토되며, 신석기시대 초창기에서는 능형, 타원형, 삼각형으로 소형화되고 다양화된 형태로 확인된다. 고산리유적 첨두기는 평면 형태에 따라 유엽형, 타원형, 능형, 삼각형으로 구분된다. 첨두기의 형태와 크기, 기부 형성 등의 기술적 요소로 볼 때 유엽형에서 타원형, 능형, 삼각형으로 변화되는 양상을 추론할 수 있다.

조기 단계의 석기는 전단계에 비해 종류와 수량 면에서 크게 감소한다. 수렵구는 삼양동유적에서 출토된 무경식석촉과 첨두기가 유일하다. 전기 단계 이후에는 수렵구인 석촉이나 첨두기는 확인되지 않는 특징을 보인다.

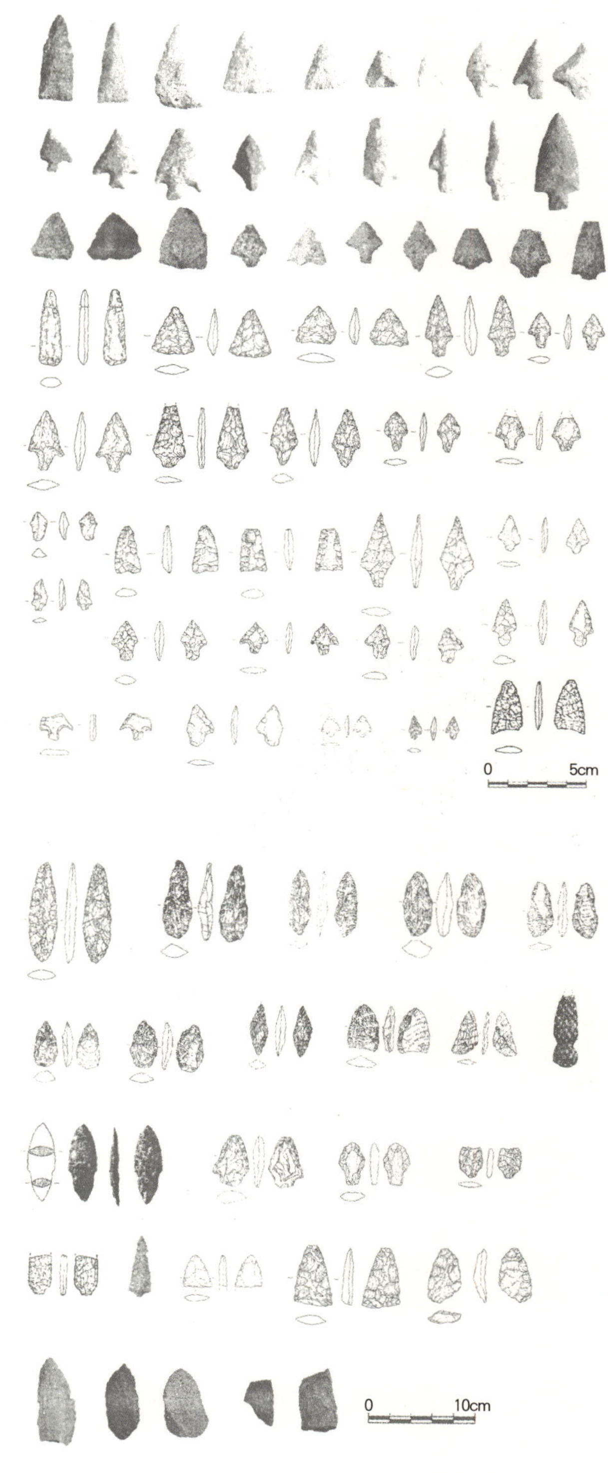

그림 13 제주도 신석기시대 출토 석촉(上), 첨두기(下) (박근태 2011)

신석기시대는 구석기시대와 달리 사냥 대상이 중소형 동물이나 날짐승, 바다동물로 바뀌게 된다. 후기 구석기시대부터 활에 의한 사냥이 시작되기는 하나 본격적인 것은 신석기시대부터이다. 즉 근거리 몰이사냥 위주에서 원거리 사냥으로 변화를 보인다.

지금까지 신석기시대 유적에서 확인된 포유류는 육지동물 30여종과 바다동물 8종 내외이다. 육지동물의 우제목동물로는 말사슴, 우수리사슴, 누렁이, 고라니, 노루 등의 사슴과동물과 사향노루과, 소, 물소 등의 소과동물, 멧돼지, 호랑이, 표범, 오소리, 산달, 수달, 곰, 늑대, 개, 여우, 삵괭이 등 식육목 등물이 확인되었다.

육지동물 가운데 사슴과와 멧돼지가 차지하는 비중이 가장 많고 대부분의 유적에서 고른 분포를 보이며 출토되었다. 다른 짐승의 경우 전체 동물 수에 비해 차지하는 비중이 1%도 되지 않아 식량원으로서 큰 관심의 대상은 아니었던 것으로 보인다. 다만 고기의 양이 많지 않아 식량원으로서 가치가 떨어지는 산달, 수달, 오소리 등은 가죽을 이용하기 위해 의도적으로 포획했을 가능성이 있다(안승모 1998).

맹수류인 호랑이나 표범, 곰 등의 뼈도 확인되는데 적극적인 포획보다는 의례적인 목적으로 사용되었을 가능성도 있다. 비봉리에서 확인된 호랑이 뼈는 경골편 2점으로 양단이 타격으로 인해 깨어진 흔적이 확인되며, 동삼동에서도 척골, 중수골, 중족골, 지골 등이 확인되었다. 전체 골격 중 치아나 사지골에 한정되는 양상은 곰 뼈에서도 동일하게 확인되는데 골단에 해체흔이 남아있는 것으로 보아 포획지에서 분배되고 유적으로 반입되었을 가능성이 크다.

한편 사슴과의 복작노루인 고라니는 내만지역의 패총 유적에서 주로 확인된다. 노루는 서포항이나 농포동 등 동북지방에서 주로 잡혔는데, 가장 많은 비중을 차지한다. 그 외에 구평리나 여서도, 궁산, 까치산유적 등에서 확인되나 소량이다. 사슴과는 외해의 섬에 위치한 유적을 제외한 거의 모든 유적에서 포획했다고 해도 무리가 없을 것 같다. 서식처로서 적합하지 않은 여서도와 같은 외해의 유적에서 출토된 사슴 뼈는 골각기의 이용을 위해 이동되어진 것으로 보이는데, 동삼동패총 역시 패총이 위치한 영도가 아닌 다른 지역에서 포획된 것이 이동된 것으로 파악된다. 동삼동의 경우 골각기로 제작된 것을 포함하여 두개골이나 척추골의 비중이 낮고 중수골, 척골, 뿔 등의 비중이 높은 이유는 영도 이외의 지역에서 포획, 해체된 다음 이용률이 높은 부위만이 패총지역으로 반입되었기 때문으로 생각된다.

---

6 포획대상은 이경덕(2015)의 논고 중 일부를 수정·보완한 것임을 밝혀둔다.

표 5 신석기시대 주요 유적 출토 동물뼈(이영덕 2015)

	동물뼈	남해안														동해안			서해안					내륙
	유적명	연대도	욕지도	상노대도상리	상노대도산등	동삼동	영선동	수가리	비봉리	목도	구평리	북정	안도	가거도	여서도	돌산송도	세죽	서포항	농포동	궁산	까치산	모이도	소연평도	노래섬'가'	범의구석
육지동물	호랑이					○			○								○		○						
	표범																			○					
	말사슴																	○	○						○
	사슴	○	○	○	○	○		○	○		○				○	○	○	○		○	○	○		○	
	복작노루	○		○		○		○	○		○				○		○			○				○	
	노루														○			○	○	○	○			○	○
	사향노루																		○						○
	멧돼지	○	○	○		○		○	○		○				○	○	○	○	○	○	○			○	○
	집돼지																								○
	소					○		○	○																
	물소								○	○										○					
	삵괭이(속)							○										○							
	개(과)	○		○		○		○	○				○	○	○		○	○	○	○	○	○			○
	늑대							○										○	○						
	여우		○														○	○	○						
	너구리	○				○		○	○								○	○	○	○				○	
	수달	○		○		○												○							○

동물뼈	유적명	남해안															동해안			서해안				내륙	
		연대도	욕지도	상노대도 상리	상노대도 산등	동삼동	영선동	수가리	비봉리	목도	구평리	북정	안도	가거도	여서도	돌산 송도	세죽	서포항	농포동	궁산	까치산	모이도	소연평도	노래섬 '가'	범의 구석
육지동물	산달																	○							○
	오소리							○										○		○					○
	말	○					○									○									
	곰																								○
	큰곰					○		○	○								○	○							
	고양이(속)					○												○							
	메토끼																○	○	○						○
	등줄쥐			○																					
	집쥐			○											○				○			○	○		
	청서																		○						
바다동물	바다사자			○														○	○	○					
	강치	○		○		○								○	○		○								
	물개			○															○					○	
	바다표범																	○							
	고래			○	○	○		○							○				○						
	돌고래	○			○			○						○	○									○	
	수염고래			○		○											○	○							
	작은곱등어																	○							

사슴과 다음으로 고른 분포와 비중을 보이는 것이 멧돼지이다. 멧돼지는 무리를 지어 이동하며, 성질이 사납기 때문에 쉽게 사냥할 수 있는 대상이 아니다. 서포항유적에서 활촉이 박힌 채로 다리뼈가 출토되었으나 활만을 가지고 포획하지는 않았을 것으로 보인다. 이 외에 동삼동과 비봉리 등지에서 소뼈와 물소 뼈가 확인되었다. 물소 뼈는 궁산유적에서 2마리분이 출토되었으며, 기후의 온난화에 따른 서식환경의 변화로 추정된 바 있다. 그러나 물소 뼈의 동정에 대한 의문이 제기되고 공반된 다른 짐승 뼈의 종류에서도 이를 뒷받침할만한 근거가 미약하였다. 그러나 목도패총과 동삼동패총에서 종골, 지골 등이 확인됨에 따라 신석기시대 전기 단계에는 물소가 서식하고 있었음이 어느 정도 확실하다고 할 수 있다. 소뼈 역시 기존 수가리패총의 지표에서 확인되었으나 층위상 불분명한 점이 있었다. 그러나 동삼동과 비봉리유적 등에서 확인됨에 따라 물소와 같이 신석기 전기 단계에 서식하였을 가능성이 높다.

이상과 같은 육지동물의 사냥 이외에도 사육의 흔적이 확인되는데 대표적인 짐승이 개와 돼지이다. 개는 전기 단계의 서포항 1기층에서부터 확인되며, 거의 모든 유적에서 확인된다. 개체 크기로 볼 때 동북지방의 개는 중대형인 반면, 비봉리 등 남부지방에서 발견된 개는 중소형이다. 일반적인 관념에서 개는 수렵이나 애완, 식용 등을 위해 사육되었던 것으로 판단된다. 대부분의 유적에서 개체를 이루지 못하고 산발적으로 확인되고 있어 폐기의 원인은 식용으로 이용했을 가능성이 높은 것으로 판단하고 있다(김건수 2011).

개와 비교하여 돼지는 좀 더 늦은 시기에서부터 사육되었는데 후기 단계에 해당하는 서포항 4기층과 범의구석 Ⅰ문화층에서 확인되고 있다. 범의구석에서 출토된 집돼지 뼈에는 멧돼지 뼈의 표징이 채 가시지 않은 가축화 과정의 과도기적인 양상이 남아있다. 이 외에 궁산유적에서 출토된 물소 뼈의 뿔의 길이가 짧은 점을 감안하여 집짐승으로 전화되는 과정으로 파악하기도 하였다(김신규 1970).

Ⅵ. 맺음말

신석기시대 석기 연구는 최근 본격적인 연구의 장이 마련되었다. 금번 학술총서를 통해 연구현황과 과제를 비롯한 각 기종별 석기의 특징, 제작 및 유통, 생계방식 등 신석기시대 석기를 통해 얻을 수 있는 다양하고 많은 정보를 확보하게 되었다.

본고에서는 신석기시대 수렵구로 판단되는 석촉과 석창에 대해 그동안의 연구 성과를 살펴보고, 지역별 수렵구의 특징과 시기별 양상을 검토해 보았다. 석기는 제작 목적과 기종에 따라 혹은 집단이 속한 자연환경에 따라 암질의 선택이 이루어진 것으로 판단된다. 또한 지역별로 북부지역과 남부해안지역 및 제주도지역에서는 타제로 제작된 수렵구가 많은 반면, 중서부지역을 비롯한 남부내륙지역에서는 마제 수렵구가 다수를 차지한다. 석창은 동삼동패총을 비롯한 욕지도, 범방, 세죽, 가도, 서포항패총에서 보는 바와 같이 유적의 생업환경으로 보아 수렵용보다는 대형 해수류나 어류를 포획할 때 사용되었던 것으로 보이고 상촌리나 지탑리유적의 석창은 어로용보다는 수렵으로 이용되었을 가능성이 높다.

그러나 지금까지 살펴본 신석기시대 수렵구는 필자의 능력 부족으로 인해 각 기종별 분류 및 개념 정리와 분석에 한계를 지닐 수밖에 없었다. 특히 석촉과 석창, 석창과 작살의 구분 기준, 첨두기의 기종분류 및 개념검토 등 신석기시대 수렵구로 사용되었을 가능성이 높은 유물에 대한 포괄적이고 체계적인 검토가 이루어지지 못하였다. 이에 대한 분석과 연구는 앞으로 필자를 비롯한 신석기시대 석기 연구자들에게 주어진 과제로 판단된다.

참고문헌

고동순, 2006, 「동해안지방의 신석기시대 마제석촉에 대한 고찰」, 『강원고고학보』7·8합호, 강원고고학회.

곽진선, 2006, 「군산 노래섬유적의 신석기시대 석기 연구」, 원광대학교 대학원 석사학위논문.

구자진, 2004, 「대천리 신석기유적의 토기와 석기에 대한 연구」, 『호서고고학보』11, 호서고고학회.

______, 2010, 「한국 신석기시대의 집자리와 마을 연구」, 숭실대학교 대학원 박사학위논문.

국립문화재연구소, 2001, 『한국고고학사전』.

______________, 2012, 『한국고고학전문사전-신석기시대편』.

김건수, 2011, 「우리나라 유적 출토 개 유체 고찰」, 『호남고고학보』37, 호남고고학회.

김도현, 2008, 「청동기시대의 수렵과 채집」, 『한국청동기학보』3, 한국청동기학회.

김신규, 1970, 「우리나라 원시유적에서 나온 포유동물상」, 『고고민속논문집』2.

박근태, 2009, 「신석기시대 초창기 단계의 석기 검토」, 『고고광장』5, 부산고고학연구회.

______, 2011, 「제주도 신석기시대 석기 검토」, 『한국신석기연구』21, 한국신석기학회.

______, 2014, 「신석기시대 석기의 용어와 분류」, 『한국 신석기시대 석기의 분류와 제작수법』, 제4회 한국신석기학회 집중토론회, 한국신석기학회.

박준범, 2006, 「한강유역 출토 선사시대 간돌화살촉 연구」, 『한국신석기연구』12, 한국신석기학회.

손준호, 2007, 「마제석촉의 변천과 형식별 기능 검토」, 『한국고고학보』62, 한국고고학회.

신숙정·손기언, 2002, 「강원지방의 뗀석기 연구」, 『강원고고학보』창간호, 강원고고학회.

안승모, 1998, 『동아시아 선사시대의 농경과 생업』, 학연문화사.

윤정국, 2015, 「한국 신석기시대 석기제작 연구」, 전남대학교 대학원 박사학위논문.

윤혜나, 2011, 「한국 중서부지역 신석기시대의 석기 조성과 생업」, 전남대학교 대학원 석사학위논문.

이동주, 2010, 「우리나라 신석기시대 마제석촉의 연구」, 『문물연구』17, 동아시아문물연구소.

이영덕, 2011, 「생업유형」, 『한국 신석기문화 개론』, 중앙문화재연구원 학술총서 3, 서경문화사.

______, 2015, 「신석기시대 연구사-도구와 생업을 중심으로」, 『한국의 고고학사Ⅰ』, 한국상고사학회.

임상택, 2001, 「중서부 신석기시대 석기에 대한 초보적 검토Ⅰ」, 『한국신석기연구』창간호, 한국신석기학회.

______, 2006, 「한국 중서부지역 빗살무늬토기문화 연구」, 서울대학교 대학원 박사학위논문.

최경용·문수균, 2013, 「신석기시대 찔개살 제작 및 사용 실험 연구」, 『중앙고고연구』13, 중앙문화재연구원.

최승엽, 2007, 「한국의 구석기시대 화살촉에 관한 소고」, 『강원고고학보』9, 강원고고학회.

하인수, 2006, 「영남해안지역의 신석기문화 연구」, 부산대학교 대학원 박사학위논문.

＿＿＿, 2009, 「신석기시대 석기의 종류와 양상」, 『박물관연구논집』15, 부산박물관.

＿＿＿, 2011, 「신석기시대 석기연구 현황과 과제」, 『제1회 한국고고학연합대회 발표자료집』.

하재령, 2015, 「한반도 신석기시대의 첨두형석기 연구」, 고려대학교 대학원 석사학위논문.

한창균, 2001, 「북한의 선사시대 뗀석기 용어 고찰」, 『고고와 민속』4, 한남대학교박물관.

홍현선, 1987, 「상시3바위그늘의 문화 연구」, 연세대학교 대학원 석사학위논문.

황창한, 2012, 「청동기시대 마제석촉의 지역성 연구」, 『야외고고학』13, 한국문화재조사연구기
　　　관협회.

신석기시대의 채집·농경구

박성근(부산대학교)

Ⅰ. 머리말

신석기시대에는 수렵 및 어로활동 뿐만 아니라 채집 및 농경활동이 전 시기에 걸쳐 이루어졌다. 엄밀히 말해 다양한 식물들을 채집하는 활동과 조, 기장을 중심으로 하는 초기 형태의 농경활동은 구분되어야 하지만 식물성 식료와 관련된다는 점을 근거로 함께 묶어서 살펴보고자 한다. 채집·농경구로 사용된 석기는 초기 농경활동과 관련해서 땅을 파고 구근류 등을 채집하였을 것으로 판단되는 굴지구(타제석부)와 견과류 등의 식료를 가공한 갈돌 및 갈판이 대표적이며 이 외에 석도, 석겸 등의 다른 석기들에 비해 변화상도 비교적 뚜렷한 편이다. 따라서 이번 장에서는 굴지구와 식료 가공구의 양상을 중심으로 신석기시대의 채집·농경구에 대해 알아보겠다.

Ⅱ. 굴지구

굴지堀地란 말 그대로 땅을 판다는 의미이며 신석기시대에 땅을 파는 행위는 생업과 연관되어 다양하게 이루어진 것으로 보고 있다. 일반적으로 신석기시대 굴지의 행위는 주거지 및 각종 수혈 등을 제작하기 위해 땅을 굴착하거나 초기 농경을 위해 땅을 일구는 작업에서 활용되었던 것으로 보고 있다.

굴지구와 관련된 논의는 굴지구라는 명칭이 등장하기 시작한 1990년대가 되어서 본격적으로 진행되었다. 우선 명칭은 타제석부, 따비, 보습, 괭이 등 연구자마다 상이한 기준으로 다른 명칭들이 부여되었다. 굴지구에 대한 연구는 크게 3부류 정도로 구분된다.

첫 번째는 생업 분석에 굴지구를 채집·농경구로 포함시켜 진행된 연구이다(김선지 2000, 임상택 2000, 최종혁 2005, 하인수 2006, 박성근 2012). 이들 연구는 대체로 굴지구의 분류를 통해 시기 혹은 지역별 차이를 중심으로 당시에 이루어진 신석기인들의 전반적인 생업 양상을 규명하였다.

두 번째는 굴지구의 기능을 추정한 연구로 굴지구 형태의 석기를 대상으로 사용흔 분석을 실시하였다(윤지연 2006, 김성욱 2007, 김경진 2015). 사용흔 분석을 통해 굴지구 형태의 타제석부는 실제로 땅을 파는데 사용되었다는 점이 확인되었고, 이 외에도 굴지구와 유사한 형태가 굴지 이외의 용도(패각 채취)로 사용되었다는 결과도 도출되었다.

마지막으로 굴지구의 제작방법에 대한 연구를 들 수 있다(윤정국 2009, 김경진 2015). 이 연구들을 통해 신석기시대의 굴지구는 유적 주위에서 쉽게 구할 수 있는 돌감을 가지고 경질, 연질 망치 등의 도구들로 빗겨치기, 눌러떼기 등의 기술들이 사용되어 제작이 이루어진 것으로 밝혀졌다. 형태잡기 등 세부적인 제작 기술에는 유적별로 차이가 있지만 전체적으로 구석기시대의 기술체계에 비해 단순한 제작방법으로 효율적인 굴지구의 제작이 이루어진 것으로 볼 수 있다.

굴지구에 관한 연구는 신석기시대 석기 연구 중에서도 비교적 연구 성과가 많이 축적되어 있는 상태이다. 아울러 신석기시대 굴지구가 생업 중에서도 초기 농경활동과 관련된다는 점은 이미 많은 연구자들이 주지하는 바이다. 하지만 굴지구의 기능 및 양상 등이 대체로 초기 농경활동과 관련되어 논의됨으로써 굴지구가 갖는 다른 용도에 대한 분석은 아직도 부족한 실정이다. 신석기시대 석기가 갖는 다기능적인 성격을 감안한다면 향후 굴지구의 연구는 보다 광범위한 시기 혹은 지역을 대상으로 진행되거나 유적의 성격 또는 입지에 맞춘 분석 등으로 보다 구체적이고 세밀한 연구가 진행되어야 할 것으로 여겨진다.

1. 굴지구의 분류

굴지구는 크기, 평면 형태, 단면 형태 등을 기준으로 분류가 가능하다. 우선 평면 형태와 단면 형태를 기준으로 따비형과 괭이형으로 구분할 수 있다.[1] 따비형은 연구자에 따라서는 보습이라고도 불리는 형태의 굴지구로 평면 형태가 원형, 신바닥형이 주를 이룬다. 두께는 괭이형에 비해 얇은데 단면 형태가 판상 혹은 얇은 렌즈형이 대부분이다. 괭이형은 따비형에 비해 대체로 평면의 폭이 좁은 세장한 형태가 다수이며 단면 형태는 타원형 혹은 두꺼운 렌즈형이 대부분이다. 또한 평면 형태에서 따비형은 인부로 갈수록 폭이 넓어지는 형태가 많으며, 이와 반대로 괭이류는 인부로 갈수록 폭이 좁아지는 경향을 보인다. 형태로만 본다면 따비형이 괭이형에 비해 땅과 접촉하는 면적이 많으며 괭이형의 경우 단면 형태가 원형에 가까우므로 따비형에 비해 더 높은 강도를 가질 것으로 판단된다. 또한 따비형의 굴지구는 제작 시 자연면을 남긴 형태가 많은 반면, 괭이형은 자연면이 확인되는 경우가 거의 없다.

한편 따비형은 크기 및 평면 형태를 기준으로 다시 세분된다. 따비형의 길이는 대부분 10~20 *cm* 내외이며, 이보다 작은 타제석부들은 굴지의 용도와 관련된 석기로 보기 힘들다. 폭이 넓거나 반대로 길이가 긴 굴지구들도 소량 확인되는데 이들은 따비 내에서도 대형으로 분류되며 특정 시기나 지역에서 나타나는 양상을 보인다. 소형 따비류는 평면 형태에 따라 제형 및 방형(Ⅰ식), 원형 및 신바닥형(Ⅱ식), 세장한 타원형(Ⅲ식)으로 구분할 수 있다. 수량은 Ⅱ식이 가장 많으며 Ⅲ식의 경우 두께가 두꺼운 형태는 괭이형과 거의 유사한 양상이다.

한편 한반도 북부지역에서 다수 확인되는 곰배괭이라고 불리는 형태의 석기들도 굴지구의 범주에 포함시킬 수 있다. 곰배괭이는 서포항유적과 같은 동북지역 뿐만 아니라 토성리유적 등의 서북지역에서도 확인된다. 남부지역에서도 곰배괭이 혹은 유견석기로 불리는 형태의 석기들이 확인되는데 북부지역에 비해 크기도 소형이며 제작도 정교하지 못하다. 따라서 이들은 굴지구에 포함되기보다는 다른 기능 및 용도로 분류되는 것이 더욱 타당할 것으로 보인다.

한편 따비Ⅱ식과 유사한 평면 및 횡단면 형태를 가지는 원반형 석기라고 불리는 형태의 석기들도 채집·농경구에 포함되기도 한다(그림 2). 이에 관해 보령 송학리유적 출토 석기(그림

---

1 따비나 괭이라는 명칭은 용어가 가지는 사전적인 의미를 따른다면 도구의 자루에 착장되는 형태나 사용방식에도 차이가 있는 것처럼 보이는데, 사실 이들 명칭은 석기의 형태적 유사성에 따른 것으로 현재로서는 석기의 사용방식에 대한 검토가 이루어지지 않았다는 점을 언급해두고자 한다. 참고로 최근 굴지구의 자루 착장방법에 따른 사용흔을 비교한 실험이 실시되었는데 여기에 따르면 통상적으로 따비류의 착장방식으로 여겨지는 'ㅣ'자형은 인부의 전후 사용면에 큰 차이가 없으며, 괭이류의 착장방식으로 여겨지는 'ㄱ'자형은 인부의 전후 사용면에 뚜렷한 차이를 가지는 것으로 드러났다(한강문화재연구원 2012).

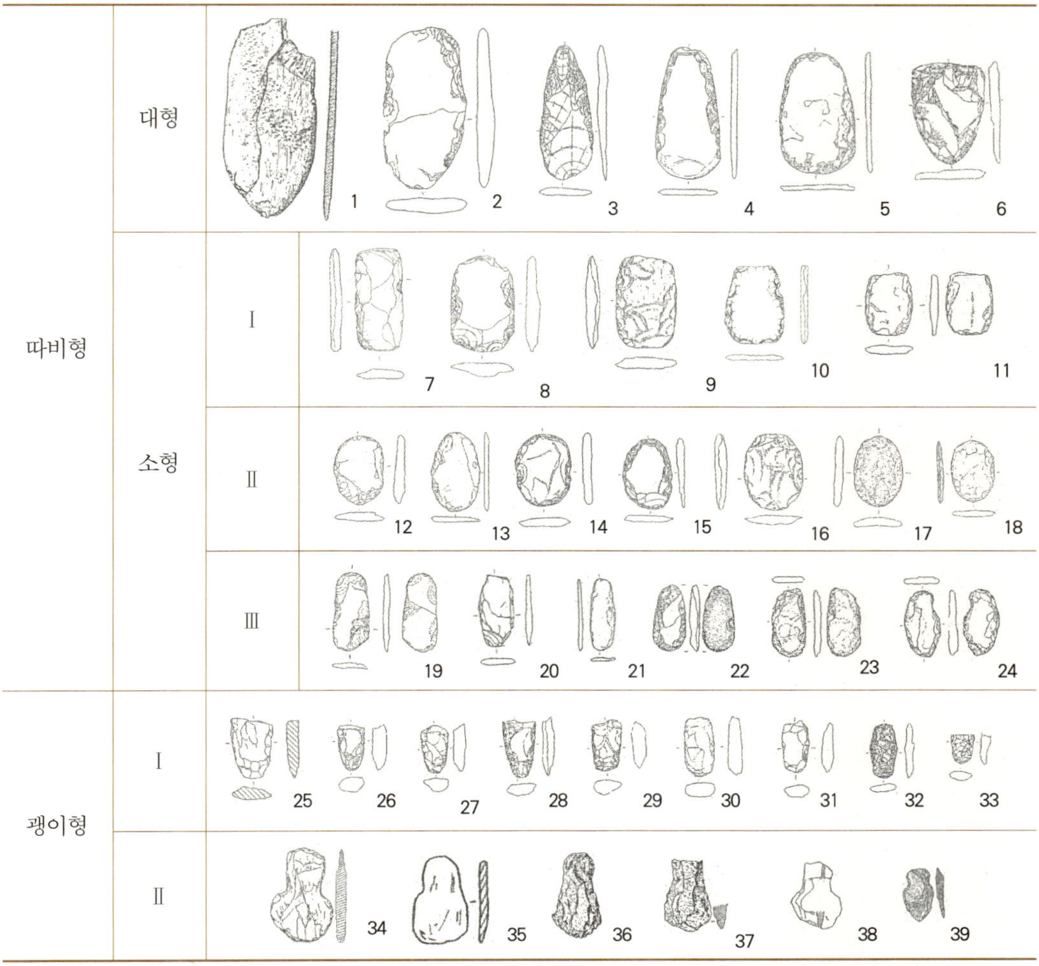

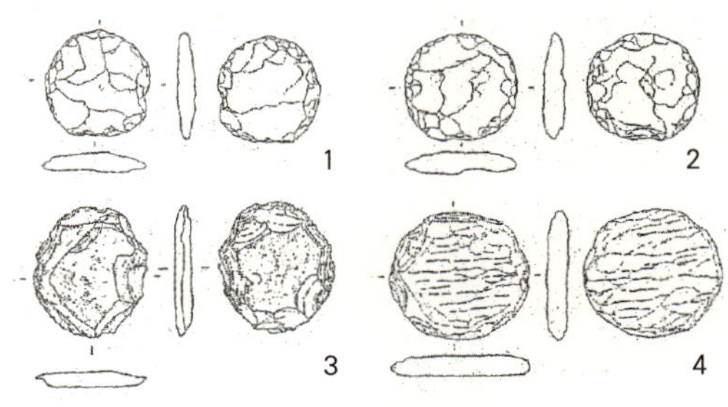

그림 1 신석기시대 굴지구 분류(S=1/16)
1: 지탑리, 2: 암사동, 3 · 8 · 12: 송죽리, 4 · 5 · 14: 평거, 6: 죽변, 7: 옥지도, 9 · 10 · 16: 진그늘, 11: 내동, 13: 노래섬,
15: 범방, 17: 송월리, 18: 안강골, 19 · 26 · 27: 암사동, 20: 학곡리, 21: 삼거리, 22: 미사리, 23 · 24: 운서동, 25: 성내리,
28 · 29: 목도, 30: 공기2굴, 31: 선진리, 32: 비봉리, 33: 초당동, 34: 범의구석, 35: 반궁리, 36 · 37: 반궁리, 38: 서포항,
39: 금탄리

2-1 · 2)의 사용흔 분석에서 원형 또는 반원
형의 평면 형태를 가진 굴지구형 석기들이
패각을 채취한 용도로 사용되었다는 결과가
나온바 있다(김경진 2015). 일부 유적에서
소량 확인되는 원반형 석기라 불리는 석기
들도 이와 유사한 형태를 가지는데 기능 및
용도에 대한 추가적인 분석이 필요할 것으

그림 2 신석기시대 원반형 석기(S=1/10)
1 · 2: 송학리, 3: 옥지도, 4: 대이리

로 여겨진다.

이상의 내용을 종합한 신석기시대 굴지구의 분류는 〈그림 1〉과 같다.

2. 시·공간적 양상

신석기시대 굴지구는 전 시기와 전 지역에 걸쳐서 출토되고 있다. 굴지구는 제작방법이나 형태적 차이가 크지 않은 석기 기종이지만 특정 시기나 지역의 생업과 관련되어 수량이나 세부형태 등에서 차이를 보일 수도 있고 유적의 성격에 맞춘 굴지활동이 이루어졌을 가능성도 있다.

우선 시기별로 확인되는 굴지구의 양상을 확인해 보겠다. 시기는 현재까지 이루어진 연구 성과를 통해 생업적인 측면에서 비교적 뚜렷한 변화가 확인되는 신석기시대 중기의 상한(기원전 3500년)을 기준으로 삼아 그 이전과 이후 시기의 양상을 살펴보겠다.

1) 중기 이전(B.C. 3500년 이전)

중기 이전의 굴지구들은 〈그림 3〉에 제시된 바와 같다. 전체적으로 폭이 세장한 형태가 다수 확인되며 세부적인 시기 및 특정 지역에 따라 폭이 넓은 따비형이나 대형 굴지구들도 나타난다.

동해안지역의 죽변유적(그림 4-20~22)에서는 대형 굴지구가 확인되는데 길이에 비해 너비가 넓은 형태가 대부분이다. 이러한 형태의 대형 굴지구들은 시기적으로도 이른 조기 단계에 해당되며 현재 우리나라 신석기시대에 확인된 대형 굴지구 중에서도 가장 시기가 이르다. 죽변유적의 대형 굴지구들은 인부가 뾰족한 첨인의 형태가 중심을 이루는데 후술하겠지만, 이러한 형태의 굴지구는 우리나라에서 확인되는 예가 거의 없다. 한편 조기 단계에 해당되는 나머지 굴지구들은 대부분 남부지역에서 확인된다. 비교적 크기가 작은 괭이형이 주를 이루며 따비의 경우에도 제작이 정교하지 못하다(그림 3-6~9).

전기가 되면 중서부지역에서 많은 굴지구들이 확인된다. 특히 지탑리유적의 대형 굴지구는 우리나라에서 확인된 굴지구 중에서 가장 크다. 이전 시기의 죽변유적과 마찬가지로 첨인의 형태를 하고 있는데 우리나라에서 일반적으로 확인되는 굴지구들에 비해 제작이 더 치밀하다. 구체적으로 대부분의 굴지구들은 박리조정으로 제작을 마무리한다면 지탑리유적의 굴지구는 세밀한 박리조정 뿐만 아니라 전면적으로 마연을 하여 형태를 완성하는데 대형 굴지구 뿐만 아니라 소형 굴지구들의 제작도 모두 이와 같다. 한편 전기의 암사동유적(그림 3-19·20)에서는 지탑리유적과 형태적으로 거의 유사한 대형 굴지구 및 따비Ⅱ식이 확인된다. 암사동유적에서 보이는 따비Ⅱ식의 굴지구들은 중기 이후에 주를 이루는 형태로 이 시기의 다른 유적에서 확인되

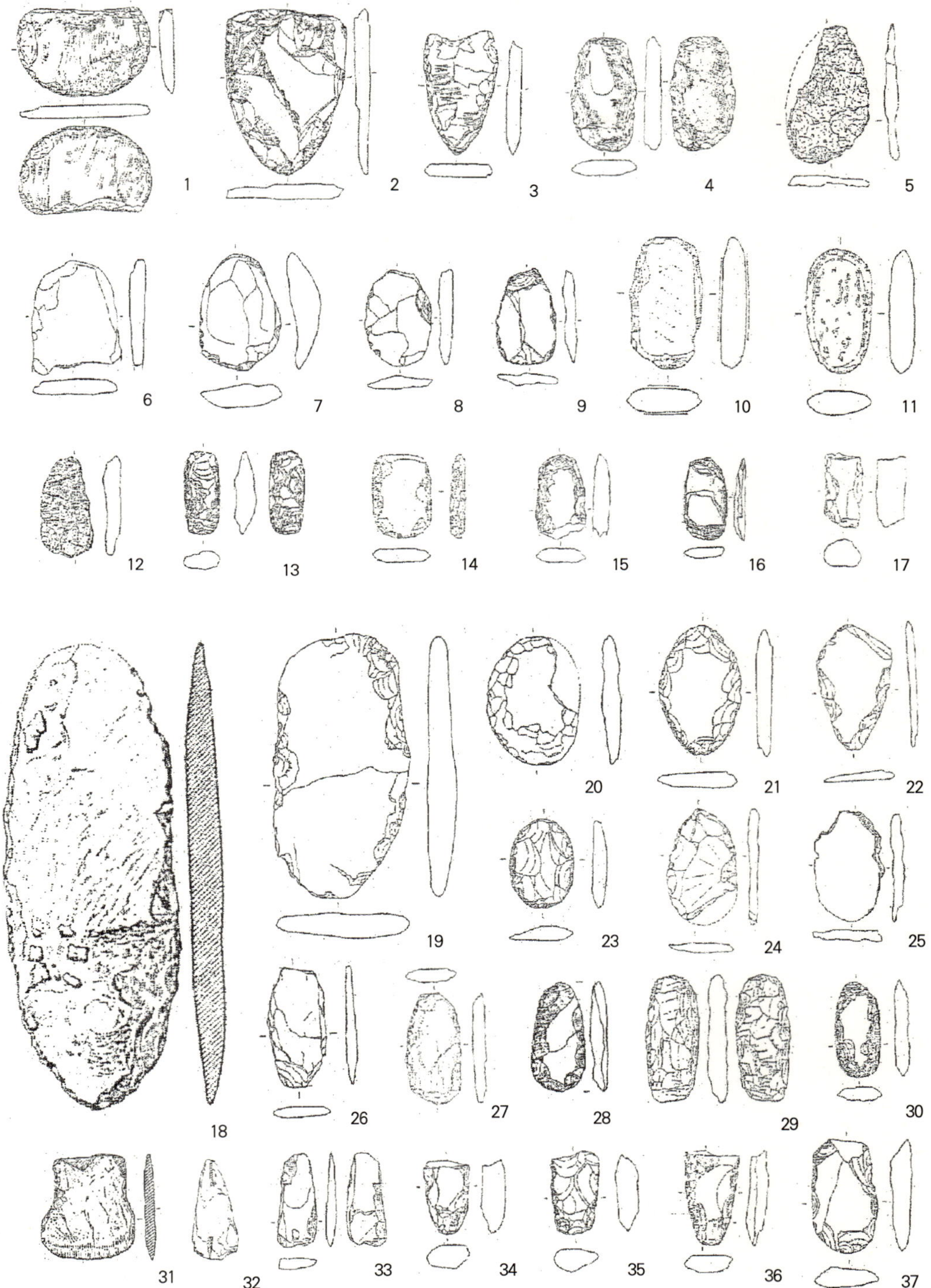

그림 3 신석기시대 조 · 전기 굴지구(상-조기, 하-전기, S=1/10)
1~4: 죽변, 5 · 12: 우봉리, 6: 안도, 7 · 37: 동삼동(정화), 8 · 9 · 13 · 25: 범방, 10 · 14: 문암리, 11: 오산리C지구,
15 · 30: 비봉리, 16: 오진리, 17: 망상동, 18: 지탑리, 19 · 20 · 34: 암사동, 21 · 23: 살내, 22: 가도, 24: 황성동, 26: 학곡리,
27: 운서동, 28: 미사리, 29: 당하산, 31: 궁산, 32: 서포항, 33: 송도, 35 · 36: 목도

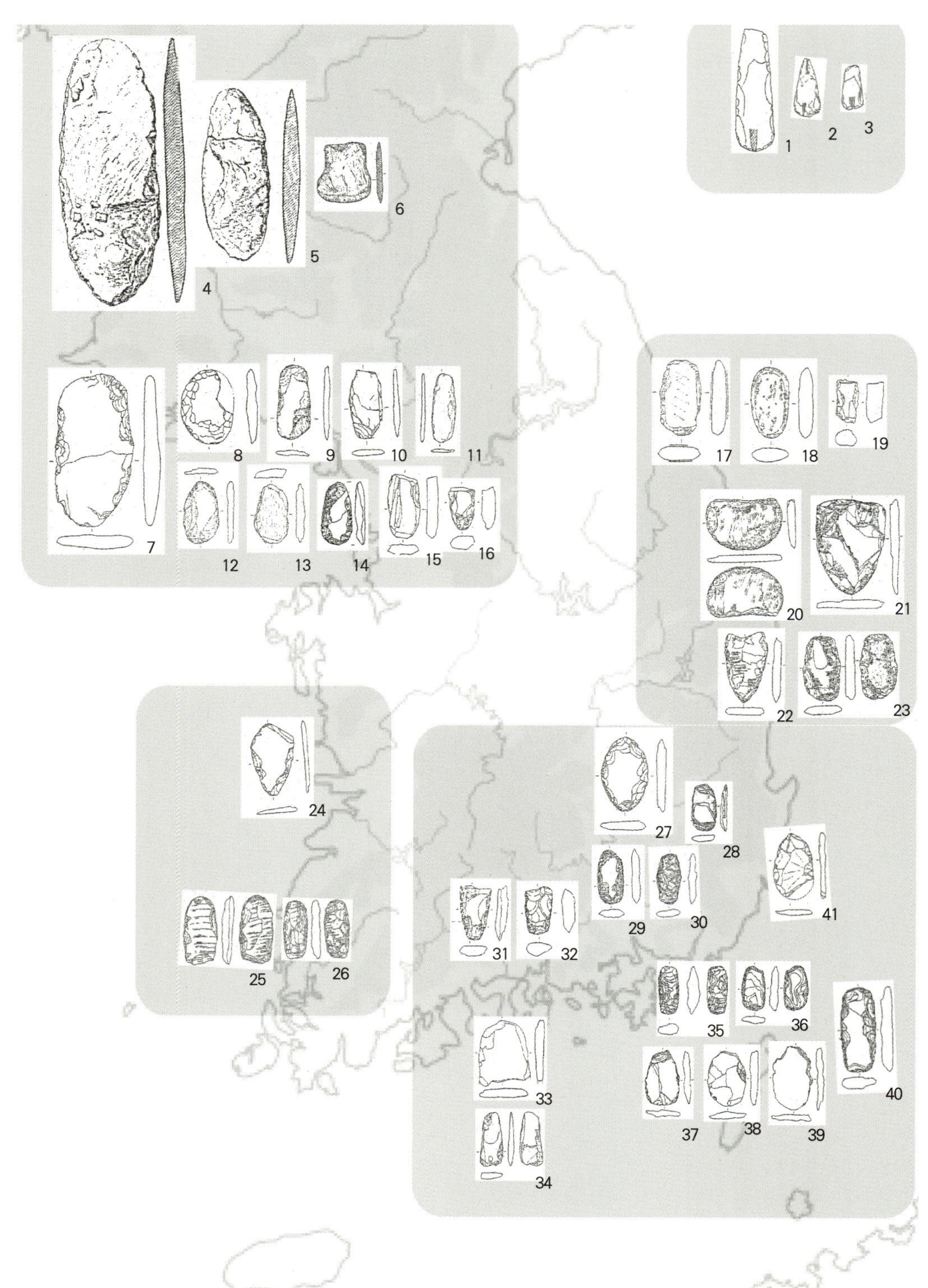

그림 4 신석기시대 조 · 전기 굴지구 분포(S=1/16)
1~3: 서포항, 4 · 5: 지탑리, 6: 궁산, 7~9 · 15 · 16: 암사동, 10: 학곡리, 11: 삼거리, 12 · 13: 운서동, 14: 미사리, 17: 문암리,
18: 오산리C지구, 19: 망상동, 20~23: 죽변, 24: 가도, 25 · 26: 당하산, 27: 살내, 28: 오진리, 29 · 30: 비봉리, 31 · 32: 목도,
33: 안도, 34: 송도, 35~40: 범방

226

는 예는 거의 없다. 한편 암사동유적에서는 따비Ⅱ식에 비해 폭이 세장한 따비Ⅲ식에 해당되는 굴지구들도 다수 확인되며 괭이류의 굴지구도 다수 확인된다.

따비Ⅲ식의 경우 동시기 같은 지역 내에 해당되는 미사리 및 운서동유적(그림 4-12·13)에서도 확인되는데, 특히 운서동유적에서는 대부분의 굴지구들이 따비Ⅲ식과 같은 형태를 보이며 다량으로 출토되었다. 삼거리와 학곡리에서 출토된 굴지구도 세장한 평면 형태를 가진 따비Ⅲ식이지만 운서동유적의 굴지구에 비해 길이가 길다.

중기 이전에 확인되는 굴지구의 지역별 양상은 〈그림 4〉와 같다.

우선 암사동·운서동·지탑리유적 등 중서부지역을 중심으로 굴지구의 출토량이 가장 많다. 특히 지탑리와 암사동유적에서 확인되는 대형 굴지구 및 따비Ⅱ식 굴지구는 형태적으로도 유사하며 이미 이 시기에 형태적 정형화가 이루어져서 등장한 것으로 판단된다.

동해안지역에서는 조기 단계의 죽변유적을 제외하고는 전체 굴지구의 출토량이 적으며 각 유적별 출토량도 극히 소량이다. 죽변유적의 굴지구는 신석기시대 전체 시기나 동해안 내 지역적인 측면에서도 매우 특이한 양상으로 볼 수 있는데 향후 이에 대한 구체적인 검토가 필요하다. 한편 동해안지역에서는 이후에 살펴볼 중기 이후의 시기에서도 굴지구의 출토량이 매우 적은데 유적의 입지나 성격과 관련될 가능성이 있거나 골재나 목재 등 석재가 아닌 굴지구를 사용했을 가능성도 있다.

남부지역에서 확인되는 굴지구들은 괭이류가 대부분이며 따비의 경우에도 비교적 제작이 정교하지 못하다. 한편 살내유적(그림 4-27)에서는 암사동유적에서 확인된 따비Ⅱ식과 거의 유사한 형태가 확인되며, 당하산유적에서도 폭이 넓어진 따비류가 확인되는데 이 두 유적의 시기는 모두 전기의 늦은 단계에 해당된다.

동북지역에서는 서포항유적에서 이른 단계부터 굴지구가 나타나는데 비교적 세장한 평면 형태를 가졌으며 길이가 긴 굴지구도 확인된다. 한편 서북지역의 궁산유적에서는 곰배괭이가 등장한다.

2) 중기 이후(B.C. 3500년 이후)

중기 이후의 굴지구들은 〈그림 5·6〉에 제시된 바와 같다. 가장 큰 변화는 이른 시기에 소량 확인되거나, 중서부지역 등 일부지역에서만 보이던 따비Ⅱ식의 굴지구들이 다량으로 출토된다는 점이다.

굴지구가 출토되는 대부분의 지역이나 유적에서 따비Ⅱ식이 확인되며 유적 간에 형태적인 측면에서도 거의 차이를 보이지 않는다. 이러한 양상은 특히 중기에 집중되는데 중기에는 괭이형 굴지구는 거의 확인되지 않고, 폭이 넓어지고 판상의 횡단면 형태를 가진 따비형들이 주를

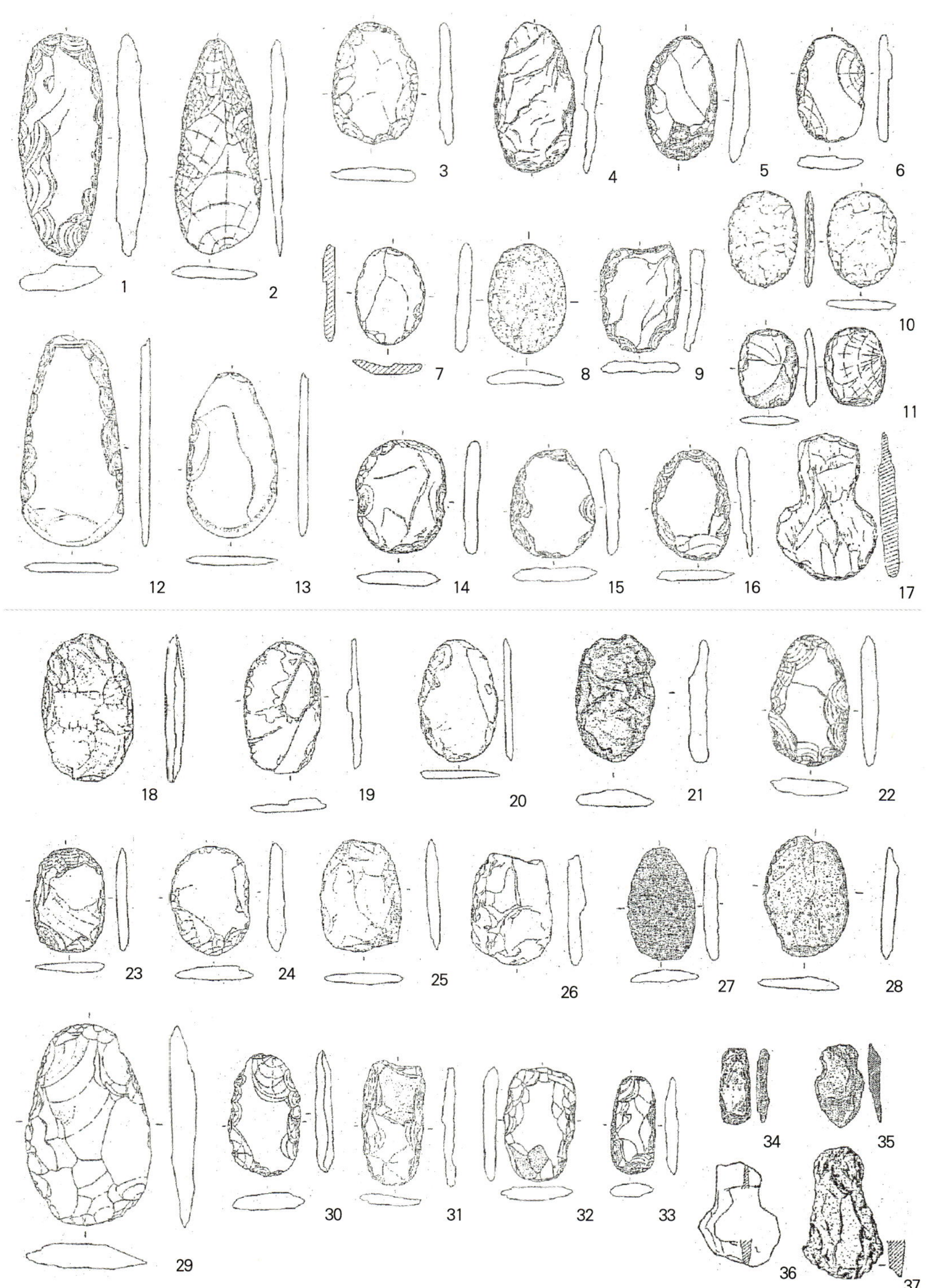

그림 5 신석기시대 중 · 후 · 말기 굴지구(상-중기, 하-후 · 말기, S=1/10)
1 · 15 · 16 · 33: 범방, 2 · 6: 송죽리, 3: 장암, 4: 둔산, 5: 쌍청리, 7: 관골, 8: 송월리, 9 · 22: 동삼동(정화), 10: 안강골,
11 · 23 · 31: 갈머리, 12~14: 평거, 17: 범의구석, 18: 진그늘 19: 농산, 20: 노래섬, 21: 내흥동, 24: 송학리, 25: 원촌,
26: 월곡리, 27: 봉계리, 28: 상촌리, 29: 서변동, 30: 화목동, 32: 늑도, 34 · 35: 금탄리, 36: 서포항, 37: 토성리

그림 6   신석기시대 중ㆍ후ㆍ말기 굴지구 분포(S=1/16)
1: 범의구석, 2ㆍ7: 룡곡, 3~5: 서포항, 6: 농포, 8ㆍ9: 토성리, 10: 반궁리, 11~13: 금탄리, 14: 신길동, 15: 안강골, 16: 송학리,
17: 송월리, 18: 노래섬, 19: 내흥동, 20: 쌍청리, 21: 농산, 22: 월곡리, 23: 둔산, 24: 원촌, 25~27: 갈머리, 28: 진그늘,
29: 송죽리, 30: 평거, 31: 봉계리, 32: 상촌리, 33~35: 범방, 36: 화목동, 37ㆍ40: 동삼동(정화), 38: 욕지도, 39: 장항,
41: 도두동, 42: 이호동

이룬다. 또한 대형 굴지구도 나타나는데 범방, 평거유적 등 모두 남부지역에서 확인된다(그림 5-1·12·13). 특히 평거유적에서 확인된 대형 굴지구는 인부가 매우 치밀하게 마연되어 날을 형성하고 있다. 증서부지역에서는 이전 시기에 비해 굴지구의 출토량이 급감하는데 전기에 주를 이루던 따비Ⅲ식이나 괭이형의 굴지구는 거의 보이지 않는다. 한편 중서부지역의 바로 남쪽에 위치한 중부내륙이나 남부내륙지역에서는 따비형의 굴지구류가 다량으로 출토된다. 형태적으로 따비Ⅱ식이 주를 이루며 형태나 제작방식도 유적 간에 차이가 거의 없다. 이러한 양상은 남부지역에서도 확인되는데 범방, 동삼동유적 등에서는 중기 단계에 굴지구의 수량이 증가하며 형태는 따비Ⅱ식이 대부분이다.

이상의 양상을 종합하면 중기 이후에는 굴지구 형태의 정형화가 일어났다는 점을 알 수 있는데 지역적으로는 중부, 남부 내륙지역 및 남부해안을 중심으로 한다. 이전 단계와 다른 형태의 굴지구가 전국적으로 사용되고 형태적으로도 유사한 양상을 보인다는 점은 굴지구의 기능변화와 확산과정이 일어났다는 점을 의미하는 것으로 여겨진다. 또한 이러한 변동과정은 결국 토기문화 및 생업 등과 연관성을 가질 것으로 판단된다. 한편 동해안지역에서는 굴지구가 거의 출토되지 않으며 확인되는 굴지구도 제작이 정교하지 못하다. 전술한 바와 같이 동해안지역에서는 조기 단계의 죽변유적을 제외하고 전 시기에 걸쳐 석제굴지구의 출토량이 매우 적으며 이는 다른 석기 기종들과는 다른 양상이다.

북부지역에서는 앞선 시기에 등장하였던 곰배괭이가 계속해서 확인되며 시기적으로는 후기에 집중된다.

Ⅲ. 식료 가공구

신석기시대 식료 가공구의 종류로는 갈돌과 갈판이 대표적이며 이 외에도 고석, 대석, 발화석 등도 필요에 따라 식료를 가공하는 용도에 사용되었을 것으로 여겨진다.

갈돌 및 갈판과 관련된 세부적인 논의는 거의 이루어진 바가 없는데 대부분 앞서 살펴본 굴지구와 마찬가지로 생업연구에 식료 가공구 또는 제분구로 포함되어 연구가 진행되었다(임상택 2000, 송은숙 2001, 하인수 2006).

임상택은 중서부지역의 갈돌·갈판을 형식분류하고 시기적인 변화상을 살펴보았다. 그는 평면 형태보다는 단면 형태를 기준으로 갈돌을 분류하였는데 늦은 시기로 갈수록 갈판과의 접촉면이 넓어지는 형태(타원형-반타원형-양단돌출형)로 갈돌이 변화한 것으로 보고 있다. 아울러 갈돌 및 갈판의 크기는 점차 대형화되며 이는 제분의 효율성이 높아지는 것과 관련된다고 보았다.

송은숙은 우리나라 신석기시대 유적에서 출토된 제분구들의 형태를 시기별로 나누고 이를 식물자원의 비중과 관련시켜 설명하였다. 구체적으로 갈돌과 갈판의 형태는 한손잡이형에서 양손잡이형으로 변하며 양손잡이형도 양끝돌출형으로 변화하는 것으로 보았다. 이러한 변화는 결국 제분의 효율성과 관련되는 것으로 식물자원의 비중이 커졌다는 것을 반영하며 갈돌의 기술적 혁신은 신석기시대 정착생활의 밑거름이 된 것으로 보았다.

하인수는 남부지역 전체의 석기상을 종합하는 과정에서 갈돌·갈판을 언급하였다. 그에 따르면 남부지역에서는 조기부터 갈돌·갈판이 등장하는데 식료채집과 관련되는 타제석부류와 고석 등이 함께 출토된다는 점을 근거로 이른 시기부터 식물성 자원의 채집활동이 이루어졌던 것으로 보았다. 또한 중기 이후에는 조, 기장 또는 견과류를 가공하기 위한 전형적인 말안장형의 갈돌 및 갈판이 확인되며 이는 정형화된 타제석부류의 수량 증가와 맥락을 같이 하므로 생업적인 측면에서 초기 농경의 확산과 관련되는 것으로 보았다.

한편 일인학자인 上條信彦(2005)은 신석기~청동기시대 한반도와 북부 구주의 제분 가공구를 대상으로 분석을 실시하였다. 이 연구는 우리나라 전체의 식료 가공구가 분류를 통해 시기 및 지역별 양상으로 제시된 최초의 연구로 볼 수 있다. 구체적인 내용을 살펴보면 우리나라 갈돌·갈판은 북부에서 남부로 내륙에서 해안으로 갈수록 출현빈도가 저하되고 형태도 재래적 세트에 가까운 것으로 나타난다. 또한 신석기시대에는 농경의 확산에 따라 길이가 긴 갈돌과 폭이 넓은 갈판의 세트가 중기 이후 새롭게 등장하여 조기 이전부터 견과류 가공을 주체로 한 갈돌·갈판 세트와 공존하는 것으로 보고 있다.

이상의 연구들을 통해 갈돌·갈판을 중심으로 하는 신석기시대 식료 가공구의 전체적인 양상이 규명되었지만, 생업과 관련된 개괄적인 양상만 기술됨으로써 변화상에 대한 면밀한 검토와 구체적인 내용들이 제시되지 않았다는 점에서 다소 아쉬움이 남는다.

최근에는 갈돌·갈판의 사용흔분석과 잔존전분분석 그리고 제작기술에 대한 연구들이 해당 유적 보고서에 실리고 있다. 대표적으로 인천 중산동유적을 들 수 있는데 보고서에서 분석된 잔존전분분석의 결과 조, 쌀, 수수 등의 벼과식물과 이외의 다양한 식물성 식료들이 제분구의 대상물로 사용하였음이 드러났다. 중산동유적의 식료 가공구들은 후술하게 될 후기의 갈돌·갈판 형식들로써 제분구의 사용방식은 양손으로 움켜 쥔 갈돌을 전후로 움직이면서 사용하였던 것으로 보고 있다(上條信彦 2005).

식료 가공구에 대한 향후 연구는 우선 갈돌·갈판 등 기능이 비교적 명확하고 시기적으로 형태적 변화가 보이는 석기 기종에 대한 구체적인 양상 규명이 이루어져야 할 것이다. 또한 공이,

요석 등 식료 가공과 관련되었던 것으로 판단되는 석기들도 기능 및 사용방법에 대한 검토가 필요로 하며, 유적 단위 등 식료 가공구에 대한 개별적인 분석도 이루어져야 할 것으로 보인다.

1. 갈돌·갈판의 분류

갈돌 및 갈판의 분류는 크기, 평면 형태, 단면 형태를 기준으로 구분이 가능하다. 갈돌은 우선 평면 형태를 기준으로 장조형과 원형으로 구분된다. 장조형은 평면 형태상 장방형계와 장타원 형계를 모두 포함하는 것으로 장축의 길이를 기준으로 30~40㎝를 중심으로 하는 대형과 20㎝ 이하의 소형으로 구분할 수 있다. 대형은 갈돌의 양끝을 잡고 갈판의 전후로 움직이는 행위가 이루어졌을 것으로 판단되며 단면 형태에 따라 종단면 원형, 타원형(Ⅰ식), 반타원형, 장방형 (Ⅱ식), 판상(Ⅲ식)으로 세분된다. 이중 Ⅰ·Ⅱ식은 봉상형 갈돌로 부르는 연구자도 있는데 Ⅰ식 이 갈판과 닿는 면이 곡선적이데 반해, Ⅱ식은 직선을 이루는 특징을 가진다. Ⅲ식은 횡단면 형 태가 양단이 돌출될 형태가 대부분으로 형태상 Ⅰ·Ⅱ식과는 큰 차이를 보인다.

소형[2]은 대체적으로 말각장방형의 평면에 방형, 원형의 단면 형태를 보이는데 한손으로 잡고 사용했을 것으로 판단된다. 구체적으로 갈돌을 한손으로 잡고 갈판의 전후 혹은 좌우로 움직이 는 행위가 이루어졌을 것으로 보인다.

원형계 갈돌은 평면 형태 및 단면 형태에 따라 원형, 타원형의 평면에 횡단면이 말강장방형을 이루는 Ⅰ식과 평면, 횡단면 형태가 모두 원형인 Ⅱ식으로 세분되는데 Ⅱ식은 통상적으로 구형 갈돌로 불린다. 이 역시도 한손으로 잡고 사용했을 것으로 보이는데 장조형계의 갈돌과는 달리 갈돌을 한손으로 잡고 돌리면서 회전운동을 하는 방식으로 사용되었을 가능성도 있다.

한편 이상에서 설명한 갈돌들이 갈판 위에 얹혀서 넓은 부분 위주로 식료를 가공하는 형태라면 공이와 유사하게 세운 상태로 힘을 가하는 형태의 갈돌도 확

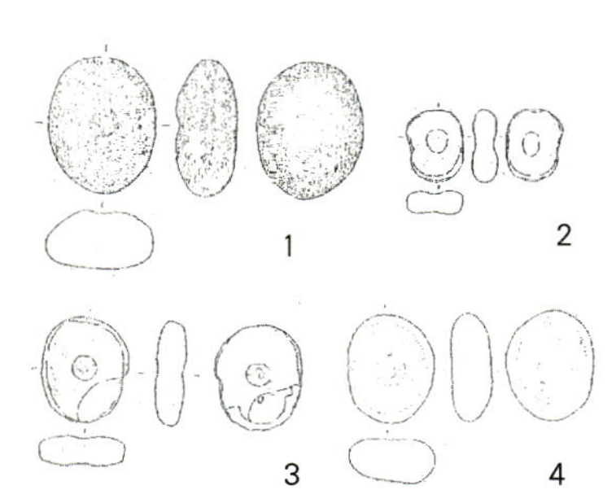

그림 7 신석기시대 홈돌(S=1/15)
1: 삼화지구, 2: 사계리, 3: 강정동, 4: 도두동

---

2 소형의 갈돌과 갈판들은 대체적으로 가공이 되어 있지 않은 경우가 많으며 기존의 분류에서는 이러한 가 공 유무를 1차적 분류 기준으로 삼는 경우가 많다(上條信彦 2005, 박근태 2014). 대체적으로 이러한 소형류의 갈돌이나 갈판들은 고석, 대석 등의 석기와 유사한 기능이 행해진 경우도 있는데 결국 다기능적인 성격이 강한 형태로도 볼 수 있다.

인된다.

　갈판은 갈돌에 비해 세부속성을 알 수 있는 완전한 형태의 것이 남아있는 경우가 적어서 세부적인 분류에 다소 어려움이 있지만, 대략적으로 크기에 따라 대형, 중형, 소형으로 구분된다.

　대형은 70~80㎝의 세장한 형태로 길이에 비해 두께가 얇으며, 중형은 대부분 30~40㎝ 내외

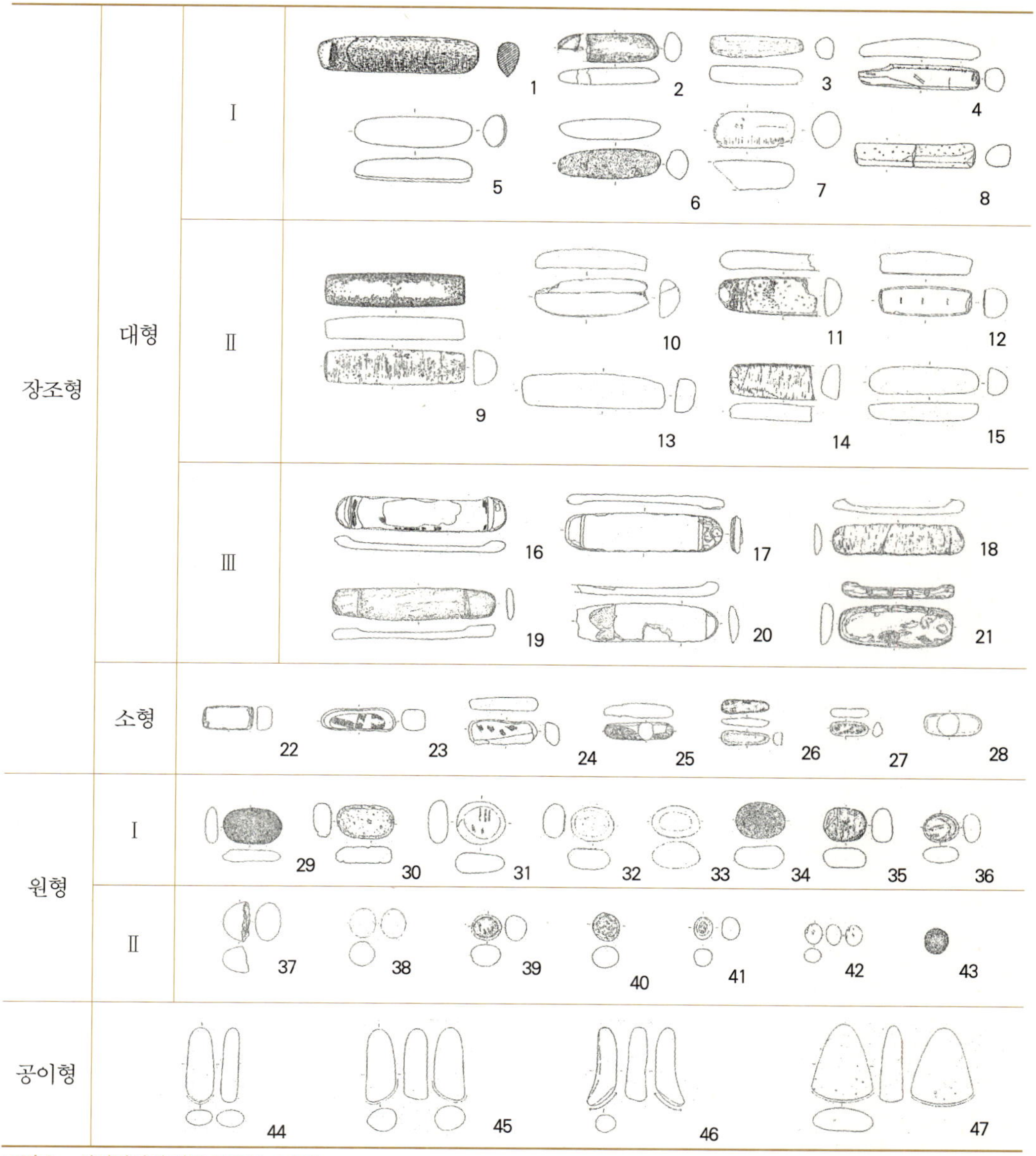

그림 8　신석기시대 갈돌 분류(S=1/20)
1: 지탑리, 2 · 35: 운서동, 3: 석교리, 4: 신길동, 5: 삼거리, 6: 암사동, 7: 송학리, 8: 양촌, 9: 평거, 10: 노래섬, 11: 지변동,
12: 오산리, 13 · 40: 비봉리, 14 · 18: 진그늘, 15: 안재리, 16: 농서리, 17: 쌍청리, 19: 중산동, 20: 우두리, 21: 범방,
22: 동삼동(정화), 23: 목도, 24: 살내, 25 · 37: 송도, 26 · 27 · 36 · 42: 죽변, 28 · 33: 지경리, 29 · 43: 봉계리, 30: 성읍리,
31 · 41: 오산리C지구, 32 · 38 · 39: 문암리, 34: 옥지도, 44 · 45: 강정동, 46 · 47: 삼화지구

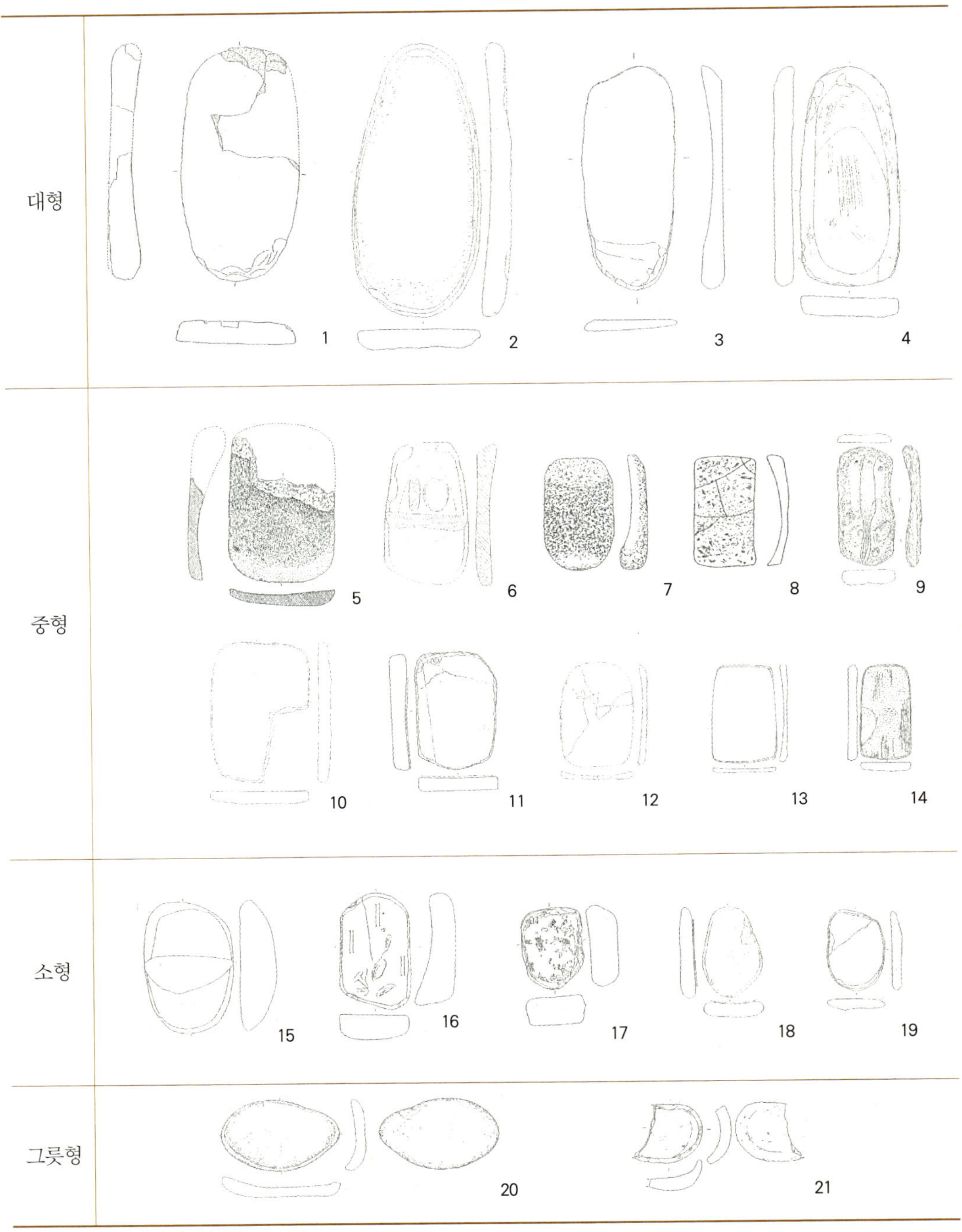

그림 9 신석기시대 갈판 분류(S=1/25)
1: 대천리, 2: 송전리, 3: 장항, 4: 비봉리, 5: 지탑리, 6 · 10: 지경리, 7: 마산리, 8: 남경, 9: 내흥동, 11: 삼거리, 12: 송죽리, 13: 하시동, 14: 서변동, 15: 북촌리, 16: 신길동, 17: 죽변, 18: 문암리, 19: 살내, 20: 고산리, 21: 도두동

의 길이를 가진다. 중형은 가운데가 패인 말안장형의 종단면 형태를 가지는 경우와 두께가 매우 얇은 종단면 형태가 거의 판상인 형태로 세분할 수도 있다. 전체적으로 대형과 중형의 갈판들은 형태가 정형화되어 있는 경우가 많으며 제작 시에 고타 등의 방법으로 세부조정을 치밀하게 하였다. 이외에 평면 형태가 부정확한 형태이며 단면이 비교적 두꺼우며 크기가 작은 소형류의 갈판도 있다.

또한 타원형의 평면 형태를 가지며 가운데 부분이 패여서 그릇형을 보이는 갈판도 있는데 현재까지는 제주도에서만 보이는 형태의 갈판이다.

이밖에도 원형의 평면에 한가운데 부분만 작게 홈이 파인 홈돌 또는 요석이라고 부르는 형태의 석기들도 필요에 따라서는 공이형의 갈돌과 조합되어 식료 가공에 사용되었을 것으로 판단된다. 이러한 형태들은 전 시기에 걸쳐 제주도지역을 중심으로 확인되며 한반도에서는 일부 유적에서 소량으로 출토되는데 지역적 성격이 강한 형태의 석기로도 볼 수 있다(그림 7-1~4).

이상의 내용을 종합한 신석기시대 갈돌·갈판의 형식분류는 〈그림 8·9〉와 같다.

2. 시·공간적 양상

갈돌과 갈판은 세트를 이루며 사용되었으며 형태적인 변화가 동시에 일어났을 것으로 여겨지지만, 현재 완전한 형태가 잔존하는 수량에 큰 차이를 보이며 축적된 연구가 거의 없다는 점을 감안하여 각각의 양상을 별도로 살펴보겠다.

1) 중기 이전(B.C. 3500년 이전)

① 갈돌

중기 이전 갈돌의 양상은 〈그림 10·11〉과 같다. 초창기에는 제주도지역에서만 갈돌이 확인되며 세워서 사용한 형태가 주를 이룬다. 가운데가 움푹 파인 그릇형 갈판 등과 조합되어 식료 가공행위가 있었을 것으로 여겨진다. 한편 삼화지구유적 갈돌의 경우 다른 공이형들과는 달리 양손으로 잡고 가공행위가 이루어졌을 것으로 보이는데 평면은 부채꼴로 비교적 독특한 형태를 보인다. 전술한 바와 같이 제주도에서 확인된 갈돌들은 지역색이 강한 석기상으로 볼 수 있다.

조기 단계에는 동해안의 유적에서 갈돌들이 출토되는데 문암리유적(그림 10-6)에서 출토된 갈돌은 동시기 내에서는 가장 대형의 갈돌로 장조형 II 식에 해당되는 형태이다. 한편 오산리C지구, 죽변, 문암리와 같은 동해안의 다른 유적에서는 원형계의 갈돌들이 다량으로 출토되는 양상이 확인된다. 원형계 갈돌의 출토빈도는 I 식(원형계)이 II 식(구형)에 비해 많다. II 식(구형)

갈돌은 남부지역의 비봉리유적에서도 확인되는데 동해안의 유적에서는 유적당 출토량이 많은 편인 반면, 비봉리유적(그림 11-24)에서는 단 한 점만이 확인되었다. 이 외에 송도, 범방, 신암리 등의 조기 단계에 해당되는 일부 유적에서도 갈돌이 확인되는데 정형화되어 있지 않은 소형의 갈돌들이 대부분이다.

남부지역의 전기가 되면 목도·살내·범방유적에서 소형 갈돌들이 부정형으로 확인되는데, 이는 조기의 양상과 거의 유사하다. 비봉리유적(그림 11-25)에서는 전기 단계 남부지역에서 확인된 갈돌 중에서 가장 대형이 출토되었는데 평면 및 종단면이 장방형으로 장조형 Ⅱ식의 갈돌이다.

한편 이전 시기에 비해 가장 뚜렷한 갈돌의 변화상을 보이는 곳은 중서부지역이다. 대동강유역의 마산리·지탑리유적에서 장조형 Ⅰ식에 해당되는 봉상의 갈돌들이 확인되며, 거의 유사한 형태가 한강유역의 삼거리·암사동·운서동유적에서도 출토된다. 크기는 30㎝ 내외의 것들로 지탑리에는 40㎝에 이르는 비교적 대형의 갈돌도 보인다. 중서부지역에서 보이는 이러한 정형화된 갈돌들은 거의 모든 유적에서 유사한 형태로 확인되기 때문에 생업 내에서 유사한 기능을 행하였던 식료 가공구로 판단된다.

② 갈판

초창기에는 제주도지역에서만 갈판이 확인된다. 제주도에서 확인되는 갈판은 그릇형이 대부분이며 전술한 공이형이나 원형계 갈돌들과 함께 출토된다.

조기에는 동해안 및 남해안지역의 일부 유적에서 갈판이 확인되는데 모두 소형이며 형태가 부정형인 갈판이다. 이 시기 갈판은 죽변유적(그림 10-21·22)의 갈판이 대표적인데 갈판의 제작에 특별한 노력을 들이지 않고 최대한 자연석의 형태를 그대로 이용한 경우가 대다수이다.

전기에는 조기에 확인되었던 부정형의 갈판이 여전히 남부지방에서 나타나는 와중에 새롭게 정형성을 가진 갈판도 확인된다. 비봉리유적(그림 10-51)에서는 갈돌과 비교적 정형화된 형태의 대형 갈판이 함께 확인되었는데 유적의 성격상 다량의 도토리를 가공하기 위한 갈판으로 추정된다.

중서부지역에서는 방형계 갈판이 정형화된 형태로 등장하는데 지탑리·마산리·암사동·미사리유적에서 모두 이러한 갈판들이 동시에 확인된다. 갈판은 반듯한 형태로 양쪽 측면은 일직선을 이룬다. 전체적으로 제작이 치밀한 편이며 단면 원형의 봉상형 갈돌과 조합되어 사용되었을 것으로 보이는데 많은 사용으로 인해 가운데 부분이 움푹 파여져 있다. 조기나 전기 단계에 남부지역에서 확인되는 대다수의 부정형 갈판에 비해 크기도 대형이며 정형화된 형태라는 점이 가장 특징적인 요소라고 할 수 있다.

236

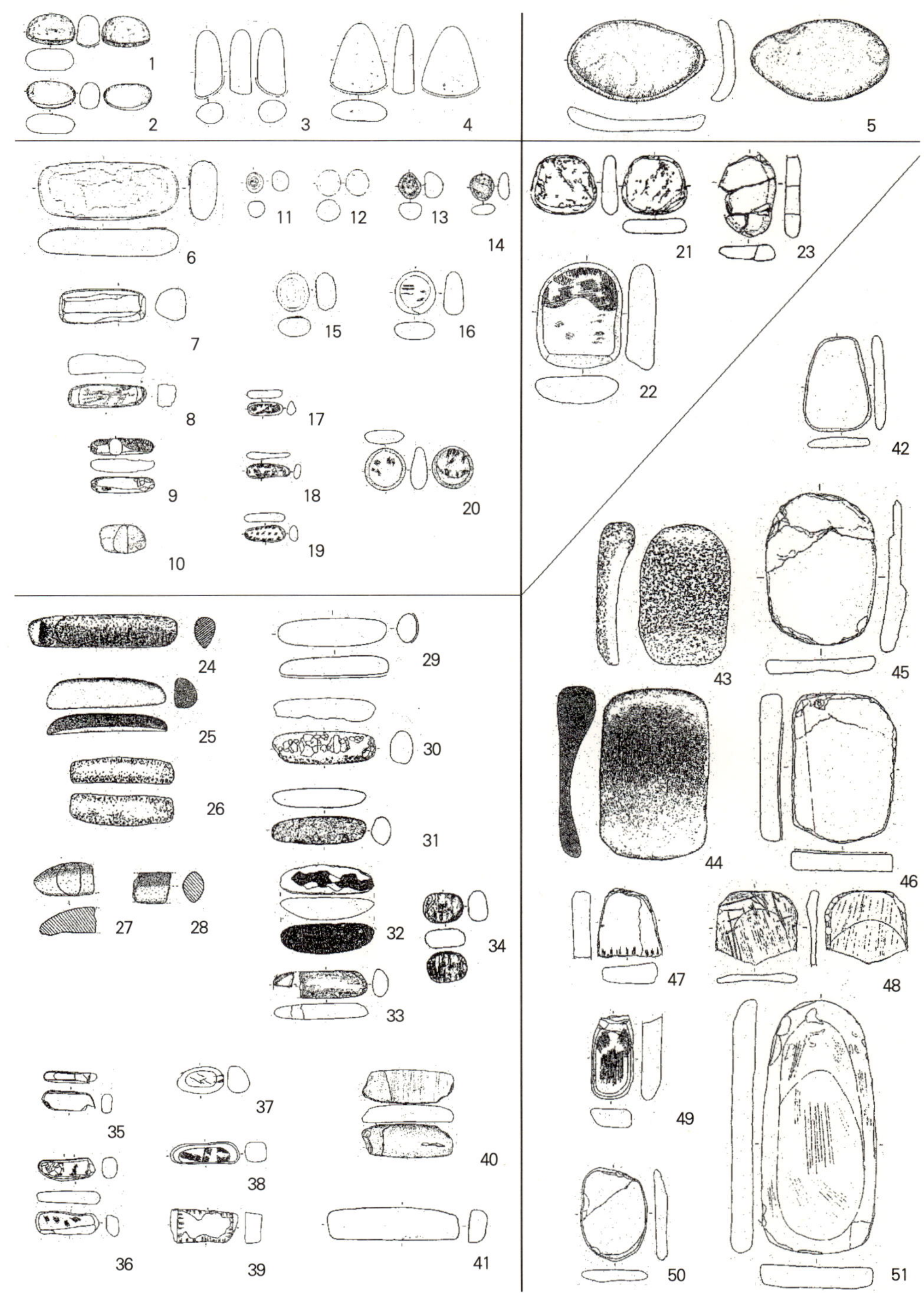

그림 10 신석기시대 초창기·조기·전기 갈돌·갈판(S=1/20)
1·2·5: 고산리, 3: 강정동, 4: 삼화지구, 6·12·15: 문암리, 7·39·47: 범방, 8: 안현동, 9: 송도, 10: 신암리,
11·16: 오산리C지구, 13·14·17~22: 죽변, 23: 우봉리, 24·25·44: 지탑리, 26·43: 마산리, 28·28: 궁산, 29: 삼거리,
30·31·45: 암사동, 32·46: 미사리, 33·34·42: 운서동, 35·36·49·50: 살내, 37·38: 목도, 40: 당하산,
41·51: 비봉리, 48: 황성동

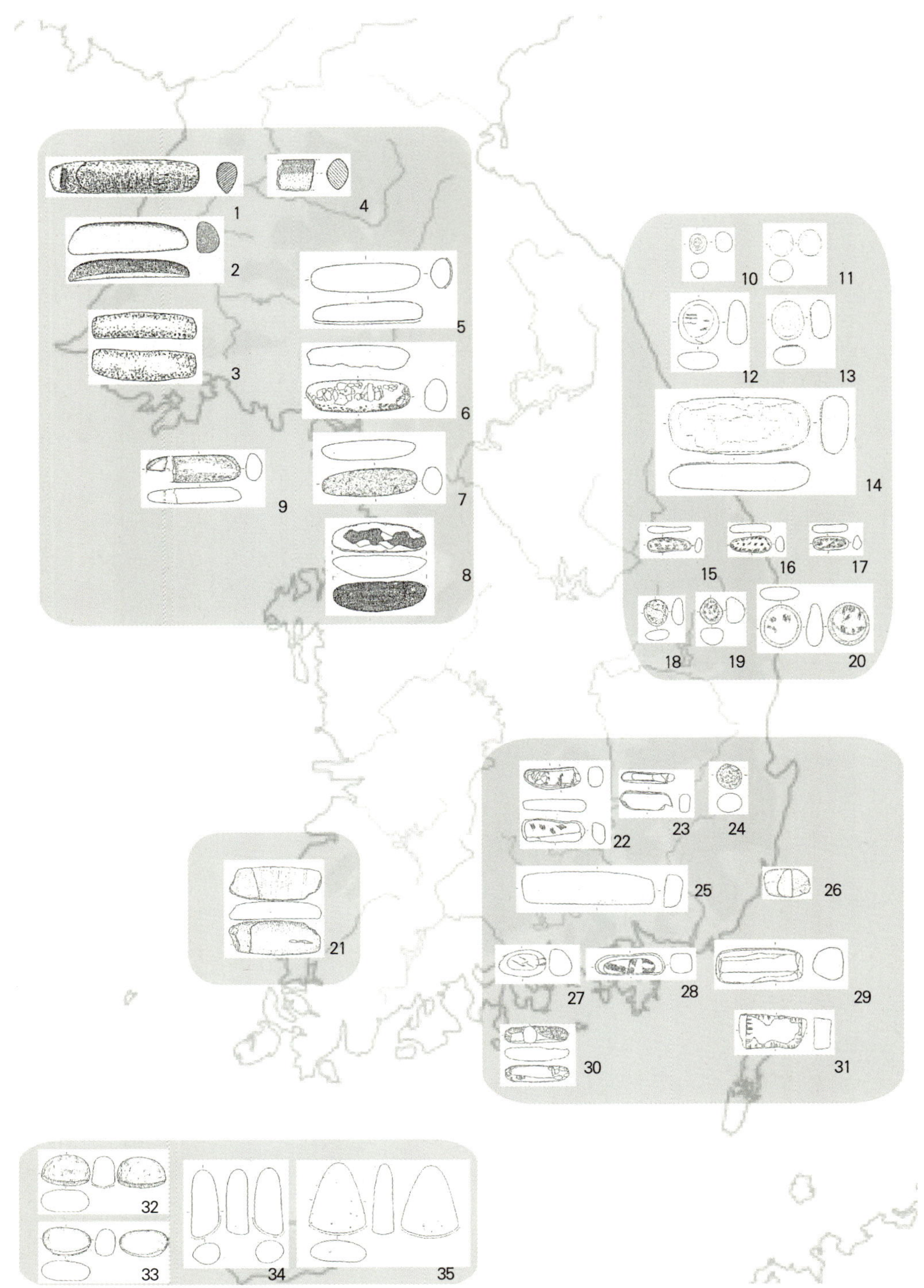

그림 11　신석기시대 초창기 · 조기 · 전기 갈돌 분포(S=1/20)
1 · 2: 지탑리, 3: 마산리, 4: 궁산, 5: 삼거리, 6 · 7: 암사동, 8: 미사리, 9: 운서동, 10 · 12: 오산리C지구, 11 · 13 · 14: 문암리, 15~20: 죽변, 21: 당하산, 22 · 23: 살내, 24 · 25: 비봉리, 26: 신암리, 27 · 28: 목도, 29 · 31: 범방, 30: 송도, 32 · 33: 고산리, 34: 강정동, 35: 삼화지 구

중기 이전 갈돌과 갈판의 전체적인 양상을 종합하면 중서부지역을 중심으로 정형화된 갈돌(장조형Ⅰ식)과 갈판이 등장하며, 그 외의 지역에서는 정형화되지 못한 비교적 소형의 갈돌과 갈판들이 확인된다. 중서부지역에서는 유적 간에 거의 유사한 형태와 크기의 갈돌과 갈판이 제작되는 반면, 나머지 지역에서는 유적 간 갈돌의 형태적 차이가 크며 각 유적의 성격에 부합하는 갈돌과 갈판이 제작되었던 것으로 여겨진다. 대표적으로 비봉리유적과 같이 다량의 도토리를 가공하기 위한 곳에서는 대형의 갈돌 및 갈판이 확인된다.

2) 중기 이후(B.C. 3500년 이후)

① 갈돌

중기가 되면 갈돌의 형태에 큰 변화가 발생한다. 이른 시기 중서부지역에서 보이던 봉상의 갈돌들은 여전히 중서부지역을 중심으로 확인되지만, 단면이 반타원형(장조형Ⅱ식) 혹은 판상의 갈돌(장조형Ⅲ식)들이 이 시기에 새롭게 등장하여 광범위한 분포범위를 보인다. 특히 양단이 돌출된 장조형Ⅲ식의 갈돌은 이전 시기에 보이지 않던 새로운 형태적 요소로 세부적인 시기 차이는 있을 것으로 여겨지지만 중기의 모든 지역에서 확인된다는 점이 주목된다.

중서부지역에서는 이전 시기에 중심을 이루던 장조형Ⅰ식이 지속적으로 확인되며(그림 13-10 · 11), 여기에 장조형Ⅱ · Ⅲ식이 추가되어 출토된다. 중부내륙과 남부내륙지역에서는 장조형Ⅱ · Ⅲ식이 중심을 이루는데 이는 남부지역도 거의 유사한 양상이다.

시기적인 양상은 전기에 중서부지역에서 정형화된 형태로 등장한 갈돌이 중기가 되면 전 지역에 정형화된 형태로 퍼지게 되는데 세부적인 형태에서는 이전 시기와 차이를 보인다. 전체적으로 두께가 얇아지거나 한쪽 면을 집중적으로 사용하여 갈판과 닿는 면이 직선적인 요소를 보이는 경우가 바로 그것이다.

한편 지역적인 요소를 살펴보면 지역 간에 뚜렷한 차이는 확인되지 않으나 동해안의 경우 이른 시기에 다수 확인되었던 원형계 갈돌이 지경리유적에서 여전히 확인되는 양상을 볼 수 있다.

후기에는 중기의 양상이 거의 그대로 유지되는 가운데 가거도 · 송도유적 및 제주도지역에서도 원형계 갈돌이 확인된다. 한편 중기에 다수 확인되었던 단면 반원형의 갈돌들은 크기가 소형화되는 경향도 보인다(그림 12-30 · 31 · 34). 대체적으로 내륙지역에서 확인되는 갈돌에 비해 해안지역의 갈돌들이 소형이다. 양단돌출형 갈돌(장조형Ⅲ식)은 여전히 전국적으로 확인되는데 도면이 제시되지는 않았으나 서포항유적 보고서에서도 양단돌출형 갈돌을 표기한 것으로 보아 중기에 등장하기 시작한 이 형식의 갈돌은 이후 모든 지역에서 지속적으로 사용된 것으로 보인다.

② 갈판

중기가 되면 전 지역에서 갈판의 출토량이 증가하며 얇아진 형태가 주를 이룬다. 또한 송전리(그림 12-22)·대천리유적 등에서 확인된 갈판과 같이 대형이 다수 출토되며, 양단돌출형의 갈돌과 조합되었을 것으로 판단되는 방형, 장방형의 얇은 갈판들이 전 지역에서 모두 확인된다.

이는 이전 시기 중서부지역에서 유적 사이에 차이를 거의 보이지 않으며 정형화된 형태로 등장했던 갈판들이 크기가 더 대형화되거나 두께가 더 얇아진 형태로 내륙지역과 동해안지역으로 확산되었던 것으로 여겨진다. 또한 이른 시기에 확인되었던 소형의 갈판들은 거의 보이지 않으며 전 지역 간 갈판의 형태에도 큰 차이를 보이지 않는다.

중기 갈판의 형태는 대체적으로 단면이 반타원형인 형태의 갈돌이나 양단돌출형 갈돌로 인해 갈판의 종단면형태가 직선을 이루는 갈판의 형태가 대다수 확인되는데 가운데가 움푹 파인 형태도 여전히 존속한다.

후기가 되면 정형화된 갈판들이 여전히 전 지역에서 확인되는데 중기에 보이던 대형의 갈판들은 거의 확인되지 않는다. 또한 중기에 비해 갈판의 형태가 세장해지는 경향을 보이며 단면이 두꺼운 형태도 확인된다.

중기 이후 갈돌과 갈판의 전체적인 양상을 종합하면 우선 이전 시기에 중서부지역을 중심으로 등장하였던 정형화된 갈돌(장조형Ⅰ식)은 중기가 되면 전 지역으로 확산되는데 그 과정에서 세부적인 형태에서 변화가 발생하거나 새롭게 등장하는 형식(장조형Ⅲ식)도 확인된다. 갈판도 이러한 변화에서 맞추어 지역 간에 거의 유사한 형태와 제작방법을 거친 갈판들이 확인되며 이전 시기에 보이던 정형화되지 않은 소형 갈판들은 거의 보이지 않는다. 후기에는 전체적으로 중기와 거의 유사한 양상을 보이지만 전기에서 중기까지 지속적으로 보이던 갈돌(장조형Ⅰ식)이 거의 보이지 않거나 갈판의 크기도 소형화되는 등 일부 요소에서 변화도 확인된다.

이상에서 확인된 갈돌·갈판의 변화상은 생업적인 측면과 직결되는 것이며, 구체적으로 식료가공구의 대상이 되는 식물자원 이용의 변화가 발생하였다는 점을 의미한다. 아울러 현재까지의 연구 성과를 비추어 본다면 식물자원 이용방식의 변화는 초기 농경의 확산과정과 연관될 것으로 여겨지는데 앞서 살펴본 굴지구의 변화상과 맥락을 같이한다.

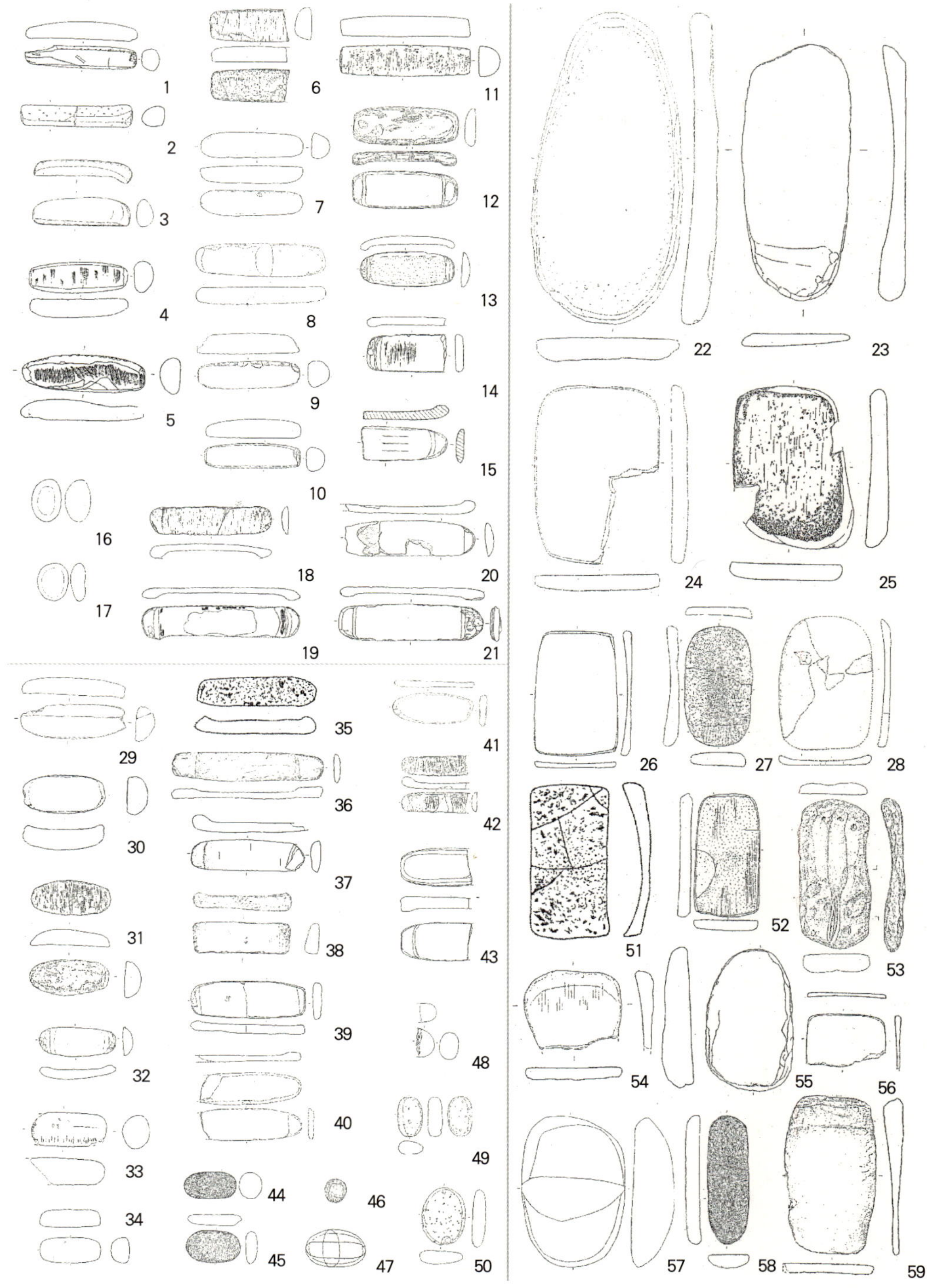

그림 12　신석기시대 중기 · 후기 · 말기 갈돌 · 갈판(S=1/20)
1: 신길동, 2: 양촌, 3: 삼목도III, 4: 능곡동, 5 · 19: 농서리, 6 · 18 · 27: 진그늘, 7: 안강골, 8 · 16 · 17 · 24: 지경리,
9: 초당동, 10 · 26: 하시동, 11 · 25: 평거, 12 · 43: 범방, 13 · 23: 장항, 14: 동삼동(정화), 15 · 40: 을왕동, 20: 우두리,
21: 쌍청리, 22: 송전리, 28: 송죽리, 29: 노래섬, 30 · 56: 운북동, 31 · 53: 내흥동, 32: 비응도, 33 · 54: 송학리,
34: 가도, 35 · 51: 남경, 36 · 37 · 59: 중산동, 38: 용장리, 39: 대천동, 41: 갈머리, 42: 철통리, 44~46 · 58: 봉계리, 47: 송도,
48: 가거도, 49: 성읍리, 50: 사계리, 52: 서변동, 55: 뒷살막, 57: 북촌리

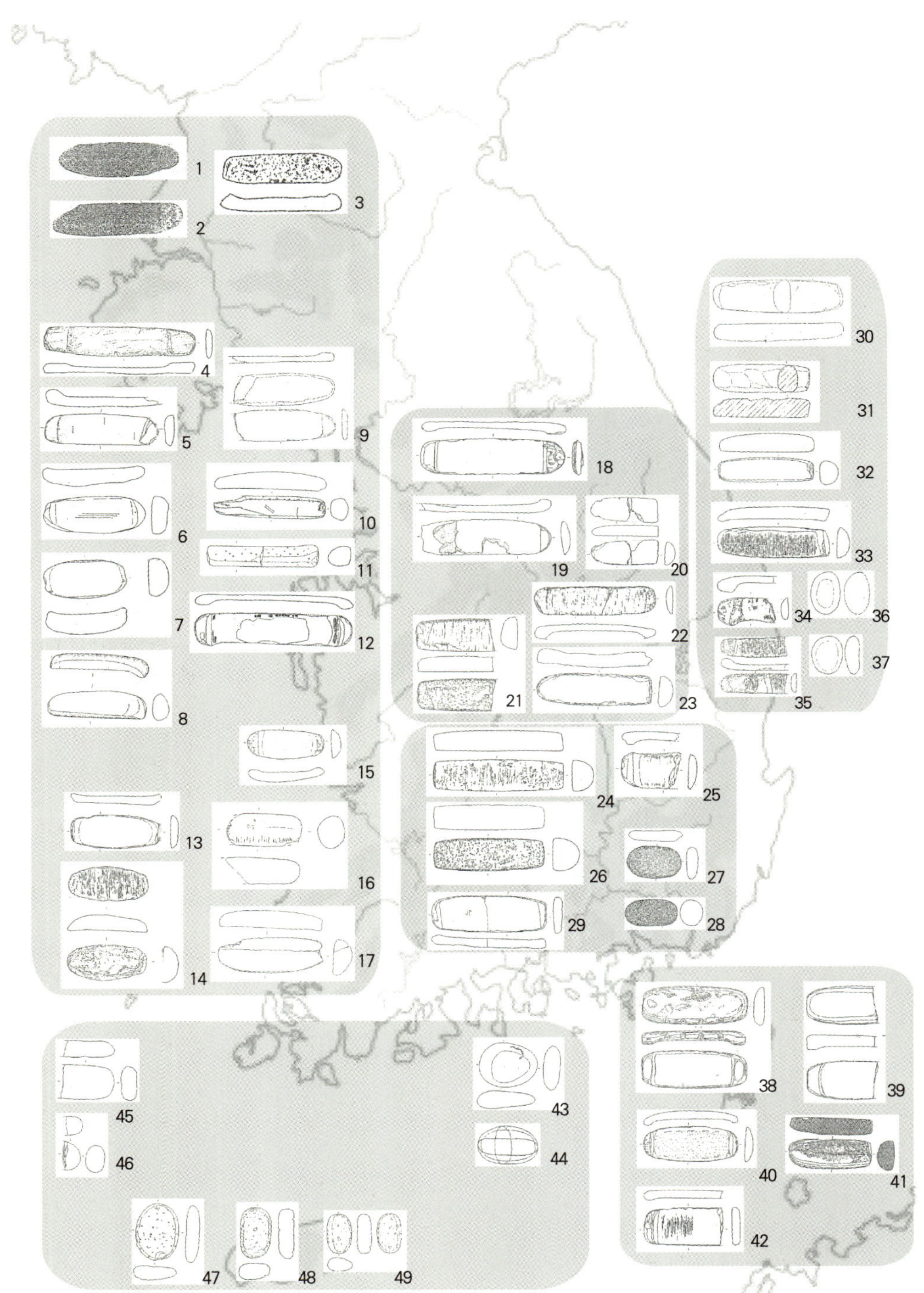

그림 13   신석기시대 중기 · 후기 · 말기 갈돌 분포(S=1/20)
1 · 2: 금탄리, 3: 남경, 4 · 5: 중산동, 6: 흘곶, 7: 운북동, 8: 삼목도Ⅲ, 9: 을왕동, 10: 신길동, 11: 양촌, 12: 농서리,
13: 가도, 14: 내흥동, 15: 비응도, 16: 송학리, 17: 노래섬, 18: 쌍청리, 19: 우두리, 20 · 23: 갈머리, 21 · 22: 진그늘,
24~26: 평거, 27 · 28: 봉계리, 29: 대천동, 30 · 31 · 36 · 37: 지경리, 32: 하시동, 33: 송전리, 34 · 35: 지변동, 38 · 39: 범방,
40: 장항, 41: 수가리, 42: 동삼동(정화), 43 · 44: 송도, 45 · 46: 가거도, 47: 사계리, 48 · 49: 성읍리

242

Ⅳ. 맺음말

이상에서 신석기시대의 채집·농경구의 양상을 가장 대표적인 석기 기종인 굴지구와 식료 가공구인 갈돌, 갈판의 변화 및 분포 양상을 통해서 살펴보았다. 전체적인 내용을 종합하고 향후 연구 과제를 제시하는 것으로 맺음말을 대신하겠다.

먼저 굴지구는 따비형과 괭이형으로 구분되며 따비형이 괭이형에 비해 수량이 많다. 따비형 중에서도 10~20㎝에 이르는 소형이 가장 많이 확인되는 형태로 세부적인 평면형을 기준으로 또 다시 세 형식으로 분류가 가능하다. 이 중 원형 및 신바닥형(Ⅱ식)의 경우 전기에는 중서부지역을 중심으로 확인되며 중기 이후에는 우리나라 전역에서 수량이 증가하는 형태임이 확인된다. 결국 굴지구 형태의 정형화가 가장 잘 드러나는 형식으로 볼 수 있는데 이른 시기에 남부지역에서 나타나는 따비Ⅱ식의 경우에는 제작이 정교하지 못한 경우가 많다는 점도 이를 입증한다고 볼 수 있다. 한편 따비Ⅲ식은 따비Ⅱ식과 형태적인 측면에서 가장 높은 유사성을 가지는데 정형화된 굴지구로도 볼 수도 있다. 이러한 형식은 중기 이전 중서부지역에서 다수 확인되는데 특히 운서동유적에서 집중적으로 출토된다.

괭이Ⅰ식은 남부지역에서 다수 확인되며 중서부지역의 경우 암사동유적에서 출토량이 가장 많다. 시기적으로 괭이형 굴지구는 이른 시기에 집중되는 양상을 보이며 내륙보다는 해안에서의 출토비율이 더 높다. 일반적으로 곰배괭이로 불리는 괭이Ⅱ식은 대부분 북한지역에서 확인되는 형태로 전 시기에 걸쳐 확인된다.

굴지구의 시·공간적인 양상을 종합하면 〈그림 14〉와 같다. 중기 이전의 굴지구는 전 지역에 걸쳐 형태적 차이가 비교적 크다. 가장 이른 단계에 확인되는 굴지구는 죽변유적의 것들로 이 중 대형 굴지구들은 현재까지의 양상만으로는 시기 및 지역적으로 매우 이질적인 형태로 볼 수 있다. 유적의 입지 및 성격 등의 영향으로 동해안지역에서 굴지구의 출토량이 다른 지역에 비해 적다는 점과 인부가 뾰족한 첨인 및 폭이 넓은 형태의 대형 굴지구들은 전 시기에 걸쳐 거의 확인되지 않는다는 점이 바로 그것이다. 향후 죽변유적 굴지구의 구체적인 기능 및 주변 지역과의 관계 등이 검토되어야 할 것이다

전기가 되면 중서부지역을 중심으로 굴지구들이 다수 확인된다. 지탑리유적의 굴지구 역시 우리나라에서 일반적으로 확인되는 굴지구들과는 다소 다른 형태로 볼 수 있다. 인부는 첨인으로 날이 매우 정교하게 제작되었으며 마지막에 전면에 걸쳐 마연을 하여 최종적인 형태를 만들었다는 점을 들 수 있다. 지탑리유적의 굴지구들은 대형 이외의 소형류들도 모두 이와 유사하게 제작되었는데 이와 같은 굴지구들의 유입경로 및 사용방식 등도 반드시 검토되어야 할 사

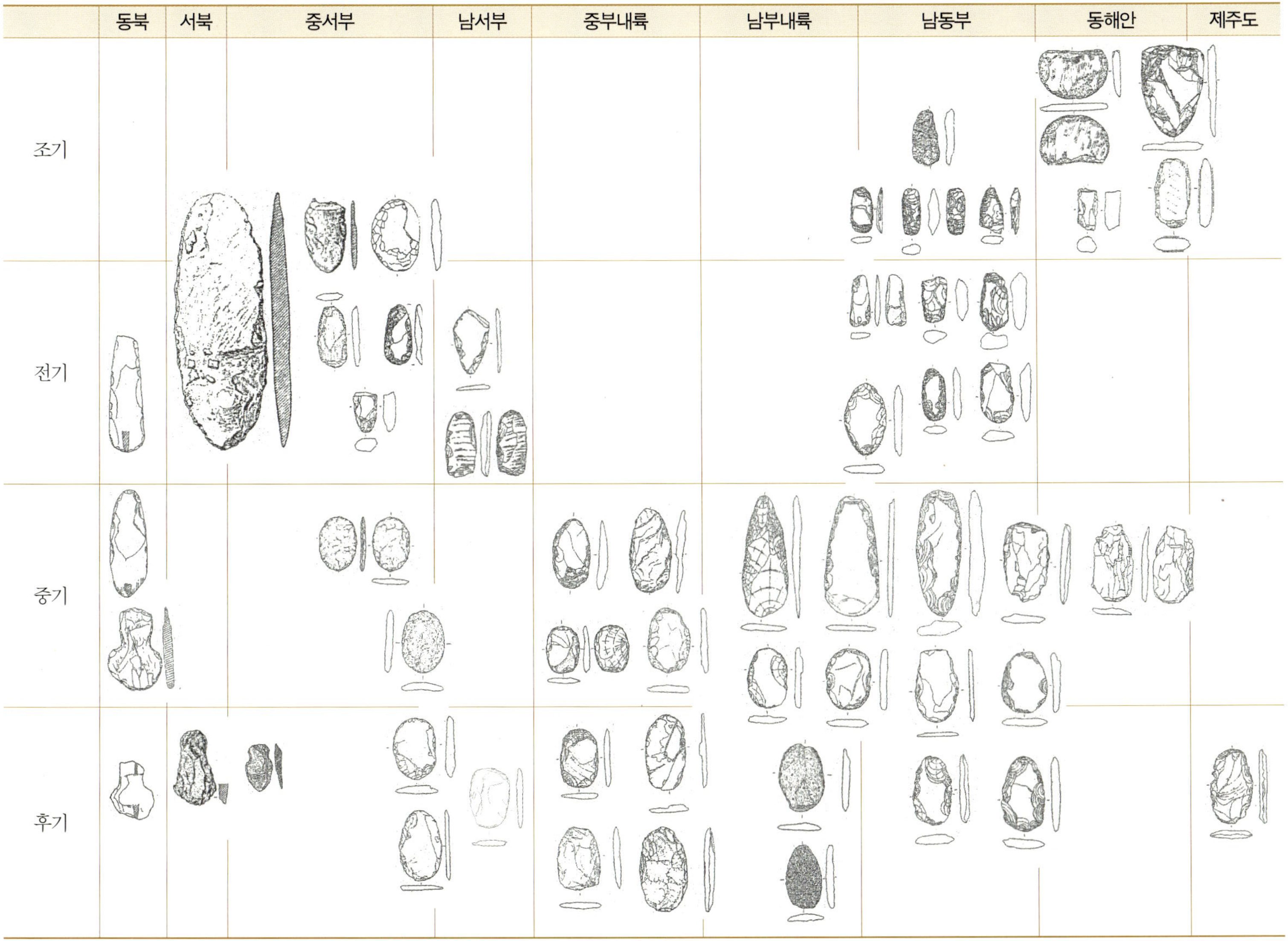

제주도

동해안

남동부

남부내륙

중부내륙

남서부

중서부

서북

동북

조기

전기

중기

후기

그림 14 신석기시대 굴지구 변화 양상(S=1/16)

항이다. 한편 지탑리와 인접한 한강유역의 굴지구들도 비교적 정형화된 형태로 확인된다. 암사동유적의 경우 대형 및 소형 굴지구들이 모두 확인되며 괭이형도 보이는데 이 시기에 이미 굴지구의 기능분화가 이루어졌던 것으로 보이며 따비형의 경우 지탑리유적의 영향을 받아 형태적인 측면은 유사하지만 제작방식에는 차이를 보인다. 남부지역에서는 괭이형이 주를 이루며 따비형의 경우 전기 늦은 단계로 편년되는 살내유적에서 따비Ⅱ식이 확인된다. 남부지역에서 조·전기 단계에는 인부마제석부류들이 다수 확인되는 시기로 제작방법 및 형태상 유사한 괭이류의 굴지구들은 인부마제석부의 영향을 받았을 가능성도 있다. 결론적으로 중기 이전 남부지역의 굴지구들은 형태적으로 정형화를 이루지 못했던 것으로 판단되며 중기 이후에 확인되는 형태보다 다용도로 사용되었을 가능성도 있다.

중기 이후의 굴지구는 우선 우리나라 전 지역에서 따비Ⅱ식의 출토가 많아진다는 점이 가장 주목된다. 전기에 비해 너비가 넓어지고 두께가 얇아진 형태의 굴지구들은 전기의 암사동유적에서 보인 형태와 크기 및 제작방법 등이 거의 유사하다. 한편 중서부지역에서는 전기에 비해 굴지구의 수가 줄어들고 괭이류의 굴지구들은 거의 확인되지 않는다. 따비Ⅱ식의 확산은 중부내륙과 남부내륙지역을 거쳐서 이루어진 것으로 보이는데 이는 이후 시기인 후기까지 계속 이어진다. 남부내륙과 남부지역에서는 대형의 굴지구들도 보이며 진주 평거유적의 굴지구는 인부가 치밀하게 마연된 형태로 동시기의 다른 대형 굴지구들과는 제작상에서 차이를 보인다.

북한지역에서는 곰배괭이가 동북과 서북지역에서 모두 확인되는데 수량이 적어서 단정 짓기에는 다소 무리가 있지만 후기에 더 집중되는 양상을 보인다. 서포항유적에서는 전기에 확인된 세장한 형태의 굴지구가 계속해서 확인되는데 인부는 부분적으로 마연되어 있다.

동해안지역에서는 조기 이후로 굴지구의 출토가 거의 없는데 이는 단순히 중서부지역이나 남부지역과는 다른 생업방식을 가졌다기보다는 유적의 성격이나 입지에 따라 석제 굴지구의 필요도가 줄어들었던 까닭으로 여겨진다. 후술하게 될 갈돌의 경우 굴지구 양상과 다르다는 점이 근거가 될 수 있다.

결론적으로 굴지구는 우리나라 전체를 기준으로 본다면 중기 이전과 중기 이후의 양상이 크게 다르다고 할 수 있다. 이는 기존 연구에서도 제시되었던 점으로 대부분의 연구에서는 식물자원을 이용하는 초기 농경과 관련되며 굴지구는 기경구로 사용되었던 것으로 보고 있는데 이에 대해서는 갈돌 및 갈판의 양상까지 포함시켜 논의하고자 한다. 한편 이 글에서는 굴지구 형태의 정형화가 이루어지는 구체적인 시기 및 지역에 대해서는 검토할 수 없었는데 굴지구의 세부적인 시기 및 지역 양상이 규명된다면 이에 대한 검토가 가능해질 것으로 판단된다.

신석기시대 굴지구가 가지는 다기능적인 성격을 감안한다면 굴지구로 명확한 생업상을 밝히는 것에는 한계가 있을 수밖에 없다. 하지만 전체적인 양상으로 보았을 때 신석기시대 굴지구

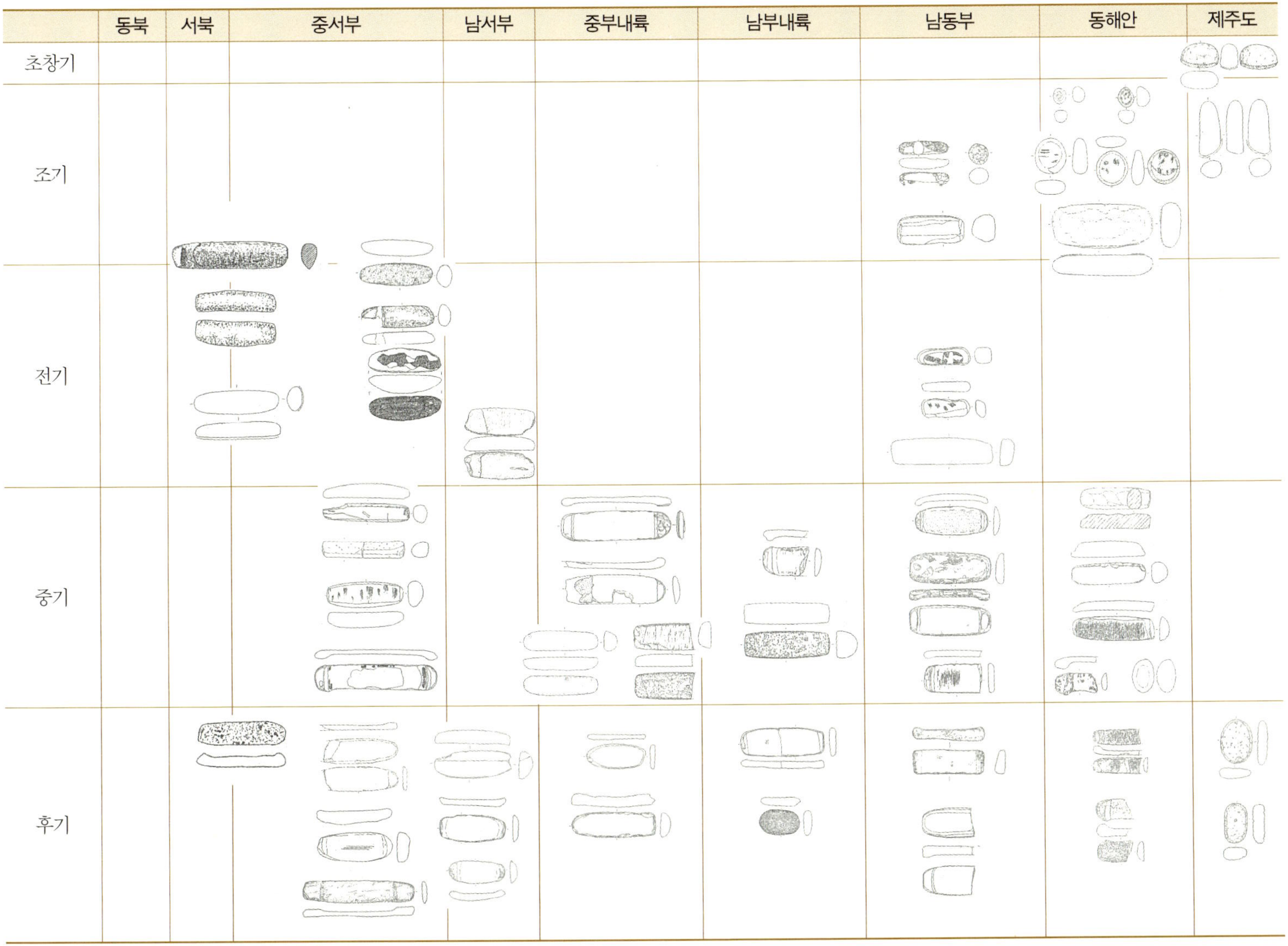

246

	동북	서북	중서부	남서부	중부내륙	남부내륙	남동부	동해안	제주도
초창기									
조기									
전기									
중기									
후기									

그림 15 신석기시대 갈돌 변화 양상(S=1/25)

는 중기 이후가 되면 형태적 정형화와 기능적 분화가 이루어지는 것은 분명하다고 여겨지는데 향후 이를 검증하는 연구가 필요하다.

식료 가공구인 갈돌과 갈판의 연구는 굴지구에 비해 더욱 미진한 실정이다. 이에 우선적으로 우리나라 전체 갈돌 및 갈판의 분류를 실시하였는데 갈돌은 평면 형태를 기준으로 장조형계와 원형계로 구분되며 장조형은 다시 단면 형태에 따라 종단면 원형, 타원형(I식), 반타원형, 장방형(II식), 판상(III식)으로 세분된다. 장조형계 대형 갈돌들은 양손으로 잡고 대부분 전후로 움직이면서 사용하는 형태로 판상 혹은 말안장형 갈판 등과 조합된다. 조합되는 갈판들은 비교적 제작이 정교하게 되어 있으며 형태도 비교적 정형화된 대형과 중형의 갈판들이다.

한편 장조형계 소형과 원형계 갈돌들은 크기도 작고 형태적으로도 정형화가 이루어지지 않은 경우가 많다. 대부분 한손으로 잡고 사용이 이루어졌을 것으로 보이는데 크기가 소형이며 다양한 형태를 가진 소형 갈판들과 조합되었을 것으로 여겨진다.

갈돌의 시·공간적인 양상을 종합하면 〈그림 15〉와 같다. 초창기에는 제주도에서 그릇형 갈판과 조합되어 공이형 갈돌과 원형계 갈돌이 출토되는데 이는 지역적인 성격이 강하다.

조기에는 동해안지역에서 원형계 갈돌들이 출토되는데 원형계 갈돌들은 동해안을 중심으로 해안유적에서 주로 확인되는 형태로 볼 수 있다. 이 시기에는 남부지역에서도 갈돌이 소량 확인되는데 모두 소형류로 형태가 다양하다.

전기에는 우선 중서부지역에서 갈돌이 다량으로 확인된다. 지탑리·마산리유적의 갈돌은 모두 장조형 I 식의 갈돌로 제작이 정교하고 형태가 정형화되어 있다. 암사동, 미사리 등의 한강유역에서도 장조형 I 식이 주를 이루는데 앞서 살펴본 굴지구와 마찬가지로 지탑리·마산리유적의 영향을 받았다고 볼 수 있다. 한편 남부지역에서 확인되는 갈돌은 소형계의 갈돌이 확인되며, 비봉리유적의 경우 장조형 II 식 갈돌도 확인된다. 형태적으로는 동해안에서 확인된 문암리유적의 갈돌과 유사하다. 결론적으로 중기 이전 단계에는 중서부지역에서는 모두 유사한 형태의 갈돌들이 정형한 형태를 이루며 등장한 반면, 나머지 지역에서는 비교적 다양한 형태의 갈돌들이 유적의 성격에 맞게 각기 다른 방식으로 사용되었던 것으로 보인다.

중기가 되면 전 지역에서 갈돌의 출토량이 증가하며 중서부지역의 경우 이전 시기에 정형화를 이루며 등장한 장조형 I 식의 갈돌이 지속적으로 확인된다. 한편 이 시기가 되면 장조형 II 식과 장조형 III 식의 갈돌이 주를 이루게 되는데 양단돌출형인 III 식의 경우 이전 단계에서는 확인되지 않은 새로운 형태의 갈돌이다. II·III 식 모두 갈돌과 갈판의 닿는 면이 직선적임을 보여주는 형식으로 이는 이전 시기와는 다른 식료가 가공대상물로 선택되었음을 의미한다. 지역별로 확인되는 형식들의 조합상도 거의 동일한데, 특히 동해안지역의 경우 굴지구와는 달리 중서부지역의 갈돌과 유사한 형식들이 확인된다.

후기가 되면 장조형Ⅰ식은 보이지 않게 되며 장조형Ⅱ·Ⅲ식이 주를 이루게 되는데 특히 Ⅲ식의 비율이 더 높다. 이는 결국 전체적으로 갈돌의 두께가 점차 얇아지는 것을 의미하며 가공되는 대상 식료의 변화와도 관련될 가능성도 있다. 구체적으로 중기의 새롭게 등장한 갈돌의 형태에 맞춘 대상 식료들이 중심을 이루고 이전 시기부터 가공되었던 식료들이 부분적으로 함께 가공되었다면, 후기에는 중기에서 새로운 갈돌형태에 맞추어 가공된 식료들만 계속해서 가공되었던 것으로 보인다. 또한 중기와 마찬가지로 갈돌의 형태를 기준으로 본다면 지역별 차이는 거의 없는 것으로 보인다.

이상에서 살펴본 굴지구 및 갈돌·갈판의 변화는 거의 그 맥락을 같이한다고 볼 수 있다. 전기에 중서부지역을 중심으로 등장한 정형화된 굴지구 및 갈돌·갈판 등은 중기 이후가 되면 전 지역으로 확산되는데 확산되는 과정에서 세부적인 부분에서 형태적 변화가 나타난다. 즉 굴지구의 경우 폭이 넓어지고 두께가 얇아진 따비Ⅱ식이 주를 이루고, 갈돌의 경우 갈판과 닿는 면이 직선을 이루는 장조형Ⅱ·Ⅲ식이 주를 이루며, 특히 양단돌출형인 Ⅲ식의 경우에는 새롭게 등장하는 형식으로 후기가 되면 더욱 주체를 점하는 갈돌의 형태라는 점이다.

이는 생업과 관련짓는다면 식물성식료의 이용방식에 큰 변화가 있었다는 점으로 여겨지는데 현재의 연구 성과 및 동정된 식물자료를 기준으로 볼 때 조, 기장을 중심으로 하는 초기 농경과 관련될 가능성이 높다고 볼 수 있다.

향후 식물자원에 대한 분석과 굴지구, 갈돌·갈판 또는 식료를 가공했을 것으로 여겨지는 다양한 석기들에 대한 분석이 추가된다면 신석기시대인들의 식물성자원과 관련된 생업상이 더욱 더 구체화될 것으로 보인다. 아울러 보다 세부적인 시기나 지역 단위의 연구도 반드시 필요하며 기능과 관련된 석기의 개별적인 분석도 보다 활발하게 이루어지길 기대한다.

먼저 본고를 작성하기까지 지속적으로 지도 편달을 해주신 부산대학교 임상택 선생님께 깊은 감사를 드린다. 아울러 많은 조언을 해주셨던 하인수 선생님과 자료 수집을 도와주신 부산대학교 학우들께도 지면을 통해 감사의 뜻을 전하고자 한다.

___참고문헌

김경진, 2010, 「석기 사용흔 분석과 기능 연구」, 『漢江考古』4, 한강문화재연구원.

김선지, 2000, 「남해안의 신석기시대 석부에 대한 일고찰」, 서울대학교 대학원 석사학위논문.

김성욱, 2008, 「사용흔분석을 통한 신석기시대 수확구 시론」, 『韓國新石器研究』16, 韓國新石器
　　　　學會.

김영준·김경진·이한주, 2015, 「보령 송학리 조개더미 출토 뗀석기의 기술-기능적 연구」, 『韓
　　　　國新石器研究』29, 韓國新石器學會.

박근태, 2014, 「신석기시대 석기의 용어와 분류」, 『한국 신석기시대 석기의 분류와 제작수법』,
　　　　제4회 한국신석기학회 집중토론회, 한국신석기학회.

박성근, 2012, 「남부지역 신석기시대 석부 연구」, 부산대학교 대학원 석사학위논문.

上條信彦, 2005, 「先史時代의 製粉 加工具」, 『한국신석기연구』10.

송은숙, 2001, 「신석기시대 생계방식의 변천과 남부 내륙지역 농경의 개시」, 『호남고고학보』14,
　　　　호남고고학회.

윤정국, 2009, 「신석기시대 굴지구의 제작기법에 대한 연구」, 『韓國新石器研究』17, 韓國新石器
　　　　學會.

윤지연, 2006, 「한반도 중서부지역 석부에 대한 일고찰」, 서울대학교 대학원 석사학위논문.

임상택, 2000, 중서부지역 신석기시대 석기에 대한 초보적 검토」, 『한국신석기연구회 학술발표
　　　　회 논문집』2000-1, 한국신석기연구회.

최종혁, 2005, 「한국 남부지방 농경에 대한 연구」, 『한·일 신석기시대의 농경문제』, 제6회 한일
　　　　신석기공동학술대회 발표자료집.

하인수, 2006, 「영남해안지역의 신석기문화 연구」, 부산대학교 대학원 박사학위논문.

한강문화재연구원·한국토지주택공사, 2012, 『인천 중산동 유적』.

압록강 · 연해주지역의 신석기시대 석기

김재윤(부산대학교) · **김상훈**(한국고고환경연구소)

Ⅰ. 머리말

한반도 북부는 백두산을 중심으로 동쪽으로는 두만강이, 서쪽으로 압록강이 흐르고 있다. 두만 강을 경계로 러시아의 연해주와 인접해 있으며, 압록강은 중국과 맞닿아 있다. 이 지역은 크게 몽고, 중국 동북지역, 시베리아 원동지역, 한반도와 동해를 두고 일본열도를 포함하는 동북아시 아의 중심지역이라 할 수 있다. 현재까지 압록강과 두만강유역에는 북한과 중국, 러시아 국경 내에서 적지 않은 신석기시대 유적이 보고되고 있다. 이들 유적과 그 문화 성격에 관한 연구는 한반도 신석기시대 문화를 이해하는데 매우 중요함은 이견이 없으며 이미 여러 연구자들에 의해 소개 및 연구가 진행된 바 있다. 다만 신석기시대 석기를 주제로 한 연구가 소략한 상황이기에 압록강-두만강을 포괄하는 개괄적인 연구가 필요하다고 생각된다.

본고에서는 크게 중국을 중심으로 하는 압록강유역과 러시아 극동지역을 중심으로 하는 연해주지역의 신석기시대 석기 자료를 소개하고 간략하게 그 특징에 대해 서술하도록 하겠다. 다만 중국과 러시아라는 국가 간의 언어적, 연구 전통의 차이가 존재한다. 또한 양국 간의 학자마다 소위 '문화'를 정의하는 방식도 다르며, 석기를 이해하는 방법 및 연구 성과에서도 차이가 있어 본문에서는 별개의 장으로 구성하여 서술하도록 하겠다.

Ⅱ. 압록강유역의 신석기시대 석기

압록강은 백두산에서 발원하여 한반도와 중국 대륙 사이에 흐르는 강을 말한다. 압록강의 주요 지류로는 중국 국경 내의 혼강渾江과 애강靉江 등이 있으며, 북한 내에서는 허천강虛川江, 장진강長津江, 독로강禿魯江 등이 있다. 압록강은 이 지류들과 합류하여 하구에서 평야를 이루며 황해로 흘러나간다. 하구의 평야지대를 제외하고 높은 고원지대가 대부분인 자연 환경의 여건으로 인해 압록강유역의 고고학적 문화는 중·상류지역이 거의 발달하지 못한 반면에, 하구의 평야지대에 비교적 밀집해 있다. 이 지역의 신석기문화들은 황해 연안을 따라 동쪽으로는 요동반도, 서남쪽으로는 청천강유역과 많은 영향관계를 가져왔음은 잘 알려져 있다. 따라서 본장의 공간적 범위는 요동반도에서부터 압록강 중·하류, 청천강 북쪽까지 포함한다.

압록강유역의 신석기시대 문화는 비교적 이른 시기부터 발견된다. 북한의 자료는 비교적 적은 편이기에 대부분의 연구는 중국지역의 발굴 성과를 토대로 편년이 이루어지고 있으며, 그 연구 역시도 일본과 중국학자에 의해 주도되고 있는 실정이다. 따라서 본문에서 신석기시대 문화의 편년은 중국 내의 최근 연구에 기초하였다(赵宾福 2012). 더불어 세부 유적의 편년과 북한 내의 유적 편년은 최근 중국에서 압록강·두만강유역의 신석기문화를 연구한 논문을 참고하였다(杨占风 2013). 중국의 요동반도를 포함한 압록강유역의 신석기시대 고고학적 문화는 소주산小珠山 하층 문화-후와后洼 상층 문화-소주산 중층 문화-편보자偏堡子 문화-소주산 상층 문화(요동반도) / 북구北沟문화(단동지역)의 순서로 구분할 수 있다.

이 지역의 신석기시대 석기에 관한 연구는 매우 소략하다. 1990년 瑜琼의 논문에서는 반월형 석도의 시·공간적 변화 양상을 연구하였다(瑜琼 1990). 이후 2007년 長盟(2007)은 석사학위논문에서 동북지역의 신석기·청동기시기의 석도를 형식분류하고, 시·공간적 특징 및 이용방식에 대해 연구하였다. 이는 석도에 국한된 것으로 전반적인 석기문화에 관한 연구는 아직 진행된 바 없다. 다라서 본장에서는 압록강유역의 신석기시대 각각의 유적에서 출토된 전체 석기 자료를 종합하고 간략하게나마 그 특성에 대해 서술하도록 하겠다.

1. 압록강유역의 신석기시대 석기 출토 현황

압록강유역의 신석기시대 유적에서 보고된 석기를 각 유적의 해당 고고학적 문화의 시간 순서에 따라 소개하도록 하겠다. 유적은 고고학적 문화를 정확히 알 수 있는 대표 유적과 시굴 및 지표조사로 확인된 소규모 유적을 구분하여 소개하겠다. 특히 소규모 유적의 석기는 채집된 것이 많아 참고만 하였다. 또한 압록강 중·상류의 유적과 북한 내의 유적은 따로 구분하여 설명하도록 하겠다.

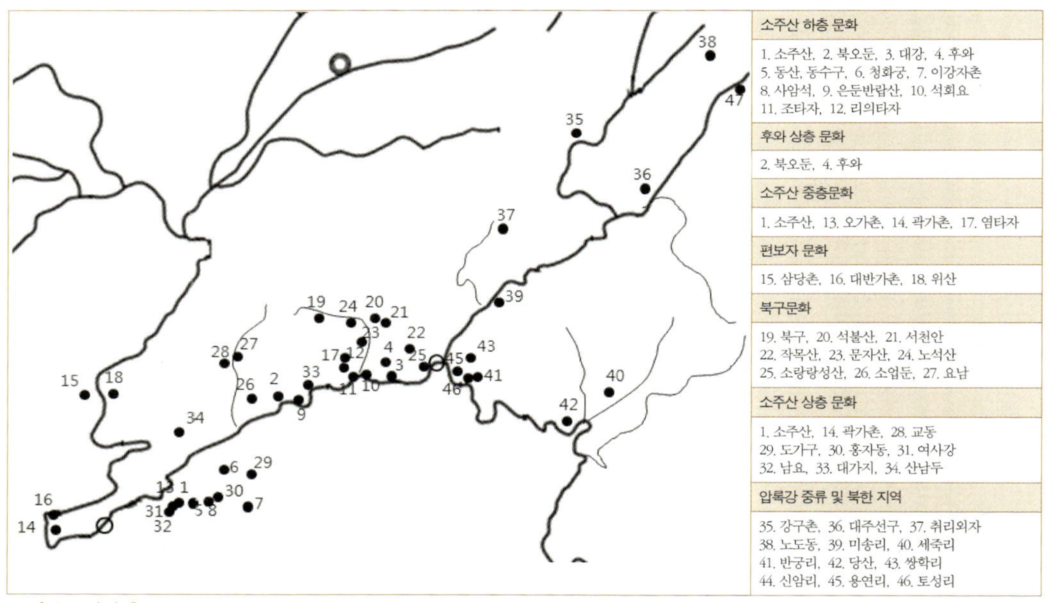

그림 1   석기 출토 유적 분포도

1) 소주산 하층 문화

소주산 하층 문화는 조기, 중기, 만기로 구분되며 그 시기는 대략 기원전 5500년에서 기원전 4000년으로 보고 있다. 소주산 하층 문화기의 대표 유적은 소주산 하층 유적(辽宁省博物馆 외 1981), 북오둔北吴屯 하층 유적(辽宁省文物考古研究所 외 1994), 대강大岗유적(辽宁省博物馆

1986), 후와 하층 유적(许玉林 외 1989)이 있다. 그 외에 1962년(旅順博物馆 1962), 1981년 대련시 도서지역의 패총 조사(辽宁省博物馆 외 1981), 1984년 단동지역 조사(丹东市文化局文物普查队 1984), 1997년 대련 북부 조사(王嗣洲·金志伟 1997)에서 소량의 석기를 포함한 다수의 소규모 유적들이 조사되었다.

(1) 소주산 하층 유적

소주산 하층 유적은 요령성 대련大连시 남쪽 장해현长海县 광록도广鹿岛 소주산유적의 제5층에 해당한다. 이 유적에서 나온 타제석기는 괄삭기刮削器 4점, 판형 석기 2점, 석제 어망추 2점과 사냥돌 1점이 있다. 마제석기는 수암옥岫岩玉으로 만든 마제석부가 1점 출토되었으며, 갈판 2점과 갈돌 3점이 보고되었다. 그밖에 편평한 석제에 세 줄 혹은 한 줄의 기다란 홈을 판 구마석沟麻石이 보고되었다.

(2) 북오둔유적

북오둔 하층 유적은 요령성 장하庄河시 동부 해안에 있는 북오둔유적의 제3·4층에 해당한다. 주거지 5기를 비롯하여 많은 자료가 발견되었다. 석기는 마제석부 6점, 타제석서锄 10점, 마제석저杵 4점, 갈판 4점, 갈돌 10점이 있다. 타제석기는 괄삭기刮削器, 첨상기尖状器, 끝이 뾰족한 첨기钻器가 각 1점씩, 옥제 석분锛 4점, 옥제 석착(凿) 2점, 세일로 만든 석비匕 3점, 다듬이 돌[砧石] 13점, 숫돌[砺石] 2점도 출토되었다. 그밖에 타제사냥돌 및 판형 석기가 각각 16점과 2점이 출토되었다.

(3) 대강유적

대강유적은 요령성 단동시 동구현东沟县에 있다. 이 유적에서 발견된 석기는 타제로 만든 감잡기砍砸器 1점과 원형 석기 1점, 사냥돌, 어망추, 갈돌 10점과 갈판 1점 등이 있으며 마제석착凿 2점과 유엽형柳叶形석촉 1점이 있다. 이밖에 불명석기 6점은 다면多面 마제석기로 각 면에는 길게 홈을 판 흔적이 보인다.

(4) 후와 하층 유적

후와유적은 요령성 단동시 동구현에 위치하며 하층에서 31기의 주거지가 발견되는 등 비교적 대규모의 유구와 유물이 조사되었다. 석기로는 옥제 혹은 석회암질의 마제석부가 전체 24점이 나왔으며 마제석호镐가 1점이 출토되었다. 아요형亞腰形이라 불리는 '凸'자 모양의 타제석서가 4점 나왔고, 석도 2점, 갈판 113점, 갈돌 127점, 석제 어망추 62점, 사냥돌 56점, 마제석촉 23점,

석모 3점, 판형 석부 2점, 타제괄삭기 2점, 타제감잡기 3점이 출토되었으며, 석착 32점, 옥제 추錐 5점, 화강암질의 석첩鉆 8점, 홈이 파여 있는 구마석溝磨石 13점, 타원형의 마석磨石 68점이 있다. 활석 혹은 옥으로 만든 장신구도 여러 점 발견되었다.

(5) 기타 유적

1962년 대련시 장해현 도서지역의 패총에서 소주산 하층기의 토기와 함께 석기들이 보고되었다. 광록도广鹿岛의 동산东山유적에서는 석부 1점, 석분 1점, 석제 어망추 2점이 채집되었고, 동산유적 남쪽 해안의 동수구东水口유적에서는 석분 1점이 출토되었다. 대장산도大长山岛의 청화궁清化宫유적에서는 갈판 1점과 석도 잔편 1점, 석촉 1점이 채집되었다. 또 다른 인접 섬인 장자도獐子岛 이강자촌李强子村유적에서 석부 1점이 채집되었다. 1981년에 광록도의 상마석上马石 하층 유적에서는 타제괄삭기, 석도 잔편, 갈돌, 갈판 등이 보고되었다. 1997년 대련 북부 조사에서는 은둔반랍산殷屯半拉山유적에서 구멍이 파인 발화구로 추정되는 석기 1점이 소주산 하층기의 압인 지자문 토기와 함께 채집되었다. 1984년에는 압록강 하구에 인접한 단동의 동구현에서 역

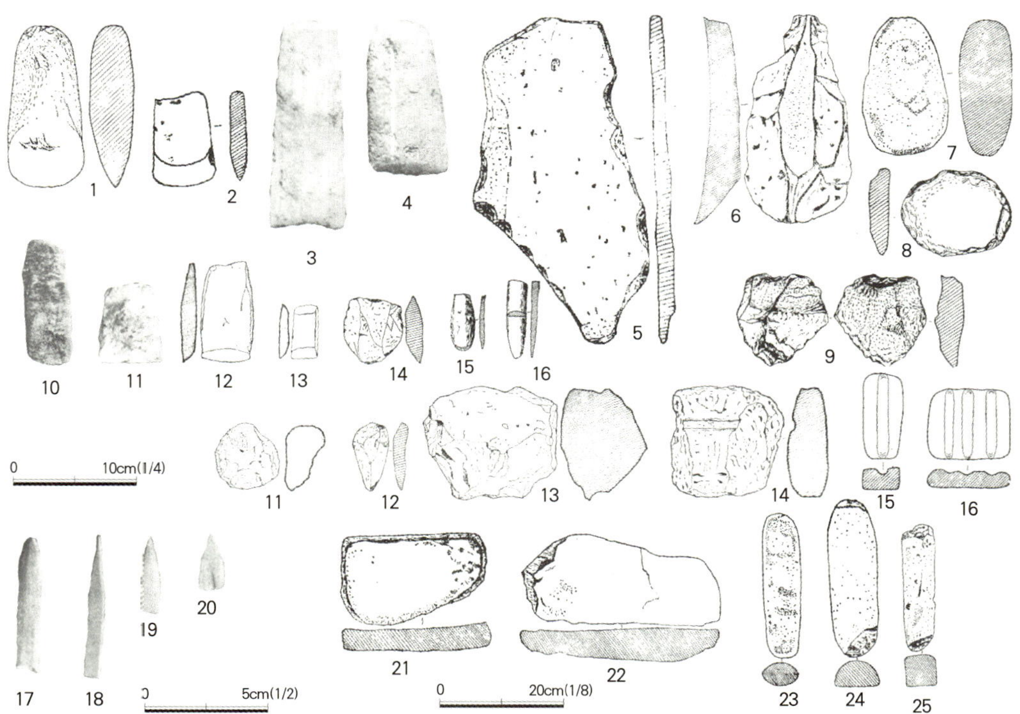

그림 2　소주산 하층 문화 석기
1~4: 석부, 5~6: 석서, 7: 석저, 8~9: 환상석기, 10~13: 석분 혹은 석착, 14: 괄삭기, 15~16: 석비, 17: 사냥돌, 18: 첩기,
19: 감잡기, 20~22: 구석구, 23~26: 석촉, 27~28: 갈판, 29~31: 갈돌(1·8·9·21·22: 소주산 하층 유적,
2·5~7·14~16·18·27~31: 북오둔 하층 유적, 3·4·10·11·23~26: 후와 하층 유적, 12·13·17·19·20: 대강유적)

254

시 소주산 하층기의 토기편과 석기가 보고되었다. 석회요^{石灰窯}유적에서는 마제환상^{環狀}석기 1
점과 석착 1점이 발견되었다. 조타자^{赵坨子}유적에서는 옥제의 마제석부 1점, 리의타자^{蚂蚁坨子}유
적에서 옥제의 마제석부 1점과 양인석부 1점이 발견되었다.

2) 후와 상층 문화

후와 상층 문화는 대략 기원전 4000년에서 기원전 3500년으로 소주산 하층과 중층 사이에 해
당한다. 이 문화의 대표적인 유적은 후와 상층 유적(许玉林 외 1989)과 북오둔 상층 유적(辽宁
省文物考古研究所 외 1994)이 있다.

(1) 후와 상층 유적

요령성 단동시 동구현 후와유적의 2층과 3층을 상층 유적이라 한다. 상층 문화층에서는 주거지
가 12기가 발견되었다. 많은 수의 석기가 출토되었으나 약보고서에서는 도면이나 사진 자료를
확인할 수가 없다. 출토 현황으로는 마제석부 21점, 타제석서 4점, 석회암질의 석도 잔편 5점,
갈돌 36점, 갈판 36점이 보고되었다. 석제 어망추 285점, 사냥돌류 50점, 환상 석기 1점, 마제석
촉 38점, 석모 3점, 괄삭기 7점, 감잡기 4점, 석착 28점, 석추^錐 5점, 홈이 파인 석추^錘 8점, 홈이
있는 구마석 1점, 방형의 마석 52점이 발견되었다. 이밖에 석제 관, 단추 및 장식품이 12점과 인
두형, 조두형, 물고기형의 석제 조각품이 각 1점씩 발견되었다.

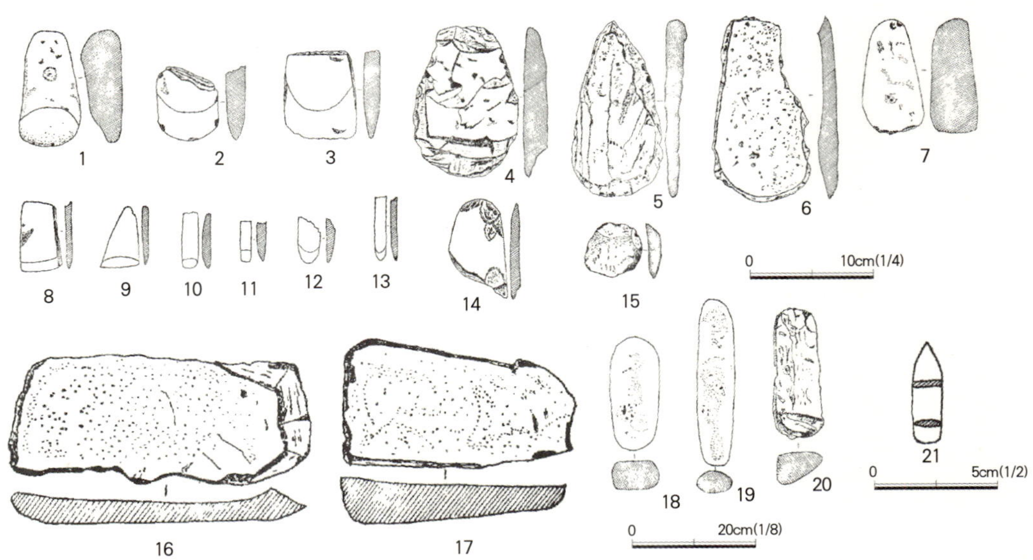

그림 3 후와 상층 문화 석기(북오둔 상층 유적 출토)
1~3: 석부, 4~6: 타제석서, 7: 석저, 8~14: 석분 혹은 석착, 15: 괄삭기, 16~17: 갈판, 18~20: 갈돌, 21: 석촉

(2) 북오둔 상층 유적

요령성 장하시 북오둔유적의 상층 문화층을 말한다. 주거지가 3기 조사되었으며, 비교적 많은 수의 석기 역시 출토되었다. 마제석부 5점, 타제석서 11점, 석저 7점, 갈돌 21점, 갈판 8점이 발견되었다. 판상(환상) 석기 1점, 사냥돌 19점, 석제 어망추 6점, 마제석촉 1점이 나왔다. 수공구로는 괄삭기 14점, 옥제 분 7점, 옥제 착 3점, 석제 착 1점, 비수 1점, 다듬이 돌[砧石] 16점, 숫돌 3점이 발견되었다.

3) 소주산 중층 문화

소주산 중층 문화의 연대는 기원전 3500년에서 기원전 3000년에 해당한다. 대표적인 유적으로는 소주산 중층 유적(辽宁省博物馆 외 1981), 오가촌 유적(辽宁省博物馆 외 1981)과 곽가촌 하층 유적(辽宁省博物馆 외 1984)이 있다. 이 외에 단동지역에서 1984년 염타지閻坨子유적(丹东市文化局文物普查队 1984)이 조사되었다.

(1) 소주산 중층 유적

소주산 유적의 3·4층을 지칭한다. 석기는 타제석기인 석산铲 5점, 석촉 2점, 석도 잔편이 1점 출토되었다. 마제석기는 석부 잔편, 석분 잔편, 석도 잔편이 각 1점씩 나왔고, 마제 석촉 9점, 갈판 5점, 갈돌 3점, 사냥돌 1점이 나왔다.

(2) 오가촌유적

오가촌유적은 소주산유적 부근 광록도 중부에 위치한다. 이 유적에서 주거지 1기와 그 안에서 많은 수의 석기가 조사되었다. 벽옥제의 마제석부 3점, 옥제 석분 4점, 옥제 석착 1점이 발견되었고, 타제석산 1점, 석제 어망추 6점, 타제석촉 14점, 마제석촉 40점, 사냥돌 2점, 환상 석기 8점이 발견되었다. 그밖에 갈돌, 갈판, 연마석, 공이 등 다양한 수공구류 석기도 출토되었다.

(3) 곽가촌 하층 유적

곽가촌유적은 현재의 요동반도 남단 끝 대련시 동부해안에 위치한다. 하층에서 11기의 주거지가 조사되었다. 석기는 타제석부 2점, 옥제 석부 2점, 마제석부 3점, 타제유공有孔석도 편 1점, 반월형에 가까운 형태의 마제무공無孔석도 4점이 나왔다. 갈판 15점, 갈돌 23점, 석저 1점이 출토되었고, 감잡기 4점, 판상 석기 7점, 사냥돌 3점, 타제석촉 36점, 마제석촉 188점이 출토되었다. 그밖에 석분 6점, 마석 21점과 석영제 격지 석편 12점이 보고되었다.

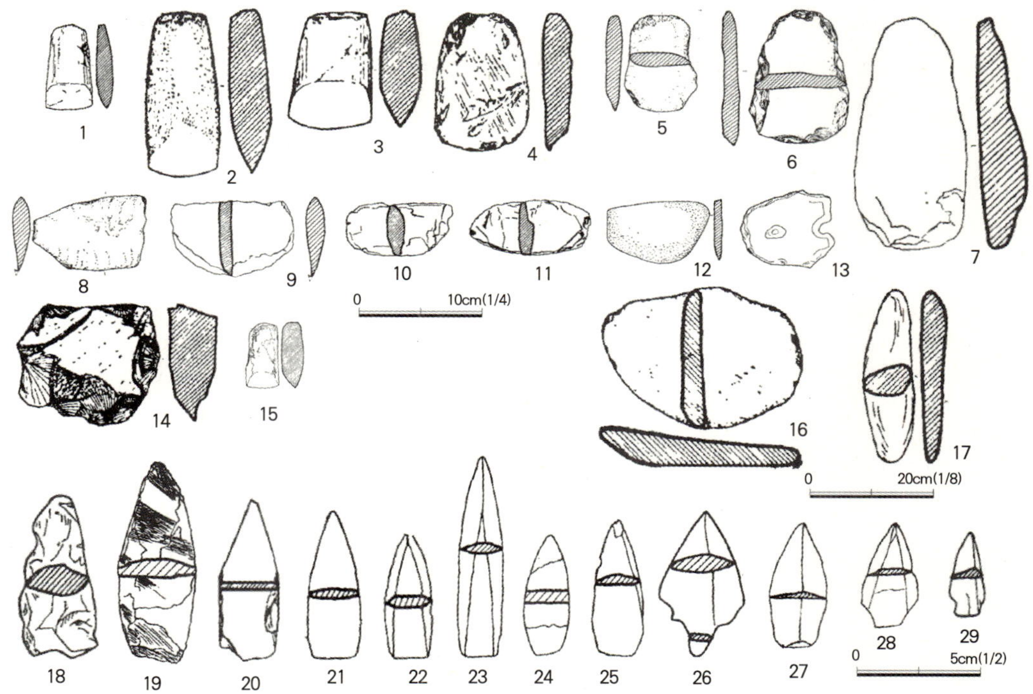

그림 4 소주산 중층 문화 석기
1~4: 석부, 5~7: 석서, 8~13: 석도, 14: 감잡기, 15: 석착, 16: 갈판, 17: 갈돌, 18~29: 석촉
(5·6·8·18·20·29: 소주산 중층 유적, 1·7·9~11·21·22: 오가촌유적, 2~4·12~17·19·23~29: 곽가촌 하층 유적)

(4) 기타 유적

1984년 단동시 일대의 시굴조사를 통해 염타자유적에서 소주산 중층과 연관된 토기와 함께 타제석산 2점과 옥제 석착 1점이 발견되었다.

4) 편보자문화

편보자문화의 연대와 세부 문화에 관한 다양한 이견이 있으나 본고에서는 일반적인 견해인 기원전 3000년~2500년으로 보고자 한다. 다만 삼당촌三堂村 1기의 경우 편보자문화 조기로 소주산 중층기와 병행하는 기원전 3000년 이전으로 보기도 한다(陈国庆 2012). 이 문화에 해당하는 유적으로는 삼당촌三堂村유적 1기(辽宁省文物考古研究所 외 1992)와 대반가촌大潘家村유적 (大连市文物考古研究所 1994)이 있다. 그밖에 1997년 와방점瓦房店시에서 위산[鱼山]유적(王嗣洲·金志伟 1997)이 보고되었다.

(1) 삼당촌유적 1기

삼당촌유적은 요동반도의 서부 해안인 와방점시 서쪽 장흥도长兴岛에 위치한다. 1기 문화층에서 주거지 3기와 무덤 2기가 발견되었다. 석기는 비교적 긴 장방형의 무공 석도편 1점과 반월형 유공 석도편 2점이 있으며, 석제 어망추 1점, 석촉 24점, 석모로 보이는 편 1점이 발견되었다. 그밖에 상부에 굴곡진 모습이 손잡이로 보이는 석봉[棒] 1점이 있다.

(2) 대반가촌유적

대반가촌은 요동반도 남단에 위치한 유적으로 주거지 7기, 수혈 7기, 무덤 1기 등 비교적 풍부한 자료가 확인되었다. 석부는 전체 15점으로 그 중 상부에 구멍이 있는 석부가 2점 있다. 석도는 전체 41점으로 두 개 혹은 세 개의 구멍이 뚫려있고, 형태는 반월형 혹은 계엽형[桂葉形]1이 있다. 석분 10점, 석착 잔편 1점, 석추 1점, 석제 방추차 7점이 있다. 첨두형 석기 1점을 비롯하여 석촉 131점이 나왔으며 끝이 편평하거나 만입하였다. 석제 어망추 4점, 석저 1점, 마석 9점, 갈판 5점이 나왔으며, 석제 비녀를 비롯한 장식품 등도 여러 점 출토되었다.

(3) 기타 유적

1997년 대련시 교외 일대에 조사를 진행하여 삼당촌유적과 인접한 와방점시 위산유적에서 삼

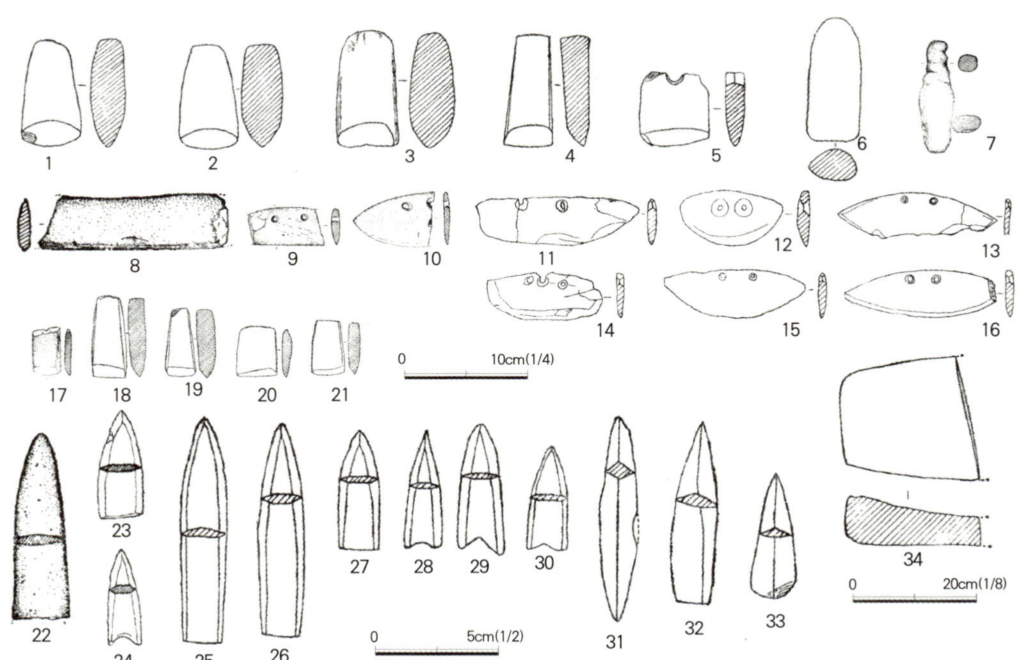

그림 5　편보자문화 석기
1~5: 석부, 6: 석저, 7: 봉형 석기, 8~16: 석도, 17~21: 석분 혹은 석착, 22: 석모, 23~33: 석촉, 34: 갈판
(7~10·17·22~24: 삼당촌유적 1기, 1~6·11~16·18~21·25~34: 대반가촌유적)

1　석도의 배면과 인부 면이 모두 곡선으로 처리되어 나뭇잎 모양을 한 형태를 뜻한다.

당촌 1기 유형의 토기와 함께 장방형의 유공 석도 잔편 1점이 채집된 바 있다.

5) 북구문화

편보자문화의 후기 문화로 알려진 북구문화의 연대는 기원전 2500년에서 기원전 2000년으로 신석기시대 말기에 해당한다. 주로 단동지역의 내륙과 해안에 위치하며 주요 유적으로는 북구北沟 서산西山유적(许玉林·杨永芳 1992), 석불산石佛山유적(许玉林 1990), 서천안西泉眼유적(许玉林 1988)이 있다. 그밖에 1984년(丹东市文化局文物普查队 1984)과 1986년(许玉林·金石柱 1986) 단동시 일대 조사와 1997년 장하시庄河市 일대 조사(王嗣洲·金志伟 1997)에서 소규모의 북구문화기 유적들이 보고되었다.

(1) 북구 서산유적

요령성 단동시 서쪽 수암현岫岩县에 위치하고 있다. 석기는 마제석부 5점, 석도 38점이 발견되었다. 석도는 유공과 무공이 모두 있으며 형태는 장방형, 반월형, 계엽형이 있다. 갈판 27점, 갈돌 26점, 마석 14점이 나왔다. 아요형 타제석서 3점이 있으며, 타제환상 석기가 1점 있다. 그밖에 괄삭기 2점, 사냥돌 4점이 있으며, 수옥岫玉제의 석검 잔편이 3점 발견되었고, 마제석촉이 총 144점 발견되었다. 단단한 석영이나 수석燧石을 눌러떼기 기법으로 만든 세석기류도 19점이 있다. 이밖에 옥제 석착이 7점, 옥이나 녹송석 등으로 만든 석제 장식품들도 9점이 있다.

(2) 석불산유적

요령성 단동시 동구현 북부 마가점马家店에 위치한 유적이다. 주거지 1기가 보고되었으며, 토기의 형식으로 보아 청동기시대 초기 단계까지 점유했을 것으로 보인다. 석기는 아요형의 타제석서 1점, 마제석도 잔편 8점이 있다. 석도는 모두 두 개의 구멍이 있고 형태는 장방형, 반월형, 계엽형 등이다. 그밖에 갈돌 1점, 갈판 5점, 석제 어망추 5점, 괄삭기 2점, 석모 4점, 마제석촉 11점, 사냥돌 1점, 환상 석기 1점, 마석 7점, 석착 1점 있다.

(3) 서천안유적

단동시 동구현 북부에 위치한 유적이다. 석기로는 마제석부 1점, 반월형석도 1점, 석착 1점, 갈판 1점, 석저 1점이 보고되었다.

(4) 기타 유적

1984년 단동시 일대 조사를 통해 작목산作木山유적에서 마제석촉 2점, 문자산蚊子山패총에서 마제석부 1점, 마제석착 3점, 마제석촉 1점, 노석산老石山유적에서 타제석서 1점, 반월형석도편 1점, 환상 석기 1점, 석모 1점이 보고되었다. 1987년 조사에서는 소랑랑성산小娘娘城山유적에서 마제석부 2점, 반월형석도 4점, 석촉 2점, 석추 1점, 환상 혹은 판형 석기 2점, 봉형 석기 1점이 보고되었다. 1997년 장하시에서 진행된 조사에서는 소업둔小业屯유적에서 마제석부 1점, 요남窑南유적에서 마제석부 1점과 마제석검 봉부편 1점이 보고되었다.

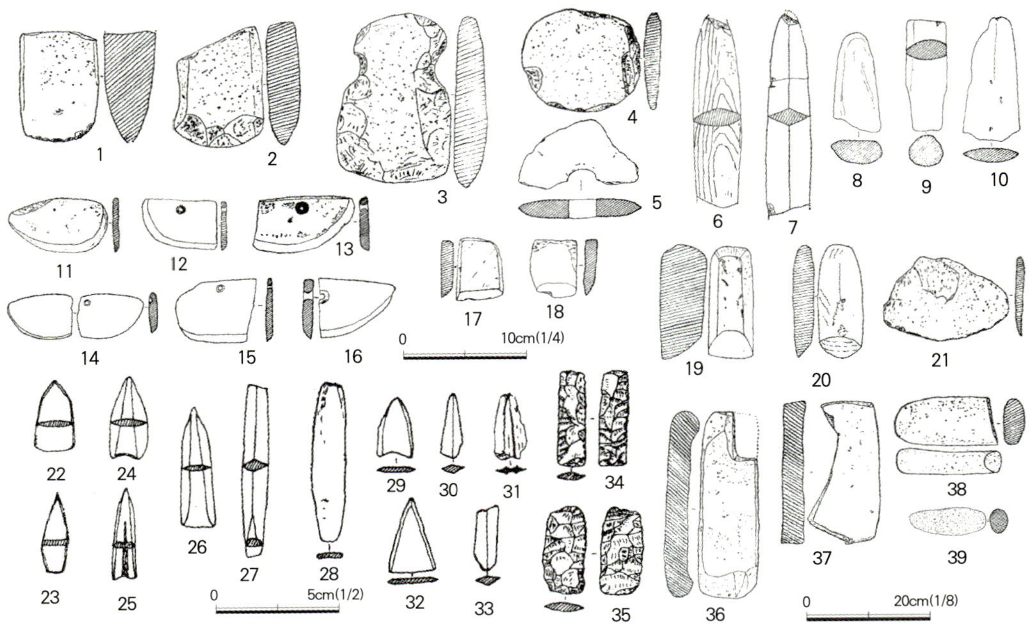

그림 6 북구문화 석기
1·2: 석부, 3: 석서, 4·5: 환상석기, 6~10: 석검, 11~16: 석도, 17~20: 석착 혹은 석분, 21: 괄삭기, 22~33: 석촉,
34·35: 타제 석편, 36~37: 갈판, 38·39: 갈돌
(1~4·6·7·11~13·17·19~27·35~39: 북구유적, 5·8~10·14~16·18·28~33: 석불산유적)

6) 소주산 상층 문화

소주산 상층 문화의 연대는 기원전 2500년에서 기원전 2000년이며 요동반도를 중심으로 형성된 문화이다. 대표적인 유적으로는 소주산 상층 유적(辽宁省博物館 외 1981), 곽가촌 상층 유적(辽宁省博物館 외 1984), 교동乔东유적(旅順博物館 1983)이 있다. 그 외에 대련시 도서지역에서 1962년(旅順博物館 1962)과 1981년(辽宁省博物館 외 1981)에 패총 유적을 조사하였고, 1997년 조사(王嗣洲·金志伟 1997)에서도 대련 북부지역에서 소규모 유적이 확인되었다.

(1) 소주산 상층 유적

소주산유적의 1·2층 문화층을 지칭한다. 석기는 마제석부 3점이 있으며 각각 원주형, 장방형,

260

기다란 손잡이가 달린 형태이다. 마제석분이 1점이고, 마제유공석도 4점으로 반월형 2점, 장방형 2점이다. 타제석촉이 2점, 마제석촉 4점, 석제 어망추 2점, 석저 1점, 연마석 1점, 갈돌 5점이 있다.

(2) 곽가촌 상층 유적

곽가촌유적의 상층에서 방형과 원형 주거지들이 4기 이상, 수혈이 48개가 확인되었고, 석기 역시도 많은 수가 보고되었다. 마제석부는 33점, 석산은 2점으로 타제 1점과 구멍이 뚫린 점판암제 마제 1점이 있다. 마제유공석도는 총 37점으로 장방형, 반월형, 계엽형이 모두 있다. 석저 3점, 갈판 7점, 갈돌 21점이 출토되었다. 타제사냥돌, 어망추도 출토되었고, 석모 1점을 비롯하여 비교적 긴 형태의 타제석촉 17점과 평기형 마제석촉 120점, 만입형 22점, 유경식 석촉이 13점, 수옥제 석촉이 2점 나왔다. 마제석분은 10cm 정도의 큰 것이 21점, 3cm 정도의 작은 것은 12점이 있다. 옥제 석착이 1점이 있으며, 연마석 10점, 석제 방추차 7점이 있다.

(3) 교동유적

대련시 신금현新金县 교동에서 주거지 2기를 조사하였다. 이중 F1에서 출토된 토기의 기형과 문양은 소주산 상층과 곽가촌 상층 유적과 관련이 있다. F1 주거지 안에서 출토된 석기는 마제석부 4점, 마제석분 2점, 유공석도 1점, 무공석도 1점, 마제석촉 23점, 가운데 홈이 생긴 발화구 1점이 있다.

(4) 기타 유적

1962년 대련시 도서지역 패총 조사를 통해 도가구姚家沟패총에서 마제석부 1점, 마제석촉 1점과 홍자동洪子东패총에서 마제석부 1점, 반월형석도 1점, 마제석촉 1점 등이 보고되었다. 1981년 조사 시 광록도广鹿岛 서남부 여사강礪碴岗유적에서 마제석부 1점, 마제석분 4점, 마제석도 2점이 나왔으며, 석착 1점, 마제석촉 2점, 석모 2점, 마석 8점과 어망추 및 석편들이 소량 출토되었다. 같은 섬의 남요南窑유적에서는 마제석부 4점, 석제 방추차 3점, 마석 1점이 출토되었고, 대장산도大长山岛의 상마석유적 중층에서 마제석부 2점, 석분 3점, 무공석도 1점, 유공타제석도 2점, 마제석촉 14점, 유경식 석촉 5점과 어망추, 연마석, 석제 방추차 등이 발견되었다. 1997년 조사 시 장하시 대가지大驾地유적에서 석분 1점이 채집되었고, 산남두山南头유적에서는 마제유공석도가 1점 채집되었다.

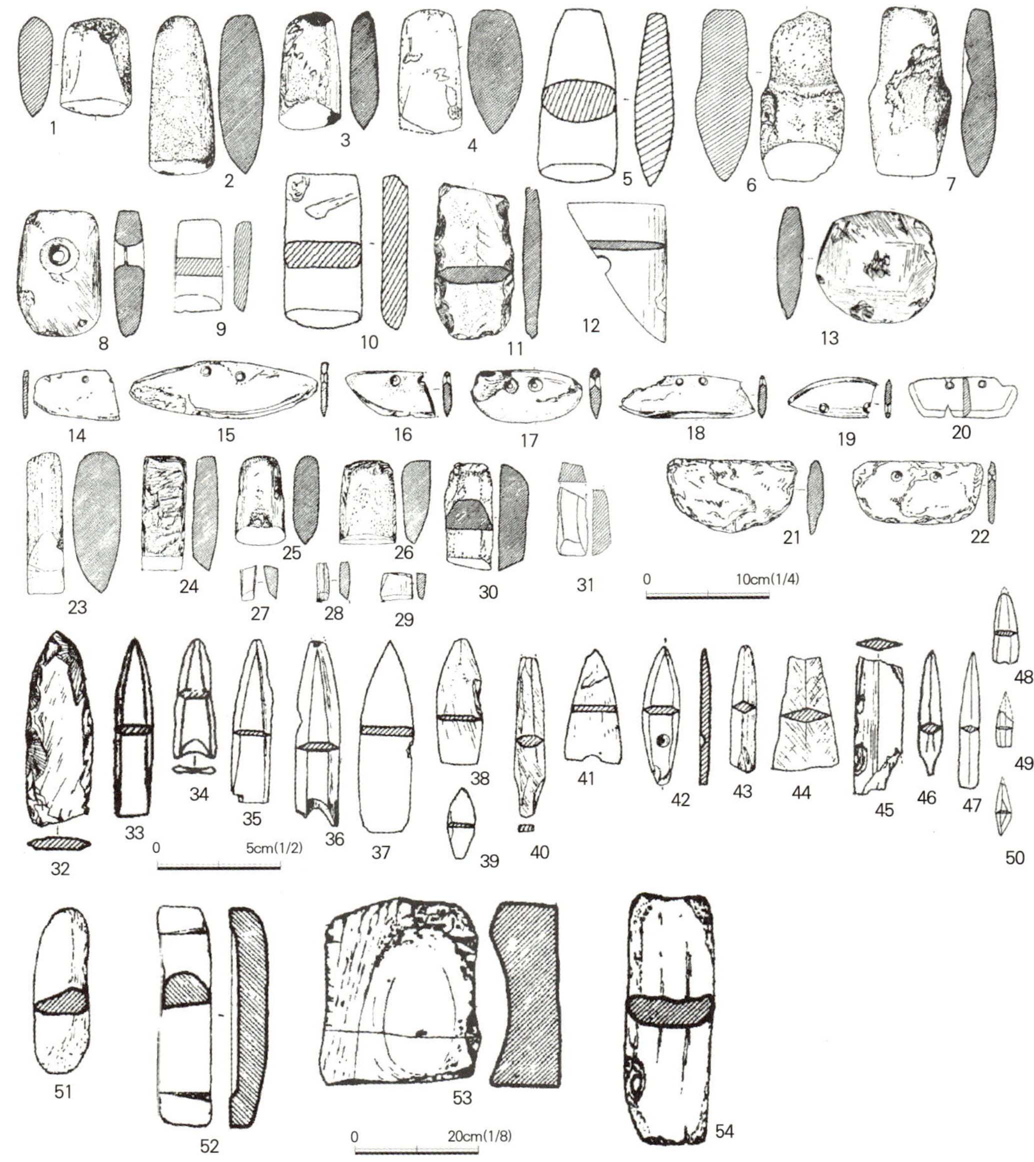

그림 7   소주산 상층 문화 석기
1~10: 석부, 11~12: 석서, 13: 환상석기, 14~22: 석도, 23~31: 석착 혹은 석분, 32~50: 석촉, 51~52: 갈돌, 53~54: 갈판
(1·6·14·15·33·34: 소주산 상층 유적, 2·3·7·8·11~13·16~19·23~29·32·35~46·51~54: 곽가촌 상층 유적,
4: 남요유적, 21·22·30·46: 상마석 중층 유적, 5·9·10·20·31·47~50: 교동유적)

7) 압록강 중·상류역의 유적

압록강 중·상류역의 유적은 매우 소략하여 뚜렷한 연구 성과는 미비한 상태이다. 이 지역 신석기 유적을 보면 1956년에서 1959년 길림성 통화시通化市 혼강渾江 중류 강구촌江口村 유적(吉林

省文物管理委員會 1960)에서 각획문 토기편과 함께 마제석부류가 채집되면서 신석기시대 유적의 존재가 처음 확인되었다.

1972년 길림성 집안현集安县의 대주선구大朱仙沟유적(吉林省博物館集安考古队 외 1977)에서 단동지역 북구문화 양식의 토기와 함께 아요형 타제석서 1점, 마제석부 2점, 유공석도편 5점이 채집되었다.

1986년 단동시 동북부 관전현宽甸县의 취리외자臭梨隈子유적(许玉林·金石柱 1986)에서 후와 하층 유형과 소주산 중층기의 토기편과 함께 석부 3점, 반월형석도편 1점, 마제석촉 2점, 톱날이 있는 환상석기편 1점, 옥제 장식 1점이 출토되었다.

2007년 압록강 상류역의 백산시白山市 남쪽 노도동老道洞동굴(陈全家 외 2007)을 시굴한 결과 각획문 토기편과 함께 갈판 1점, 마제석부 1점, 아요형 타제석서 1점, 괄삭기 1점, 타제석촉 1점, 타제석편 1점, 석제 어망추 40여점이 출토되었다.

압록강 중류의 출토 유적을 보면 대체적으로 단동지역의 후와 하층 유형기부터 신석기시대 문화가 존재하였음을 알 수 있으며, 북구문화기까지 지속적인 연결이 있었음을 알 수 있다. 가장 동쪽에 위치한 노도동유적의 압인문계토기와 타제석편 등은 두만강유역의 서포항 4기와 연관이 있다고 본다.

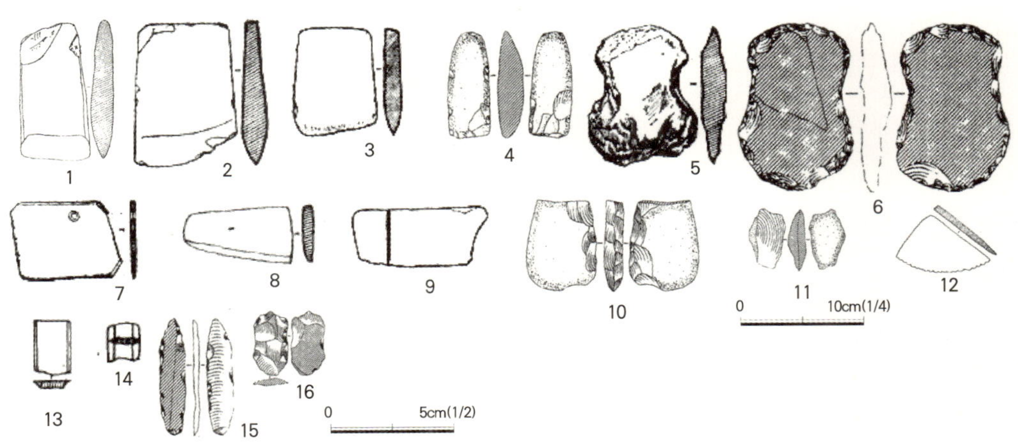

그림 8 압록강 중·상류역의 석기
1~4: 석부, 5~6: 석서, 7~9: 석도, 10·11: 타제공구류, 12: 환상석기, 13~15: 석촉, 16: 격지날
(1·12~14: 취리외자, 2·3·5·7~9: 대주선구, 4·6·10·11·15·16: 노도동)

8) 북한 내의 유적

압록강유역의 북한 신석기 유적은 미송리 하층, 토성리, 신암리, 당산 등 주요 유적들이 발견되면서 서로간의 상대편년이 연구되었고, 한국에서도 자체적인 편년이 확립되었다(임상택 2011:

137~159). 또한 중국에서 연구된 압록강유역 일대의 중국 동북지역 자료와 비교한 상대편년안을 참고할 수 있다(杨占风 2013). 이를 종합하여 서북지역 편년은 미송리 하층기(소주산 하층 문화)-반궁리기(후와 상층 문화)-당산 하층기(소주산 중층), 당산 상층기(편보자문화), 쌍학리기, 신암리 1기(북구문화))로 나눌 수 있다. 세부 8개의 유적[2]의 석기 출토 내용은 아래와 같다.

미송리유적은 압록강 중류에 위치하며 압인 지자문 계열은 소주산 하층과 상관이 있다고 본다. 석제 어망추와 화살촉 반제품 1점, 옥장식품 1점이 보고되었으나 도판은 확인할 수 없다.

세죽리유적은 청천강유역에 있으며 토기의 문양상 소주산 하층과 후와 상층과 상관이 있다. 석기는 갈돌과 원형의 홈이 파인 발화석이 보고되었으나 도판은 확인되지 않는다.

반궁리유적은 평안북도 염주군에 있으며 바다에 인접해 있다. 반궁리유적의 편년은 후와 상층기와 편보자문화기의 토기가 모두 보인다. 석기는 비교적 많은 수의 석제 어망추가 있으며 곰배괭이, 즉 아요형 석서 1점, 마제석촉 1점, 석제자귀 2점, 석제끌 2점, 석제송곳 1점, 숫돌 1점, 사냥돌 1점이 있다.

당산유적은 평안북도 정주시에 위치한다. 당산유적은 상하층으로 나눠지며 하층은 대략 소주산 중층기, 상층은 편보자문화 조기로 판단된다. 이 유적의 석기는 갈판 2점, 점판암 질의 마제석겸(낫) 봉부 잔편 1점, 석제 끌 1점, 석제 어망추 20여점, 석부 7점, 마석, 숫돌 등이 나왔다.

쌍학리유적은 압록강 하류에 위치하며 당산 상층 유적의 토기와 유사하며, 동시에 단동 일대의 북구문화기[7]의 토기와 유사하다. 석기는 마제석부와 장방형으로 보이는 마제유공석도편이 출토되었다.

신암리 1기 유적은 평안북도 용천군에 있으며 크게 1기층과 2기층으로 구분된다. 대략 편보자문화 후기 혹은 단동지역의 북구문화와 병행한다고 본다. 1기층의 석기는 반월형, 계엽형의 마제석도편이 6점 있으며, 석겸편 1점이 보고되었다. 마제석촉 2점이 있으며 둥근 형태에 가장자리에 인부를 만든 달도끼가 1점 있다. 그밖에 석제 방추차, 숫돌, 어망추 및 석제 팔찌가 출토되었다.

용연리유적은 평안북도 용천군에 있으며 주거지 3기가 조사되었다. 시기는 신암리 1기와 같은 시기로 보이며, 석기는 계엽형의 마제유공석도 3점, 마제석부 1점, 석제 대패날 1점, 석제 망치 1점, 마제화살촉이 출토되었다.

토성리유적은 압록강 상류의 자강도 중강군에 위치하며 그 시기에 관해서는 많은 이견이 있으나 두만강유역의 서포항 4기와 신암리유적과의 연관성으로 보아 북구문화와 병행한다고 잠

264

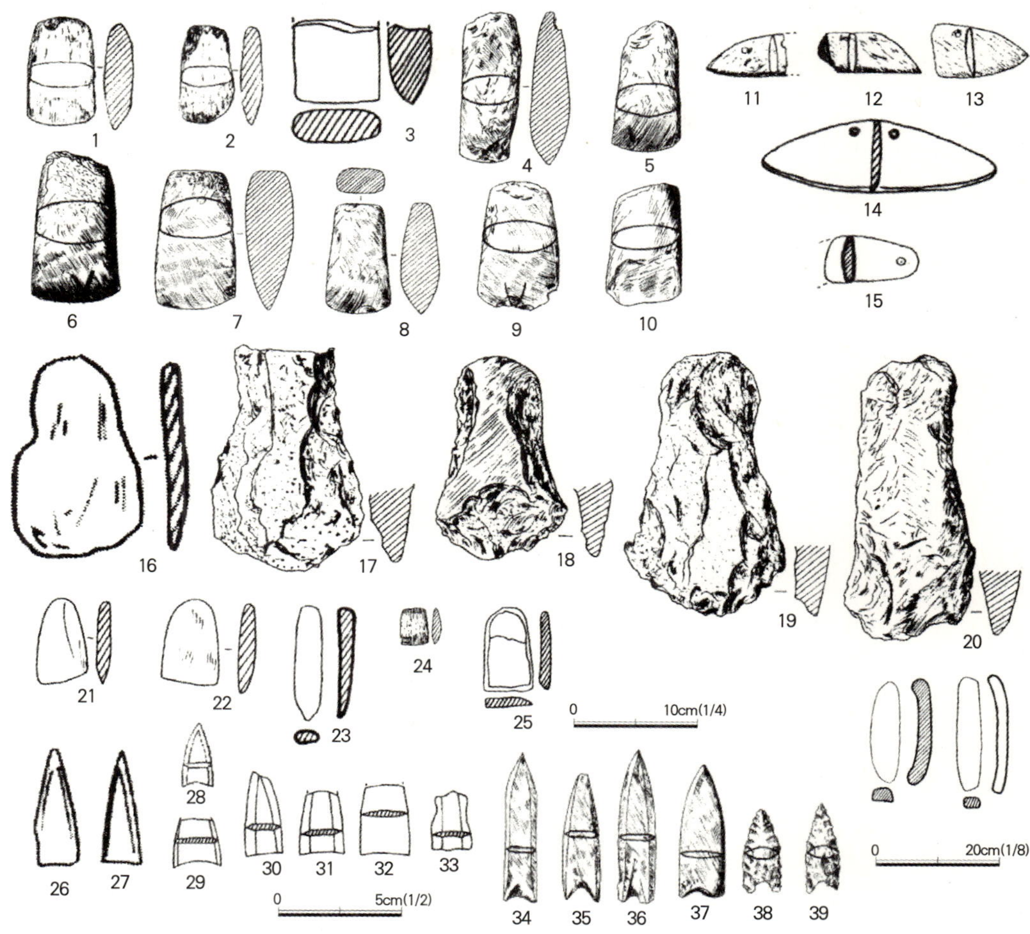

그림 9 북한 내의 신석기문화 석기
1~10: 석부, 11~14: 석도, 15: 돌낫, 16~20: 타제석서, 21~25: 석착, 26~39: 석촉, 40·41: 갈판
(1·2·11~13·24·28: 신암리, 3·14·29~33: 용연리, 5·23·40·41: 당산, 16·21·22·26·27: 반궁리, 기타: 토성리)

정적으로 판단할 수 있다. 석기는 곰배괭이가 여러 점 나왔으며 갈돌, 갈판, 점판암질의 마제석촉과 흑요석으로 눌러떼기로 만든 화살촉들이 나왔다. 섬록암 등으로 만든 마제석부와 석착류 및 흑요석제 세석기들도 출토되었다.

2. 석기의 분류와 분석

1) 석기 분류 및 명칭

석기는 일반적으로 현대의 도구와 유사한 기능을 추정하여 도끼, 삽, 자귀, 괭이, 화살촉 등 기능에 따라 명칭을 붙인다. 석기의 명칭과 분류에 관해서는 연구자마다 이견이 있으며 한·중 양국 간의 차이도 있다. 본고에서 석기의 명칭을 보고자의 의견을 따르되, 상위 분류는 하인수 (2005)의 석기 분류안에 기초하여 석기를 분류하였다.

그중 마제석부의 경우 인부의 형태와 재질 등을 기준으로 세부적인 용도 차이가 있을 것으로 추정되나 중국 보고자들의 의견에 따라 농경구류로 분류하였다. 세부 분류 및 명칭은 다음 표와 같다.

표1. 석기 분류안

수렵·어로구	석촉, 석모, 석검, 세석기 석편, 어망추
채집·농경구	석서·석산: 삽, 마제석부, 환상(원반형)석기
식료 가공구	석도, 갈돌, 갈판, 괄삭기: 자르개, 감잡기: 뚜르개, 석저: 공이
목재 가공구	석분·석착: 끌 혹은 소형 자귀
기타	홈돌, 장신구, 석제 조각품

2) 대표 유적 출토 석기의 분류

분류가 용이하지 않은 소량의 석기를 제외하고 수렵구 및 어로구, 채집·농경구, 식료 가공구, 목재 가공구로 대분류할 수 있다. 유적과 유물의 한계로 수량의 변화나 점유율 등의 통계적으로 유의미한 차이를 파악할 수는 없다. 다만 향후 연구의 도움을 위해 위에서 대분류된 석기를 지금까지 출간된 약보고서의 도면 자료를 활용하여 각 고고학 문화의 시간적 순서에 따라 배열해 보도록 하겠다.

(1) 수렵·어로구

〈그림 10〉은 수렵·어로구인 석촉을 중심으로 배열한 것이다. 크게 타제석촉(석창)류와 마제석촉류, 석모·석검이 있다. 마제석촉은 기부 형태에 따라 유경식과 무경식으로 분류하였고, 무경식은 다시 만입형과 평기형으로 구분하였다. 단면의 형태가 편평한 것과 중간에 능선을 조성한 능형으로 구분된다. 또한 평면 형태를 보면 삼각형, 보트형, 유엽형, 일자형 등 다양한 형태가 나타난다. 다만 개체별 유물 수가 적어 세부적인 형식 분류는 생략하겠다. 그 외의 능선이 뚜렷하고 크기가 확연히 큰 것은 석검으로 보았다.

석촉은 대체적인 변화 추세를 상정할 수 있다. 소주산 하층 문화-후와 상층 문화기의 석촉은 평기형에 단면이 편평한 것만 보인다. 소주산 중층 문화 이후의 석촉은 기종이 다변화되며 편보자문화 이후부터 만입형 석촉이 등장한다. 또한 북구문화기에 석검으로 보고된 석기가 등장하여 향후 연구가 필요하다고 본다.

266

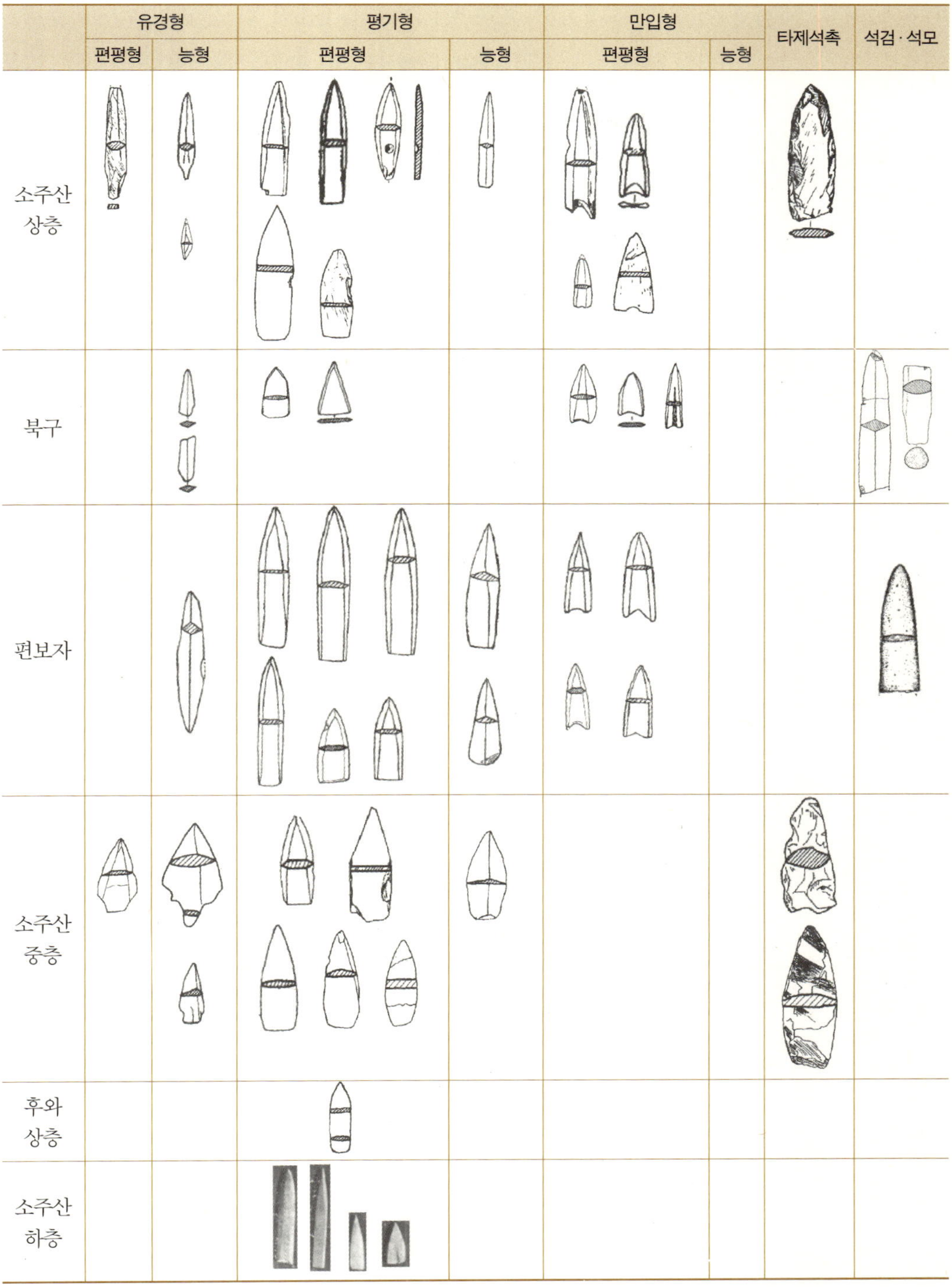

	유경형		평기형		만입형		타제석촉	석검·석모
	편평형	능형	편평형	능형	편평형	능형		
소주산 상층								
북구								
편보자								
소주산 중층								
후와 상층								
소주산 하층								

그림 10 수렵·어로구

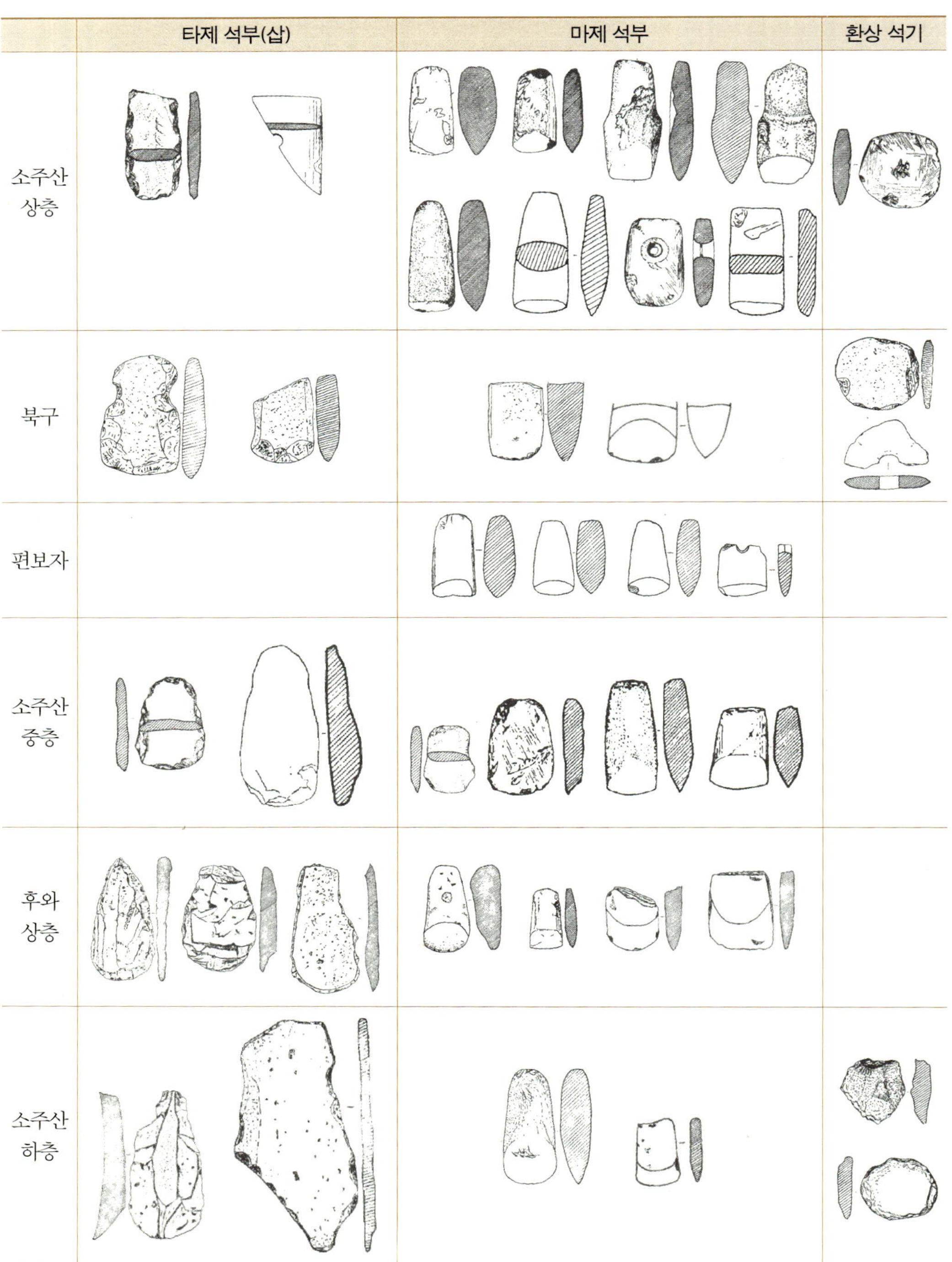

	타제 석부(삽)	마제 석부	환상 석기
소주산 상층			
북구			
편보자			
소주산 중층			
후와 상층			
소주산 하층			

그림 11　채집·농경구

(2) 채집·농경구

〈그림 11〉은 채집·농경구 중 타제석부(삽), 마제석부, 환상석기를 각 고고학적 문화 순서로 배열한 것이다. 석부의 경우 인부를 양면과 단면으로 구분하거나 몸체의 두께에 따라 구분할 여지가 있다. 다만 수량과 도면의 한계로 세부 분류는 하지 않았다. 전반적으로 채집·농경구의 변화는 뚜렷하게 보이지 않는다. 다만 기원전 2500년 이후 단동지역의 북구문화에서 두만강유역의 전통으로 보이는 아요형 타제석삽(곰배괭이)이 보인다. 중간에 구멍을 뚫은 형태의 환상석기는 북구문화와 인접한 유적에서만 확인된다. 또한 이 시기 요동반도지역에 존재하던 소주산 상층 문화에서는 석부의 형태가 다변화되는 양상이 보인다. 특히 봉부가 달린 석부나 중간에 결합 홈이 있는 석부[3]는 매우 독특한 형태이다.

(3) 식료 가공구

〈그림 12〉는 식료 가공구 중 석도와 갈판을 중심으로 배열하였다. 석도의 경우 구멍이 유무에 따라 유공식과 무공식으로 구분하였고, 다시 유공식을 인부와 배면의 곡선 형태에 따라 제형, 반월형, 계엽형으로 구분하였다. 갈판의 경우 도면 수량이 적어 세부 분류는 하지 않았다. 기타 식료 가공류는 보고된 수량도 적고 육안으로도 뚜렷한 차이가 없어 따로 분류 및 배열하지 않았다. 석도는 비교적 뚜렷한 시기 구분이 가능하다. 소주산 중층 문화기가 되면 타제 혹은 마제를 이용한 무공식 석도가 등장한다. 이어 편보자문화기가 되면 계엽형의 유공마제석도 등 본격적인 반월형석도가 등장한다. 갈판은 전반적으로 세장하고 중심이 오목해지는 변화가 보인다. 특히 북구문화의 갈판은 양끝을 볼록하게 제작하는 특징이 보인다.

3. 압록강유역 석기의 발전 단계

상술한 석기의 분류를 통해 압록강유역 신석기시대 석기의 변화와 발전 양상을 시·공간 범위에 따라 단계적으로 살펴볼 수 있다.

첫 번째는 소주산 하층 문화-후와 상층 문화 단계로 연대는 기원전 5500년에서 기원전 3500년으로 편년된다. 이 시기는 압록강유역 신석기 석기 특징이 형성되는 시기이다. 마제석부와 편평형 석촉, 장방형 갈판 등은 이 지역 석기 전통의 기초라 할 수 있다. 일반적으로 이 시기 토기

---

3 이러한 형태는 중국에서 월(鉞)로 구분하기도 한다. 이러한 기형은 대반가촌유적에서도 확인된다. 다만 대반가촌의 유적의 점유 시기가 소주산 상층기까지 이어지기에 신석기시대 말기에 새롭게 출현하는 기종으로 봐도 무방할 것이다.

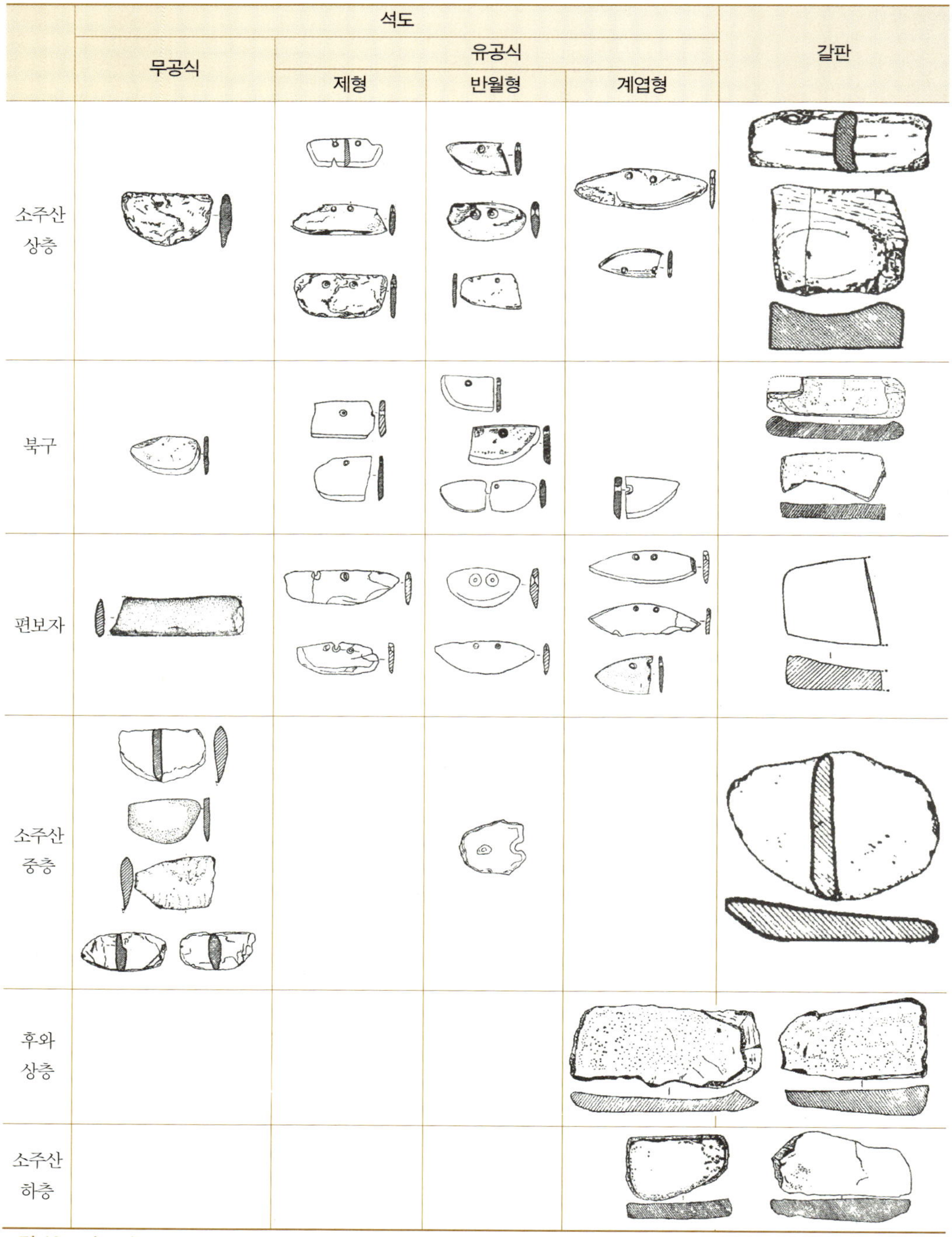

	석도				갈판
	무공식	유공식			
		제형	반월형	계엽형	
소주산 상층					
북구					
편보자					
소주산 중층					
후와 상층					
소주산 하층					

그림 12 식료 가공구

들은 지자문 계열 토기로 재지적 성격으로 알려져 있다. 따라서 이 시기 압록강유역 신석기시대 석기는 동북지역에서 보편적으로 사용된 석기로 볼 수 있다. 특이점은 지역적으로 단동지역의 후와 하층 유형에서만 석촉이 발견되고 있는데 이는 향후 요동지역의 발굴 성과를 면밀하게 검토해 봐야 할 것이다.

두 번째는 소주산 중층 문화-편보자문화 단계이다. 연대는 기원전 3500년에서 기원전 2500년에 해당한다. 이 시기의 가장 큰 특징은 석도의 출현이다. 소주산 중층 문화에서 무공식의 석도가 출현하기 시작하여 편보자문화가 되면 유공식의 석도가 출현한다. 특히 편보자문화의 계엽형 유공식 석도는 요서지역 홍산문화의 석기와 유사한 형태이다. 박순발(2015)은 이러한 유사성을 편보자문화가 홍산문화의 영향을 받아 농경생활을 시작하였다는 근거로 보았다. 석촉의 형태도 소주산 중층 문화부터 다변화되며 편보자문화가 되면 세장한 형태의 석촉이 많아진다. 일반적으로 소주산 중층 문화시기부터 요동반도의 고고학 문화에는 외래적 요소가 많이 보인다. 이러한 현상이 석기에서도 반영되고 있음을 확인할 수 있다.

세 번째는 북구문화-소주산 상층 문화 단계로 기원전 2500년에서 기원전 2000년에 해당하며 석촉, 석부의 형태가 다변화되는 시기이다. 이 시기 고고학 문화는 단동지역의 북구문화와 요동반도지역의 소주산 상층 문화로 구분되며, 소주산 상층 문화에서는 월鉞이 등장하고, 북구문화에서는 검이 등장한다. 이러한 변화는 신석기문화의 발전과 주변 지역과의 빈번한 교류와 연관있다고 생각된다.

또한 북구문화의 석기 특징은 양끝을 둥글게 제작한 세장한 형태의 갈판, 아요형 타제석삽, 타제석편을 공반한다는 것이다. 이러한 석기들은 압록강 중·상류 및 한반도 서북한지역에서도 보인다. 압록강 상류의 백산시 노도동유적과 북한 토성리유적에서는 눌러떼기 기법으로 만든 타제석촉과 세석기가 보이며, 이는 두만강유역의 석기 전통과 유사하다. 이들 석기는 몸체가 두툼한 형태의 마제석부 등 압록강 하구 연안의 석부와 공반된다. 따라서 북구 유적에서 출토되는 아요형 타제석부와 세석기류는 동북부지역의 석기문화가 압록강을 따라 서향하여 영향을 준 것으로 볼 수 있다.

Ⅲ. 연해주지역의 신석기시대 석기

연해주지역의 신석기시대 문화는 시기적으로 병존하는 기간을 가지나 시기상으로 루드나야문화, 보이스만문화, 자이사노프카문화로 연결되고 있다. 아래에서는 각 문화의 석기를 석기의 용도에 따라 박편석기, 수렵구, 어로구, 굴지구, 가공구 및 장신구로 구분하여 각 석기의 특징에 대해 설명하도록 하겠다. 마지막으로 연해주지역 신석기시대 석기의 전반적인 변화 양상에 관해 간략하게 고찰하도록 하겠다.

1. 루드나야문화

루드나야문화는 토기의 특징에 따라서 루드나야유형과 세르게예프카유형으로 나눠진다. 또한 베트카유형도 루드나야문화에 속하는 것으로 보기도 한다(김재윤 2014). 루드나야문화는 7500년 전부터 6000년 전까지 존재하였다.

이 문화의 유형에 따라서 약간씩 차이가 있지만 루드나야문화 전체에서 석인기법으로 제작된 박편석기가 존재하며 그 외 마제석기, 다양한 장신구 등이 특징이다. 석인기법으로 제작된 석기는 눌러떼기 기법의 박편석기나 간접떼기로 제작되었는데, 한방향이나 양방향으로 떼어낸 석핵이나 유우베쓰 기법으로 잘라낸 좀돌날몸돌, 대형 양면 석기나 긁개와 같은 것도 포함되어 있다.

1) 박편석기

루드나야문화에서 박편석기와 석인의 존재는 거의 모든 유적에서 확인된다. 루드나야문화 연구 초반에는 이 박편석기가 미완성된 하나의 석재로서 큰 비중을 차지하는 것으로 보았다. 하지만 쵸르토브이 보로타유적의 박편석기는 전체 석기에서 2%를 상회하고, 그 중 석인과 석인편은 1%정도여서 논란이 된다. 박편석기가 미완성석기로 치부되었지만 박편석기는 도구의 한 종류이기 때문이다. 또한 보고된 다른 많은 석기에 대해서는 언급이 없고 박편석기가 루드나야문화의 대표적인 석기처럼 치부되어 문제가 된다. 루드나야 프리스턴유적에서도 박편석기들 가운데서 석인과 석인박편들이 존재한다(Батаршев С.В. 2005 · 바타르쉐프 2005).

루드나야유적은 시호테 알린산맥의 동쪽에 위치하며 동해로 흘러가는 제르칼나야강의 하구에 위치한다. 이 강의 중류에 편암 원산지가 있기 때문에 여기서 소재를 가져와서 제작했을 것으로 생각된다. 유적에서는 다량의 소재 박편이 확인되는데, 아마도 들고 다니기 편한 크기의 박편소재를 얻기 위해서 소재를 많이 소비하면서 생긴 것으로 보인다.

루드나야 프린스턴의 유물 가운데는 전체적으로 길쭉하면서 단면이 사다리꼴, 삼각형, 장타원형의 석인이 있으며, 가장자리가 눌러떼기로 잔손질되어 있다(그림 13-36~38). 이등변삼각

272

형의 석촉은 양쪽의 인부에서 양면을 눌러떼기 하였다(그림 13-7~9). 석촉형 석기로서 촉부와 슴베 부분을 잔손질한 것도 존재한다.

루드나야 프리스턴유적에서 석인기법의 석기는 후기 구석기의 전통인 석인기법이 남아있는 것이 아니라 1차박편에 대한 수요관심도가 높았다고 볼 수 있다. 수렵채집을 위해서 편암제로

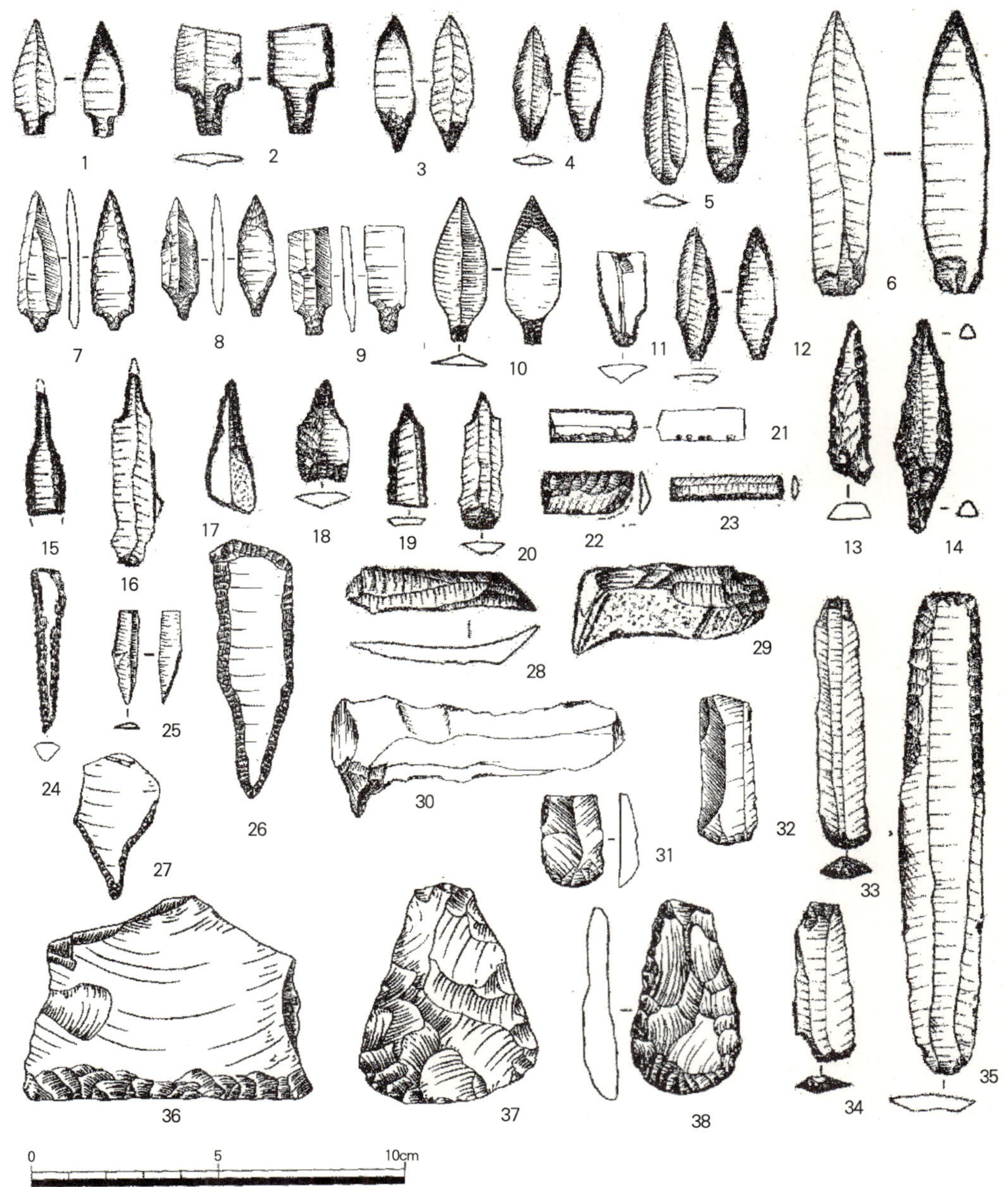

그림 13 　루드나야문화의 박편석기(1/2)
1~6·12·14~19·22·23·28·29·33~35: 베트카, 2·7~9·11·15·21·24·31·32: 미랴르발로프,
10·25~27·36·37: 루드나야 프리스턴, 38: 쵸르토브이 보로타

여러 가지 크기의 박편을 이용할 수밖에 없었고, 이를 위한 소재로서 길쭉한 석인박편이 자주 이용된 것으로 보인다. 하지만 후기 구석기시대에서 흔히 볼 수 있는 칼 모양의 석인이나 석핵은 수백 개의 박편석기 가운데서 확인되지 않는다. 석핵에서 떼어내어 특정한 유물로 제작하기 위한 석인박편석기 기술은 어떤 규격화된 크기의 소재 박편을 얻기 위해서이다(Окладников А.П. 1964 · 오클라드니코프 1964).

박편석기는 루드나야문화의 세르게예프카유형, 루드나야유형, 베트카유형 등에서 모두 확인된다. 종류에는 몸돌, 긁개, 부리형 장방형 석인, 여러 형식의 뚜르개, 삽입형 석인 등이 있다. 이 석기들은 박편으로 떼어진 석기의 가장자리를 한 면 혹은 두 면을 잔손질하여서 제작하였다.

긁개는 세장방형(그림 13-32~35)과 부채형(그림 13-31 · 37 · 38) 두 가지가 있다. 전자는 단면이 사다리꼴인 것으로서 한쪽 부분을 둥글게 잔손질한 것이며, 후자는 손이나 도구에 착장하기 위한 면보다 작업면의 길이 차이가 큰데 작업면의 인부를 둥글게 눌러떼기 처리해서 전체적으로 부채모양이다. 시묘노프(С.А.Семенов 1968)는 한쪽 끝을 둥글게 처리한 것은 가죽을 가공하기 위한 도구로 생각하고 있다.

장방형 석인(그림 13-28~30)은 장방형 박편석기의 끝부분을 새부리모양으로 잔손질리터치 하여서 제작한 것이다. 또한 골제나 목제의 병부에 끼워서 사용되는 삽입형 석인(그림 13-21~23)도 확인된다.

뚜르개는 장방형 박편석기의 끝 부분을 둥글게 다듬은 후 다른 반대편을 뚜르개로 만든 것(그림 13-15~20)과 석촉형 뚜르개(그림 13-1~5 · 10 · 12), 뚜르개(그림 13-6 · 24~27)가 있다. 한쪽 끝을 둥글게 다듬은 것은 세장방형 긁개(그림 13-32~35)의 평면 형태와 단면이 같다. 단순한 뚜르개는 박편석기의 봉부를 뾰족하게 다듬거나(그림 13-6 · 25 · 27) 박편석기의 가장자리 전체를 다듬는 것(그림 13-24 · 26)이 있다. 석촉형 뚜르개는 슴베가 있는 석촉 형태와 평면 형태가 유협형으로 구분되는데 중간에 능이 있어 단면은 삼각형이다. 전자는 촉부의 끝과 슴베의 마지막부분을 잔손질하였다. 슴베가 없는 형태는 촉부의 끝부분만 뾰족하게 잔손질하였다. 이 뚜르개가 박편석기를 이용한 석촉과 구분되는 점은 잔손질한 부분 및 단면이다. 뚜르개의 단면은 모두 삼각형이라는 특징이 있다.

뚜르개는 장신구나 골각기에 구멍을 뚫을 때 사용된 것으로 생각된다. 석촉형 뚜르개는 슴베 부분을 목제나 골제 병부에 착장해서 사용했던 것으로 판단된다. 박편석기 가운데서 특히 루드나야문화에서 뚜르개가 많이 확인되는데, 다른 문화에 비해서 많이 확인되는 장신구와 관련이 있는 것으로 보인다. 대표적인 예가 쵸르토브이 보로타유적이다. 이 유적에서 귀걸이, 비상형 옥기 등 다양한 장신구와 골각기 등이 출토되었다. 또한 골병이나 목병에 끼우기 위한 석인(그림 13-21~23)도 확인된다. 장방형으로서 주로 한쪽 면에만 잔손질되어 있다.

루드나야문화에서 박편석기를 이용한 석촉(그림 13-7~9)은 석촉형 뚜르개와는 제작방법의 차이가 나는데 인부의 전면을 마연한 것이다. 이는 뒤의 수렵구에서 서술하도록 하겠다.

2) 수렵구

루드나야문화에서 확인되는 수렵구는 석촉과 석창이 있는데 타제로 제작된 것과 마제로 제작된 것이 있다. 석촉은 세르게예프카유형, 베트카유형, 루드나야유형 모두에서 확인되며, 석창은 루드나야문화와 세르게예프카유형에서 확인된다.

타제석촉은 박편석기(그림 13-7~9)를 이용한 것과 그렇지 않고 타제로 제작한 것이 있다(그림 14-12~18). 박편석기를 이용한 것은 모두 유경식 석촉으로 경부가 형성되어 있다. 이들 석촉은 중앙을 기준으로 양 가장자리를 잔손질하였는데, 앞면과 뒷면이 전부 가공되었다. 단면은

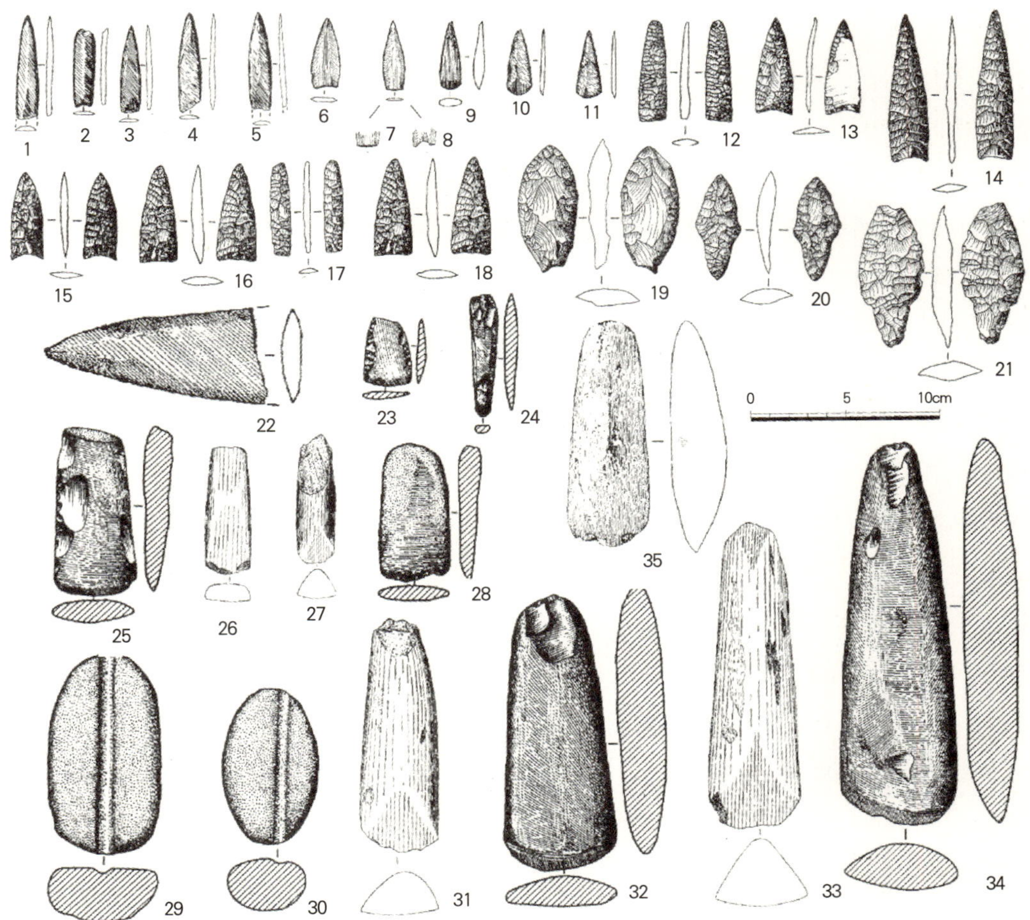

그림 14 루드나야문화의 각종 석기(1/4)
1~5 · 12~21 · 23~25 · 28~30 · 32 · 34: **죠르토브이 보로타**, 6~11 · 22: **세르게예프카1**, 26 · 27 · 31 · 33 · 35: **루드나야 프리스턴**

사다리형태로 한 면은 편평한데 비해서 다른 한 면은 각이 있다. 한편 타제로 제작된 제품으로서 10㎝ 전후의 대형 석촉 혹은 석창이 있다(그림 14-12~18). 박편석기로 제작된 석촉과는 달리 대형인데, 석촉으로 보기에는 상당히 크지만 석창으로 보기에는 석촉과 형태가 비슷하다(그림 14-12~18). 왜냐하면 석창으로 제작된 제품(그림 14-19~21)은 확실히 석촉과는 구분되기 때문이다.

석창은 전면을 타제로 제작한 것으로 경부가 있는 것(그림 14-20·21)과 경부가 없는 것(그림 14-19)으로 구분된다. 타제석촉과 제작방법이 유사하지만, 석촉이 중앙에서 가장자리 방향으로 간접떼기 한 반면에, 석창은 석촉보다 커서 양 가장자리를 잔손질한 후 중앙도 잔손질한 것 등이 대부분이다. 루드나야문화의 다른 유적에서는 출토되지 않으며 쵸르토브이 보로타유적에서만 출토된다.

마제석촉(그림 14-1~11)은 대부분 무경식으로 경부가 편평한 형태(그림 14-3·7)와 약간 삼각만입(그림 14-2·8)된 것이 있다. 석촉은 편평한 석재의 가장자리를 마연하여 단면이 육각형인 것이 대부분이다. 하지만 봉부부터 신부의 1/3지점까지만 중앙에 삼각형 능을 세우고 그 아래는 편평하게 처리된 것도 존재한다(그림 14-4·5). 루드나야문화와 세르게예프카유형에서 마제석촉이 확인되는데 형식상의 차이는 없다.

그런데 마제석촉과 크기와 평면 형태가 거의 유사한 것으로서 경부의 끝이 호선으로 처리된 제품(그림 14-9~12)이 있는데, 용도는 불명확하다. 이 제품은 세르게예프카유형에서만 확인된다.

3) 가공구

석부(그림 14-31~35)와 석착(그림 14-23~28), 석도(그림 14-22)가 확인된다. 석부와 석착은 인부와 기부의 전면이 마연되었다. 석부는 대체적으로 인부의 너비가 넓고 기부로 갈수록 좁아지는 형태와 장방형이 있다. 그 중 쵸르토브이 보로타유적의 석부(그림 14-32·34)는 길이가 20㎝가 넘는다. 석부의 단면은 타원형과 가운데 능이 있는 삼각형이 있다. 전자는 주로 쵸르토브이 보로타유적 출토품이고 후자는 루드나야 프리스턴유적 출토품이다.

쵸르토브이 보로타유적은 동굴유적으로 주거지 폐기 후 무덤으로 사용된 성격을 띠고 있다(김재윤 2015). 또한 길이 22㎝ 이상의 전면석부는 실제로 사용되었다기보다는 무덤에 부장용으로 제작된 것으로 보인다(박성근 2013).

석착(그림 14-23~28)도 인부와 기부의 전면이 마연되었으며, 석부와 형태가 유사하지만 크기가 작아 좀 더 세밀한 가공에 필요한 곳에 사용되었을 것이다.

석도(그림 14-22)는 세르게예프카유형에서만 확인된다. 파손품이어서 전체적인 크기가 확실하지 않지만 마제석도로는 연해주에서 최초로 확인되는 유물이다. 이 석도는 수확용이 아닌 가죽이나 기타 도구를 가공하는데 사용했던 것으로 보인다.

4) 장신구

루드나야문화의 장신구는 옥류로 제작된 것과 골제를 사용한 것이 있다. 옥류로 제작된 것에는 치레걸이, 귀걸이, 관옥으로 나누어진다.

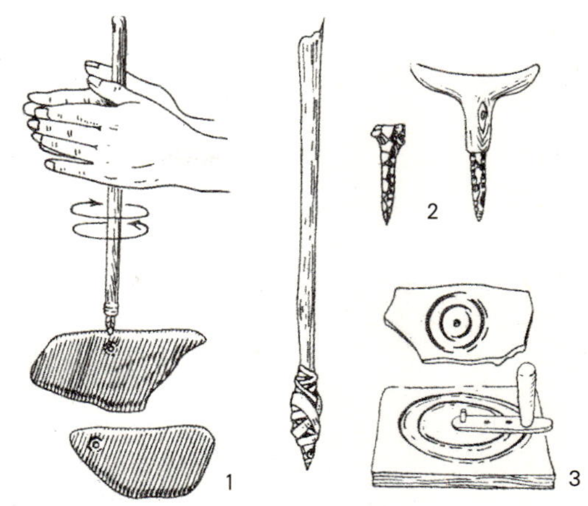

그림 15　투공방법(시묘노프 1968)

비比형 3점(그림 16-1~3), 옥황玉璜 1점 (그림 16-4), 치레걸이 1점(그림 16-5)이 있다. 비형은 평면형태가 말각장방형으로 한쪽 끝부분은 둥글게 처리되었으며, 다른 쪽 끝에는 구멍이 있어 걸 수 있도록 제작되었다. 한 점은 파손품이다. 이 유물의 특징 중에 하나가 단면이 오목하게 파져 있고, 반대 면은 둥글게 처리되어 단면이 오목하게 굽어 있다. 또한 양 가장자리를 찰절기법으로 잘라낸 후 마연한 흔적이 남아있는 비형 치레걸이도 있다.

그 외 치레걸이(그림 16-5)와 비형옥기와 길이는 비슷하지만 너비가 0.2 *cm* 가량 좁으며 단면도 차이가 있다. 그러나 비형과는 달리 단면이 오목하지 않고 타원형이다. 구멍은 비형과 같이 한쪽 끝에 뚫려있어 치레걸이 종류로 판단된다.

옥황(그림 16-4)은 원래 반원형 고리모양이며 양 가장자리에 구멍이 있는 기형이다. 이 유물은 옥황의 완형에서 반파된 것으로 생각되며 단면은 장방형이다. 고리의 내륜은 잘라낸 흔적이 남아있다. 하지만 옥이나 돌을 자를 때 주로 찰절기법이 이용되는데, 이것은 주로 직선면을 잘라내는 기법인데, 필자가 관찰한 결과 이 유물은 고리모양으로 둥글게 돌려서 잘라내었는데 비형에서 잘라낸 방법과는 차이가 있다.

이러한 방법으로 제작되었을 가능성은 옥벽(그림 16-6)에서도 확인된다. 옥벽의 상부에 둥글게 잘라낸 흔적이 그대로 남아있는데, 옥환의 내륜 잘라낼 때 쓴 방법과 관련이 있다. 이때 사용한 도구가 박편석기 중 석촉형 뚜르개(그림 16-3~5 · 6 · 10)이다. 이 석기를 자루에 끼워서 컴파스(그림 15-3)처럼 사용했을 가능성이 있다. 이러한 콤파스로 옥에 구멍을 내거나 옥벽의 내환을 잘라내는 기법은 바이칼유역에서 보고된다(시묘노프 1968).

결상이식(그림 16-7)도 1점 보고되었다. 결상한 부분을 찰절한 것과는 달리 약간 굽어 있는데, 실로 잘라내었을 것으로 추정된다.

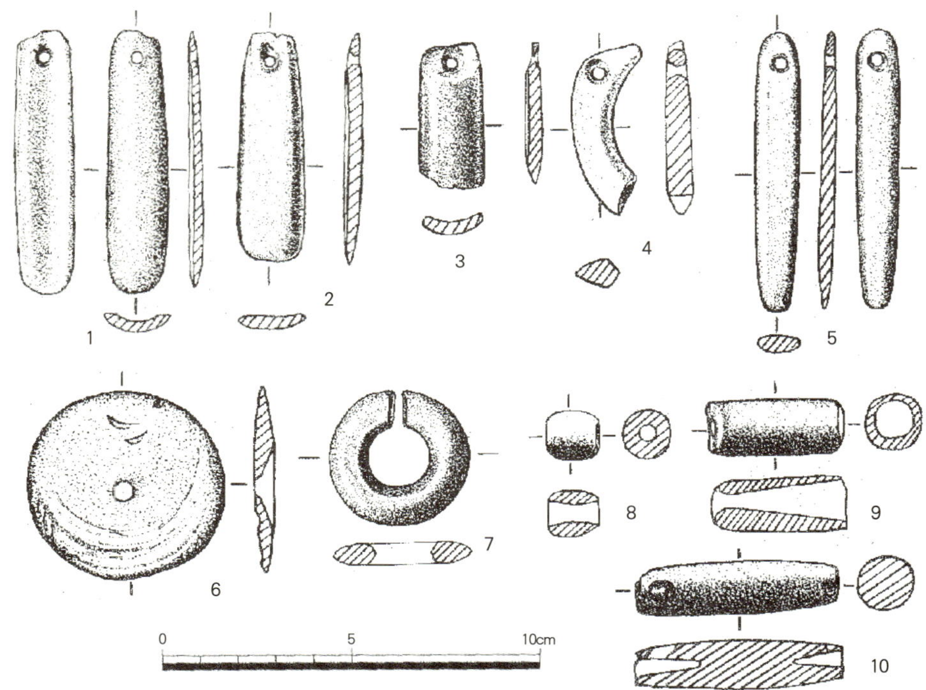

그림 16 루드나야문화의 장신구(1/2)
1~10: 쵸르토브이 브로타

관옥형 옥제품은 3점인데, 구멍이 완벽하게 뚫린 것 2점(그림 16-8·9)과 구멍이 완성되지 못한 채 양쪽에서 시도만 된 것이 1점(그림 16-10) 있다. 완성된 2점은 길이가 각각 3.9*cm*와 1.4*cm*로 미완성품에 비해서 짧은 편이다. 완성된 것 중 길이가 긴 것(그림 16-9)은 한쪽의 너비가 다른 쪽의 너비보다 약간 넓은데(0.2*cm*), 넓은 쪽에서 구멍을 더 깊이 파낸 것이 단면에서 확인된다. 미완성품(그림 16-10)은 길이에 비해서 원의 지름이 작아서 뚜르개로 깊이 파지 못한 채 그대로 부장되었을 가능성이 있다.

2. 보이스만문화

보이스만문화의 석기는 수렵·어로구, 굴지구, 가공구, 장신구 등이 있다. 그 전 단계인 루드나야문화에서 확인되던 박편석기는 소량만 확인된다. 도구 중에서도 어로와 관련된 도구가 발달하는데, 골제와 석제로 제작된다. 이는 보이스만문화의 유적이 해안가에 위치하면서 어로구가 발달하는 것으로 판단된다. 이 문화의 절대연대는 7000년 전부터 5000년 전까지 존재하여서 루드나야문화보다는 늦게 시작하지만 병존하는 시간이 있으며, 뒤이어 시작되는 자이사노프카문화와 연결되고 있다.

1) 수렵구 및 어로구

어로구 및 수렵구에는 어망추와 석창, 석촉 등이 있다. 타제석촉은 무경식으로 경부가 편평하게 처리된 삼각평기형(그림 17-3)과 경부가 삼각으로 만입된 형태(그림 17-1·2·4~9)로 나눌 수 있다. 주로 눌러떼기해서 제작한 것이다. 또한 경부가 만입된 것 가운데서 양쪽 인면 중 경부와

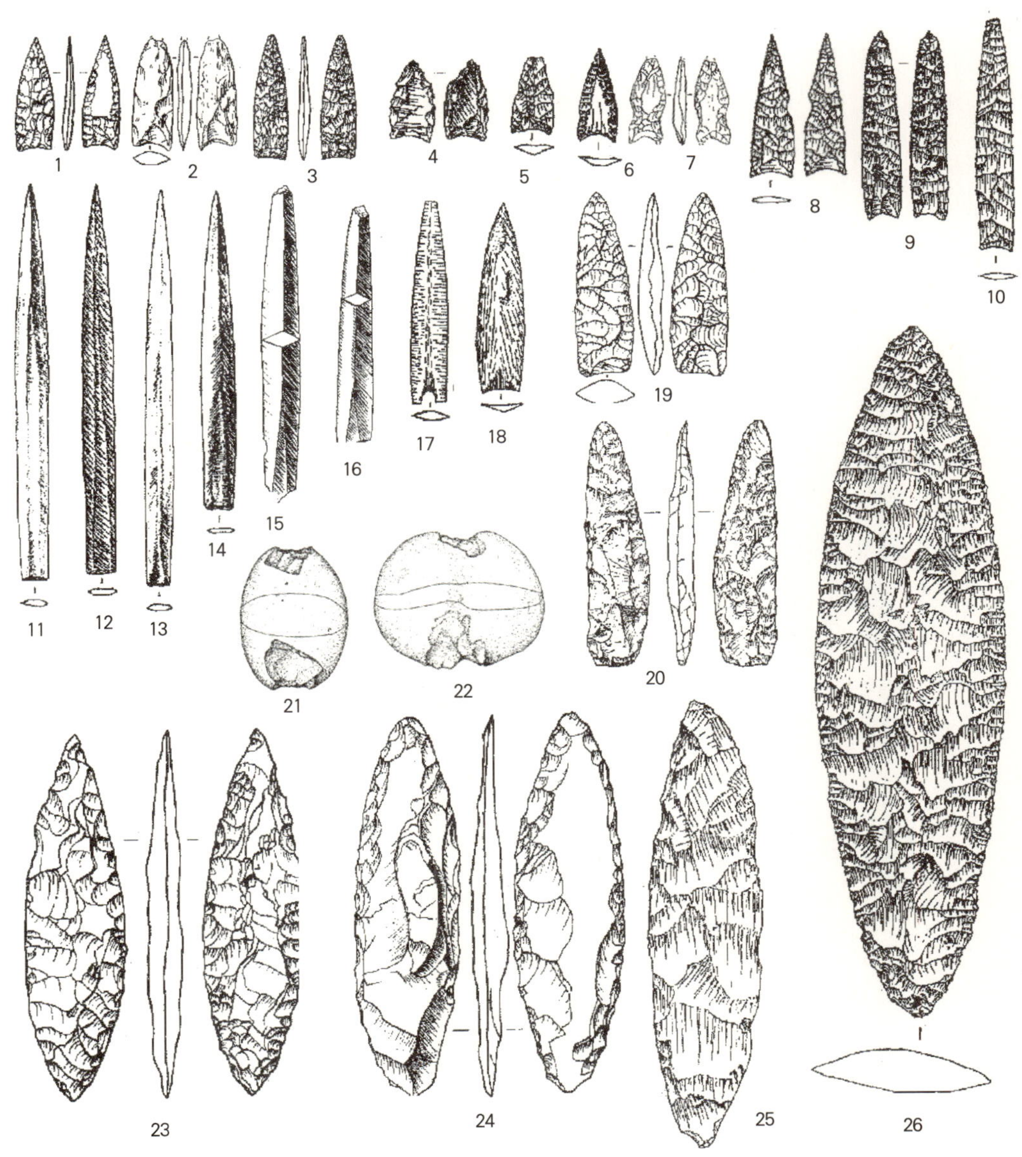

그림 17 보이스만문화의 수렵·어로구(21·22: 1/4, 그 외 1/2)
1~3·7·15·16·19~24: 보이스만1, 4~6·11~13·17·18·25·26: 보이스만2

가까운 쪽을 다듬어서 단이 진 것처럼 생긴 석촉도 있다(그림 17-7). 이 제품은 보이스만1유적에서 출토되었는데 인접한 다른 유적(서포항 V층)에서 출토된 것으로 보아서 처음부터 의도적으로 제작된 것으로 보인다.

마제석촉은 무경식으로 경부가 편평한 것(그림 17-11~16)과 만입된 것(그림 17-17·18)으로 나눌 수 있다. 경부가 편평한 것은 길이가 8㎝ 이상의 장신형이고, 경부가 만입된 것은 단신인데 'U'자형으로 완전히 만입된 것(그림 17-17)과 약간 만입된 것(그림 17-18)으로 나눌 수 있다. 장신형 석촉은 단면이 육각형인 것(그림 17-11~13)과 단면이 마름모인 것(그림 17-15·16)으로 구분된다.

석창 혹은 작살은 무경식인데 경부가 편평하게 처리된 것과 경부의 유무를 구분할 수 없는 첨두형(그림 17-23~25)으로 구분된다. 전자는 평면 형태가 대칭이 되지 않고 한쪽 인면이 거의 진선이며 반대편 인면은 비스듬하게 처리되었다(그림 17-19·20). 그중 보이스만2유적에서 출토된 흑요석제의 길이가 19㎝가량의 대형 석창(그림 17-26)은 전면이 잔손질한 흔적이 잘 남아있다. 보이스만1과 보이스만2유적에서 확인된 작살은 형태가 석창과 유사하지만 해양 동물을 포획할 때 사용하던 것으로 보아서 작살로 구분하고 있다.

어망추(그림 17-21·22)는 납작한 자갈돌을 두면에서 떼어내어 제작된 것이다.

2) 굴지구

굴지구류는 괭이인데, 1점은 길이가 대략 48㎝의 대형 굴지구류(그림 18-9)로 평면 형태는 장타원형이며, 단면은 마름모형이다. 그 외 2점(그림 18-10·11)은 길이가 10㎝보다 약간 큰데 초대형 굴지구류와는 차이가 있다. 평면 형태가 장방형으로 인부는 편평하게 처리되었고, 기부는 약간 좁다.

3) 가공구

가공구는 석부, 석착, 석도가 있다. 석부와 석착은 전면이 마연된 것과 미완성품 등이 있다. 완성품을 기준으로 석부의 단면은 장타원형(그림 18-5·6) 등이고 평면 형태는 장방형이다. 인부는 양면을 마연해서 사용할 수 있도록 한 양인이다. 석착(그림 18-1~4)은 평면 형태가 장방형이면서 인부와 기부의 너비차가 심하지 않은 것인데, 인부가 앞뒤면 모두 마연되었고, 기부도 부분적으로 마연되었다. 그에 비해서 석착의 너비와 길이의 비가 1:5.3 이상으로 평면 형태가 세장방형인 석착(그림 18-8)이 있다. 인면은 양인으로 전면이 마연되었다.

가공구류인 석도(그림 18-4·5)는 석기의 한 면을 인부로 잔손질한 것이다. 박편석기를 이용한 것이 소량 확인되는데, 이 유물의 평면 형태는 주로 박편모양에 따라 결정되어져서 부채꼴

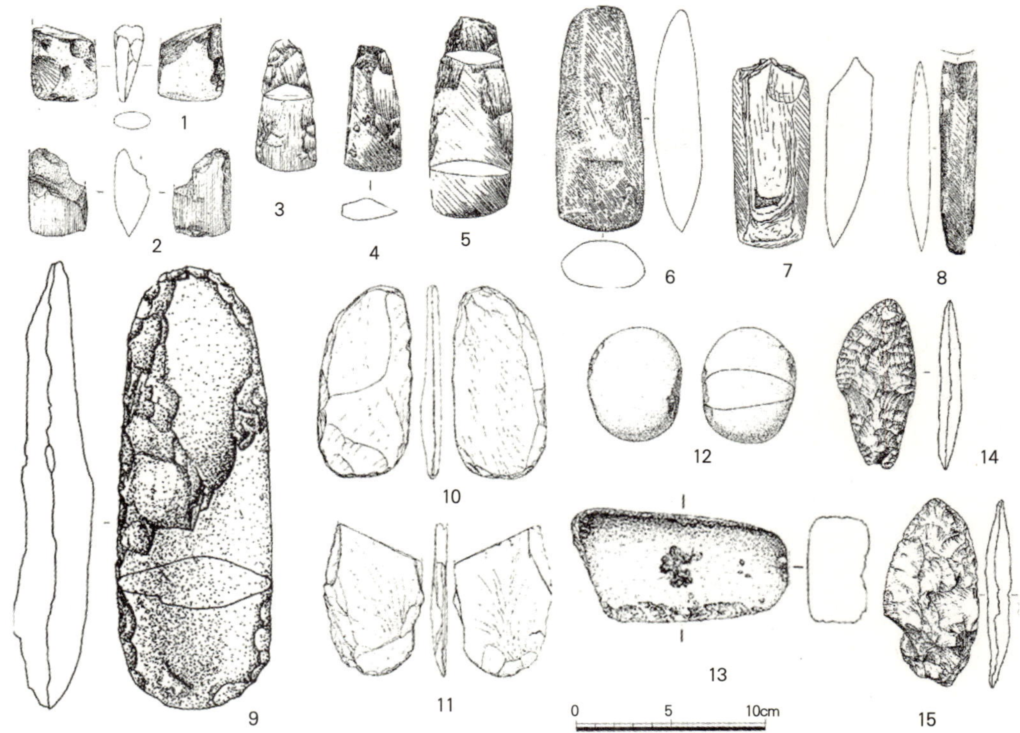

그림 18　보이스만문화의 각종 석기(1/4)
1·2·9~15: 보이스만1, 3~8: 보이스만2

이나 장방형 박편의 가장 길고 얇은 면을 잔손질하였다. 그 외는 장타원형이다. 부엌칼형은 석창과는 달리 병부가 인부와는 다른 방향으로 잔손질해서 제작되었으며, 석창의 슴베보다는 넓고, 촉부가 석창과 같이 뾰족하지 못하다. 또한 인부에서 병부가 단을 지고 제작되어 '부엌칼'처럼 생겼다.

　소형 모룻돌(그림 18-13)과 공이(그림 18-12)도 확인된다. 소형 갈판은 모룻돌이나 갈판의 기능을 하였을 것으로 보고 있다. 상면이 특히 정밀하게 마연되었으며 중앙에 고타된 흔적이 남아있는 것으로 보아서 공이돌로 대상물을 내려찍었을 가능성이 있다. 공이돌(그림 18-12)은 둥글납작한데, 양면에 고타된 흔적이 남아있다.

4) 장신구

보이스만2유적의 패총 바로 아래의 갈색 사양토층에서 출토되었다(А.Н. Попов, Н.А. Кононенко,

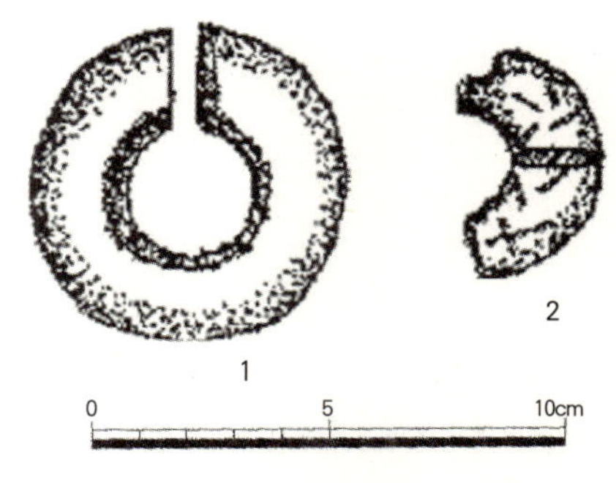

그림 19　보이스만문화의 장신구(1/2)

Н. А.Дорофеева 2002·파포프 외 2002). 옥수석제[chalcedony] 장신구 2점이 확인되었는데, 1 점은 결상이식이지만 다른 1점은 파손되었는데 구멍이 있던 흔적이 약간 남아있어 옥황(그림 19-2)과 같은 형태로 추정된다. 단면은 장타원형이다. 결상이식과 옥황 모두 정면하게 마연되 었으며, 옥황의 상면에는 눈금 혹은 표식이 남아있다.

3. 자이사노프카문화

자이사노프카문화가 되면서 보이스만문화에서 박편석기를 석도로 이용하던 전통은 완전히 사 라진다. 하지만 이 문화가 시작되면서 흑요석제의 석기가 대량으로 확인되면서 타제석기의 비 율이 늘어났지만 대부분의 기종은 마제석기가 많다. 주로 소형의 석기류는 마연해서 마무리된 마제석기가 많그 대형 석기류에 속하는 굴지구류는 타제석기가 많다. 자이사노프카문화의 절 대연대는 5000년 전부터 3800년 전까지이다.

1) 수렵구

석촉과 석창이 있는데, 타제와 마제로 구분된다. 타제는 대부분 흑요석제로 제작되었다. 흑요 석제 석촉은 무경식 석촉(그림 20-1~16·18)과 경부의 유무가 애매한 유엽형 석촉(그림 20-17·19~25)으로 나눌 수 있다. 무경식 석촉은 기저가 편평한 것(그림 20-15·16·18)과 'U'자 형으로 만입된 것(그림 20-1~12)으로 나누어진다.

　마제석촉은 무경식 석촉이 대부분이며, 슴베가 편평하게 처리된 것(그림 20-27·28·30·34·36·37·41)과 약간 오목하게 들어간 것(그림 20-35)이 있다. 후자의 신부는 유엽형이며 단면 은 육각형이다(그림 20-35).

　석촉과 형태는 유사하지만 6cm 전후의 것은 석창으로 볼 수 있는데, 흑요석제로 무경식(그림 20-44·45)과 유경식(그림 20-42·43)이 있다. 무경식은 경부가 약간 만입된 것과 편평한 것 으로 구분된다.

　자이사노프카1유적에서는 특수한 형태의 어망추(그림 20-46·47)가 확인되는데, 단면이 납 작하며 한쪽 끝에 홈이 나서 끈을 묶게 제작되었다.

2) 굴지구

괭이는 장방형 괭이(그림 21-1~4)와 어깨가 형성된 곰배괭이(그림 21-5~7)가 있다. 장방형 괭이에는 고타된 흔적이 남아있고 인면만 마연된 것이 있다(그림 21-2·4). 또한 타제로 제작

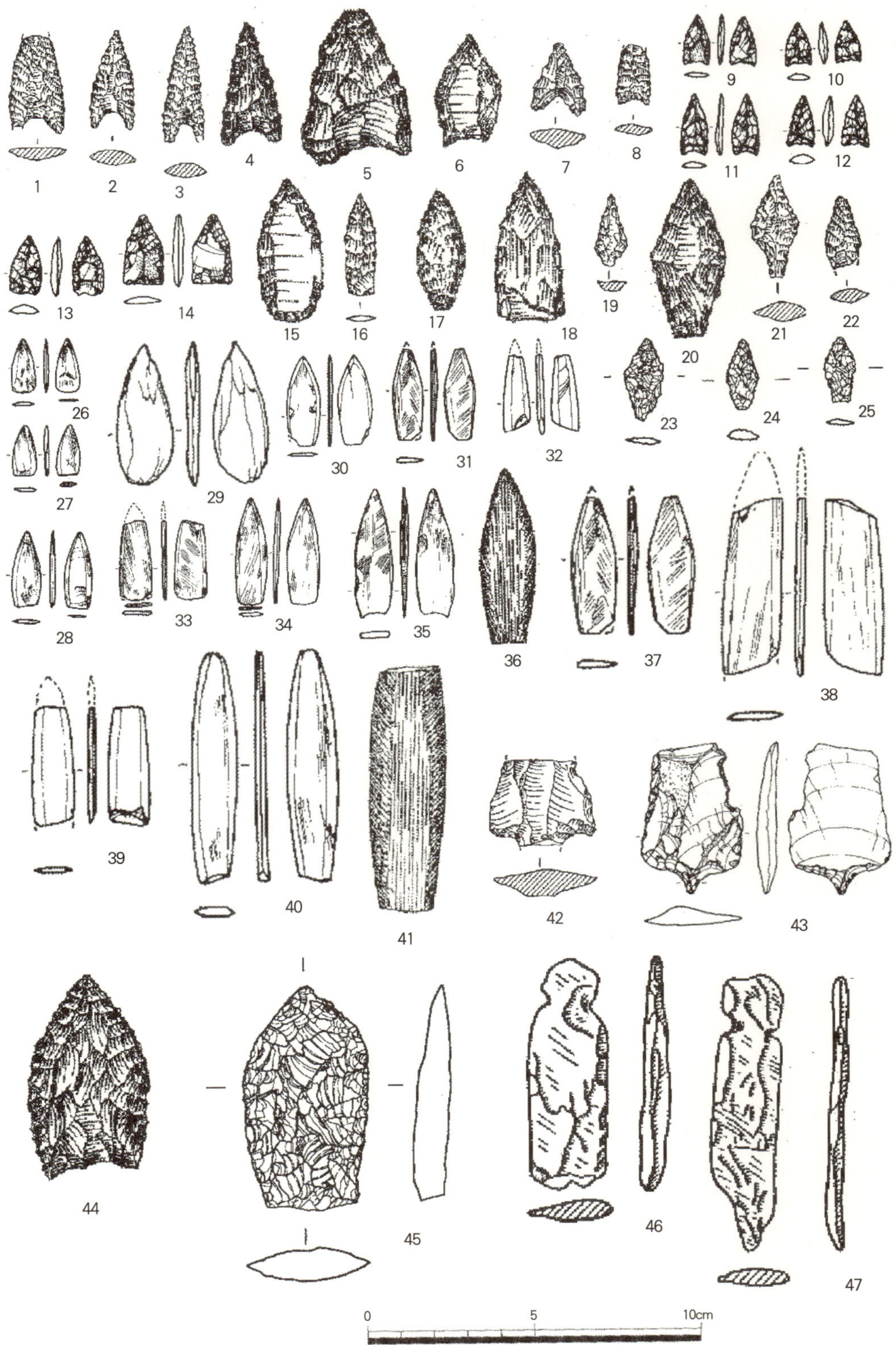

그림 20 자이사노프카문화의 수렵구(46・47: 1/3, 그 외 1/2)
1~3・7・8・19・42・46・47: 자이사노프카1, 4~6・15~18・20~25・36・41・44・45: 레티호프카,
9~14・26~28・30・33~35・37・43: 크로우노프카1, 29・31・32・38~40: 자이사노프카7

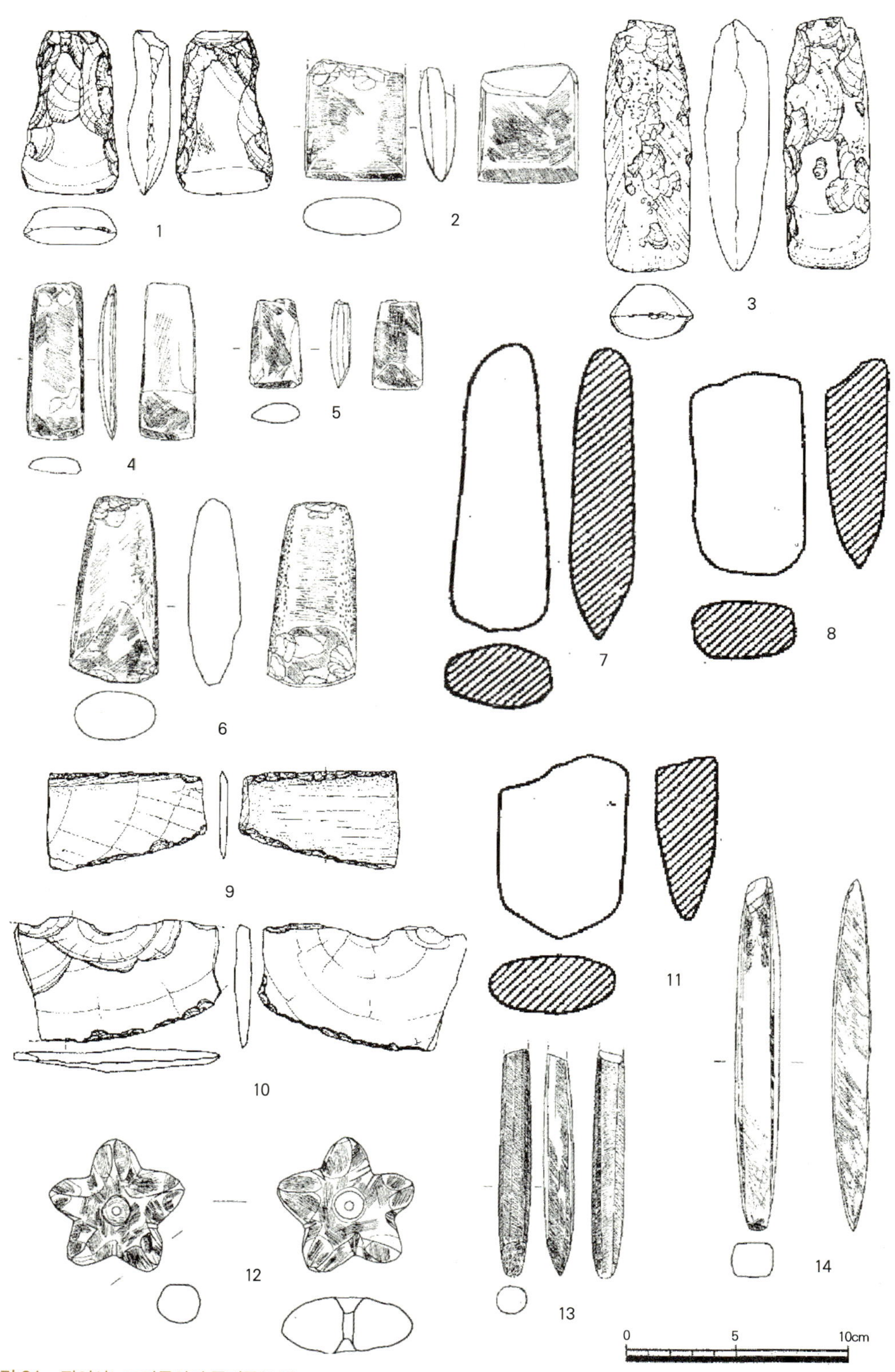

그림 21　자이사노프카문화의 굴지구(1/4)
1·2·4: 레티호프카, 3·5·6: 자이사노프카, 7·8: 크로우노프카1

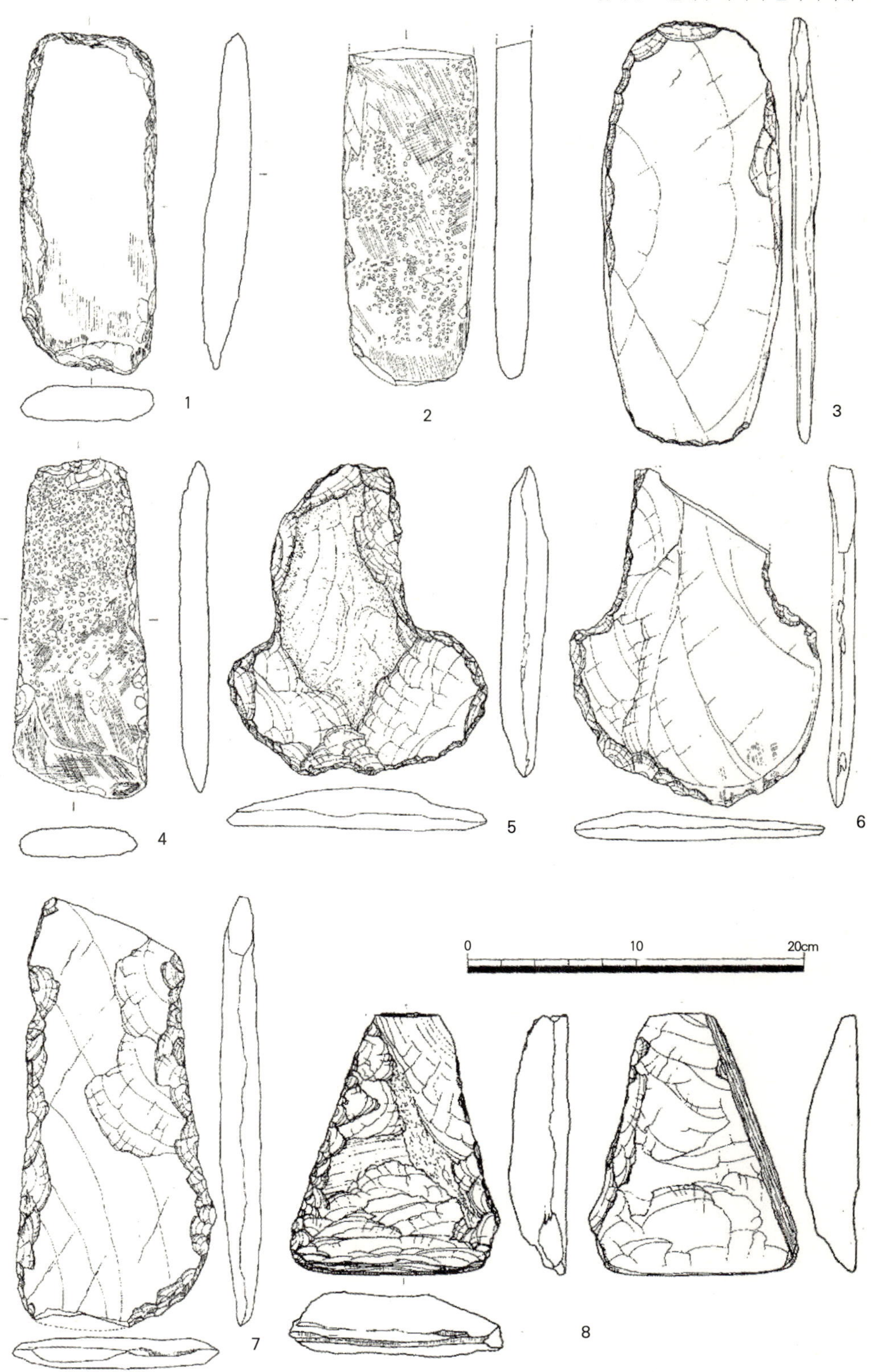

그림 22 자이사노프카문화의 각종 석기(1/3)
1·3·7·8·11: 이사노프카1, 2·4~6·1~14: 레티호프카, 9·10: 자이사노프카7

되어서 가장자리를 다듬은 것도 있다. 곰배괭이는 완전히 어깨가 튀어나온 'T'자형과 인면 부만 약간 넓게 나온 것이 있다(그림 21-7). 소형 굴지구류(그림 21-8)는 말각삼각형인데 석기의 크기가 괭이류보다 작은 것으로 보아 착장된 자루가 짧아서 마치 호미처럼 사용되었을 가능성이 있다.

3) 가공구류

마제석부는 평면 형태가 장방형으로 추정되며 합인석부이다.

석착은 평면 형태가 장방형인 것(그림 22-1·4·5)과 세장방형인 것(그림 22-13·14)으로 나눌 수 있다. 전자는 부분마연된 것과 전면 마연된 것이 있는데 평면 형태는 모두 장방형이며, 단면은 장타원형이다. 후자는 너비와 길이의 차이가 심한 세장방형으로 단면이 팔각형(그림 22-13)과 말각방형(그림 22-14)으로서 장방형 석착에 비해서 매우 두텁다. 단면이 팔각형인 석착(그림 22-13)은 인면이 한쪽으로만 마연되어 있으며, 기부는 세로방향으로 돌려가면서 마연을 했는데 8각으로 단이 지고 있다.

미완성석도(그림 22-9·10)는 추정되는데 타격면이 남아있고 상면이 부분 마연되었다. 인면을 둥글게 처리해서 석도로 제작된 것으로 추정된다. 이 제품은 자이사노프카7유적에서 출토되었는데 가까운 서포항유적의 V층에서 패제의 석도가 출토된 것으로 보아 이 시기부터 사용되었을 것이다. 이 지역의 농경이 자이사노프카문화부터 시작된 것으로 보고 있는데 이와 관련되었을 가능성도 있지만 다용도로 사용되었을 가능성도 있다.

석도와 함께 갈돌과 갈판도 이 시기부터 확인된다. 보이스만 문화에서는 모룻돌과 같은 작은 지석 혹은 갈판이 있었으나 본격적으로 갈판으로 볼 수 있는 것(그림 23-4)과 갈돌(그림 23-1·2)은 자이사노프카문화부터 출토된다. 갈판은 장방형이나 방형이다. 자이사노프카7유적에서는 사용 흔적이 많이 남아있는 장방형 갈판이 출토되었다.

갈돌은 작업 면은 편평하고 반대 면은 손으로 잡기에 용이하도록 곡선으로 처리되어 반원형에 가깝다. 한반도에서는 확인할 수 없는 동북지방 특유의 갈돌로 생각된다. 한편 공이(그림 23-3)도 확인된다. 공이돌은 단면이 장방형인데 전면이 마연되었고 특히 작업 면으로 추정되는 곳이 사용된 흔적이 남아있다.

그 외 레티호프카유적의 2004년도 발굴 수혈에서는 성형석부(그림 22-12)가 확인되었다. 옥수석으로 제작된 성형석부는 오두(五頭)가 형성되어 있으며 중앙에 자루를 끼우기 위한 구멍이 있다. 이 구멍은 양쪽 방향에서 뚫은 것이다. 오두의 단면은 원형이며, 전체적인 성형석부의 단면은 장타원형이다. 성형석부는 평저토기문화권에서는 신석기시대에 출토되고 있다.

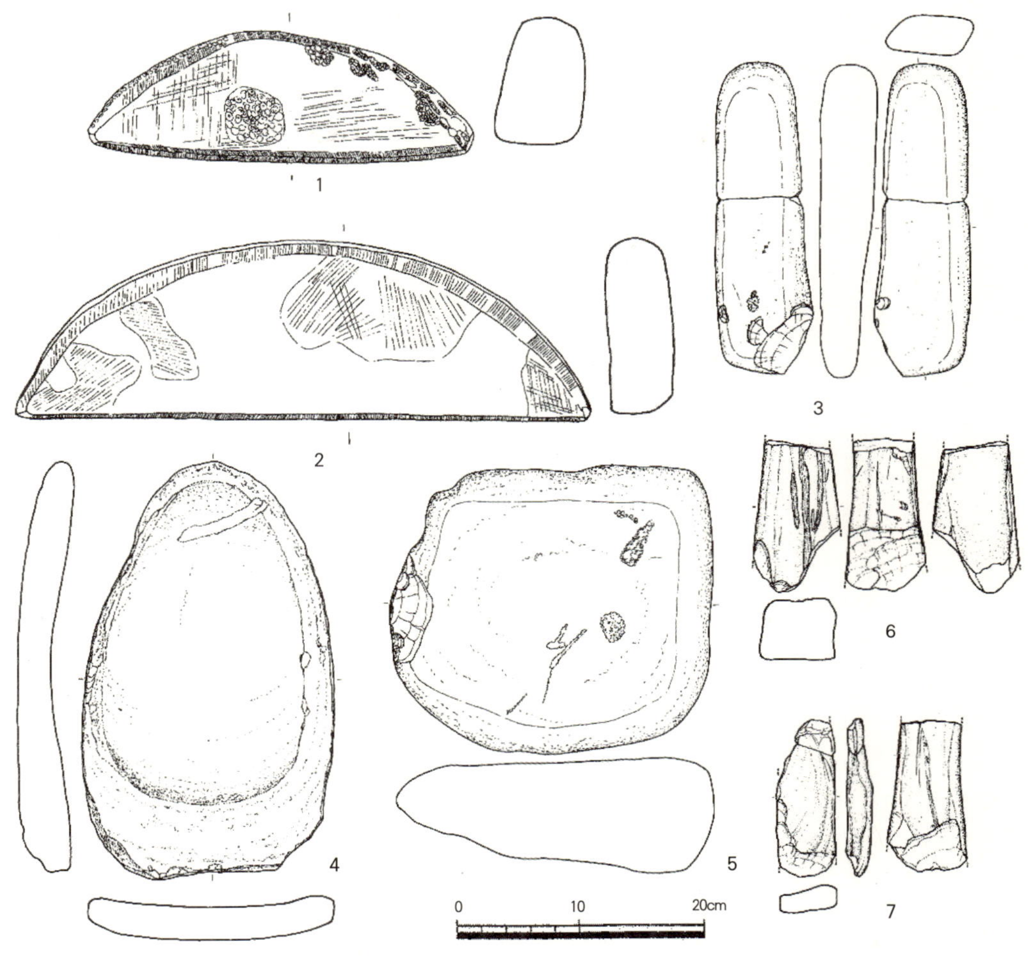

그림 23   자이사노프카문화의 갈돌과 갈판 및 지석(1/6)
1·2: 레티호프카, 3~7: 자이사노프카7

4. 연해주지역 석기의 변화 양상

연해주의 신석기시대에는 루드나야문화에서 박편석기가 사용되는데, 후기 구석기시대와는 달리 일부 기형에서만 확인된다. 주로 긁개나 뚜르개의 용도로 사용되었는데 뚜르개는 장신구에 투공을 하거나 긁개는 가죽가공시 무두질할 때 이용된 인접한 지역의 예가 있는데 참고할 필요가 있다. 실제로 장신구가 많이 확인된 쵸르토브이 보로타유적에서 뚜르개가 많이 출토되어서 상관관계가 보인다.

마제석촉은 루드나야문화에서부터 확인되는데 보이스만문화와 형태 차이가 뚜렷한데 시기

287

적인 차이점으로 생각된다. 보이스만문화에서 확인되는 장신형 석촉은 자이사노프카문화로도 계속 이어진다. 하지만 장신형 석촉 가운데 단면이 능형인 것은 보이스만문화에서만 출토되는 특징이다. 루드나야문화에서 확인되는 삼각평기형 석촉은 보이스만문화, 자이사노프카문화에서도 확인되는데 약간의 차이가 있다. 루드나야문화에서는 타제석촉 혹은 석창도 다수 제작되지만 5000B.P. 이후 자이사노프카문화가 되면 흑요석제를 제외하고는 대부분 마제이다. 이 문화에서 지석이 다른 문화보다는 많이 발견되는 이유와도 일맥상통한다.

연해주에서 흑요석제품은 자이사노프카문화에서 많이 확인된다. 물론 보이스만문화에서 대형의 흑요석제 석창도 확인되지만 이 단계가 되면서 본격적으로 사용되는데 대부분 석촉과 석창이다. 흑요석제 석촉은 연해주 뿐만 아니라 두만강유역의 서포항 3기, 목단강유역의 앵가령, 석회장유적에서 확인되면서 동북한문화지역의 신석기 후기 석기상에 특징으로 생각된다.

또한 연해주의 흑요석제 석창은 보이스만문화의 석창 혹은 작살이 첨두형으로 세장형인 것에 비해서 자이사노프카문화가 되면 오각형으로 형태상으로 큰 변화가 보이며, 길이가 짧아진다.

석부는 단면 타원형이며 합인 마제석부가 루드나야문화에서부터 보이스만문화, 자이사노프카문화까지 사용된다.

굴지구류는 장방형 괭이가 보이스만문화에서부터 확인되는데 자이사노프카문화가 되면서 곰배괭이가 출토된다. 본격적인 갈판과 갈돌도 이 시기부터 확인된다. 특히 갈돌은 반달형으로 손으로 잡는 부분을 둥글게 처리한 점은 한반도의 갈돌과 확연한 차이가 있다.

Ⅳ. 맺음말

이상 요동반도를 포함한 압록강유역의 신석기시대 석기를 정리하고 그 변화 양상과 연해주지역 각 문화의 석기의 특징을 용도별로 정리하고 간략하게 변화 양상을 살펴보았다.

압록강유역의 석기는 기존의 토기 중심의 고고학 문화와 일맥상통하는 변화 양상을 보인다. 소주산 하층기부터 형성된 압록강유역의 석기문화는 소주산 중층-편보자문화에서 석도의 등장 등 일단의 변화가 보인다. 기원전 2500년경 신석기 말기부터 석기의 형태가 다양화되며 공간적으로 압록강 중·상류지역에서 두만강유역의 석기문화와 접촉한다.

연해주지역의 경우 세 문화의 시간 변화에 따른 석기의 변화가 확인된다. 루드나야문화는 박편석기를 활발히 사용하였으며, 보이스만문화가 되면 마제석촉이 활발히 사용되고 장방형 괭이가 출토되는 등 석기의 종류 및 수량의 변화가 확인된다. 이후 보이스만문화에서는 흑요석제 석기를 활발히 사용하며, 곰배괭이 및 반달형 갈돌 등 독특한 형태의 석기가 발달한다. 특히 흑요석제 석촉과 곰배괭이는 서북한의 두만강유역 및 중국 최동부의 목단강유역을 포함하는 특징이라 할 수 있다.

이상을 종합하면 압록강을 중심으로 하는 지역과 목단강-두만강-연해주를 포함하는 지역의 석기를 비교해 볼 수 있다. 특히 타제석촉과 박편석기의 존재 유무는 양 문화 지역을 구분하는 큰 특징이라고 할 수 있다. 동시에 마제합인석부는 양쪽 지역 모두 신석기시대 초기부터 사용되어 왔으며, 특히 비수형, 환형의 옥제품은 양자에서 모두 확인되고 있다. 이는 보다 서쪽에 위치한 중국 요서지역의 흥륭와-홍산문화의 옥기와도 비교가 가능한 형태이다. 더불어 기원전 2500년을 전후로 하여 압록강유역의 북구문화에 등장하는 곰배괭이와 세석기는 연해주지역의 자이사노프카문화에서도 보이고 있는 점에서 양 문화 간의 보다 활발한 교류를 유추해 볼 수 있다. 이에 관해서는 향후 자료의 보완과 발전적인 연구가 필요하다고 생각된다.

___참고문헌

한국

김재윤, 2014, 「한-중-러 접경지역 신석기 고고문화의 변천」, 『고고광장』14.

______, 2015, 「평저토기문화권 동부지역의 6500~6000년 전 신석기문화 비교고찰」, 『한국고
        고학보』제96집.

박성근, 2013, 「남부지역 신석기시대 석부 연구」, 『한국고고학보』제86집.

박순발, 2015, 「偏堡文化의 形成과 展開」, 『한국청동기학보』16.

사회과학원 고고학연구소, 2009, 『압록강류역일대의 신석기시대유적』, 진인진.

임상택, 2011, 「북부지역의 토기 문화」, 『한국 신석기문화 개론』, 중앙문화재연구원 학술총서 3,
        서경문화사.

하인수, 2005, 「신석기 시대 석기의 종류와 양상」, 『머나먼 진화의 여정-사람과 돌』, 국립대구
        박물관.

중국

吉林省文物管理委員會, 1960, 「吉林通化市江口村和东江村考古发掘简报」, 『考古』1960-7.

吉林省博物馆集安考古队 외, 1977, 「吉林集安大朱仙沟新石器时代遗址」, 『考古』1977-6.

丹东市文化局文物普查队, 1984, 「丹东市东沟县新石器时代遗址调查和试掘」, 『考古』1984-1.

大连市文物考古研究所, 1994, 「辽宁大连大潘家村新石器时代遗址」, 『考古』1994-10.

杨占凤, 2013, 『鸭绿江·图们江及乌苏里江流域新石器文化研究』, 文物出版社.

旅順博物馆, 1962, 「旅大市长海县新石器时代贝丘遗址调查」, 『考古』1962-7.

__________, 1983, 「大连市新金县乔东遗址发掘简报」, 『考古』1983-2.

王嗣洲·金志伟. 1997, 「大连北部新石器文化遗址调查简报」, 『辽海文物学刊』1997-1.

辽宁省文物考古研究所 외, 1992, 「辽宁省瓦房店长兴岛三堂村新石器时代遗址」, 『考古』1992-2.

________________, 1994, 「大连市北吴屯新石器时代遗址」, 『考古学报』1994-3.

辽宁省博物馆, 1986, 「辽宁东沟大岗新石器时代遗」, 『考古』1986-4.

辽宁省博物馆 외, 1981, 「长海县广鹿岛大长山岛贝丘遗址」, 『考古学报』1981-1.

________________, 1984, 「大连市郭家村新石器时代遗址」, 『考古学报』1984-3.

瑜琼, 1990, 「东北地区半月形穿孔石刀研究」, 『北方文物』1990-1.

張盟, 2007, 「東北地區石刀研究」, 吉林大學 碩士學位論文.

赵宾福, 2012, 「东北新石器文化的时空框架及文化系统」, 『庆祝苏秉琦先生九十华诞文集』.

陈国庆, 2012, 「辽宁三堂村一期文化遗存分期与相关问题探讨」, 『庆祝宿白先生九十华诞文集』, 科学出版社.

陈全家 외, 2007, 「吉林省白山市老道洞遗址试掘报告」, 『北方文物』2007-1.

许玉林, 1988, 「东沟县西泉眼新石器时代遗址调查」, 『辽海文物学刊』1988-1.

________, 1990, 「辽宁东沟县石佛山新石器时代晚期遗址发掘简报」, 『考古』1990-8.

许玉林·金石柱, 1986, 「辽宁丹东地区鸭绿江右岸及其支流的新石器时代遗存」, 『考古』1986-10.

许玉林·杨永芳, 1992, 「辽宁岫岩北沟西山遗址发掘简报」, 『考古』1992-5.

许玉林 외, 1989, 「辽宁东沟县后洼遗址发掘概要」, 『文物』1989-12.

러시아

Батаршев С.В., 2005, Руднинская археологическая культура в Приморье. -198с.(바타르쉐프 2005, 『연해주의 루드나야 고고문화연구』)

А.Н. Попов, Н.А. Кононенко, Н. А.Дорофеева, 2002, Харатеристика каменного инвентаря Бойсманской культуры(по результатам раскопок памятника Бойсмана-2 1998г.), Археология и культурная антропология Дальнего Востока и Централльной Азий (파포프 외 2002, 「보이스만 문화의 석제도구 특징」, 『극동과 중앙아시아의 고고학과 문화인류학』)

Окладников А.П., 1964, Древнее поселение в бухте Пхусун, Археология и этнография Дальнего Востока. Новосибирск. (오클라드니코프 1964, 「푸후순만의 고대마을」, 『극동의 고고학과 민속학』)

С.А.Семенов, 1968, Развитие техники в каменном веке(시묘노프 1968, 『석기시대 기술발달』)